CANADÁ

DK TRAVEL

CANADÁ

CONTENIDOS

DESCUBRE 6

Bienvenido a Canadá 8
Por qué visitar Canadá 10
Canadá en el mapa 14
Conociendo Canadá 16
Itinerarios 26
Canadá a tu aire 38
Un año en Canadá 64
Un poco de historia 66

EXPLORA 72

Vancouver 74
Isla Vancouver 92
Columbia Británica Continental 110
Las Rocosas Canadienses 128
Las Praderas 148
Toronto 178
Ontario 200
Montreal 238
Quebec capital 260
Provincia de Quebec 276
Provincias Marítimas 304
Terranova y Labrador 332
Yukón 350
Territorios del Noroeste y Nunavut 360

GUÍA ESENCIAL 378

Antes de partir 380
Llegada y desplazamientos 382
Información práctica 386
Índice 388
Vocabulario 397
Agradecimientos 400

Izquierda: Cara tallada de un tótem en Stanley Park, Vancouver
Páginas anteriores: Atardecer en el Banff National Park
Cubierta: Lago Moraine, Banff National Park

DESCUBRE

Perfil de Toronto al anochecer

Bienvenido a Canadá ... 8

Por qué visitar Canadá ... 10

Canadá en el mapa ... 14

Conociendo Canadá ... 16

Itinerarios ... 26

Canadá a tu aire ... 38

Un año en Canadá ... 64

Un poco de historia ... 66

BIENVENIDO A CANADÁ

Altas montañas coronadas de nieve, costas accidentadas y vastas extensiones de naturaleza ártica. Dinámicas ciudades, grandes y pequeñas, y una escena cultural con siglos de historia. Este inmenso país lo tiene todo. Sea cual sea el viaje soñado, la Guía Visual de Canadá es una estupenda fuente de inspiración.

1

2

3

1 Un oso grizzly en la Columbia Británica.

2 Vertiginosos rascacielos en el centro de Toronto.

3 Las Montañas Rocosas reflejadas en el lago Moraine, Banff National Park.

Cuesta imaginar la extensión de este país, que se alarga por el extremo norte de América hasta alcanzar el océano Ártico. Solo el 10 % de Canadá está poblado: el resto es un territorio salvaje de glaciares, paisajes marinos espectaculares y bosques de arces rojos que fascinan a quien los contempla. Se puede caminar bajo las cumbres nevadas, remar en canoa por ríos remotos o poner rumbo al Ártico para asistir al espectáculo de luz más asombroso: la aurora boreal. Y en todas partes la fauna, desde ballenas hasta osos grizzly, es tan increíble como los paisajes que habita.

Tampoco decepcionan las zonas urbanas de Canadá. Las principales ciudades son muy diversas; la francófona Quebec con su ambiente europeo, Montreal y sus animados barrios multiculturales, la dinámica Vancouver o Toronto dominado por impresionantes rascacielos. Fuera de los núcleos urbanos se puede disfrutar de pueblos de estilo francés, comunidades rurales y pueblos de pescadores. En todas partes el viajero recibe una bienvenida cálida, típica de este país.

La vasta superficie de Canadá y la infinidad de experiencias que ofrece pueden abrumar. Por eso se ha dividido el país en zonas fáciles de recorrer, con itinerarios detallados, información de expertos locales y mapas exhaustivos para ayudar a planificar el viaje perfecto. Tanto si la estancia va a durar unos días como varias semanas, esta Guía Visual está diseñada para que el viajero vea lo mejor del país. Solo queda disfrutar de la guía y disfrutar de Canadá.

POR QUÉ VISITAR CANADÁ

Extenso, apasionante y de una belleza imponente, el segundo país más grande del mundo ofrece al viajero infinitas posibilidades. Cada canadiense tiene sus propios motivos para amar el país. He aquí 12 buenas razones para visitarlo.

1 LAS MONTAÑAS ROCOSAS

Cumbres prominentes, lagos cristalinos y bosques interminables: las Rocosas Canadienses *(p. 128)* resultan fascinantes. Para esquiar, caminar o simplemente disfrutar de las vistas.

LA AURORA BOREAL 2

¿Quién no desea contemplar estas luces mágicas al menos una vez en la vida? Churchill *(p. 177)*, el Yukón *(p. 350)* y los Territorios del Noroeste *(p. 360)* son destinos idóneos para ello.

3 AVISTAMIENTO DE BALLENAS

La emoción de ver a una ballena saltar fuera del agua o a una madre jugar en las olas con su cría es indescriptible. Los barcos de observación parten de las costas atlántica y pacífica.

CIUDADES DINÁMICAS *4*

El estilo francés de Montreal *(p. 238)*, el atractivo cosmopolita de Vancouver *(p. 74)* y la energía multicultural de Toronto *(p. 178)* ofrecen un contraste dinámico con los extensos paisajes.

VIAJES EN TREN ESPECTACULARES *5*

Para disfrutar de la naturaleza salvaje del noreste de Ontario desde el Polar Bear Express o de las imponentes cumbres nevadas del oeste de Canadá desde el Rocky Mountaineer *(p. 383)*.

POUTINE *6*

Es fácil apreciar este sencillo plato hecho con patatas fritas calientes cubiertas con queso fresco en grano y salsa de carne. Es originario de Quebec, aunque cuenta con muchos incondicionales en todo el país.

LAS CATARATAS DEL NIÁGARA 7

La atronadora caída del río en las Horseshoe Falls *(p. 204)* es uno de los mayores espectáculos naturales de Norteamérica. Un paseo en barco al pie de las cataratas permite sentir toda su fuerza.

VIDA EN LOS LAGOS 8

Remar en canoa, desplegar las velas o lanzar la caña. Desde los Grandes Lagos hasta las tranquilas zonas rurales, Canadá cuenta con lagos donde disfrutar de los deportes acuáticos.

9 ARTE INDÍGENA

Las admirables habilidades de los artistas inuit, métis y de las Naciones Originarias se pueden apreciar en todo el país en tótems y esculturas con tallas intrincadas y pinturas de colores vivos.

10 HOCKEY SOBRE HIELO

El deporte más popular de Canadá se juega todo el año, aunque la liga tiene lugar entre octubre y abril. Se puede vivir toda la emoción en las docenas de pistas de hielo del país.

11 FÓSILES DE DINOSAURIOS

En el Dinosaur Provincial Park se encuentran algunos de los yacimientos fósiles más ricos del mundo. Y el Dinosaur Trail recorre las *badlands* entre los extraños *hoodoos* de roca *(p. 168)*.

12 RUTAS ESPECTACULARES

A través del Cape Breton Highlands National Park *(p. 316)*, las Rocosas Canadienses *(p. 128)* y a lo largo de la costa oeste de la isla Vancouver *(p. 92)* es posible captar toda la belleza de Canadá.

CANADÁ
EN EL MAPA

Esta guía divide Canadá en 14 zonas, cada una diferenciada con un color, como puede verse en el mapa. En las páginas siguientes se amplía la información de cada zona.

AMÉRICA DEL NORTE
DINAMARCA (Groenlandia)
CANADÁ
EE. UU.
Océano Pacífico
Océano Atlántico
MÉXICO
CUBA
DINAMARCA
(Groenlandia)
Tierra de Baffin
Círculo Polar Ártico
Mar de Labrador
Isla Southampton
Bahía de Hudson
LABRADOR
TERRANOVA Y LABRADOR
p. 332
St. John's
TERRANOVA
Golfo de San Lorenzo
PROVINCIA DE QUEBEC
p. 276
Sydney
I. P. E.
NEW BRUNSWICK
NUEVA ESCOCIA
Saguenay
PROVINCIAS MARÍTIMAS
p. 304
Halifax
ONTARIO
p. 200
QUEBEC CAPITAL
p. 260
MONTREAL
p. 238
Sherbrooke
Thunder Bay
North Bay
Lago Superior
Sault Ste. Marie
Ottawa
Portland
Lago Hurón
Lago Ontario
Albany
Boston
Océano Atlántico
TORONTO
p. 178
Lago Michigan
Cataratas del Niágara
Nueva York
Detroit
Lago Erie
Filadelfia
Chicago
Cleveland

CONOCIENDO CANADÁ

El vasto territorio de Canadá, con bosques ancestrales, montañas escarpadas y ciudades cosmopolitas, se extiende hacia el oeste, desde el Atlántico al Pacífico, y hacia el norte hasta el océano Ártico. Cada región tiene su propia historia y esencia. Una gran diversidad aguarda al viajero.

PÁGINA 74

VANCOUVER

Este cosmopolita puerto marítimo del oeste de Canadá tiene una ubicación fantástica, entre un estrecho salpicado de islas y una escarpada cadena costera. Los rascacielos de cristal de su ajetreado centro se alzan al lado de los mejores restaurantes, galerías de arte y *boutiques* del barrio histórico de Gastown. La ciudad acoge también el barrio chino más grande de Canadá, que ofrece comida deliciosa en cada esquina. Más allá del centro, los abundantes parques invitan a adentrarse en ellos, y en la University of British Columbia se puede disfrutar del mejor arte indígena.

Lo mejor
Restaurantes variados y animada vida nocturna

Qué ver
Stanley Park, Granville Island, barrio de Gastown

Experiencias
Un paseo en bici a lo largo del malecón en Stanley Park

PÁGINA 92

ISLA VANCOUVER

Esta isla montañosa disfruta de una belleza salvaje y un ritmo de vida tranquilo. Las ciudades del extremo sureste ofrecen una variada gastronomía y una animada oferta artística, mientras Victoria, su preciosa capital, cuenta con un encantador puerto y buenos museos llenos de arte indígena. La costa occidental de la isla alberga la Pacific Rim National Park Reserve, con kilómetros de frondosos bosques y accidentadas playas. Es un lugar famoso para ver ballenas: estos populares visitantes a menudo se acercan tanto a la orilla que se les ve desde tierra.

Lo mejor

Surf en aguas frías y senderismo por los bosques costeros

Qué ver

Pacific Rim National Park Reserve, Royal British Columbia Museum, Victoria

Experiencias

Excursión para avistar ballenas en las pobladas aguas de la isla

→

PÁGINA 110

COLUMBIA BRITÁNICA CONTINENTAL

Cascadas atronadoras, ríos majestuosos y aguas termales son algunos de los atractivos que ofrece la naturaleza entre la cadena costera del Pacífico y las Montañas Rocosas, más al este. Gracias al clima suave de la Columbia Británica, frutales y viñedos prosperan en el valle del Okanagan, al sur. Los impresionantes paisajes de los parques del norte suponen un contraste brutal: campos de hielo, tundra y terreno volcánico. En las islas Haida Gwaii se preserva un antiguo bosque.

Lo mejor
Esquí y snowboard con un telón de fondo espectacular

Qué ver
Whistler Blackcomb, valle del Okanagan, región de Kootenay

Experiencias
Visita a unos viñedos y cata en el valle del Okanagan

PÁGINA 128

LAS ROCOSAS CANADIENSES

En la parte canadiense de las Montañas Rocosas se suceden escarpadas cumbres nevadas, glaciares luminosos y lagos color turquesa. Tanto esta orografía impresionante como su variada fauna, desde osos grizzly a bisontes, están protegidos en una serie de parques nacionales y provinciales, recorridos por espléndidas carreteras panorámicas y rutas de senderismo. Otros lugares destacados, aunque menos conocidos, son Kananaskis Country o las relajantes aguas de Radium Hot Springs. La región cuenta además con ciudades históricas como Fort Steele.

Lo mejor
Senderismo y encuentros con la fauna local

Qué ver
Banff National Park, Yoho National Park, Jasper National Park

Experiencias
Un magnífico baño en Miette Hot Springs, en el Jasper National Park

PÁGINA 148

LAS PRADERAS

Las praderas del centro de Canadá son una extensión de trigales dorados y pastizales. Pero esta vasta zona del país acoge también otros paisajes, desde los parques de álamos temblones del oeste, pasando por las playas de arena del lago Winnipeg en el este, hasta la tundra helada al norte de Manitoba. A ambos lados de la región se encuentran las ciudades de Calgary (más famosa por el espectáculo de rodeo al que da nombre la ciudad) y Winnipeg, más cosmopolita. Quienes deseen ver osos polares o la aurora boreal han de llegar más al norte: la remota Churchill, en la bahía de Hudson, es un lugar perfecto para ambas experiencias.

Lo mejor
Buscar fósiles de dinosaurios y avistar osos polares

Qué ver
Calgary, Royal Tyrrell Museum, Prince Albert National Park

Experiencias
El impresionante espectáculo de la aurora boreal en Churchill

→

PÁGINA 178

TORONTO

La emblemática CN Tower, que se divisa a kilómetros de distancia, es el lugar idóneo para ver desde lo alto la ciudad más grande de Canadá. A ras de suelo, el dinamismo de Toronto se extiende desde los parques que se asoman al lago en el Harbourfront, entre los brillantes rascacielos del centro, hasta los tentadores olores y colores de Chinatown y otros animados barrios. La oferta cultural es inmensa: museos y galerías de arte excelentes, mercados bulliciosos y unos animados barrios históricos repletos de bares restaurantes y *boutiques* a la última.

Lo mejor

Museos de talla mundial, restaurantes con estilo

Qué ver

CN Tower, Royal Ontario Museum, Art Gallery of Ontario

Experiencias

Una comida de tres platos en el restaurante giratorio de la CN Tower, con magníficas vistas

PÁGINA 200

ONTARIO

Jalonada por lagos y ríos, esta enorme provincia se extiende desde los Grandes Lagos hasta la bahía de Hudson. El norte es una tierra de ríos turbulentos, bosques densos y tundra ártica, solo accesible por aire y por unas pocas carreteras panorámicas y rutas ferroviarias. En las fértiles regiones del sur y el este hay pueblos agrícolas tranquilos, bahías salpicadas de islas y extensas áreas vírgenes en torno al lago Superior y en el Algonquin Provincial Park. Aquí están también la capital del país, Ottawa; Toronto, su ciudad más grande; y la mayor atracción turística, las cataratas del Niágara.

Lo mejor

Lagos increíbles y emocionantes actividades al aire libre

Qué ver

Ottawa, cataratas del Niágara, National Gallery of Canada

Experiencias

Un paseo en barco a los pies de las cataratas del Niágara

PÁGINA 238

MONTREAL

Montreal es un mosaico de barrios multiculturales donde predominan comunidades francesas e inglesas. Esta animada mezcla la convierte en una de las ciudades más interesantes de Canadá. Para quienes llegan por primera vez, Plateau Mont-Royal es el mejor lugar para captar su espíritu y disfrutar de unas vistas increíbles. En la ribera, los edificios históricos y las calles estrechas y adoquinadas del Vieux-Montréal acogen restaurantes de buen gusto, bistrós y *boutiques*. El compacto centro de la ciudad cuenta además con preciosas iglesias y destacados museos de arte.

Lo mejor
Museos de arte inigualables

Qué ver
Basilique Notre-Dame-de-Montréal, Musée des Beaux-Arts

Experiencias
Ascender en el rápido funicular por el lateral de la Montreal Tower para disfrutar de unas vistas maravillosas desde el observatorio

PÁGINA 260

QUEBEC CAPITAL

En esta deliciosa ciudad, asentada a orillas del río San Lorenzo, se puede hallar la esencia del Canadá francés, con su arquitectura europea y su ambiente parisino. Quebec es una ciudad para pasear, para explorar sus sinuosas calles adoquinadas, las espléndidas catedrales y los edificios civiles dentro del recinto de las antiguas murallas; para disfrutar en el Vieux Port del animado mercado y de las vistas del río en La Citadelle. El ritmo relajado puede prolongarse por la noche, con una pausada cena en algunos de los agradables cafés y plazas elegantes de la Basse-Ville, para empaparse del ambiente.

Lo mejor
Cultura francesa y arquitectura histórica

Qué ver
La Citadelle, Place Royale, Basilique-Cathédrale Notre-Dame-de-Québec

Experiencias
Curiosear en las tiendas de arte y especializadas de la Rue du Petit-Champlain, para luego relajarse en un bonito café del casco antiguo

PÁGINA 276

PROVINCIA DE QUEBEC

Cada otoño, los bosques de arces lucen en tonos rojos y dorados y transforman esta región francófona en uno de los lugares más hermosos del país. En su corazón se encuentra el inmenso río San Lorenzo, que limita al norte con la espectacular costa de Charlevoix y los montes Laurentinos, salpicados de encantadores pueblos franceses e iglesias. Hacia el sur, los acantilados rocosos y las montañas de la península de Gaspé ofrecen rutas de senderismo magníficas, mientras en el remoto territorio de Nunavik, al norte, vagan por la tundra osos polares y manadas de caribúes.

Lo mejor
Los colores llameantes del otoño

Qué ver
Gatineau, Canadian Museum of History, Sainte-Anne-de-Beaupré

Experiencias
Un viaje a la Sucrerie de la Montagne para ver cómo se hace el jarabe de arce (¡y probarlo!)

PÁGINA 304

PROVINCIAS MARÍTIMAS

En esta región de costas rocosas, pintorescos pueblos pesqueros y largas playas de arena, la belleza y el encanto del mar siempre están presentes aunque cada provincia posea un sabor propio. En New Brunswick hay aldeas acadienses, calas tranquilas y la bahía de Fundy, esculpida por las mareas. La isla Príncipe Eduardo, con sus tierras de cultivo y campos de golf color esmeralda, es un destino ideal para el ciclismo y el senderismo. En Nueva Escocia, bahías relucientes y pueblos de pescadores encarnan el aspecto romántico del mar.

Lo mejor
Paisajes marinos y posadas rurales

Qué ver
Halifax, isla Príncipe Eduardo, fortaleza de Louisbourg

Experiencias
Paisajes impresionantes en la isla Príncipe Eduardo, la casa de Ana de las Tejas Verdes

PÁGINA 332

TERRANOVA Y LABRADOR

En Terranova, las montañas del Gros Morne National Park se elevan sobre los centelleantes fiordos azules. Labrador también es imponente, con paisajes costeros en los que, a menudo, los icebergs aparecen como telón de fondo. Esta remota y hermosa región atlántica es un destino vacacional popular por sus acogedoras ciudades históricas, sus espacios abiertos y sus formidables espectáculos naturales. Es también un buen lugar para observar ballenas o manadas de caribúes.

Lo mejor
Accidentados paisajes costeros

Qué ver
St. John's, Gros Morne National Park

Experiencias
Recorrer en barco el angosto Western Brook Pond para ver la fauna y las cascadas, en el Gros Morne National Park

PÁGINA 350

YUKÓN

El crudo romanticismo de la fiebre del oro aún merodea sobre esta tierra de austera belleza, caracterizada por montañas sobrecogedoras, lagos helados y valles glaciares. Un paraíso aguarda a los aventureros más allá de las antiguas ciudades mineras de Whitehorse y Dawson City. En esta remota región podrán caminar bajo los altísimos picos del Kluane National Park and Reserve, o surcar en canoa las aguas heladas del río Stewart. En verano, el sol de medianoche nunca se pone, mientras que la aurora boreal ilumina los oscuros inviernos con sus luces de colores.

Lo mejor
Viajes de aventura y el espectáculo incomparable de la aurora boreal

Qué ver
Whitehorse

Experiencias
Una tarde disfrutando de la fauna ártica en la Yukon Wildlife Preserve

PÁGINA 360

TERRITORIOS DEL NOROESTE Y NUNAVUT

Los Territorios del Noroeste, inmensos y vírgenes, son uno de los destinos más remotos de nuestro planeta y recompensan a quienes llegan hasta aquí con rutas de senderismo excepcionales. Gran parte del paisaje es riguroso: tundra árida, bosques helados y montañas desnudas. Sin embargo, aquí prospera una fauna abundante, desde grandes manadas de bisontes hasta osos polares. En Nunavut también habitan los nativos inuit, que aún practican su estilo de vida tradicional.

Lo mejor
Arte y cultura inuit

Qué ver
Yellowknife, Tierra de Baffin

Experiencias
Un viaje en avioneta hasta el Aulavik National Park, uno de los puntos de observación de fauna más aislados del mundo

1

2

3

4

←

1 False Creek y el perfil del centro de Vancouver.

2 Ciclistas y corredores en el Seawall, en Stanley Park.

3 Preparando café en el Revolver, en Cambie Street.

4 Cartel luminoso del Commodore, un local *art déco*.

Canadá ofrece multitud de opciones de viaje, desde estancias de dos días en las principales ciudades hasta grandes odiseas a través de su extenso territorio. Estos itinerarios son una sugerencia para aprovechar bien el tiempo en este extraordinario país lleno de contrastes.

2 DÍAS *en Vancouver*

Día 1

Mañana Saborea sin prisas un café en Revolver *(325 Cambie St)* y observa a la gente por Robson Street, el encantador Stanley Park aguarda *(p. 80)*. Aquí se halla el Seawall, un camino junto al mar fácil de recorrer en una hora; puedes hacerlo en bicicleta eléctrica y con una visita guiada o, si la energía no da para tanto, con el autobús turístico. Antes de abandonar el parque, admira los tótems cerca de Brocton Oval o la extensa franja arenosa que conforma Second Beach, en la Bahía Inglesa. En False Creek toma un autobús acuático para ir a Granville Island *(p. 82)*, una pequeña península ocupada por un mercado enorme con puestos de productos frescos, donde puedes disfrutar de una deliciosa comida.

Tarde Toma un autobús de aproximadamente 20 minutos desde Granville Loop Park a Mount Pleasant, un animado barrio lleno de *boutiques*, galerías, cafeterías y locales con cervezas artesanas. En Brassneck Brewery *(2148 Main St)* se reúnen los sedientos y barbudos *hipsters* locales. En otro autobús sube a Chinatown y pasea por el plácido Dr. Sun Yat-Sen Classical Chinese Garden *(p. 87)*.

Noche Para abrir el apetito, curiosea en las aromáticas boticas y tiendas de alimentación de las calles Keefer y East Pender antes de cenar en Bao Bei *(p. 87)*. Si tienes que esperar a que quede libre una mesa, qué mejor manera de hacer tiempo que tomando un cóctel en The Keefer Bar *(135 Keefer St)*.

Día 2

Mañana Cruza el canal de Burrard hacia Vancouver Norte en el SeaBus y después en autobús hasta llegar al Skyride del monte Grouse *(p. 90)*, que ofrece una vista panorámica de la ciudad. El mismo autobús te lleva al espectacular puente colgante de Capilano *(p. 90)*. Dentro del mismo parque, el centro cultural Kia'palano exhibe muestras de tejidos, trabajos con abalorios y tallas. Antes de tomar el SeaBus de vuelta, echa un vistazo al mercado de Lonsdale Quay *(p. 91)*, con productos frescos y artesanías.

Tarde Ya en el centro, ¿qué tal un masaje en el Fairmont Pacific Rim's Willow Stream Spa *(1038 Canada Pl)*? Está a dos pasos de Waterfront Station. Con las pilas recargadas, da un buen paseo por Gastown *(p. 78)*, el barrio más antiguo de Vancouver y el que está más a la última, con sus galerías de arte independientes y tiendas de *souvenirs* en edificios victorianos. Visita el peculiar Police Museum, que fue antiguamente una morgue, el reloj de vapor sale perfecto en las fotos cuando silba y resopla cada 15 minutos. Si eres un amante de la cerveza, acude a Steamworks Brewpub *(375 Water St)*, que emplea el vapor para elaborar cervezas artesanas, y toma algo antes de cenar.

Noche En Gastown hay restaurantes de todas las categorías. Consigue una mesa en Jules Bistro *(216 Abbott St)* para probar platos y vinos franceses clásicos. Después de cenar, disfruta de un espectáculo en el cercano local *art déco* Commodore *(868 Granville St)*. Y para una noche de fiesta, dirígete a Granville Street.

→

[1] Amantes de las emociones fuertes en el EdgeWalk, CN Tower.

[2] Distillery District.

[3] Fósiles en el Royal Ontario Museum.

[4] Restaurante KOST, en la azotea del Bisha Hotel.

2 DÍAS
en Toronto

Día 1

Mañana Desde la CN Tower *(p. 186)* disfruta de las vistas, son increíbles en los días claros. Aunque es seguro, el EdgeWalk, un paseo de 20 minutos rodeando el perímetro exterior del mirador principal, sin barreras, es para los más valientes. Reserva con mucha antelación y llega temprano: puede haber mucha cola en el ascensor. Si no te gustan las alturas, el tranvía Queen te lleva hasta Humber Bay para disfrutar de una vista genial de la silueta de Toronto. Toma un *brunch* o almuerzo en el St. Lawrence Market *(p. 192)*, formado por tres edificios. Y desde allí dirígete al South Market, con más de 120 puestos especializados, y luego al North Market, donde hay un mercado agrícola los sábados.

Tarde Leslieville, de moda y a la moda, es uno de los secretos mejor guardados de Toronto. Toma el tranvía Queen hasta la encantadora Queen St East, repleta de tiendas y cafés. Baja por Dundas St hacia Bayview Ave. Por el camino está Rooster Coffee House *(479 Broadview Ave)*: saborea su café, es de los mejores de la ciudad. Eres afortunado si consigues sitio en la terraza, con vistas a Riverdale Park.

Noche Llega a pie al Distillery District *(p. 193)*, donde puedes relajarte en una de sus microcervecerías. Restaurantes, galerías de arte y *boutiques* ocupan hoy la que fuera la mayor destilería del Imperio británico.

Día 2

Mañana Dirígete a Kensington, situado en el centro, ocupa unas 10 manzanas y es ideal para moverte a pie. Su núcleo es Kensington Market *(p. 190)*, donde una mezcla multicultural da lugar a olores, sonidos y sabores sorprendentes en una amplia gama de tiendas de especias y restaurantes. Si prefieres una visita organizada, reserva los estupendos *tours* gastronómicos. En torno al mercado hay músicos y artistas callejeros, además de todo tipo de tiendas.

Tarde Sigue las compras en Yorkville, zona de mucho peligro para las tarjetas de crédito. Una vez hechas las compras, deja las bolsas en la consigna del Royal Ontario Museum *(p. 184)* para explorar su impactante colección de más de seis millones de piezas. Otra opción es que visites el Bata Shoe Museum *(p. 191)*: una fascinante historia de la humanidad a través del calzado. Para recargar energía, sube al bar de la azotea del Hyatt *(4 Avenue Rd)*.

Noche Pon rumbo al Second City *(51 Mercer St)*, anunciado como el mejor club de comedia del mundo. Junto con su local gemelo en Chicago, ha lanzado al estrellato a muchos cómicos. Cerca, el ascensor del estiloso Bisha Hotel *(80 Blue Jays Way)* te lleva al restaurante de la azotea, KOST, con una asombrosa cocina de México-Baja California.

1

2

3

7 DÍAS en la Columbia Británica y las Rocosas

Día 1

Como sucede con todas las regiones canadienses, los encantos de la Columbia Británica y las Rocosas varían con las estaciones. Este itinerario está pensado para viajar entre abril y octubre. Después de visitar Vancouver *(p. 26)*, toma la panorámica Trans-Canada Highway (Hwy 1) hasta llegar en coche a Kamloops *(p. 122)*. El viaje dura cuatro horas y la ruta atraviesa los profundos valles excavados por los ríos Fraser y Thompson en la rocosa cadena costera. En Hope, sigue hacia el norte por el cañón Fraser *(p. 122)*, parando en Hell's Gate para suspenderte sobre el cañón en un teleférico. Un puente colgante te permite cruzar de vuelta por esta parte del atronador río, cuyo caudal triplica al del Niágara en las cataratas. Termina el día en Kamloops, donde se descubrió oro en 1856 en el río North Thompson, justo por encima del pueblo. Aquí tienes muchas opciones para cenar algo antes de ir a descansar.

Día 2

Toma de nuevo la Highway 1, se tarda dos horas y media hasta Revelstoke *(p. 127)*. Lo ideal es que vayas directamente a los Meadows del Sky Parkway, que conducen a través de bosques de cedros, píceas, abetos de Douglas y canadienses hasta los floridos prados subalpinos del Mount Revelstoke National Park *(p. 127)*. Después, pon rumbo a la encantadora ciudad de Golden y su teleférico, que atraviesa las nubes y ofrece vistas panorámicas de las Rocosas y de los humedales del río Columbia. En lo alto del teleférico está el Eagle's Eye Restaurant *(1500 Kicking Horse Trail)*, donde puedes disfrutar de una cena con vistas.

Día 3

Después de todo, es buena idea explorar los alrededores de Golden, puerta de entrada al Yoho National Park *(p. 136)*. Rodeado de humedales, puedes admirar algunos de los hábitats más ricos en aves de la Columbia Británica. El mejor modo de apreciar esta zona es desde una canoa; rema por el río Columbia con una excursión organizada guiada por un naturalista experto. El colofón para un día tan activo: disfruta de una deliciosa cena en Island Restaurant *(101 10th Ave, Golden)*. Situado en un tradicional edificio de madera con vistas al río Kicking Horse, sirve platos de inspiración internacional para todos los gustos.

4

5

[1] Teleférico en Hell's Gate. ↑
[2] Emerald Lake Lodge.
[3] Tiendas en Banff.
[4] Un oso polar deambulando por una zona rocosa.
[5] Canoas para alquilar en el lago Louise, Banff National Park.

Día 4

De nuevo en la Highway 1, tu objetivo es comer en Field. Esta histórica aldea está llena de *Bed and Breakfasts.* Vale la pena llegar pronto para comer en el Truffle Pigs Bistro & Lodge *(100 Center St)* sin esperar colas. Luego dirígete en coche al lago Emerald *(p. 136)* para recorrer el bonito camino que lo rodea. Antes de cenar en el excepcional Emerald Lake Lodge *(1 Emerald Lake Rd)*, tómate algo en su barra de roble, rescatada en el Yukón de un *saloon* de la década de 1890.

Día 5

Sal sin prisas hacia el magnífico lago Louise, en el Banff National Park *(p. 134)*. Con suerte, puedes divisar osos grizzly desde el teleférico que, partiendo del lago, asciende sobre el valle hasta una impresionante altura, 2.088 m. Después, pon rumbo a Banff *(p. 133)*. Esta localidad balnearia es un hervidero de tiendas, restaurantes y hoteles, pero el mejor alojamiento (y balneario) es sin duda el Fairmont Banff Springs *(405 Spray Ave)*. Después de pasear por Banff, puedes hacer una visita guiada del hotel y tomar un cóctel en el Rundle Lounge.

Día 6

El increíble tramo de carretera de 232 km que separa Banff de Jasper se denomina Icefields Parkway *(p. 135)*. Merece la pena que madrugues para tratar de pasar al menos seis horas en el trayecto, en función del clima y de la fauna que encuentres. Antes de recorrer el último trecho, visita Miette Hot Springs *(p. 140)*, en el extremo más nororiental del Jasper National Park: un baño relajante bien vale el trayecto. En el Fiddle Valley Café come algo ligero mientras contemplas los manantiales, antes de seguir hasta ALBA *(610 Patricia St)* y disfrutar de una relajante comida italiana.

Día 7

Es muy recomendable levantarse temprano para disfrutar de unas vistas espectaculares desde el SkyTram *(p. 138)*, el funicular más largo y alto de Canadá, que llega hasta un mirador a 2.885 m de altura. El maravilloso lago Pyramid *(p. 139)* también queda cerca en coche. Come algo ligero en Jasper antes de conducir cuatro horas hasta el aeropuerto de Edmonton para volar a Halifax y seguir viaje por el Canadá Atlántico *(p. 32)* o regresar a casa.

1

2

7 DÍAS
en las Provincias Marítimas

Día 1

Entre junio y septiembre es la mejor época para hacer este itinerario. En Halifax *(p. 312)*, las calles junto al muelle que recorren Historic Properties, los almacenes más antiguos que quedan en Canadá, son un buen lugar para que hagas compras y tomes un *brunch*. Después, explora la fascinante colección del Maritime Museum of the Atlantic *(p. 314)* y a la salida descubre los patios y los túneles abovedados con el Alexander Keith's Brewery Tour *(www.alexanderkeithsbrewery.com)*. Para acabar el día, cena en The Five Fishermen *(1740 Argyle St)*. Por la noche disfruta de los bares de Argyle Street.

Día 2

En el Halifax Seaport Farmers' Market *(p. 314)* más de 250 vendedores te ofrecen productos frescos del campo y del mar: es un buen lugar para que te abastezcas antes de partir de excursión y hacer un pícnic en el encantador Peggy's Cove *(p. 329)*. Camina hasta el faro por la espectacular costa de granito. Después de rodear el promontorio, disfruta de una cena con vistas en Rhubarb *(8650 Peggys Cove Rd)* antes de volver a pasar la noche a Halifax.

Día 3

Desayuna fuerte para afrontar las tres horas de coche hasta Annapolis Royal *(p. 325)*. Haz una parada para comer y toma una copa de vino de Nueva Escocia en una de las muchas bodegas que hay en Wolfville *(p. 324)*. Una vez en Annapolis Royal, visita el Port-Royal National Historic Site *(p. 325)*. Por la noche, cena en alguno de los restaurantes locales que abundan en St. George Street, antes de escuchar historias de miedo a la luz de las velas visitando el cementerio del Fort Anne National Historic Site.

Día 4

Dirígete en coche hasta Digby para tomar el ferri que, en tres horas, llega a Saint John *(p. 322)*. Después, baja por la costa hasta el pintoresco Saint Andrew *(p. 329)* y toma algo de comer por el camino. Nada más llegar a la ciudad apúntate para dar una vuelta en barco por la costa. El avistamiento de cetáceos aquí es algo increíble: ballenas jorobadas, rorcuales comunes y aliblancos, y ballenas francas glaciales. Destino obligado una vez de vuelta en tierra firme es el impresionante Algonquin Resort *(184 Adolphus St)*.

4

3

[1] Faro de Peggy's Cove. ↑

[2] Pesqueros en bajamar en Alma.

[3] Ballenas francas glaciales cerca de St. Andrews by-the-Sea.

[4] Caminando por el suelo marino en Hopewell Rocks.

Después de registrarte o de tomar una copa en su bar, el Braxton, el *spa* es ineludible. Para completar el día, toma un poco de marisco bien fresco en el Europa Inn & Restaurant *(48 King St)*.

Día 5

Explora el centro de Saint Andrews con una bicicleta y un mapa que prestan en el hotel. Luego, dirígete al pueblo pesquero de Alma en coche para comer. Si la marea está alta, alquila un kayak y rema unas horas en torno a Hopewell Rocks *(p. 331)*. Si está baja, acude a pie para hacerte una idea mejor de las inmensas rocas; en ciertos lugares puedes incluso caminar por el suelo marino. Después, desplázate hasta Moncton en coche para pernoctar.

Día 6

Desde Port Elgin, cruza en coche el Confederation Bridge *(p. 308)*, que tiene una longitud de 13 km y une New Brunswick con la isla Príncipe Eduardo. Ya en el otro lado, ve directamente a Victoria-by-the-Sea, un pueblo pesquero de cuento, para disfrutar de un *lobster roll* en Lobster Barn Pub & Eatery *(p. 311)*. Desde la carretera litoral (Route 19) divisas acantilados rojos y playas de arena roja. Para en el Skmaqn-Port-la-Joye-Fort Amherst National Historic Site *(191 Hache Gallant Dr)*, uno de los primeros asentamientos acadienses de la isla. Tu siguiente parada es Cow's Creamery *(12 Milky Way)*; tómate un rico helado para afrontar unos 45 minutos más de coche hasta Charlottetown *(p. 310)*. Después, disfruta de la cena y del musical *Anne of Green Gables (Ana de las Tejas Verdes)*.

Día 7

Da un buen paseo por el centro histórico de Charlottetown para abrir el apetito y comer con ganas una *poutine* de langosta en el Chip Shack *(2 Great George St)*. Si eres fan de *Ana de las Tejas Verdes*, desvíate 45 minutos a Cavendish para visitar el Green Gables Heritage Place *(p. 309)*. El último ferri desde Wood Islands a Caribou sale a las 18.00. Disfruta de una buena cena en Pictou Lodge *(172 Lodge Rd)* antes de marchar a Halifax para seguir viaje o emprender la vuelta a casa.

1

3

2

2 SEMANAS *en Canadá*

Día 1

Empieza el viaje en Toronto en verano. Tras un fin de semana en la ciudad *(p. 28)*, madruga para evitar las multitudes en las cataratas del Niágara *(p. 204)*, a 90 minutos en coche. El mejor punto para contemplarlas es Table Rock. Otra experiencia alucinante es sumergirte virtualmente en las cataratas en el Table Rock Welcome Centre. Dirígete a Niagara-on-the-Lake *(p. 206)*, un pueblo del siglo XIX muy bien conservado e ideal para comer: intenta conseguir mesa en el fastuoso Prince of Wales Hotel *(6 Picton St)*. Haz una buena excursión por la espléndida Niagara Glen Nature Reserve *(p. 209)* antes de volver a Toronto para cenar.

Día 2

Desde Toronto salen unos 12 trenes diarios a Ottawa. Tras un trayecto de cinco horas, come en el ByWard Market Square *(p. 212)* antes de caminar hasta Parliament Hill *(p. 210)*. Disfruta de una visita de una hora, gratuita, que incluye la Cámara Baja y el Senado (siempre que no se celebre ningún pleno). De vuelta al hotel, descansa un rato antes de cenar en el Play Food & Wine *(1 York St)*.

Día 3

Desayuna fuerte antes de tomar un Aqua-Taxi en las esclusas del canal Rideau para cruzar el río y visitar el Canadian Museum of History *(p. 284)*. Vuelve a Ottawa por el puente Alexandra. No te pierdas la araña gigante que hay ante la National Gallery of Canada *(p. 214)*. Después de la visita, sube al Nepean Point, justo detrás: las vistas de la ciudad son fabulosas. Acaba el día con una cerveza artesanal y algo rico para comer en el Manx Pub *(370 Elgin St)*.

Día 4

Sal temprano rumbo a Montreal en tren, que tarda dos horas. Una vez en la ciudad, toma el metro hasta la Place d'Armes, donde se alza la Basilique

4

5

1 Toronto al atardecer. ↑

2 The National Gallery of Canada en Ottawa.

3 Basilique Notre-Dame en Montreal.

4 *Bagels* al estilo de Montreal.

5 Granero en New Brunswick.

Notre-Dame *(p. 242)*, una de las joyas de Quebec. Si eres un amante del arte no te pierdas el Musée des Beaux-Arts *(p. 246)*, que cuenta con lo mejor del arte canadiense y con artistas europeos destacados. Después, da un agradable paseo por el Vieux-Montréal y recorre el paseo junto al río en el Vieux-Port *(p. 258)*. Con su ambiente europeo y su cultura francesa, esta zona recuerda mucho a París. En Rue Prince Arthur Ouest se concentran muchos restaurantes de calidad; y en muchos de ellos te permiten llevar tu bebida.

Día 5

Organiza una visita cultural y culinaria con un guía experto. Para empezar, toma el desayuno Lumberjack Special, a base de *cretons* (paté de cerdo especiado, típico de Quebec), *baguette* y café fuerte en el Jean Talon Market *(p. 250)*. Pasea por los barrios históricos de Saint Laurent y Saint Denis y por el Mile End, es como retroceder en el tiempo. Aunque estén tomados por las tiendas y los restaurantes más nuevos y modernos, estos conviven con establecimientos centenarios. En muchos restaurantes puedes comer *poutine*, *bagels* y carne ahumada, lo más típico de Montreal. Después de comer, relájate en las aguas termales del Spa Scandinave antes de ir a cenar en el Ristorante Da Emma *(777 de la Commune St)*, que fue antiguamente una prisión para mujeres y que hoy sirve algunos de los mejores platos de cocina romana fuera de Italia. Culmina el día en la Place des Arts *(p. 252)*, donde actúan músicos famosos la mayoría de sábados y domingos.

Día 6

Hoy lo importante no es el destino, sino el trayecto. Sal de Montreal a la 1.00, en el tren nocturno *Océan* de VIA Rail, que atraviesa el Canadá Atlántico hasta Halifax (llega a las 10.00). Algunos de los cómodos coches cama de los elegantes vagones Renaissance incluso tienen ducha. Cruzas el río San Lorenzo mientras te sirven la cena y desayunas contemplando bosques espectaculares y granjas en New Brunswick. Más cerca de Halifax, admira los gigantescos elevadores de grano y la espectacular Bedford Basin, una bahía cerrada.

→

1

2

Día 7

Una vez en Halifax, alquila un coche para ir a la isla Cape Breton *(p. 316)*, que está a unas cuatro horas. Come en Port Hastings o Port Hawkesbury y, después, sigue 90 minutos más de coche para llegar al pueblo de Baddeck *(p. 317)*, donde vivió Alexander Graham Bell, y que se considera principio y final del famoso Cabot Trail. Desde el muelle del centro de la ciudad puedes dar un paseo en barco por la pintoresca costa. Acaba el día con una rica langosta en el Silver Dart Lodge *(257 Shore Rd)*.

Día 8

Madruga para recorrer en coche el Cabot Trail *(p. 316)*. Prepárate un pícnic en uno de los muchos miradores que hay por el camino. No olvides los prismáticos: es muy posible que veas águilas al atravesar el Cape Breton Highlands National Park. Recorre el itinerario entero durante unas ocho horas de coche. Una alternativa más breve es que te dirijas hacia el oeste por la carretera litoral que rodea el parque y te desvíes a Pleasant Bay para salir a ver ballenas. Vuelve por el mismo tramo de carretera. Continúa hasta Halifax, puedes alojarte en un hotel del aeropuerto.

Día 9

Vale la pena levantarse temprano y tomar un vuelo de cinco horas y media hasta Edmonton, Alberta. Una vez en tierra, ve al centro de la ciudad *(p. 167)*. Allí aguarda el inmenso West Edmonton Mall, con más de 800 tiendas y, después, disfruta de una cena excelente en el Rge RD *(10643 123 St NW)*.

Día 10

Con un coche alquilado, pon rumbo a las montañas de Jasper, a 365 km, para explorar algunas de las extraordinarias rutas de senderismo que recorren el Jasper National Park *(p. 138)*. Imposible no extasiarse ante el paisaje que rodea al lago Pyramid *(p. 139)*, antes de montar en el increíble Jasper SkyTram *(p. 138)*, que sube casi hasta la cumbre del monte Whistlers. El panorama es impresionante. Reserva para hospedarte en el maravilloso

[1] Vistas desde el excepcional Cabot Trail en la isla Cape Breton. ↑

[2] Alce en el Jasper National Park.

[3] Cueva de hielo del glaciar Athabasca.

[4] Vista panorámica del centro de Vancouver desde Stanley Park.

[5] Teleférico Peak 2 Peak, Whistler.

Fairmont Jasper Park Lodge *(1 Old Lodge Rd)*.

Día 11

Sal pronto para conducir hasta Banff y empápate de la grandeza de las Montañas Rocosas desde la Icefield Parkway *(p. 135)*. Para en el glaciar Athabasca para subir a bordo de un *ice explorer* y caminar sobre el glaciar. Sigue otro tramo, parando para admirar las vistas en el lago Peyto *(p. 134)*. Después, pon rumbo al hermoso lago Louise *(p. 134)*. Al llegar a Banff *(p. 133)*, después de tanto coche, relájate con un paseo por los lagos Vermilion.

Día 12

Hoy ponte el equipo deportivo: día de aventuras en el Yoho National Park *(p. 138)*. Una vez en Little Yoho Valley, aparca el coche y camina cinco minutos hasta llegar al pie de las cascadas Takakkaw, las segundas más altas de Canadá. Come en el Truffle Pigs Bistro *(p. 31)*, en el pueblo de Field, antes de ir al lago Emerald *(p. 136)*. Pasa la tarde remando en canoa o caminando por las rutas que rodean el lago turquesa, antes de registrarte en el Emerald Lake Lodge *(1 Emerald Lake Rd)*.

Día 13

Desde el lago Emerald llegas a Kelowna en cinco horas sin paradas, dejando tiempo de sobra para visitar alguna bodega en el valle del Okanagan *(p. 116)*. Después de recorrer los viñedos, reserva alojamiento en el Burrowing Owl, en Oliver *(p. 117)*. El hotel está rodeado de 56 ha de viñedos, con unas colinas color ocre de fondo y un excelente restaurante de estilo toscano.

Día 14

Dirígete en coche a Whistler por Kamloops. Para para comer en alguna de las dos ciudades y pon rumbo a Squamish. Es el lugar de donde sale el Sea to Sky Gondola, un espectacular paseo por encima de las montañas. Después de disfrutar de las maravillosas vistas, toma la célebre autopista montañosa Sea to Sky y pon rumbo al sur hasta el aeropuerto de Vancouver o hasta la ciudad *(p. 26)* para concluir este épico recorrido por Canadá.

Saltos de agua

Las Horseshoe Falls *(p. 204)*, las cataratas más espectaculares del Niágara, son sin duda el mayor reclamo natural del país, y la mejor época para visitarlas es entre abril y octubre, cuando el caudal de agua es mayor. En otros lugares, las estruendosas Athabasca Falls son de visita obligada en el Jasper National Park *(p. 138)*, mientras que las de Montmorency *(p. 287)*, en Quebec, pueden contemplarse en teleférico.

← El imponente espectáculo de las Horseshoe Falls al atardecer

CANADÁ Y LAS MARAVILLAS NATURALES

Debido a su gran extensión, Canadá abarca multitud de terrenos distintos y alberga algunos de los mejores espectáculos naturales del mundo. Desde el esplendor otoñal de sus vastos bosques hasta los gélidos lagos glaciares y las imponentes montañas, en todas las estaciones hay algo con lo que maravillarse.

TOP 4 CLAVES DEL ECOTURISMO

No salirse de las rutas
Para preservar los delicados entornos ecológicos.

Proteger las especies locales
Hay que evitar coger flores o llevarse piedras y arena.

Reducir el riesgo de incendio
Hogueras y barbacoas solo en las zonas designadas.

Respetar la fauna
Se debe observar desde la distancia.

↑ Colores de otoño en la costa arbolada del lago Superior

Los Grandes Lagos

Con sus fuertes vientos y oleaje, los lagos Superior *(p. 234)*, Míchigan, Hurón, Erie y Ontario a menudo parecen mares interiores. Aquí se puede practicar una gran variedad de deportes acuáticos, pero si se prefiere la tierra firme, una excursión por sus costas vírgenes es perfecta. Más arriba, las Rocosas albergan lagos glaciares de gran belleza, como el lago Louise *(p. 134)*.

Un litoral excepcional

Canadá tiene la costa más larga del mundo. Abrazando los océanos Atlántico, Pacífico y Ártico, este extraordinario litoral pone de relieve la enorme variedad de paisajes canadienses. El visitante puede relajarse en las arenosas playas de la isla Príncipe Eduardo *(p. 308)*, asombrarse ante la unión del hielo marino con las costas de la remota Tierra de Baffin *(p. 366)* o recorrer en bicicleta la ruta costera Cabot Trail *(p. 316)*, que serpentea alrededor de la isla Cape Breton.

↑ El pintoresco Cabot Trail serpentea alrededor de la isla Cape Breton

Cimas imponentes

Con 50 montañas de más de 3.048 m de altura y cinco parques nacionales, las Rocosas Canadienses son de visita obligada. Pero no son la única cordillera canadiense. En el este de Canadá, los impresionantes montes Laurentianos *(p. 300)* son una de las cadenas montañosas más antiguas del mundo.

→ Amanecer sobre las cumbres nevadas en Kananaskis Country, Alberta

Bosques ancestrales

Protegidos durante mucho tiempo por los pueblos indígenas, los bosques canadienses son increíblemente extensos. En la exuberante costa de la Columbia Británica *(p. 104)* hay bosques húmedos templados y en los bosques boreales del norte de Canadá deambulan caribúes salvajes. Con suerte, aquí también pueden verse auroras boreales.

← El antiquísimo y frondoso bosque de Cathedral Grove, en el MacMillan Provincial Park de la isla Vancouver

Ballenas a la vista
Hay salidas todo el verano desde la isla Vancouver *(p. 93)*, las Provincias Marítimas y Terranova. En Churchill *(p. 177)* es donde hay más posibilidades de ver belugas, conocidas como fantasmas blancos del norte. Los narvales, más raros, pueden encontrarse en las remotas aguas árticas *(p. 369)*.

←
Ballena jorobada en la Witless Bay Ecological Reserve, cerca de St. John's

CANADÁ Y LA FAUNA SALVAJE

Hay pocas cosas comparables con la emoción que produce ver en libertad a los impresionantes animales de Canadá. Su rica fauna la componen, entre otros, juguetonas nutrias marinas, enormes manadas de caribúes y especies amenazadas como la poderosa orca y el feroz glotón o carcayú.

Osos por todas partes
Canadá es uno de los pocos países del mundo donde se pueden ver osos polares en libertad. Churchill *(p. 177)* es como un imán para ellos y para los turistas. En los parques nacionales y en zonas remotas se pueden ver osos grizzly, negros y pardos. El Great Bear Rainforest, en la costa pacífica, es el único lugar donde sobrevive el llamado oso espíritu: un oso negro con un gen recesivo que hace que sea blanco.

¿Lo sabías?

Al castor americano, símbolo nacional de Canadá, los dientes nunca le dejan de crecer.

↑ Alce macho vagando bajo la nieve por los bosques del norte de Canadá

Alces poderosos

Se calcula que hay un millón de alces repartidos por Canadá, así que es bastante probable encontrarse con al menos uno de estos animales solitarios de hocico enorme y anchas cuernas. En algunas poblaciones rurales incluso vagan por las calles. Son muy abundantes en el Algonquin Provincial Park *(p. 218)*, donde se puede hacer un safari en kayak en busca de alces. Dado que son buenos nadadores, pueden aparecer junto a los kayaks en algún momento.

↑ Osos grizzly en la Columbia Británica y polares *(izquierda)* en la nieve, en Churchill

Águilas calvas

Más fácil de encontrar en la costa oeste, el águila calva, de cabeza y cola blancas, es la rapaz más grande de Canadá. En busca de las mejores oportunidades para verla, se puede ir al archipiélago de Haida Gwaii *(p. 124)*, que alberga una gran población. También se avistan comúnmente en la isla Cape Breton *(p. 316)*, en la costa atlántica.

→ Majestuosa águila calva posada en la rama de un árbol en Haida Gwaii

En busca de oro

La historia cobra vida cuando los niños prueban suerte con la batea, como los buscadores que en su día acudieron en masa al Yukón en busca de fortuna. Los lugares idóneos son Dawson City *(p. 358)*, bullicioso núcleo de la fiebre del oro del Klondike o la ciudad de Whitehorse *(p. 354)* para visitar el S.S. Klondike National Historic Site. También se organizan muchas actividades. Dawson City incluso acoge cada año el campeonato de bateo de oro en diversas categorías.

→ Un visitante entusiasta lavando oro en Fort Steele Heritage Town

CANADÁ EN FAMILIA

Los espectaculares paisajes de Canadá son como un parque infantil infinito y ofrecen una gran variedad de aventuras para toda la familia, desde seguir las huellas de los pioneros de la fiebre del oro hasta explorar parques temáticos. Para los días de lluvia, por todo el país hay museos que atesoran sorpresas.

Parques de atracciones

Se puede viajar al siglo XIX en el parque de atracciones del Heritage Park Historical Village *(p. 155)* de Calgary, con travesía en barco de vapor incluida. Para emociones más modernas están las montañas rusas de LaRonde, en el Parc Jean-Drapeau *(p. 254)*, o el West Edmonton Mall *(p. 166)*, que tiene su propio parque acuático y de atracciones y pista de hielo.

← El enorme barco pirata: una de las muchas atracciones del West Edmonton Mall

↑ Amanecer en las áridas *badlands*, donde se halla el Dinosaur Provincial Park

TOP 3 A LA CAZA DE FÓSILES

Dinosaur Provincial Park, Alberta
Uno de los yacimientos más ricos en fósiles, paraíso de los jóvenes buscadores de fósiles. Se puede participar en una visita guiada para aumentar las probabilidades de éxito.

Shouthampton, Ontario
Las orillas del lago Hurón se llaman playa del fósil por la cantidad de fósiles que afloran allí cada año.

Mistaken Point, Terranova
Este lugar declarado Patrimonio de la Humanidad por la Unesco alberga una de las colecciones mejor conservadas del mundo de fósiles del precámbrico.

La ruta de los dinosaurios

El Dinosaur Trail recorre el Valle de los Dinosaurios, dentro del Dinosaur Provincial Park *(p. 168)*. Se pueden ver esqueletos reconstruidos, antiguos fósiles y hacer visitas guiadas desde Field Station, que forma parte del Royal Tyrrell Museum *(p. 156)*. Su sección de dinosaurios es el paraíso: tienen un esqueleto de gorgosaurio, un *T-rex* y actividades de excavación para niños.

Festivales

En Canadá todos los festivales suelen organizar también actividades para niños, pero hay además eventos dedicados solo a ellos. Aparte de magos, música y payasos, el Canada Kids Festival de Toronto, en septiembre, organiza desfiles de moda y concursos de talentos. Vancouver celebra su propio International Children's Festival en mayo, con acróbatas, títeres , etc.

→ Colocando cintas de colores en el Vancouver International Children's Festival

Cocina internacional

Dada la diversidad de la población de Canadá, no es sorprendente que la oferta gastronómica sea tan variada. Desde los rollitos de papel de arroz vietnamitas a los consistentes *späetzle* (pasta) alemanes, en todo el país se sirve un increíble surtido de platos internacionales. Destacan la cocina mexicana y la comida asiática auténtica, así como recetas tradicionales del sur y el este de Europa.

→ El luminoso puesto de comida mexicana Los Tacos Hermanos, en Vancouver

CANADÁ PARA COMIDISTAS

Los paisajes de Canadá proporcionan productos frescos en abundancia y el rico mosaico cultural del país ha dado lugar a un panorama culinario variado. A las influencias británica y francesa se suman platos de caza indígena, comida asiática y cocina consistente del este de Europa.

Mercados mágicos

Los mercados de Canadá son un placer para los sentidos. En los agrícolas se apilan frutas y verduras, quesos artesanos y jarabe de arce; en los de comida se venden panes tradicionales y deliciosa comida callejera internacional. Visitar el mercado St. Lawrence *(p. 192)* en Toronto o en el Jean-Talon *(p. 250)* en Montreal es una experiencia inolvidable.

↑ Jean-Talon Market; *poutine* servida en un puesto en la calle *(arriba)*

Marisco de primera

Dos costas oceánicas y multitud de lagos y ríos garantizan marisco y pescado de agua dulce en abundancia. Destacan delicias como la sopa de almejas, los pastelitos de cangrejo, la langosta americana y el salmón. Aunque tampoco falta en todas partes el británico *fish and chips*. Fish Exchange *(351 Water St, St. John's)* y Rodney's Oyster House *(469 King St W, Toronto)* son excelentes lugares para comer marisco.

↑ Langosta americana bien fresca y ensalada templada de patata

TOP 5 PROBAR PLATOS CANADIENSES

Poutine
Originario de Quebec, se podría decir que este plato de patatas fritas, queso fresco en grano y salsa de carne es hoy el plato nacional.

***Bagels* de Montreal**
Son más pequeños que los típicos de Nueva York y se cuecen en horno de leña.

Pierogi
Esta especie de raviolis o empanadillas originarias del este de Europa se preparan con variedad de rellenos.

Bannock
Este pan horneado históricamente por los pueblos indígenas de América del Norte es hoy ingrediente fundamental de los menús modernos.

Butter Tarts
Pasteles simples y deliciosos. Se rellenan de mantequilla, azúcar y huevos, ¡y al horno!

↑ Lonchas de corazón de ciervo ahumado con huevos revueltos

Carne de caza

En Canadá los pueblos indígenas siempre han ahumado la carne para sobrevivir al invierno. Hoy, la carne de caza más humilde, como la del buey almizclero, el alce y el caribú se envía a los restaurantes del sur. El caribú ahumado de los inuit es una delicia muy popular. Se pueden comer carnes de primera en Mallard Cottage *(p. 338)* o Klondike Rib & Salmon *(2116 2nd Ave, Whitehorse)*.

Vino canadiense

Canadá produce algunos vinos excelentes a partir de cepas híbridas, gracias en gran parte a los vinicultores europeos que emigraron aquí. El delicioso vino de hielo, un vino de postre hecho con uvas que se congelan en la propia vid, es una especialidad de la península de Niágara *(p. 227)*. Otras regiones vinícolas son el valle de Annapolis, en Nueva Escocia, y el valle del Okanagan, en la Columbia Británica *(p. 116)*.

→

Uvas *shiraz*, usadas para producir vino tinto, en un viñedo del valle del Okanagan

CANADÁ Y SUS BEBIDAS TÍPICAS

En Canadá, sin duda, no se pasa sed. Además de los aclamados *whiskies*, vinos, cervezas y licores tradicionales, la nueva moda de las destilerías artesanales y el florecimiento de cervecerías que elaboran su propio producto están incorporando en la actualidad nuevos elixires a la lista de bebidas nacionales.

Unibroue
Para degustar la excepcional cerveza Fringante.
⌂ 80 Rue des Carrières, Chambly

Grizzly Paw Brewing
Aquí hay que pedir la Beavertail Raspberry Ale.
⌂ 622 8 St, Canmore

Yukon Brewing
Para probar la cerveza negra Midnight Sun.
⌂ 102 Copper Rd, Whitehorse

Cervezas artesanales

A las *lagers* favoritas de Canadá, Moosehead y Molson, se están sumando *ales* con chispa, *IPA* afrutadas, *stouts* dulces..., creaciones innovadoras de los cientos de cervecerías independientes que surgen por todo el país. Dos muestras: las *pilsners* de Steam Whistle Brewing *(255 Bremner Blvd, Toronto)* o la Iceberg Beer de Quidi Vidi Brewery *(35 Barrows Rd, St. John's)*.

Destilado artesanal

El característico *whisky* de centeno se destila en Canadá desde que llegaron los primeros inmigrantes. Hoy una nueva generación está usando patatas Yukon Gold, bayas de Saskatoon y otros ingredientes de producción local para destilar de modo artesanal ginebras, vodkas y otras bebidas. Ironworks Distillery, en Lunenburg *(p. 328)*, es un buen ejemplo.

→ Botella de ginebra y vaso de *gin tonic* en Ironworks Distillery

Coctelerías

De la mano del *boom* de las destilerías artesanales va el de las coctelerías con estilo. El Caesar (primo del Bloody Mary) o el cabezón Caribou son algunos cócteles tradicionales del país, pero se puede optar por una mezcla creativa con la creciente lista de licores artesanales. El Gotham Bar *(615 Seymour St)* y el Keefer Bar de Vancouver *(p. 27)* son ideales.

← Cóctel Caesar *on the rocks* con lima y gamba

↑ El elegante aspecto industrial de Quidi Vidi Brewery, en St. John's

↑ Disfrutando de una botella de vino en el Niagara Grape and Wine Festival

Festivales del vino

Los populares festivales del vino ofrecen una gran oportunidad para probar los vinos canadienses. Durante el Niagara Icewine Festival (ene), en St. Catharines, más de 40 bodegas ofrecen maridajes de vino y comida. En el Niagara Grape and Wine Festival (sep) se organizan desfiles.

Festivales a gogó

Canadá es famosa por la organización de festivales de música excepcionales. A lo largo del verano se puede bailar bajo las estrellas en docenas de eventos de varios días, donde se escucha a artistas consagrados y a promesas de todos los géneros. Algunos de los más populares son el Winnipeg's Folk Festival en julio, el Montreal's Osheaga Festival en agosto y el famoso Festival International de Jazz de Montréal, entre finales de junio y principios de julio.

→

Multitud de canadienses en el popular Festival Osheaga de Montreal, en un día soleado.

CANADÁ PARA LOS AMANTES DE LA MÚSICA

Canadá puede presumir de mucho talento musical, y hay para todos los gustos. Abundan los festivales de verano en todo el país, para disfrutar del sonido en la naturaleza. Las opciones cambian en invierno, con conciertos de música clásica en escenarios espléndidos, jazz en pequeños locales o las emocionantes canciones de los *chansonniers* del Canadá francés.

Escenarios increíbles

Canadá cuenta con increíbles escenarios históricos para escuchar a las estrellas musicales de hoy. Hay conciertos para todos los gustos. El Royal Alexandra Theatre de Toronto programa musicales de Broadway y recibe a concertistas de categoría mundial; es el teatro que lleva más tiempo funcionando en Canadá sin interrupción. En Vancouver se puede escuchar a ganadores de los Grammy en el Commodore Ballroom o pasar una velada con la orquesta sinfónica en el opulento Orpheum Theatre.

←

Público entusiasta en un concierto en el Commodore Ballroom de Vancouver

TOP 5 CANTANTES Y COMPOSITORES

Leonard Cohen
Este poeta convertido en cantante nació en Montreal.

Joni Mitchell
Mitchell es famosa por sus clásicos folk.

The Weeknd
Abel Makkonen Tesfaye, nacido en Toronto, ha ganado cuatro premios Grammy.

Drake
El rapero mundialmente conocido Aubrey Drake Graham es de Toronto.

Buffy Sainte-Marie
De origen cree, es la primera persona indígena que ha ganado un Óscar.

Chansonniers

Las raíces de los *chansonniers*, trovadores del Canadá francés, están en la música tradicional de los primeros colonos europeos. Ya sean alegres o melancólicas, sus canciones sencillas y evocadoras suelen tratar sobre el amor. En los bares de Quebec capital se puede escuchar una buena muestra.

→

El legendario *chansonnier* Félix Leclerc actuando con su guitarra

Amantes del jazz

A los canadienses les encanta el jazz y pueden escucharlo en docenas de escenarios, como el bar del histórico Hotel Clarendon *(57 Rue Sainte-Anne)* en Quebec o el elegante Jazz Bistro *(251 Victoria St)* de Toronto. Hay además más de 20 festivales de jazz, muchos de ellos internacionales.

→

Trombonista de jazz divirtiendo al público en Montreal

Hora de remar

Tanto yendo solo como uniéndose a un grupo con guía, lo más difícil de remar en Canadá será elegir dónde hacerlo. Algunos lugares excepcionales son Thousand Islands *(p. 220)* -donde se puede observar una fauna esquiva en un decorado de curiosos castillos repartidos en islotes- y el Fundy National Park *(p. 330)*, cuyas mareas altas ofrecen aventuras espectaculares en kayak de mar.

↑ La canoa avanza envuelta por los colores otoñales del Algonquin Park, Ontario

CANADÁ Y LOS DEPORTES DE AVENTURA

Desde sus ríos gélidos y torrentosos hasta sus accidentadas cumbres, Canadá es un paraíso para los entusiastas de los deportes en la naturaleza. Sean cuales sean sus preferencias, coger olas o buscar emociones en tierra firme, los espíritus aventureros encontrarán multitud de estímulos en los impresionantes paisajes de este país.

Sobre dos ruedas

En verano, las pistas de esquí se convierten en espléndidas rutas para bicicleta de montaña en Whistler *(p. 114)* y otras estaciones de las Montañas Rocosas. Con un grupo de ciclistas o por cuenta propia, en el monte Grouse *(p. 90)*, a las afueras de Vancouver, se puede disfrutar de las vistas de la ciudad, la costa y los montes Columbia.

← Impresionante ruta para bicicleta de montaña en la Columbia Británica

Aguas muy bravas

Los torrentosos ríos de Canadá son ideales para los entusiastas de las aguas bravas. Los principiantes deberían probar el rafting en los rápidos relativamente suaves del río Slave entre Fort Smith y Fort Fitzgerald, en los Territorios del Noroeste. A los más intrépidos les aguardan los rápidos del Ottawa River Provincial Park, o el río Shubenacadie en Nueva Escocia: los macareos crean aquí unas condiciones únicas para el rafting.

↑ Disfrutando del rafting en los rápidos de un río de montaña

Surf de este a oeste

En Canadá, las mejores condiciones para el surf se dan en la costa occidental. Pero los más expertos disfrutarán en la Pacific Rim National Park Reserve y en la localidad de Tofino *(p. 102)*, con fama de ser el mejor lugar de surf del país. En la costa atlántica, la playa de White Point *(p. 318)* es una de las muchas populares para surfear en Nueva Escocia.

← Un surfista buscando el equilibrio en las olas artificiales del río Kananaskis, Alberta

TOP 4 SENDERISMO EN CANADÁ

Meewasin Valley Trail
Popular ruta ribereña en Saskatoon.

West Coast Trail
Ruta en la isla Vancouver que sigue sendas usadas por los pueblos indígenas *(p. 104)*.

Bruce Trail
Desde Niágara hasta Tobermory, es la ruta balizada más antigua y más larga de Canadá.

International Appalachian Trail
Empieza en la frontera de Estados Unidos y sigue hasta una isla frente a la costa de Labrador.

↑ Disfrutando del padelsurf en un lago de Alberta

El equilibrio a prueba

Los plácidos lagos y ríos de Canadá son perfectos para practicar padelsurf. Hay alquileres para principiantes y expertos en muchos de los lugares más pintorescos, como el Algonquin Provincial Park de Ontario *(p. 218)* y el Banff National Park *(p. 132)*, en las Rocosas Canadienses.

TOP 3

PATINAJE AL AIRE LIBRE

Rideau Canal
El desplome de las temperaturas transforma esta vía de agua en el Rideau Canal Skateway, la pista de hielo más larga del mundo *(p. 220)*.

Harbourfront Centre
A partir de noviembre, el Harbourfront Centre de Toronto *(p. 198)* abre una pista de hielo con vistas al lago Ontario.

Grouse Mountain
El entorno de la pista del monte Grouse *(p. 90)* es imbatible: no se pueden hacer piruetas en un escenario más bonito.

Pistas para patinar

Los que quieran abrocharse los patines y hacer piruetas en el hielo tienen pistas cubiertas y al aire libre, a menudo con música, en parques y plazas de todo el país, como en el Toronto City Hall *(p. 188)* o en Assiniboine Park, en Winnipeg *(p. 165)*. Y después, un chocolate caliente para entrar en calor.

Patinando sobre hielo en la pista de Nathan Phillips Square, en Toronto ↑

CANADÁ EN INVIERNO

La nieve garantizada y un terreno espectacular convierten a Canadá en un destino ideal para los amantes de los deportes de invierno. Solo hay que afrontar las gélidas temperaturas y sumergirse en este increíble paisaje, ya sea para lanzarse por las pistas de esquí, explorar los bosques con raquetas o disfrutar de un veloz viaje en un trineo tirado por perros.

Hora de esquiar

Fantásticas pistas de nieve polvo, recorridos desafiantes y un paisaje espectacular hacen que las Rocosas Canadienses sean un destino de esquí con fama mundial. Whistler Blackcomb *(p. 114)* es la estación más grande de toda Norteamérica; aquí la presencia del glaciar Horstman permite practicar esquí y snowboard todo el año. Los montes Laurentinos, en Quebec *(p. 300)* también son excelentes para esquiar en el este del país.

← Un esquiador se desliza con elegancia ladera abajo

↑ Con raquetas por un valle del Kootenay National Park

Con raquetas

La de las raquetas para la nieve es una imagen emblemática de Canadá y el país está trenzado con ellas. Entre las rutas predilectas están la Logging Museum Trail, en Algonquin *(p. 218)*, la March Loop Trail, en Banff National Park *(p. 132)* y la Paint pots Trail, en el Kootenay National Park *(p. 144)*.

Deporte nacional

Velocidad, habilidad y disputas ocasionales: el hockey sobre hielo, el deporte de invierno oficial de Canadá, es emocionante de ver. Y es enormemente popular: cada ciudad tiene su *rink* y su equipo. Hay que reservar para ver a los equipos de las siete grandes ciudades.

→ Partido de hockey en Quebec, con el *rink* repleto de público *(arriba)*

Tótems tradicionales

Son propios solo del Pacífico Noroeste. En troncos de tuya gigante se realizan complejas tallas y se pintan de colores vivos. Los tótems representan animales y seres sobrenaturales y son auténticas obras de arte tradicional. Pueden narrar una leyenda, registrar el ancestro de alguien o conmemorar un evento. El Canadian Museum of History *(p. 284)* cuenta con una amplia colección de tótems.

←

Magníficos tótems tallados y máscaras de vivos colores

CANADÁ Y LA CULTURA INDÍGENA

Los inuit, los métis y las Naciones Originarias han aportado a Canadá un rico patrimonio cultural. Se puede apreciar en su arte, desde los imponentes tótems hasta las vivas pinturas actuales; en la ceremonia de los *pow wow* y en las evocadoras melodías de sus estilos musicales únicos.

Esplendor ceremonial

Los *pow wow* son animadas celebraciones de la cultura indígena, con muestras espectaculares de adornos ceremoniales, tambores, danzas, cantos, narración de historias y artesanía. Se celebran en todo el país y asisten tribus de toda América del Norte. Uno de los más grandes es el Kamloopa Powwow, que tiene lugar cada verano en Kamloops, en la Columbia Británica *(p. 122)*.

→

Bailarina con un elaborado traje en el Kamloopa Powwow

Arte contemporáneo

Aunque arraigado en la tradición, el arte indígena actual es audaz, apasionante y a menudo político. Un ejemplo son los cuadros de Daphne Odjig (1919-2016) y las esculturas del artista haida Bill Reid (1920-1998), expuestas en la Bill Reid Gallery de Northwest Coast Art *(639 Hornby St, Vancouver)*.

TOP 3 **COLECCIONES CULTURALES**

The Royal British Columbia Museum
Posee una buena colección de máscaras ceremoniales en la First Peoples Gallery *(p. 100)*.

McMichael Canadian Art Collection
La fascinante sección indígena de este museo *(p. 197)* se centra en el arte contemporáneo de las Naciones Originarias y los inuit.

Museum of Anthropology at UBC
Entre la inmensa colección de arte y objetos de los pueblos indígenas del Pacífico Noroeste se encuentran casas haida y tótems *(p. 84)*.

The Spirit of Haida Gwaii, escultura de jade de Bill Reid, en el Vancouver International Airport

Intérpretes de canto de garganta en el Manito Ahbee Festival

Música indígena

En eventos como el Manito Ahbee Festival en Winnipeg y el Indigenous Arts Festival de Toronto, se puede escuchar el canto de garganta, una fascinante forma musical única de la cultura inuit que interpretan en tándem dos mujeres que imitan los sonidos de la naturaleza. La cantante Tanya Tagaq es una de las artistas indígenas jóvenes que fusionan géneros tradicionales y populares con gran efecto. DJ Shub mezcla tambores y cantos de *pow wow* con éxitos de música electrónica.

RESTITUCIÓN DE OBJETOS

Los museos de Canadá colaboran con los pueblos indígenas en la devolución de objetos tribales valiosos que poseen gran significado espiritual y emocional. Algunos se han entregado a descendientes de sus dueños originales, otros se han asignado al empleo en ceremonias sagradas o bien se usan como inspiración para artistas y artesanos.

Arte para llevar
Si el aficionado al arte quiere llevarse un trozo de Canadá a casa, está de suerte, muchas galerías venden obras locales. Las más populares son la Galerie Art Inuit Brousseau *(p. 273)*, en Quebec; la Roy Henry Vickers Gallery *(p. 102)*, en Tofino, y Art Interiors *(www.artinteriors.ca)*, en Toronto. Esta última tiene obras a la venta desde 25 $.

→ Arte en venta en la conocida Galerie Art Inuit Brousseau, Quebec

CANADÁ PARA LOS AMANTES DEL ARTE

Los creadores canadienses causan sensación en el mundo del arte contemporáneo, al tiempo que preservan las tradiciones de su pasado. Adentrarse en la escena artística del país es descubrir tallas inuit, obras maestras de inspiración europea y esculturas modernas, tanto dentro como fuera de las galerías.

Arte callejero contemporáneo
Las ciudades canadienses están repletas de coloridos murales. En Vancouver los visitantes pueden mezclarse con los creadores en el animado Vancouver Mural Festival *(www.vanmuralfest.ca)*, que se celebra en agosto. En Toronto la Graffiti Alley muestra un ecléctico tapiz de arte callejero. StreetARToronto *(www.streetartoronto.ca)* ofrece un mapa con otros murales urbanos.

Murales modernos y dinámicos cubren los edificios de Vancouver ↑

Esculturas asombrosas

Los pueblos indígenas de Canadá destacan por su prolífica producción escultórica. Las comunidades inuit llevan miles de años creando estatuillas, mientras que en la costa noroeste son famosos los tótems, muchos de los cuales se encuentran en los alrededores de Vancouver. Esta ciudad de la costa oeste también alberga la *Orca Digital* pixelada del artista canadiense Douglas Coupland y más al interior Winnipeg acoge el Leo Mol Sculpture Garden *(p. 165)*, que cuenta con obras del artista ucraniano-canadiense.

← Esculturas rodeadas de agua en el Leo Mol Sculpture Garden, Winnipeg

EL GRUPO DE LOS SIETE

Entre 1920 y 1931 el Grupo de los Siete fundó un movimiento artístico nacional característico, basado en el amor por la belleza natural de su país. Estos pintores, entre los que estaban J. E. H. MacDonald, Lawren Harris, A. Y. Jackson y Frank Johnston, usaban colores luminosos y pinceladas visibles para pintar sus paisajes favoritos de Nueva Escocia, Ontario y Quebec. La Art Gallery of Ontario, en Toronto *(p. 182)*, exhibe una amplia muestra de sus obras.

TOP 3 ARTISTAS CANADIENSES

Bill Reid
La obra de este artista haida (1920-1998), que dio a conocer el arte indígena de la costa noroeste, se puede admirar en la Bill Reid Gallery *(www.billreidgallery.ca)*.

Emily Carr
La Vancouver Art Gallery *(p. 86)* alberga una gran colección de las mejores pinturas de Carr (1871-1945).

Tom Thomson
Muchos de los coloridos paisajes de Ontario de Thomson (1877-1917) se encuentran en la National Gallery of Canada *(p. 214)*.

↓ Admirando obras de Emily Carr en la Vancouver Art Gallery

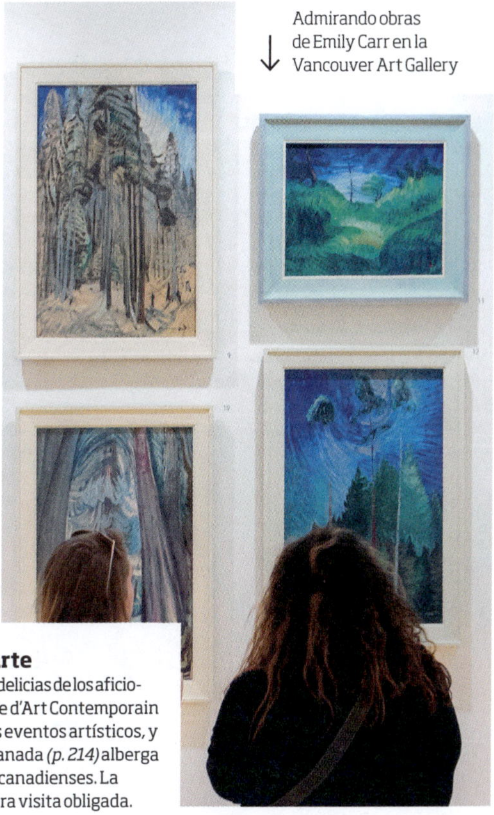

Espléndidas galerías de arte

Las galerías canadienses hacen las delicias de los aficionados al arte. En Montreal el Musée d'Art Contemporain de Montréal *(p. 244)* acoge muchos eventos artísticos, y en Ottawa la National Gallery of Canada *(p. 214)* alberga una colección de obras de artistas canadienses. La Vancouver Art Gallery *(p. 86)* es otra visita obligada.

Sabores de Francia
La cocina francocanadiense ha evolucionado desde sus raíces francesas hasta desarrollar un carácter propio. Los pasteles de carne consistentes son una de sus especialidades; el *cipaille (sea-pie)* se compone de capas de carne de caza o pescado bajo una masa crujiente, y la *tourtière* está rellena de ternera picada sazonada con clavo. En Montreal la Binerie Mont-Royal *(367 Mont-Royal Ave E)* sirve *tourtière* en porciones. Se puede disfrutar de especialidades francesas como el tartar de ternera en Entre-Côte Riverin *(p. 287)*, en Chicoutimi, o la sopa de cebolla en el Pub l'Oncle Antoine, en la ciudad de Quebec *(p. 267)*.

→

Un restaurante francocanadiense en Vieux-Montréal

LA HERENCIA FRANCESA

Los colonos franceses crearon el primer asentamiento europeo estable en Canadá. Su legado cultural sigue muy vivo: el francés canadiense se habla extensamente en esta nación con dos idiomas y la influencia gala se deja sentir también en muchos edificios públicos y en deliciosos platos.

En français
Con el tiempo, el francés de Canadá ha desarrollado características que lo distinguen del que se habla en Europa. Se escuchan dialectos distintos en Quebec *(p. 276)*, el mayor territorio francófono del mundo, y en New Brunswick *(p. 330)*, donde viven los descendientes de los acadienses. En los barrios populares, como el Plateau Mont-Royal de Montreal, se habla un dialecto callejero llamado *joual*, informal, lleno de argot y salpicado de anglicismos.

←

Cartel en francés que anuncia una galería de arte en Vieux-Montréal

TOP 4

CIUDADES FRANCO-CANADIENSES

Quebec capital
Con su aire parisino, esta ciudad *(p. 260)* es el alma del Canadá francés.

Montreal
Quienes residen en esta ciudad bilingüe *(p. 238)* descienden en su mayor parte de franceses.

Ottawa
En la capital de Canadá *(p. 210)* se hablan el inglés y el francés.

Winnipeg
Con el barrio de St. Boniface *(p. 162)*, es la 2ª comunidad francófona más grande de Canadá fuera de Quebec.

→

Bailarinas ataviadas para celebrar el día de Saint-Jean-Baptiste en Montreal

Raíces religiosas

En las provincias de Quebec y New Brunswick, hay iglesias de piedra enormes en pequeñas aldeas. El legado de sus fundadores católicos otorga a pueblos como Val-Morin un encantador ambiente francés. El 24 de junio, día de Saint-Jean-Baptiste, es festivo en Quebec y muchas comunidades francesas lo celebran con desfiles tradicionales.

Arquitectura francesa

Las ciudades del este de Canadá se construyeron al estilo europeo. El emblemático Fairmont Le Château Frontenac *(p. 270)*, que se alza imponente en el casco antiguo de Quebec, recuerda a un castillo francés. El Hôtel de Ville, de estilo Segundo Imperio, y la espléndida Basilique Notre-Dame-de-Montréal *(p. 242)* aportan un estilo europeo a Montreal.

→

Fairmont Le Château Frontenac, con su tejado de cobre, iluminado al atardecer

Bonitas bibliotecas

Canadá cuenta con bibliotecas de asombrosa arquitectura. La Vancouver Public Library es una versión ultramoderna de un coliseo romano, que cuenta además con restaurantes y un jardín en la azotea. En Quebec, una antigua iglesia se transformó de forma increíble en un luminoso espacio para la lectura en la Maison de la Littérature *(p. 260)*.

←

La luminosa Maison de la Littérature en Quebec

CANADÁ Y LA LITERATURA

El rico patrimonio literario de Canadá incluye desde escritores adorados por los niños hasta autores ganadores de los premios literarios más importantes. Las bibliotecas y los festivales literarios son buenos lugares para seguir los pasos de aclamados novelistas cuyas obras se convirtieron en grandes éxitos de las pantallas.

Aquellas tardes en Avonlea

El encanto pastoral de la isla Príncipe Eduardo cobró vida en el superventas de Lucy Maud Montgomery's (1874-1942) *Ana de las Tejas Verdes*, hoy un clásico infantil. Se puede visitar el Anne of Green Gables Museum en Kensington, o lo que queda de la sencilla casa donde creció Montgomery y la granja Green Gables Heritage Place, en Cavendish, que inspiró sus historias *(p. 309)*.

TOP 4 ESCRITORES CANADIENSES

Alice Munro (n. 1931)
Es una de las mejores autoras de cuentos de todos los tiempos. Ganó el Premio Nobel de Literatura en 2013.

Margaret Atwood (n. 1939)
Famosa por su distopía *El cuento de la criada* (1985), en el año 2000 ganó el Booker Prize por *El asesino ciego*.

Michael Ondaatje (n. 1943)
Su drama bélico *El paciente inglés* (1992) fue un superventas que se adaptó para el cine y ganó nueve Óscars.

Yann Martel (n. 1963)
Nacido en España, Martel ganó el Man Booker Prize 2002 por su novela *La vida de Pi*, llevada al cine con éxito.

El rincón de los poetas de Canadá

En Fredericton *(p. 322)* nacieron y vivieron Bliss Carman (1861-1929), *sir* Charles G. D. Roberts (1860-1943) y Francis Joseph Sherman (1871-1926), y la belleza de New Brunswick fue un tema común en sus poemas. Se conserva la casa natal de Carman y se pueden visitar la University of New Brunswick (donde se graduaron tanto Carman como Roberts) y el Forest Hill Cemetery, donde yacen los restos de los tres poetas.

↑ El otoño de New Brunswick inspiró a algunos de los mejores poetas canadienses

↑ Anne of Green Gables Museum en Kensington, en la isla Príncipe Eduardo

Festivales literarios

Entre los muchos encuentros literarios de Canadá destaca el Winnipeg International Writers Festival, conocido como Thin Air. Durante una semana en otoño, escritores de todo el mundo y estrellas de la literatura canadiense se reúnen para hacer lecturas y charlas, y hay talleres de escritura y otros eventos. Otros festivales importantes son el Calgary's Wordfest y el Vancouver Writers Festival, ambos celebrados en octubre.

→ La actriz y cómica Lilly Singh en el Wordfest de Calgary

Hacia lo salvaje

Quienes quieran hacerse eco del épico viaje de Leonardo DiCaprio en *The Revenant* (2015) deben dirigirse a Kananaskis Country *(p. 145)*, donde se rodaron muchas de las escenas nevadas de la película. La zona también cobró fama por otra película premiada: *Brokeback Mountain* (2005), del director Ang Lee. Aquí se rodaron las escenas del campamento, en Moose Mountain y Mount Lougheed.

←

Jake Gyllenhal ante uno de los abruptos paisajes que pueblan *Brokeback Mountain*

CANADÁ EN EL CINE

Tanto si se quiere rodar una aventura al aire libre como un elegante drama urbano, los espectaculares paisajes y las ciudades multiculturales de Canadá son un reclamo para los cineastas. Aquí se pueden seguir los pasos de las estrellas del cine y la televisión a través de magníficos entornos.

Cine indígena

Cineastas de las comunidades de las Naciones Originarias, métis e inuit han sacado el máximo partido de los bellos paisajes. Dirigida por el cineasta inuit Zacharias Kunuk, *Atanarjuat: la leyenda del hombre veloz* (2001) se rodó en los fríos parajes de Igloolik, una aldea de Nunavut. En cuanto a *Falls Around Her* (2018), de Darlene Naponse, se rodó en las tierras de Atikameksheng Anishnawbek, una Nación Originaria de Ontario.

→

Escena de *Atanarjuat: la leyenda del hombre veloz*, de Zacharias Kunuk

¿Lo sabías?

Las escenas de la expedición submarina de *Titanic* (1997) se rodaron en Halifax, donde están enterradas muchas de las víctimas.

¿Toronto o Nueva York?

Aunque el episodio piloto de *Suits* (2012-2019) se rodó en Nueva York, la mayor parte de la serie se filmó en Toronto: el equipo utilizó falsos puestos de perritos calientes y taxis amarillos para recrearlo. La película de terror *American Psycho* (2000) también recreó Toronto como Nueva York, con escenas en el Consort Bar del Omni King Edward Hotel *(www.omnihotels.com)*.

↑ El famoso Omni King Edward Hotel donde se rodó *American Psycho*

Rodado en Vancouver

Vancouver, el mayor centro de producción cinematográfica de Canadá, aparece con frecuencia en la pantalla. La ciudad fue la base de operaciones de la epopeya de ciencia ficción *Sobrenatural* (2005-2020) y también apareció en la segunda temporada de *Yellowjackets* (2021-).

← Sophie Thatcher en *Yellowjackets*, una vibrante serie de televisión sobre un equipo aislado en la naturaleza

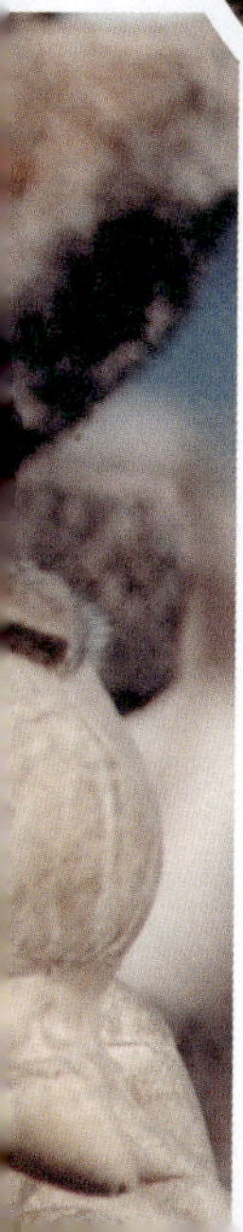

En el Canadá francés

Las ciudades francocanadienses también han brillado en la gran pantalla. El director Steven Spielberg realizó su propia estafa cinematográfica en el drama policíaco *Atrápame si puedes* (2002) al sustituir Francia por localizaciones de Quebec. Lo que supuestamente es la plaza de Montrichard, en el valle del Loira, es en realidad Notre Dame des Victoires, en Quebec *(p. 260)*. El director Denis Villeneuve rodó muchas películas en Montreal, como *Maelström* (2000).

→ Tom Hanks en el rodaje de una escena de *Atrápame si puedes* en Canadá

UN AÑO EN CANADÁ

ENERO

△ **Ice Wine Festivals** *(med-fin ene).* En el valle del Okanagan (Columbia Británica) y en la península de Niágara (Ontario) se celebra todo lo relacionado con el vino de hielo y se organizan múltiples catas.

FEBRERO

△ **Winter Carnival** *(8-17 feb).* Eventos al aire libre como esculturas de hilo, una carrera en canoa cruzando el río San Lorenzo y fiestas en Quebec capital.

Año Nuevo chino *(feb, en función del Zodiaco chino).* Dragones, fuegos artificiales y comida en Toronto, Calgary, Ottawa y Montreal, aunque la mayor celebración se hace en Vancouver.

MAYO

△ **Canadian Tulip Festival** *(med may).* Se puede andar de puntillas entre el millón de tulipanes que tapiza Ottawa y gozar de la locura.

Stratford Festival *(may-nov).* Excelentes representaciones de obras de Shakespeare y de otros autores en Stratford.

JUNIO

Pride Toronto *(jun).* Una divertida, enloquecida y vistosa celebración de la comunidad LGTBIQ+, con 50 eventos programados a lo largo de 24 días.

△ **National Indigenous Peoples Day** *(21 jun).* Este día reconoce y homenajea a las culturas y las contribuciones de las Naciones Originarias, inuit y métis en todo Canadá.

SEPTIEMBRE

△ **Toronto International Film Fest** *(med sep).* Diez días en los que actores, directores, *paparazzi* y público asisten a este prestigioso festival de cine en el centro de Toronto.

OCTUBRE

△ **Celtic Colors** *(prin oct).* En este festival de nueve días participan comunidades de todo Cape Breton para celebrar su rica cultura celta.

MARZO

△ **Snowking's Winter Festival** *(mar).* Llega la primavera y en Yellowknife se celebra con espectaculares esculturas de nieve y música.

ABRIL

△ **World Ski & Snowboard Festival** *(prin abr).* Público, esquiadores extremos y de velocidad pasan 6 días entre deportes energéticos y cultura alpina en Whistler, en la Columbia Británica.

Toonik Tyme *(med abr).* Este festival de una semana en Iqaluit incluye construcción de iglúes, juegos tradicionales y banquetes comunitarios.

JULIO

△ **Canada Day** *(1 jul).* En todas las provincias se celebra el aniversario del país con desfiles, conciertos, barbacoas y fuegos artificiales.

Calgary Stampede *(med jul).* Más de un millón de visitantes sacan al vaquero que llevan dentro para celebrar todo lo relacionado con el Oeste.

Vancouver Folk Music Festival *(3er fin de semana jul).* Desde 1978, han pasado una gran cantidad de músicos por este festival, con varios escenarios en el Jericho Beach Park.

AGOSTO

Halifax Busker Festival *(prin ago).* Los mejores artistas callejeros del mundo actúan cada año en este festival lleno de diversión.

Fringe Festival *(med ago).* Artistas de renombre internacional representan obras de teatro y producciones originales de calidad en Edmonton.

△ **Folklorama** *(med ago).* Festival multicultural con comida, actuaciones y arte que se desarrolla durante dos semanas en Winnipeg.

NOVIEMBRE

△ **Royal Agricultural Winter Fair** *(prin-med nov).* La feria agrícola interior más grande del mundo acoge el Royal Horse Show y el Winter Garden Show en el Exhibition Place, Toronto.

Santa Claus Parade *(3er do).* Más de 500.000 personas asisten en el centro de Toronto a la cabalgata infantil más larga de Norteamérica, de las más antiguas del mundo.

DICIEMBRE

△ **Winter Festival of Lights** *(prin nov-31 ene).* Exhibiciones de luces deslumbrantes y eventos para recibir la Navidad en Niagara Falls, Ontario.

UN POCO DE HISTORIA

El inmenso y diverso paisaje de Canadá ha cautivado y desafiado a los nuevos colonos durante siglos. Primero estaban los pueblos indígenas, después los ingleses y los franceses, que se apoderaron de inmensas franjas de tierra. Aunque perviven luchas derivadas de su pasado, Canadá se esfuerza en la actualidad por convertirse en un modelo de tolerancia y multiculturalidad.

Desde 12000 a. C.

Al final de la última glaciación, la tierra congelada que unía Siberia con Alaska posibilitó una migración desde Asia hacia el territorio norteamericano, cubierto por la capa de hielo Laurentino. Cuando el hielo se fundió, tribus nómadas se desplazaron hacia el este para llegar a lo que hoy conocemos como Canadá. Algunos se enfrentaron al Ártico y sobrevivieron a base de focas y morsas, mientras que otros siguieron hacia el sur y el este y cultivaron y pescaron en campamentos estacionales y mantuvieron manadas de bisontes. Pese a su dispar estilo de vida, las Naciones Originarias compartían una creencia común: formaban parte de la naturaleza, pero no la poseían.

1 Mapa del río San Lorenzo, datado en 1632. ↑

2 Algonquinos levantando un *wigwam*.

3 Encuentro de J. Cartier en 1535 con una tribu de las Naciones Originarias.

4 Intercambio de pieles por otros bienes en la bahía de Hudson.

Cronología

30000-10000 a. C.

Cazadores nómadas llegan a Norteamérica desde Asia por una lengua de tierra.

9000 a. C.

Los pueblos indígenas llegan por el sur al menos hasta el río Eramosa, cerca del actual Guelph (Ontario).

986

El vikingo Bjarni Herjolfsson, que navega de Islandia a Groenlandia, es el primer europeo que avista Labrador.

1000

La colonia comercial del vikingo Leif Ericson establecida en Terranova es abandonada al cabo de solo dos años.

1497

Primer viaje de Giovanni Caboto a América del Norte.

2

3

4

Las invasiones europeas

Los vikingos llegaron a las costas atlánticas de Canadá en torno al año 1000. Fundaron una colonia llamada Vinland, pero al encontrar resistencia en los pueblos indígenas, la abandonaron poco menos de dos años después. No fue hasta 1497 cuando regresaron los europeos, con el navegante italiano Giovanni Caboto, que reclamó Terranova en nombre del rey Enrique VII de Inglaterra.

El interés de Francia por Canadá y su abundancia de recursos naturales comenzó en el siglo XVI. Aunque no logró fundar una colonia permanente, Jacques Cartier reclamó para Francia la península de Gaspe en 1534, lo que desencadenó el nacimiento de Nueva Francia: el inmenso territorio de América del Norte colonizado por los franceses. En 1608 Samuel de Champlain consiguió construir el primer asentamiento permanente en Nueva Francia, en la actual ciudad de Quebec.

Durante el siglo XVII los comerciantes de pieles con base en Quebec compitieron con la Hudson's Bay Company, británica. En el siglo XVIII la tensión se acrecentó cuando en Europa estallaron las hostilidades entre franceses e ingleses por el Atlántico. En 1759 los franceses fueron derrotados en la batalla de las Llanuras de Abraham, lo que supuso la desaparición de Nueva Francia.

THE HUDSON'S BAY COMPANY

En 1610 el viajero inglés Henry Hudson llegó a la bahía que aún lleva su nombre. Fundada en 1670, recibió autorización del rey Carlos II de Inglaterra para controlar las vías navegables que desembocaban en la bahía, lo que le reportó el monopolio del comercio de pieles en la zona (conocida como Rupert's Land) y operó como gobierno de facto.

1534

Jacques Cartier remonta el río San Lorenzo.

1542

Cartier escucha a prisioneros indígenas pronunciar la palabra iroquí *kanata*, que significa 'pueblo' y acaba convirtiéndose en Canadá.

1610

Henry Hudson explora la bahía de Hudson.

1676

La población de Nueva Francia aumenta hasta 8.500 habitantes.

1774

El Acta de Quebec otorga a los colonos franceses el derecho a una lengua y una religión propias.

1

2

Dominio británico

En ese momento Canadá estaba bajo el control exclusivo británico. Nueva Francia se convirtió en la Provincia de Quebec, pero las tensiones anglo-francesas pervivieron, exacerbadas por la religión: los ingleses eran sobre todo protestantes y los franceses católicos. La situación culminó en 1791 con la división de la Provincia de Quebec en Alto Canadá (actualmente Ontario) y Bajo Canadá (la actual Quebec), francófona. En 1840 las dos colonias volvieron a unirse en la Provincia de Canadá. El 1 de julio de 1867 la Provincia de Canadá, Nueva Escocia y New Brunswick se unieron para formar el Dominio de Canadá, un país unido bajo el régimen británico. La Columbia Británica decidió unirse en 1871 y la isla Príncipe Eduardo, en 1873.

Sin embargo, la confederación no supuso armonía absoluta. Cuando el dominio adquirió Rupert's Land (la zona circundante a la bahía de Hudson) a la Compañía de la Bahía de Hudson, el pueblo métis (descendiente sobre todo de comerciantes de pieles franceses y pueblos indígenas) se alarmó ante la previsible influencia de los colonos ingleses. En 1869 el dirigente local Louis Riel encabezó el primero de dos levantamientos, tras el cual se creó la nueva provincia de Manitoba.

EL FERROCARRIL CLANDESTINO

A principios del siglo XIX un grupo de abolicionistas estableció rutas de huida, aprovechando las vías del ferrocarril de EE. UU. a Canadá, donde los esclavizados que escapaban podían encontrar la libertad. Más de 30.000 personas consiguieron cruzar la frontera antes de que en 1865 se aprobara la 13ª enmienda a la Constitución estadounidense, que prohibía definitivamente la esclavitud.

Cronología

1841
Un Acta de Unión reúne Alto y Bajo Canadá en la Provincia de Canadá.

1855
La reina Victoria designa a Ottawa capital de la Provincia de Canadá.

1870
Se crea la provincia de Manitoba tras la rebelión del Río Rojo.

1874
H. Woodward y M. Evans, inventores canadienses, venden su patente de bombilla eléctrica a Thomas Edison.

1885
Queda terminado el ferrocarril transcontinental.

3

La fiebre del oro del Klondike

Se había luchado mucho tiempo por los recursos naturales de Canadá, pero la rivalidad alcanzó tintes de fiebre cuando en 1896 se encontró una gran pepita de oro en el río Klondike. Los dos años posteriores, al menos 100.000 buscadores partieron para encontrar oro en la región y proliferaron ciudades a lo largo de todo el río para sustentar a estos buscadores de fortuna. En 1898 se creó el territorio del norte del Yukón para garantizar la jurisdicción de Canadá sobre las tierras del oro.

Nacimiento de una nación

Cuando la riqueza afluyó al este de Canadá como consecuencia de la fiebre del oro y la creciente industrialización, la economía del país prosperó y atrajo a un flujo continuo de inmigrantes europeos. Al mismo tiempo, el primer ministro canadiense, *sir* Wilfrid Laurier, promovió la colonización del oeste, que enseguida se convirtió en un próspero núcleo agrícola. En 1905 se crearon las provincias occidentales de Saskatchewan y Alberta, así como los Territorios del Noroeste. Ahora Canadá abarcaba desde el Yukón y la Columbia Británica, en el este, hasta Quebec y Nueva Escocia, en el oeste, pero Terranova se resistiría a unirse a ese territorio hasta 1949.

1 Primera sesión del Parlamento del Dominio de Canadá en 1867. ↑

2 Rebelión del pueblo métis en 1885.

3 Pioneros buscando oro en el Klondike en 1899.

¿Lo sabías?

Aunque sin éxito, Canadá fue invadida por Estados Unidos dos veces: en 1775 y en 1812.

1886

Se halla oro en el río Forty-Mile.

1894

Se hacen obligatorias las escuelas para niños indígenas en régimen de internado.

1896

George Carmack, Tagish Charlie y Snookum Jim se hacen ricos en el río Klondike.

1897

Los vapores procedentes de Alaska llevan la noticia del oro a San Francisco y Seattle: se desata una frenética fiebre del oro.

1900

El inventor de Quebec Reginald Aubrey Fessenden hace la primera retransmisión por radio sin cable.

1

2

La escena mundial

Al formar parte del Imperio británico, Canadá envió tropas a combatir en la Primera Guerra Mundial. Los soldados canadienses fueron los héroes de dos batallas importantes, en Ypres (1915) y en Vimy Ridge (1917), y el consiguiente patriotismo alimentó un estruendoso movimiento de independencia. Convencido de que el país se había empleado a fondo en los campos de batalla europeos, el primer ministro Robert Borden reclamó en 1919 que Canadá tuviera un asiento en la Conferencia de París y en la Sociedad de Naciones. El aumento de los movimientos de independencia en otros dominios del Imperio británico apoyaron la causa de Canadá y en 1931 se confirmó su autonomía con la aprobación del Estatuto de Westminster.

Cuando Gran Bretaña entró de nuevo en guerra contra Alemania en 1939, Canadá retrasó su declaración de guerra una semana para dejar patente su independencia. Durante los combates, las tropas canadienses liberaron gran parte de los Países Bajos y ayudaron a forzar la rendición alemana. Cuando llegó al fin la paz en 1945, Canadá tenía una posición fuerte. A pesar de los 43.000 caídos, la población crecía y el esfuerzo bélico del país había dado lugar a industrias duraderas que impulsaron la economía en la posguerra.

↑ Cartel de 1942 diseñado para levantar la moral de los canadienses durante la Segunda Guerra Mundial

Cronología

1917

La explosión de un barco de munición en el puerto de Halifax destruye 5 km² de la ciudad.

1918

Los canadienses logran atravesar las trincheras alemanas en Amiens; comienzan los Cien Días de Canadá.

1931

El Estatuto de Westminster otorga a Canadá plena autoridad legislativa.

1944

Día D: las tropas canadienses avanzan hacia el interior más que cualquier otra unidad aliada.

1945

Canadá ingresa en la ONU al terminar la Segunda Guerra Mundial.

3

4

La experiencia indígena

Aunque muchos canadienses disfrutaban su recién conseguida independencia y prosperidad, no se podía decir lo mismo de los pueblos indígenas del país. En la década de 1950 la matriculación en internados escolares era más alta que nunca. Estas escuelas pretendían asimilar a los niños indígenas a la cultura canadiense y negarles su lengua, religión y estilo de vida tradicionales. En 2021 se descubrieron cientos de sepulturas sin lápida de niños en los terrenos de estas escuelas, lo que desató una protesta internacional.

Canadá en la actualidad

Si bien el nivel de vida en Canadá es de los más altos del mundo, sigue teniendo sus problemas centenarios. La rivalidad histórica entre inglés y francés sigue resonando y varios referendos sobre la independencia de Quebec han estado a punto de suponer la soberanía de la provincia. Canadá también sigue lidiando con el trato dado en el pasado a los pueblos indígenas. En 2008 se creó la Comisión por la Verdad y la Reconciliación de Canadá para documentar oficialmente el impacto del sistema de internados escolares y establecer una serie de medidas para el futuro.

1 Cartel de Canadian Pacific Steamships, de la década de 1920. ↑

2 Tropas canadienses en acción durante la batalla del Somme.

3 Pintando el logo del Oui para el referéndum en Quebec de 1980.

4 El primer ministro Justin Trudeau (2015-actualidad) en una cumbre por la paz.

1965
Inauguración de la nueva bandera de Canadá tras un amargo debate político.

1980
Quebec vota en contra de la separación en el referéndum.

1999
Se establece el territorio inuit de Nunavut.

2005
Se legaliza en Canadá el matrimonio entre personas del mismo sexo.

2017
Canadá celebra su 150° aniversario, omitiendo milenios de historia indígena.

EXPLORA

Letrero luminoso de Toronto en Nathan Phillips Square

Vancouver ... 74

Isla Vancouver ... 92

Columbia Británica Continental ... 110

Las Rocosas Canadienses ... 128

Las Praderas ... 148

Toronto ... 178

Ontario ... 200

Montreal ... 238

Quebec capital ... 260

Provincia de Quebec ... 276

Provincias Marítimas ... 304

Terranova y Labrador ... 332

Yukón ... 350

Territorios del Noroeste y Nunavut ... 360

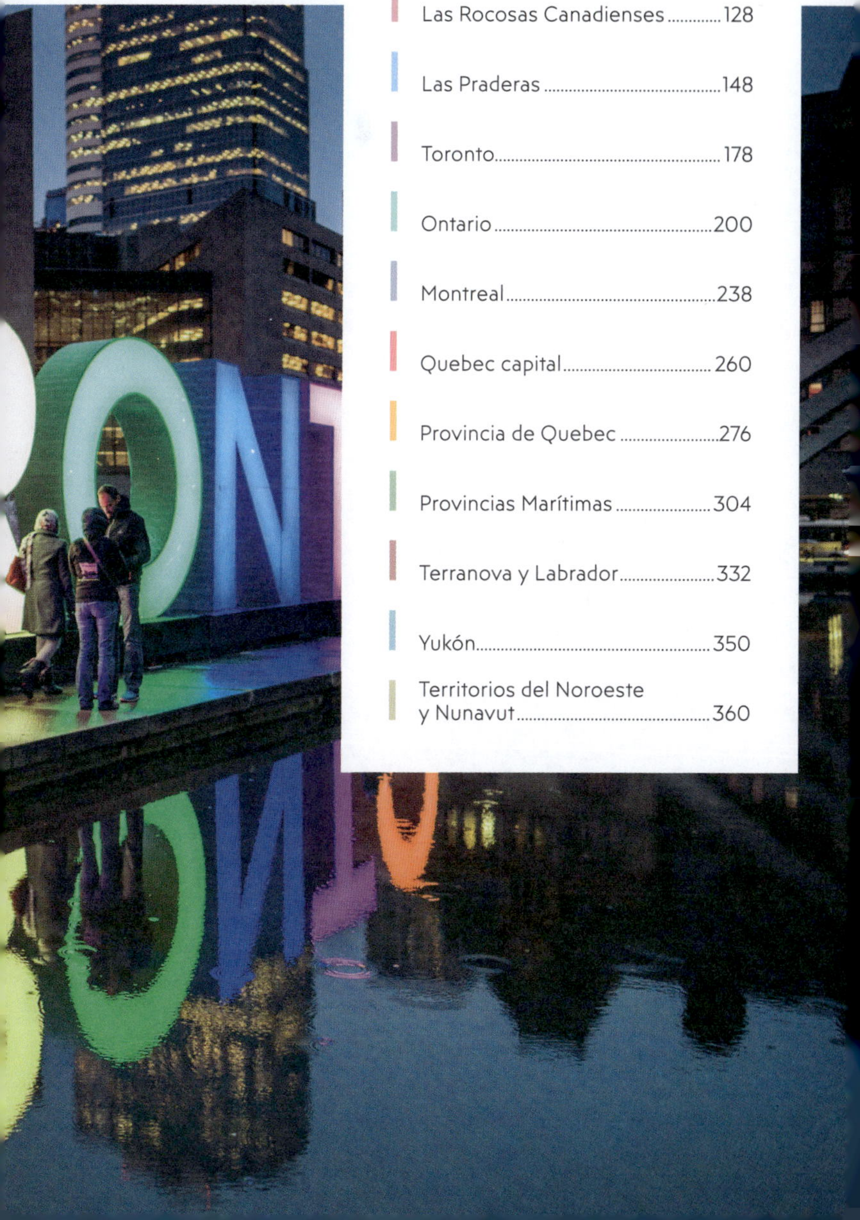

Granville St
EXCEPT BUSES

Gente cruzando West Georgia St, cerca de Granville St, en el centro

VANCOUVER

Los pueblos indígenas squamish, tsleil-waututh y xwméthkwyiem son los habitantes originales de la zona costera conocida hoy como Vancouver. Su sistema económico, formado a lo largo de miles de años, fomentaba tanto la acumulación de prestigio como la distribución de riqueza mediante los *potlatch* (banquetes para distribuir regalos). En 1792, el capitán británico George Vancouver –que acabaría prestando su apellido a la futura ciudad– desembarcó en el canal Burrard y se encontró con que los españoles ya habían reclamado la tierra que lo rodeaba. Sin embargo, los británicos fueron quienes perseveraron en la exploración de esta parte de la costa occidental y con el tiempo pusieron en marcha la industria de la madera.

La que fuera al principio una tranquila ciudad maderera vio cambiar su suerte cuando, en 1887, la Canadian Pacific Railway decidió trasladar su estación terminal a lo que entonces se llamaba Granville y rápidamente se rebautizó como Vancouver. Las nuevas conexiones de transporte trajeron a la zona a miles de colonos europeos y asiáticos, y la población de la ciudad aumentó rápidamente. Vancouver empezaba el siglo XX convirtiéndose en un importante puerto internacional. Hoy, esta urbe de centelleantes rascacielos de cristal, rodeados por un paisaje impresionante de mar y montañas, es un destino multicultural que se mueve a un ritmo trepidante.

Las afueras
Squamish 50 km (30 millas)
Monte Grouse
Capilano Suspension Bridge Park
Lynn Canyon Park y Ecology Centre
Lighthouse Park
WESTMOUNT
VANCOUVER OESTE
VANCOUVER NORTE
Lonsdale Quay Market
English Bay
Stanley Park
Canal Burrard
Área del mapa de Vancouver central
VANCOUVER
HASTINGS-SUNRISE
BRENTWOOD PARK
Old Hastings Mill Store Museum
KITSILANO
Wreck Beach
POINT GREY
Museum of Anthropology at UBC
Pacific Spirit Regional Park
DUNBAR
CAMBIE
EAST SIDE
BURNABY
VanDusen Botanical Gardens
Queen Elizabeth Park y Bloedel Conservatory
Estrecho de Georgia
Iona Island
MARPOLE
SUNSET
KILLARNEY
METROTOWN
Sea Island
Aeropuerto internacional de Vancouver
0 km 3
0 millas 3
N
Coal Harbour Marina
Coal Harbour Park
WEST HASTINGS
WEST PENDER
MELVILLE STREET
WEST GEORGIA STREET
ALBERNI
BUTE ST
STREET
ROBSON STREET
HARO ST
DOWNTOWN
BARCLAY ST
Robson Law Courts
NELSON STREET
HELMCKEN STREET
Maritime Museum
Vancouver Maritime Museum
Vanier Park
Sunset Beach
BEACH AVENUE
BURRARD STREET
HORNBY STREET
HOWE STREET
GRANVILLE STREET
SEYMOUR STREET
Museum of Vancouver y H.R. MacMillan Space Centre
Aquatic Centre
Vancouver Aquatic Centre
PACIFIC ST
DRAKE STREET
RICHARDS STREET
HOMER STREET
WHYTE AVENUE
Burrard Bridge
Hornby
KITSILANO
CYPRESS STREET
CHESTNUT STREET
PENNYFARTHING DR
CREEKSIDE DR
Granville Island Market
Granville Island Public Market
Granville Island
Granville Bridge
BEACH CRESCENT
George Wainborn Park
David Lam Park
WEST 1ST AVENUE
WEST 2ND AVENUE
WEST 3RD AVENUE
WEST 4TH AVENUE
BURRARD STREET
PINE STREET
FIR STREET
OLD BRIDGE ST
JOHNSTON ST
CARTWRIGHT ST
Sutcliffe Park
LAMEY'S MILL ROAD
False
Granville Loop Park
Charleson Park
CHARLESON STREET
WEST 6TH AVENUE
WEST 7TH AVENUE
WEST 8TH AVENUE
OAK STREET
LAUREL STREET
HEMLOCK STREET
BIRCH STREET
ALDER STREET
SPRUCE STREET
WEST BROADWAY
WEST 10TH AVENUE
WEST 11TH AVENUE
FAIRVIEW
VANCOUVER
A
B
C
2
3
4
5

VANCOUVER

Esencial

1. Paseo marítimo y Gastown
2. Stanley Park
3. Granville Island
4. Museum of Anthropology at UBC

Lugares de interés

5. Science World
6. Vancouver Art Gallery
7. Chinatown
8. Museum of Vancouver y H. R. MacMillan Space Centre
9. Vancouver Maritime Museum
10. Queen Elizabeth Park y Bloedel Conservatory
11. VanDusen Botanical Garden
12. Old Hastings Mill Store Museum
13. Lighthouse Park
14. BC Place Stadium
15. Monte Grouse
16. Lynn Canyon Park y Ecology Centre
17. Capilano Suspension Bridge Park
18. Lonsdale Quay Market
19. Squamish

Dónde comer

(1) Bao Bei
(2) Kirin Restaurant
(3) New Town Bakery

1

PASEO MARÍTIMO Y GASTOWN

E1-E2 & Waterfront Canada Place; www.canadaplace.ca

El paseo marítimo es el corazón de Vancouver, uno de los puertos más grandes y activos del continente. A tan solo una manzana está Gastown, cuyo origen de ciudad fabril ha sido ocultado por los elegantes edificios levantados en los años de esplendor a principios del siglo XX.

Gastown, una de las zonas más antiguas de Vancouver, está a orillas del canal Burrard y se extiende entre Columbia Street, al este, y Burrard Street, al oeste. El barrio creció en torno a la taberna que en 1867 inauguró John *Gassy Jack* Deighton. Hoy, Gastown es una encantadora mezcla de calles adoquinadas, edificios del siglo XIX restaurados y escaparates. Las calles Powell, Carrall y Cordova están flanqueadas por tiendas y galerías elegantes, y muchos restaurantes dan a Blood Alley, que debe su nombre a los antiguos mataderos. En la esquina de las calles Cambie y Water, un reloj de vapor resopla cada cuarto de hora.

Canada Place alberga un hotel, un centro de convenciones, una terminal de cruceros y un simulador de vuelo.

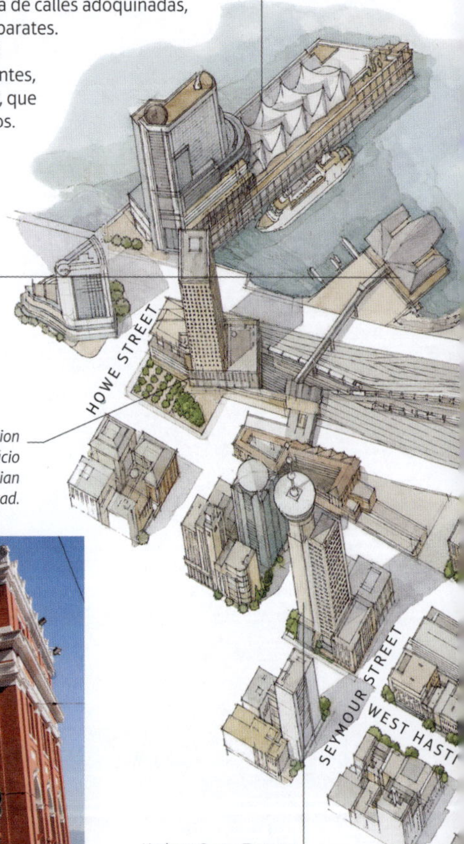

Las vistas del puerto son estupendas desde el SeaBus, un catamarán que traslada pasajeros a través del canal Burrard.

Waterfront Station ocupa el imponente edificio decimonónico de la Canadian Pacific Railroad.

Harbour Centre Tower es un moderno rascacielos célebre por su torre, que se eleva 177 m sobre la ciudad.

↑ La elegante fachada neoclásica de ladrillo rojo de la estación Waterfront

Esencial ☆

↑ Las cinco velas del tejado de Canada Place evocan el pasado náutico del país

↑ Water Street y el reloj de vapor iluminados por la noche

El primer reloj de vapor del mundo lo sigue cuidando el hombre que lo fabricó en la década de 1970. Silba cada 15 minutos en la esquina de las calles Water y Cambie.

Water Street luce farolas de gas y adoquines, además de tiendas, cafés y el famoso reloj de vapor.

Imitando al Flatiron Building neoyorkino, esta estructura triangular fue construida en 1908-1909 como un hotel. Hoy es un edificio de viviendas.

← Plano ilustrado del paseo marítimo y Gastown

Ir de compras por Cordova Street West es una experiencia deliciosa gracias a su variedad de pequeñas galerías y tiendas modernas.

¿Lo sabías?

Cada noche a las 21.00 se dispara un cañón en Hallelujah Point, en el extremo suroriental del parque.

→ Lost Lagoon, Coal Harbour y la ciudad; recorriendo el Seawall *(derecha)*

2

STANLEY PARK

B1 19 6.00-22.00 diario vancouver.ca

Este oasis verde en medio de la ciudad ofrece una amplia zona de bosque para explorar. Se pueden hacer rutas a pie y en bicicleta entre cedros majestuosos, admirar coloridos tótems y disfrutar de unas vistas del mar estupendas desde el Seawall.

Este magnífico parque de 405 ha de naturaleza salvaje domesticada fue en origen territorio de las Naciones Originarias musqueam y squamish, pero debido a su posición estratégica los colonizadores lo utilizaron como reserva militar. Se declaró parque municipal en 1886 y fue dedicado a lord Stanley, gobernador general de Canadá.

Hoy el parque cuenta con lugares de importancia natural, cultural e histórica, playas de arena, calas rocosas y preciosas áreas de pícnic. La fauna local, los jardines en flor y un serpenteante Seawall –un malecón de 9 km que se puede recorrer andando,

→ *The Girl in a Wetsuit,* de Elek Imredy, en una roca costera junto al Seawall

corriendo o en bicicleta– conforman una asombrosa escapada urbana.

El parque también alberga el Stanley Park Train, una atracción familiar para recorrer una zona de bosque. El tres se transforma para eventos estacionales y se convierte en un tren fantasma en Halloween y en un país de las maravillas de invierno en Navidad.

Las vistas son un espectáculo desde Prospect Point, la punta más septentrional de la península y el punto más alto del parque. El panorama se extiende desde las aguas del canal Burrard hasta la cadena costera.

CONSEJO DK
Desplazarse

Se alquilan bicicletas en las tiendas junto a la entrada sur del parque. También se puede dar un paseo en coche de caballos; los cocheros paran cerca del puesto de Visitor Information.

←

Vista de Coal Harbour y el centro de Vancouver desde el Seawall en otoño

3

GRANVILLE ISLAND

B4 Aquabus y False Creek Ferries 50 Mercado: 9.00-18.00 diario granvilleisland.com

La bulliciosa isla en False Creek (técnicamente una península) atrae a millones de visitantes cada año. En una zona de industrias pesadas que emitían humos nocivos hoy hay fábricas de cerveza artesanal, restaurantes de primera, actuaciones en la calle y un animado mercado rebosante de productos locales.

Este antiguo barrio industrial deprimido cuenta hoy con una fantástica variedad de *boutiques*, galerías y estudios de artistas ubicados en almacenes y cobertizos pintados de colores vivos. Hay muy pocas tiendas de cadenas en la isla, y las tiendas pequeñas, famosas por su originalidad y calidad, venden arte y artesanía local. La isla es también un centro de artes interpretativas y cuenta con varios grupos de música, danza y teatro.

El mercado municipal, siempre animado por locales y visitantes, ofrece una gran variedad de alimentos. Se puede elegir desde arándanos azules recién traídos del valle del Fraser hasta cerezas y melocotones recogidos en los huertos de Okanagan. Salmón salvaje fresco, cangrejos, vieiras y gambas se apilan en los puestos, montañas, mientras que los quesos, embutidos y el jarabe de arce son una tentación en cada esquina. La comida preparada no se queda atrás: *sushi, pizza, curry, souvlaki*… Pero además, hay en la isla multitud de opciones para cenar, desde cafés junto a la orilla hasta acogedores *pubs* y cervecerías.

Barcas amarradas en False Creek y los coloridos tejados de chapa de Granville Island ↑

1 Gran variedad de deliciosa fruta en el Granville Island Public Market.

2 *Giants*, de OSGEMEOS, son unos murales pintados en antiguos silos de cemento.

3 Terraza con vistas a False Creek y el centro de Vancouver.

Dockside

Este restaurante, parte del elegante Granville Island Hotel, tiene una de las mejores terrazas de la ciudad, situada a la orilla de False Creek y con vistas al centro de Vancouver. Su *brunch* dominical es legendario y combina a la perfección con su cerveza casera.

1253 Johnston St
dockside vancouver.com

$$$

Terra Breads

Esta panadería ecológica de la zona de Vancouver tiene tres tiendas en la ciudad, incluyendo una avanzadilla en el hermoso mercado público de la isla de Granville. Para satisfacer a los golosos con un pan de masa madre con arándanos y pistacho, o llevarse una bolsa de granola original para tomarla más tarde.

1689 Johnston St
terrabreads.com

$

Go Fish

A un corto paseo desde el Seawall y Fisherman's Wharf, justo al oeste de Granville Island, este chiringuito de *fish and chips* es uno de los favoritos de Vancouver. Cuando hace bueno se forma mucha cola. Hay que probar los tacones: tacos de pescado hechos con salmón salvaje recién capturado.

1505 1st Ave W
(604) 730-5040 lu

$$

4

MUSEUM OF ANTHROPOLOGY AT UBC

A2 6393 NW Marine Dr 4, 14, 25, 33, 44, 49, 84, 99 B-Line, 480, R4
10.00-17.00 ma-do (hasta 21.00 ju; jun-sep: diario) moa.ubc.ca

El Museo de Antropología de la Universidad de la Columbia Británica es famoso por su colección de artesanías de los pueblos indígenas del Pacífico Noroeste.

↑ Las imponentes paredes de cristal del Great Hall iluminadas al atardecer

Great Hall

La entrada del museo da a la estructura de hormigón y vidrio, inundada de luz, del Great Hall. Tótems imponentes, canoas de cedro, cajas ceremoniales de madera curvada, vajilla para celebraciones y otras tallas de madera que datan de la década de 1850 llenan este impresionante espacio.

Multiversity Galleries

En un laberinto de vitrinas de cristal, estas galerías albergan más de 9.000 piezas procedentes de culturas de todo el mundo. Desde delicadas tallas inuit en hueso hasta máscaras tribales de África occidental, trajes de la ópera china y títeres de Indonesia, la cantidad de objetos para admirar es abrumadora. Bajo los expositores se esconden aún más piezas, metidas en cajones a la espera de que un visitante curioso los abra.

Esencial ☆

ARTHUR ERICKSON

El arquitecto de Vancouver Arthur Erickson (1924-2009) diseñó el Museo de Antropología en 1976, inspirándose en la arquitectura de postes y vigas de los pueblos indígenas del Pacífico Noroeste. Como muchas de sus creaciones -Vancouver Art Gallery, Provincial Law Courts, Simon Fraser University (por citar solo algunas)-, el edificio del museo está hecho principalmente de hormigón y es de estilo modernista.

Visitantes explorando el museo, que cuenta con la espléndida escultura *The Raven and the First Men*, de Bill Reid *(derecha)* ↑

Bill Reid Rotunda

El museo posee la mayor colección de obras del artista haida Bill Reid, incluida su famosa escultura *The Raven and the First Men*. Realizada en cedro amarillo en 1980, se trata de una interpretación moderna del mito haida de la creación: un cuervo embaucador intenta convencer a la humanidad de que salga de su concha. Esta emblemática obra figuró en los billetes de 20 $ canadienses desde 2004 a 2012.

Sala Koerner de cerámica europea

Poco después de la Primera Guerra Mundial, huyendo de la expansión de la Alemania nazi, Walter C. Koerner trasladó su extraordinaria colección de cerámica europea de los siglos XVI al XIX desde su hogar en Checoslovaquia a Canadá, donde finalmente fue donada al MOA. Hoy esta galardonada sala muestra unas 600 piezas de su colección excepcional, que por fortuna sobrevivió a un arduo viaje.

> **El museo posee la mayor colección del mundo de obras del artista local haida Bill Reid, incluida su famosa escultura *The Raven and the First Men*.**

Casas haida y postes totémicos

Siguiendo el modelo de una aldea haida del siglo XIX, Bill Reid y el artista 'namgis Doug Cranmer construyeron en el exterior una casa haida y una casa mortuoria. El estanque que se incorporó en 2010 añade espectacularidad al conjunto, rodeado por tótems conmemorativos y mortuorios que datan de 1951 a la actualidad.

LUGARES DE INTERÉS

5 Science World

F4 1455 Quebec St Science World Main St The Village 10.00-17-00 diario scienceworld.ca

Mirando a las aguas de False Creek se alza la cúpula geodésica de acero de 47 m de Science World, el museo de ciencias de Vancouver. Se diseñó para la Expo '86 y es hoy una de las estructuras más emblemáticas de la ciudad.

En la Eureka! Gallery, los visitantes pueden hacer experimentos con luz, agúa sonido y movimiento. La Search Gallery permite explorar la naturaleza, mientras que la Puzzles and Illusions Gallery desafía a la mente con sus efectos ópticos y sus retos. Los niños de cero a cinco años aprenden con el juego mientras escalan, construyen y salpican en la Wonder Gallery. En el exterior, el Ken Spencer Science Park ofrece exposiciones interactivas sobre el medio ambiente.

El museo es famoso por su OMNIMAX® Theatre, cuya pantalla semiesférica es una de las mayores del mundo. Proyectan documentales sobre el descubrimiento y la exploración del espacio, y también películas de animación.

6 Vancouver Art Gallery

D2 750 Hornby St Vancouver City Centre 10.00-17.00 mi-lu (hasta 20.00 ju y vi; donativos vi) vanartgallery.bc.ca

Ocupa la que fuera la imponente sede de los tribunales provinciales de la Columbia Británica. El edificio lo diseñó en 1906 Francis Rattenbury, arquitecto famoso por el estilo gótico que imprimió al Parlamento de Victoria *(p. 96)* y al hotel Empress *(p. 97)*. El interior lo modernizó en 1983 el también célebre Arthur Erickson *(p. 85)*.

Esta pinacoteca presenta una gran variedad de obras nacionales e internacionales de artistas noveles y grandes figuras históricas. Posee la muestra más significativa de Emily Carr, la gran pintora de la Columbia Británica. La colección permanente del museo consta de 12.000 obras. Los visitantes pueden asistir a conferencias y apuntarse a las visitas guiadas.

CONSEJO DK
Pagar o no pagar

El Dr. Sun Yat-Sen Classical Garden tiene una zona de pago y otra gratuita. En esta última hay una pagoda, muchos estanques y una fantástica vegetación.

La distintiva cúpula y una exposición interactiva *(arriba)* del Science World ↑

→ Una pagoda espectacular en el Dr. Sun Yat-Sen Classical Chinese Garden

7

Chinatown

F2 Pender St Líneas de las calles East Hastings y East Pender vancouver-chinatown.com

El barrio chino de Vancouver, el segundo más grande de Norteamérica, es más antiguo que la propia ciudad. La primera oleada de pioneros chinos llegó en 1858 con la esperanza de hallar oro. La construcción de la nueva vía férrea de la Canadian Pacific Railroad atrajo a más trabajadores chinos en la década de 1880. Chinatown se extiende hoy entre Carrall Street y Gore Avenue y sigue dando una cálida acogida a los nuevos inmigrantes asiáticos.

Declarado Zona Histórica en 1970, muchas de sus notables casas se han restaurado. Pender Street (la avenida principal) es el mejor lugar para apreciar los detalles constructivos que adornan las plantas altas, como las terrazas de madera pintadas.

Con todo, el mayor atractivo lo ofrece la comida, ya sea comprar un delicioso pato o detenerse a observar cómo elaboran *won ton* a toda velocidad. Hay además una fascinante variedad de comercios, desde pastelerías hasta joyerías especializadas en jade. Destacan también los relajantes salones de té, así como el cercano Dr. Sun Yat-Sen Classical Chinese Garden, donde en verano organizan conciertos vespertinos semanales de música china.

> **Mirando a las aguas de False Creek se alza la cúpula geodésica de acero de 47 m de Science World, el museo de ciencias de Vancouver.**

8

Museum of Vancouver y H. R. MacMillan Space Centre

A3 1100 Chestnut St, Vanier Park Maritime Museum 2 Museo: 10.00-17.00 diario; Space Centre: los horarios varían, consultar página web museumofvancouver.ca; spacecentre.ca

Situado en Vanier Park, el Museum of Vancouver tiene una forma peculiar. Construido en 1967, su cubierta curva de hormigón se inspira en un sombrero de canasta tradicional hecho por los pueblos indígenas. En una fuente que hay junto al lado sur del museo, se puede ver una escultura que parece un enorme cangrejo de acero.

Ya dentro, la Orientation Gallery recrea la costa rocosa y el interior montañoso de la Columbia Británica. También se repasa la historia de Vancouver, desde la cultura de los pueblos de las Naciones Originarias hasta la vida diaria reciente; en la sala de la década de 1950, se exhibe una gramola en marcha.

En el mismo recinto, el H. R. MacMillan Space Centre permite explorar el universo en el Planetario y en el GroundStation Canada Theatre.

Bao Bei

Este moderno bar-restaurante chino abre hasta tarde y ofrece cócteles sofisticados, *won ton* caseros increíbles y un menú degustación excelente.

F3 163 Keefer St bao-bei.ca

$$$

Kirin Restaurant

Un local clásico para tomar *dim sum* con atrevidas propuestas como medusa y almeja geoduck. Se puede elegir el marisco en un vivero. Se recomienda reservar.

C2 1172 Alberni St kirinrestaurants.com

$$$

New Town Bakery

Esta emblemática panadería china sin pretensiones es famosa por sus bollos al vapor rellenos de cerdo y sus tartaletas de huevo.

F2 148 E Pender St newtownbakery.ca

$$$

↑ Visitantes examinando la exuberante flora en el Bloedel Conservatory

9 Vancouver Maritime Museum

A3 1905 Ogden Ave, Vanier Park Maritime Museum 10.00-17.00 ma-do vanmaritime.com

Situado frente al mar, en un vistoso edificio con tejado a dos aguas, este museo para público familiar está dedicado a la historia de Vancouver como puerto y centro de comercio. Aquí destaca la goleta *St. Roch*, por cuyos estrechos pasillos se puede pasear. Construida en 1928 como nave de suministro para la Policía Montada, fue la primera embarcación que recorrió el paso del Noroeste en ambos sentidos (entre 1940 y 1942), una proeza asombrosa en la época.

La exposición Map the Coast narra la historia del capitán George Vancouver y de los barcos *Chatham* y *Discovery*, que trazaron el perfil de la costa de la Columbia Británica en 1792. En el Children's Maritime Discovery Centre hay un potente telescopio, a través del cual se puede ver el ajetreado puerto actual de Vancouver.

10 Queen Elizabeth Park y Bloedel Conservatory

B2 4600 Cambie St 15 10.00-17.00 diario (abr-sep: hasta 18.00; nov-feb: hasta 16.00) vancouver.ca

El parque, situado en Little Mountain, la colina más alta de Vancouver, ofrece buenas vistas. A pesar de crecer sobre lo que fueron dos canteras, desde el comienzo de la primavera los jardines están en flor constantemente.

El invernadero Bloedel está en lo alto de la colina. Alberga vegetación de muchas zonas climáticas del mundo, desde plantas y árboles tropicales a cactus del desierto. También vuelan sueltas coloridas aves y hay estanques con carpas koi.

11 VanDusen Botanical Garden

B2 5251 Oak St 17 Diario; los horarios varían, consultar página web vandusengarden.org

Este jardín de 22 ha se inauguró en 1975. La Canadian Pacific Railroad, propietaria de los terrenos, decidió en 1960 construir aquí bloques de viviendas. Pero la campaña emprendida por los vecinos y un donativo del rico empresario local W. J. VanDusen lograron cambiar su destino. Así, hoy se puede disfrutar de una espectacular muestra de más de 7.500 familias de plantas de cinco continentes repartida entre lagos y esculturas de mármol. El Perennial Garden se llena de rosas en verano; los colores del otoño arden en septiembre. El centro de visitantes lidera las iniciativas ecológicas de este jardín botánico: tiene paneles solares en el techo y recoge agua de lluvia para reutilizarla.

¿Lo sabías?

El Mill Museum pertenece a Native Daughters of BC, una asociación de mujeres creada en 1919.

LA MEJOR FOTO
Festival de luz

El VanDusen Garden acoge en el mes de diciembre el Festival of Lights. Los hermosos espacios iluminados por más de un millón de luces titilantes son un regalo para los fotógrafos.

12 Old Hastings Mill Store Museum

A2 1575 Alma St 4, 7, 84 13.00-16.00 sá y do hastingsmillmuseum.ca

El Old Hastings Mill Store, primer colmado y oficina de correos de Vancouver, fue uno de los pocos edificios de madera que sobrevivieron al gran incendio de 1886. Construido en 1865, se trasladó en 1930 desde su emplazamiento original, en Gastown, hasta las orillas de Jericho Beach y más tarde hasta su ubicación actual en Alma Street. En la década de 1940 la gente empezó a donar objetos históricos a la casa, que hoy es un pequeño e interesante museo. Tras el

→ El sol se oculta tras el horizonte en el extremo rocoso de Lighthouse Park

El espectacular BC Place Stadium iluminado por la noche

bonito exterior de tablones, la exposición muestra objetos victorianos, como un carro de caballos, y una serie de piezas de las Naciones Originarias.

13 Lighthouse Park

A1 Frente a Beacon Lane, West Vancouver Amanecer-anochecer diario lighthousepark.ca

El parque debe su nombre al faro hexagonal construido en 1910 en la boca del neblinoso canal Burrard para guiar a los barcos. Es un área natural de 75 ha de bosque virgen y costa rocosa. Sus árboles no se han talado jamás y algunos de los majestuosos abetos de Douglas tienen más de 500 años.

Hay varias rutas para caminar; algunas conducen al mirador que hay junto al faro de Point Atkinson, de 18 m de altura. En los días claros, se disfruta de impresionantes vistas sobre el estrecho de Georgia hasta la isla Vancouver. Una ruta de unas dos horas lleva a los caminantes a través del terreno accidentado con impresionantes vistas del mar y de los alrededores. Conviene no salirse del camino, llevar buen calzado e ir preparado para las inclemencias del tiempo.

La carretera que conduce al parque resulta espectacular. Marine Drive sigue la costa de West Vancouver junto a la rocosa orilla y pasa ante algunas de las propiedades más caras de Canadá. Por el camino hay un par de barrios que merecen una parada. Desde la larga playa de Ambleside se tienen hermosas vistas del Stanley Park y el Lions Gate Bridge. El malecón conduce hasta Dundarave Pier, desde donde se puede contemplar Vancouver y el estrecho de Georgia. Dundarave es un barrio con un puñado de agradables tiendas y cafés.

14 BC Place Stadium

E3 777 Pacific Blvd Stadium Los horarios varían según los eventos programados bcplace.com

La cubierta retráctil del BC Place Stadium, que destaca sobre el perfil de la ciudad, se estrenó en 2011. Cuando se inauguró en 1983, este fue el primer estadio cubierto de Canadá y su cúpula hinchable era la más grande del mundo. Hoy este versátil recinto puede pasar en cuestión de horas de ser un estadio de fútbol americano para 55.500 espectadores a convertirse en un auditorio para conciertos reduciendo a la mitad su aforo.

Entre sus visitantes más célebres se cuentan la reina Isabel II de Inglaterra y el papa Juan Pablo II. Quienes deseen ver a algún personaje famoso pueden apuntarse a las visitas guiadas de los vestuarios, los campos y las salas de prensa (llamar antes). El estadio alberga también el BC Sports Hall of Fame and Museum, que cuenta la historia de los héroes deportivos de la región.

15

Monte Grouse

B1 6400 Nancy Greene Way 236 o lanzadera gratis desde Canada Place (solo en verano) Lonsdale Quay 9.00-22.00 diario grousemountain.com

Desde la cumbre del monte Grouse se experimenta la grandeza del espectacular paisaje de la Columbia Británica y las vistas de Vancouver son magníficas. En un día claro es posible llegar a divisar la isla Vancouver al oeste, la cadena costera del Pacífico al norte y los montes Columbia al este.

El famoso Grouse Grind es un arduo sendero de 3 km hasta la cima, pero la mayoría de los visitantes opta por subir en el teleférico Skyride.

En verano hay actividades como tirolinas, *frisbee*, paseos en telesilla, rutas en bicicleta de montaña y competiciones de ala delta, por no hablar de los deportes de leñadores o las muestras de escultura con motosierra. En invierno se disfruta de una estación de esquí con 33 pistas, 14 de ellas iluminadas para esquiar de noche.

El Refuge for Endangered Wildlife es un hábitat natural seguro que alberga a dos osos pardos huérfanos que llevan aquí desde 2001. Varias rapaces también viven en el refugio. Los vídeos que se proyectan en el Theatre in Sky permiten al espectador sobrevolar la Columbia Británica.

Con tantas atracciones e infinidad de alternativas para comer, como el romántico restaurante Observatory, es fácil pasar todo un día en Monte Grouse.

16

Lynn Canyon Park y Ecology Centre

C1 3663 Park Rd Hastings Lonsdale Quay, luego autobús 228 Diario; Ecology Centre: 10.00-16.00 lu-vi, 12.00-16.00 sá y do lynncanyon.ca

Situado entre los montes Seymour y Grouse, el parque de Lynn Canyon es muy popular para practicar el senderismo. Tiene fama por su denso bosque templado secundario. Los árboles originales, de 90 m de altura, se talaron a principios del siglo XX; aún pueden verse tocones de esa época.

Hay caminos señalizados que van por el cañón, algunos muy empinados y abruptos, y rutas más largas que llegan a las tierras del parque que lo rodean. Adentrándose lo suficiente en el bosque es posible ver osos negros, pumas y ciervos de cola negra, pero lo habitual es permanecer en los senderos principales, donde resulta más fácil ver animales más pequeños. Desde el puente colgante de 50 m que cruza el cañón se disfruta de un gran panorama. Un corto paseo lleva hasta 30 Foot Pool, un buen lugar para darse un baño y tomar el sol en verano. A 40 minutos a pie están las Twin Falls.

Cerca, el Ecology Centre ofrece rutas guiadas e interesantes exposiciones sobre flora, fauna, ecología local y medioambiente global.

17

Capilano Suspension Bridge Park

B1 3735 Capilano Rd, North Vancouver 236 o lanzadera gratis desde Canada Place Diario; los horarios varían, consultar página web capbridge.com

Este puente colgante ha sido popular desde que se construyó, en 1889. Atraído por la belleza salvaje del lugar, el pionero escocés George Grant Mackay levantó una pequeña cabaña con vistas al cañón del Capilano. Desde allí era prácticamente imposible acceder al río, y se cuenta que Mackay construyó el puente para que su hijo, amante de la pesca, pudiera llegar hasta la orilla.

El puente actual, de 1956, es el cuarto construido aquí. Cuelga a 70 m sobre el cañón y tiene 137 m de longitud, lo que lo convierte en uno de los más largos del mundo en su categoría. Los amantes de la

↑ El puente colgante Capilano, que atraviesa el río del mismo nombre

75

Es el número de elefantes que puede sostener el Capilano Suspension Bridge.

naturaleza acuden atraídos por las vistas y la oportunidad de pasear por bosques centenarios (sus árboles nunca han sido talados), junto a un salto de agua de 61 m. La Treetops Adventure cuenta con siete puentes colgantes que van de árbol en árbol a 30 m del suelo. No apto para miedosos, el Cliffwalk se compone de una serie de pasarelas estrechas que se asoman sobre el río Capilano.

18

Lonsdale Quay Market

B1 123 Carrie Cates Ct, North Vancouver Lonsdale Quay 9.00-19.00 diario lonsdalequay.com

El imponente edificio de hormigón y cristal que alberga el mercado del muelle Lonsdale forma parte de la terminal North Shore SeaBus. El mercado tiene una planta de alimentación –desde pan recién horneado hasta arándanos– y una serie de cafés y restaurantes dedicados a diferentes tipos de cocina. En la segunda planta hay tiendas de productos elaborados a mano y artículos de regalo de diseñadores locales; en la Kid's Alley se agrupan varios comercios de artículos para niños. El complejo incluye un hotel y un *pub*.

19

Squamish

A1 101-38551 Loggers Lane; www.explore squamish.com

Squamish está rodeada por enormes parques provinciales y queda a medio camino entre Vancouver y Whistler siguiendo la panorámica Sea to Sky Highway. La que fuera una tranquila ciudad maderera es conocida hoy como la capital de las actividades al aire libre.

El hito más reconocible de la ciudad, la mole granítica del Stawamus Chief, es ideal para la escalada en roca, y los senderistas también pueden disfrutar de los caminos hasta su cima. El Sea to Sky Gondola es el teleférico que lleva a los visitantes incluso más arriba, a la parte trasera del Chief. Allí hay diversas opciones para comer además de rutas de senderismo accesibles todo el año. La vista de las aguas de Howe Sound a los pies es increíble.

El Squamish Spit, al oeste de la ciudad, es el mejor lugar para el kiteboarding, y el barrio más al norte de Squamish, Brackendale, acoge en invierno la mayor concentración de águilas calvas de América del Norte, que se alimentan de los salmones que desovan en los ríos cercanos. Justo al norte de la ciudad está el Alice Lake Provincial Park, y más allá el Garibaldi Provincial Park, con el monte Garibaldi, un volcán inactivo coronado por un glaciar que resulta un destino invernal de ensueño para amantes de las motos de nieve y el esquí de travesía.

CONSEJO DK

Todos al muelle

Para ir al muelle se toma el Seabus en Waterfront Station, en el centro de Vancouver. En verano, la noche del viernes se celebra el Shipyards Night Market, con un mercado agrícola, *food trucks* y música.

← Descendiendo en snowboard por las pistas del monte Grouse al atardecer

Puente de madera en el West Coast Trail

ISLA VANCOUVER

Cazadores-recolectores nómadas fueron los primeros que se establecieron en esta isla de 460 km de largo después de la última retirada de los hielos, en torno a 10000 a. C. Con el tiempo, se propagaron y dieron lugar a diferentes tribus nómadas: los kwakiutl en el norte, los salish en el sur y los nutca en la costa este de la isla. Estos pueblos indígenas no sufrieron alteraciones hasta que los europeos llegaron a la isla en el siglo XVIII. Exploradores rusos y españoles fueron los primeros que divisaron la isla Vancouver, pero fue el capitán James Cook quien reclamó para los británicos esta isla rica en recursos en 1778. Casi inmediatamente después de que Cook desembarcara en Nootka Sound se inició el comercio entre los pueblos indígenas y los recién llegados.

Victoria, la ciudad más grande de la isla, empezó siendo un puesto comercial de pieles para la Compañía de la Bahía de Hudson antes de transformarse en una base de abastecimiento para la minería de oro en la década de 1850. En 1866 la ciudad era tan grande y rica que se convirtió en capital de la Columbia Británica. Todavía pervive en ella un ambiente típico británico y muchos de sus monumentos son restos de los comerciantes, mineros y barones de la madera que se establecieron aquí. En otros lugares, viejas ciudades y pueblos pesqueros y madereros reflejan en su nombre la herencia española y británica de los pueblos indígenas de la isla.

Cabo Caution
Isla Hope
Cabo Scott
Isla Nigel
Hopetown
Kingcome
PORT HARDY 7
Isla Broughton
Winter Harbour
Coal Harbour
Isla Malcolm
Isla Gilford
Port McNeill
Port Alice
TELEGRAPH COVE 8
Isla West Cracroft
Lago Buttle
Brooks Peninsula Provincial Park
Cabo Cook
19
Sayward
Chamiss Bay
Woss
Fair Harbour
Isla Vancouver
Tahsis
Nuchatlitz
Isla Nootka
Gold River
Isla Bligh
28
Yuquot
Strathcona Provincial Park
Hot Springs Cove
Océano Pacífico
Ahousat
Isla Vargas
Isla Meares
TOFINO 2
4
Ucluelet
ISLA VANCOUVER
0 kilómetros 40
0 millas 40
N

ISLA VANCOUVER
Esencial
1 Victoria
2 Tofino
3 Pacific Rim National Park Reserve
Lugares de interés
4 Port Renfrew
5 Cowichan District
6 Parksville
7 Port Hardy
8 Telegraph Cove
9 Campbell River
10 Chemainus
11 Nanaimo
12 Comox Valley
Hunwadi/ Ahnuhati-Bald Conservancy
Thompson Sound
Glendale Cove
Waddington Harbour
COLUMBIA BRITÁNICA CONTINENTAL
p. 110
Elk Bay
CAMPBELL RIVER
Buttle Lake
Courtenay
COMOX VALLEY
Powell River
Isla Denman
Isla Texada
Isla Nelson
Isla Hornby
Lago Great Central
Isla Lasqueti
Qualicum Beach
Port Alberni
PARKSVILLE
Sechelt
Estrecho de Georgia
Gibsons
Lantzville
Pemberton
Whistler
Garibaldi Provincial Park
Cheakamus
Squamish
North Vancouver
Vancouver
Coquitlam
Aeropuerto internacional de Vancouver
Richmond
Surrey
Maple Ridge
Langley
Abbotsford
Isla Tzartus
Alberni Inlet
NANAIMO
Bamfield
Ladysmith
PACIFIC RIM NATIONAL PARK RESERVE
Lago Cowichan
CHEMAINUS
COWICHAN DISTRICT
Duncan
PORT RENFREW
Aeropuerto internacional de Victoria
Sidney
North Saanich
Isla Orcas
Isla San Juan
Ferndale
Bellingham
Jordan River
Neah Bay
Saanich
Sooke
VICTORIA
ESTADOS UNIDOS
Ozette
Mount Vernon

Los impresionantes edificios neoclásicos del Parlamento con sus jardines

1

VICTORIA

25 km al norte de la ciudad Victoria Clipper/Black Ball Ferry Line 812 Wharf St; www.tourismvictoria.com

Con destacados lugares de interés histórico y cultural, Victoria es una buena base para hacer excursiones por la isla Vancouver. Capital de la Columbia Británica desde 1871, aunque Vancouver no tardó superarla en tamaño, Victoria sigue siendo el centro político de la provincia y sus parques y jardines, sus fascinantes museos y el animado puerto continúan atrayendo a muchos visitantes.

1

Edificios del Parlamento

501 Belleville St 8.30-16.30 lu-vi (9.00-16.40 sá y do solo visitas guiadas) leg.bc.ca

Los edificios del Parlamento de Victoria son espectaculares, especialmente por la noche, cuando sus numerosas fachadas se iluminan. Diseñada por Francis Rattenbury, la grandiosa construcción neoclásica se completó en 1897, con una estatua del navegante y capitán George Vancouver coronando la cúpula principal. Los visitantes pueden explorar los extensos jardines, o visitar el interior con una visita guiada o por su cuenta. Aquí se realiza un recorrido por la historia de la Columbia Británica y su proceso parlamentario. También se puede ver a la cámara trabajando desde las galerías para el público, visitar la biblioteca o cenar en el restaurante del Parlamento.

2

Thunderbird Park

675 Belleville St 10.00-17.00 diario (jun-sep: hasta 22.00 vi y sá) royalbcmuseum.bc.ca

Este compacto parque está a la entrada del Royal British Columbia Museum *(p. 100)* y acoge una colección de postes totémicos. En los meses de verano se puede observar a artistas tallando obras similares en el Carving Studio del parque. Las figuras míticas talladas cuentan historias tradicionales de las culturas salish de la costa. Hay postes conmemorativos gitxsan, un poste cumshewa y postes heráldicos y una casa comunal tradicional de los kwakwaka'wakw.

Knowledge, uno de los muchos tótems gigantes pintados del Thunderbird Park

③

Fairmont Empress Hotel

721 Government St
fairmont.com/empress-victoria

Este proyecto del arquitecto británico Francis Rattenbury, concluido en 1908, fue calificado Patrimonio Histórico Nacional de Canadá en 1981 y es uno de los edificios más apreciados de Victoria. Situado cerca del Parlamento, el hotel se asoma al Inner Harbour y domina el paisaje de la ciudad con su esplendor eduardiano.

---

④

Bastion Square

View & Government St

En esta plaza bellamente restaurada, que se abre al pintoresco puerto de Victoria, están algunos de sus edificios más antiguos. Los hoteles de lujo y bloques de oficinas construidos en el periodo de auge a finales del siglo XIX albergan hoy *pubs*, cafés y restaurantes. La restauración comenzó en 1963, cuando se descubrió que el puesto de comercio de pieles Fort Victoria de la Compañía de la Bahía de Hudson, establecido en 1843, estuvo aquí.

---

⑤

Market Square

560 Johnson St
marketsquare.ca

Dos manzanas al norte de Bastion Square, esta plaza cuenta con algunas de las fachadas victorianas más bellas de la ciudad. La mayoría de los edificios datan de las décadas de 1880 y 1890, época álgida de la fiebre del oro del Klondike. Tras décadas de abandono, la zona se rehabilitó en 1975. Hoy es un paraíso para ir de compras en el que se encuentra de todo: desde libros y joyas hasta instrumentos de música y artesanía.

---

⑥

Helmcken House

675 Belleville St
(250) 356 7226
10.00-17.00 diario (jun-sep: hasta 22.00 vi y sá)

Situada en la zona del Inner Harbour, la casa del doctor John Sebastian Helmcken, que trabajó en la Compañía de la Bahía de Hudson, se construyó en 1852 y se considera una de las más antiguas de la Columbia Británica. Está construida con madera de abetos de Douglas talados en el bosque cercano. A pesar de estar hecha de tablones, resulta elegante, y conserva muchos muebles originales, incluido el piano, que se puede tocar. Cuenta además con una colección de muñecas antiguas y con efectos personales como ropa, zapatos y útiles de aseo.

CONSEJO DK

¡Vivan las flores!

Para hacer una excursión relajante de medio día hay que ir a los elegantes Butchart Gardens, a solo 20 km al norte de Victoria. Originalmente era una cantera de caliza, pero hoy alberga uno de los jardines más hermosos del mundo. Completan la experiencia paseos en barca, un tiovivo infantil, té por la tarde y otros espectáculos para la noche *(www.butchartgardens.com)*.

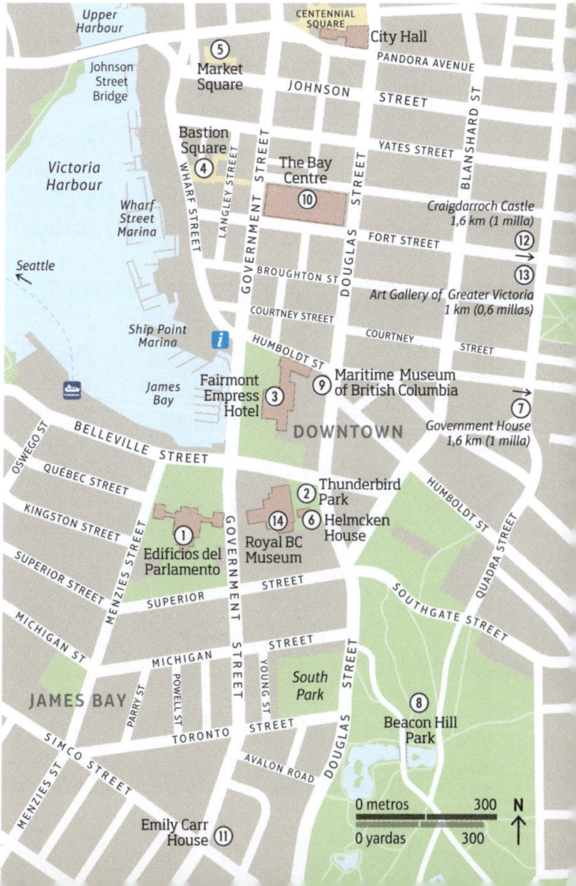

MEJORES VISTAS
Woodland's Trail

Por los terrenos de Government House, esta ruta serpentea a través de 8,9 ha de robledales cubiertos con una alfombra de flores silvestres. Desde el mirador Woodland's Viewpoint hay unas vistas espectaculares del mar Salish.

7

Government House

1401 Rockland Ave Jardines: amanecer-atardecer, diario ltgov.bc.ca

El edificio actual se completó en 1959, después de que un incendio destruyera el anterior, diseñado en 1903 por el célebre Francis Rattenbury.

Como residencia oficial del vicegobernador de la Columbia Británica, el representante de la reina en la provincia, la casa solo está abierta al público para visitas guiadas concertadas; los visitantes pueden contemplar los impresionantes jardines (5,5 ha), con sus preciosas praderas y una rosaleda victoriana encantadora.

8

Beacon Hill Park

Douglas St 24 horas diario victoria.ca

A finales del siglo XIX el parque se usó para guardar caballos, pero en 1888 el paisajista escocés John Blair cambió su diseño para incluir dos lagos e inició una extensiva plantación de árboles. Beacon Hill es un tranquilo parque de 74,5 ha que fue uno de los favoritos de Emily Carr y hoy es famoso por sus altos robles blancos de Oregón (algunos tienen más de 400 años) y sus bonitos estanques de patos.

9

Maritime Museum of British Columbia

744 Douglas St 10.00-17.00 ma-sá mmbc.bc.ca

Este fascinante museo ubicado temporalmente tras el Fairmont Empress Hotel *(p. 97)* cuenta la historia del prolijo pasado marinero de la Columbia Británica. La colección abarca desde 1775 hasta la actualidad y contiene más de 35.000 objetos náuticos, como maquetas de barcos, fotografías, cuadernos de bitácora, mapas y cartas de navegación.

10

The Bay Centre

1150 Douglas St Los horarios varían, consultar página web thebaycentre.ca

A escasa distancia a pie del Inner Harbour, este centro comercial se levantó tras las fachadas de varios edificios históricos de Government Street: el hotel Driard, de 1892; el Times Building, de 1910, y el bello edificio de Lettice y Sears, del siglo XIX, que se salvaron de la demolición gracias a las protestas ciudadanas.

Beacon Hill es un tranquilo parque de 74,5 ha y es famoso hoy por sus altos robles blancos de Oregón (algunos tienen más de 400 años) y sus bonitos estanques de patos.

↑ *Moss Lady*, escultura de Dale Doebert entre el follaje de Beacon Hill Park

Esencial ☆

→ El grandioso exterior de Craigdarroch Castle iluminado al caer la noche

11

Emily Carr House

207 Government St
10.00-15.00 vi y sá
carrhouse.ca

Emily Carr, una de las artistas más conocidas de Canadá, nació en 1871 en esta encantadora casa amarilla de madera. La construyeron en 1864 los eminentes arquitectos Wright y Saunders siguiendo las instrucciones del padre de Emily, Richard Carr. Situados a escasos minutos a pie del Inner Harbour, la casa y el jardín de estilo inglés están abiertos al público. En el interior todas las estancias están decoradas al estilo de finales del siglo XIX y hay algunas piezas originales de la familia. Se puede visitar el comedor donde Emily dio sus primeras clases de arte a los niños del lugar. El retrato que hizo de su padre sigue en la repisa de la chimenea de la sala de estar, donde con ocho años hizo sus primeros dibujos.

12

Craigdarroch Castle

1050 Joan Cres
10.00-16.00 mi-do
1 ene, 25 y 26 dic
thecastle.ca

Terminado en 1890, el castillo fue un capricho del respetado magnate local del carbón Robert Dunsmuir. Aunque no es un castillo propiamente dicho, el diseño de la casa señorial se basó en el de la residencia de sus antepasados en Escocia. Combina varios estilos arquitectónicos, como el románico y el gótico francés.

Cuando en 1959 lo iban a demoler, un grupo de ciudadanos fundó una sociedad que luchó con éxito por su conservación. Hoy, el interior rehabilitado es un museo que ofrece una fascinante visión del estilo de vida de un rico empresario canadiense.

El castillo posee una de las mejores colecciones de vidrieras *art nouveau* de América del Norte. Muchas habitaciones y corredores conservan los suelos de parqué con tablas que forman dibujos, así como las paredes recubiertas de paneles tallados de madera de roble blanco, cedro y caoba. Todas las estancias cuentan con opulentos muebles victorianos de finales del siglo XIX y están decoradas en sus colores originales, como verdes oscuros, rosas y tonos teja. Del techo del salón se han retirado varias capas de pintura para descubrir el estarcido original pintado a mano que había debajo, que muestra bonitas figuras detalladas de mariposas y leones.

¿Lo sabías?

Tras la muerte de la esposa de Dunmuir, la finca de Craigdarroch se subdividió y el castillo se ofreció como premio en una rifa.

13

Art Gallery of Greater Victoria

1040 Moss St **10.00-17.00 ma-sá, 10.00-21.00 ju, 12.00-17.00 do**
aggv.ca

Este popular museo ocupa una mansión de 1889 en el barrio histórico de Rockland, unas manzanas al oeste de Craigdarroch Castle. Alberga una gran diversidad de obras, desde piezas canadienses contemporáneas e históricas hasta una excelente colección de arte asiático y exposiciones temporales.

Cuenta con una muestra permanente de Emily Carr, la artista más destacada de la Columbia Británica, que incluye paisajes de los bosques costeros de la Columbia Británica, escenas de la vida de las Naciones Originarias, así como fotografías y manuscritos.

El museo reúne también una de las colecciones de arte asiático más importantes del país. La campana china fundida bajo la dinastía Ming fue un regalo hecho a la ciudad de Victoria en 1903, y el único santuario sintoísta japonés original que existe en Norteamérica se puede ver entre bambúes y arces japoneses en el curioso jardín del patio del museo.

14

ROYAL BC MUSEUM

675 Belleville St, Victoria 2, 3, 30, 32 10.00-17.00 diario (jun-sep: hasta 22.00 vi y sá) royalbcmuseum.bc.ca

Considerado uno de los mejores museos de Canadá, cuenta con una espectacular colección de piezas que repasan la historia natural y humana de la Columbia Británica. Su espléndida selección de objetos y obras de arte indígena es insuperable.

Este museo, fundado en 1886, presenta la historia de la provincia de una forma muy atractiva. En la Natural History Gallery se puede ver un gran un mamut lanudo, así como cangrejos vivos correteando por una poza. En la Old Town Gallery se recrea con gran realismo una escena de la Chinatown del siglo XIX. Y es posible asomarse a una casa enterrada de los secwepemc de las Naciones Originarias de hace 3.000 años. También son estupendas las exposiciones itinerantes, sobre temas como los vikingos o antiguo Egipto. En el exterior, una docena de réplicas de tótems con coloridas figuras míticas presiden Thunderbird Park *(p. 96)*, y se puede entrar en Helmcken House *(p. 97)*, una de las casas más antiguas de la Columbia Británica.

¿Lo sabías?

El carillón del museo (en el campanario) fue un regalo de Países Bajos por el centenario de Canadá en 1967.

↑ Postes totémicos en el exterior del Royal BC Museum

← Réplicas de coloridos postes totémicos, tallados en la tradición de los salish de la costa, se elevan en Thunderbird Park

Guía del museo

Natural History Gallery

▼ Situada en la segunda planta, en esta galería hay dioramas que recrean paisajes con sonidos e incluso olores de zonas como la playa, el mar y el bosque litoral. También se muestra una réplica del interior de un submarino de la época victoriana.

Old Town

▶ En la tercera planta, se puede caminar por aceras de madera y calles de adoquines, paseando por Victoria como era desde la década de 1870 hasta la de 1920. Hay escaparates, un cine, un hotel, un salón, una estación, una taberna y una animada calle de Chinatown.

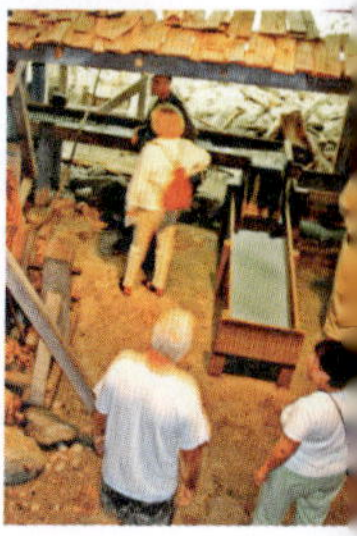

First Peoples Gallery

▼ Está consagrada a los pueblos de las Naciones Originarias de la Columbia Británica; muchas piezas son de los haida. El corazón de la muestra es el Totem Hall, con tallas enormes, llamativas máscaras y una casa ceremonial propiedad del Jefe Kwakwabalasami.

Thunderbird Park

▼ Este parque de 1941 rodea el museo. Aquí se pueden ver postes totémicos, la Wawadiťla (una gran casa kwakiutl de las Naciones Originarias), la Helmcken House y St. Ann's Schoolhouse, una de las estructuras más antiguas (1844) conservadas en Victoria.

↑ El sensacional paisaje costero de Tofino visto desde arriba

2

TOFINO

Tofino-Long Beach Airport 1426 Pacific Rim Hwy; www.tourismtofino.com

El que fuera un aislado centro maderero, al que un explorador español le dio el nombre de su maestro, el marino Vicente Tofiño, es hoy un animado destino de vacaciones. Surfistas, familias y vancouveritas (a los que el hidroavión les evita el largo viaje por carretera) vienen atraídos por sus playas de arena, rutas por los bosques y una reconocida cultura gastronómica.

①

Tofino Clayoquot Heritage Museum

331 Main St
11.00-16.30 mi-do
tofinomuseum.ca

Este museo exhibe objetos interesantes, como arpones para pescar ballenas y canoas. Cuenta la historia del territorio tradicional y el pueblo nuu-chah-nulth, y de las familias pioneras y las posteriores industrias de la madera y la pesca que prosperaron en la zona durante décadas. El museo propone también recorridos guiados sobre diversos temas, como el patrimonio japonés-canadiense que hay en la zona y la historia de Tofino.

②

Roy Henry Vickers Gallery

350 Campbell St
10.00-17.00 diario
royhenryvickers.com

El premiado artista del pueblo indígena tsimshian Roy Vickers recibe a los visitantes en su preciosa galería de arte, que evoca una casa comunal tradicional. Aquí exhibe sus tallas, grabados originales, cuadros, libros y joyas. Su obra de vivos colores representa la magnífica belleza natural de la costa oeste. La casa fue construida por Vickers y su familia junto con el difunto tallista local Henry Nolla.

③

The Whale Centre

411 Campbell St
8.00-20.00 diario
tofinowhalecentre.com

En este centro organizan excursiones para avistar ballenas y osos y visitar un manantial de aguas termales. Pero es además un museo gratuito, que exhibe objetos de los pecios locales y de la historia los pueblos de las Naciones Originarias, como cestos de cedro, remos de canoa, equipamiento tradicional para pescar ballenas y especímenes marinos, incluido un esqueleto completo de ballena gris.

CURIOSIDADES
***Spa* natural**

El Hot Springs Cove Sea-to-Sky tour y The Whale Centre te proponen un día de actividad: un breve vuelo en hidroavión, paseo por un bosque centenario y siete piscinas de roca con aguas termales a orillas del Pacífico.

④

Mackenzie Beach

Las aguas de esta playa resguardada, ideal para disfrutar en familia, son tranquilas. Un magnífico lugar para practicar padelsurf y skimboarding (alquilan el equipo aquí mismo). Cuando baja la marea quedan expuestos unos islotes y se crean pozas en las rocas.

⑤

Chesterman Beach

Esta zona básicamente residencial tiene una playa de arena blanca con unas preciosas pozas de marea en las que viven estrellas de mar, anémonas y diminutos cangrejos. Al bajar la marea, por el extremo norte se puede llegar andando prácticamente hasta el faro de la isla Lennard, aunque es más fácil acceder a la isla Frank, de propiedad privada. Si en Wickaninnish Inn está colgada en la puerta del Carving Shed la señal amarilla, se puede entrar a ver a los talladores trabajando.

⑥

Cox Bay Beach

En 1934 se bautizó como Cox Bay (antes era False Bay) en honor al comerciante de pieles y explorador británico John Henry Cox. En la playa se apilan los maderos que arrastra el mar, pero sobra arena blanca y fina para todos. Hay varios alojamientos y en invierno los surfistas profesionales se entrenan en las grandes olas para las competiciones que se celebran aquí cada primavera.

↑ Surfistas preparados para disfrutar de las olas en Chesterman Beach

Shelter Restaurant

Este magnífico restaurante de inspiración marinera tiene una gran terraza mirando al mar. El menú, centrado en la costa del Pacífico, incluye platos como salmón rojo salvaje con gambas y sopa de pescado con mejillones, almejas y bacalao marino.

634 Campbell St, Tofino Resort and Marina
sheltersrestaurant.com

$$$

Tacofino

Se trata del *food truck* original que dio origen a una popular franquicia allá por 2009. Sus burritos llenos a rebosar y sus sabrosos tacos siguen siendo los mejores de la Columbia Británica, sobre todo los de *lingcod* fresco, mayonesa de chipotle y col crujiente.

1184 Pacific Rim Hwy
tacofino.com

$$$

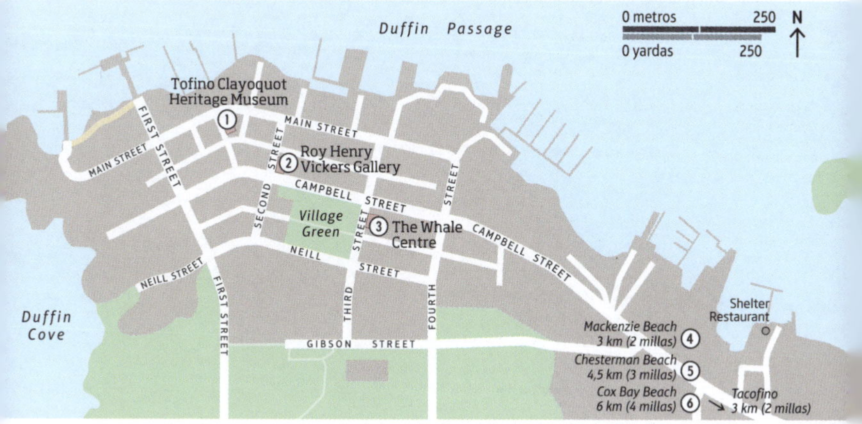

3

PACIFIC RIM NATIONAL PARK RESERVE

Pacific Rim Visitor Centre, 2791 Pacific Rim Hwy, Ucluelet; (250) 726 4600

Compuesta por tres áreas definidas –Long Beach, las islas Broken y el West Coast Trail–, esta vasta franja de tierra indómita es mundialmente famosa por el avistamiento de ballenas y la práctica de deportes como surf, kayak y senderismo.

Long Beach

Las arenas desiguales y barridas por el viento de esta playa, que con sus 25 km de largo parece interminable, son célebres por su belleza salvaje. Las estruendosas olas del Pacífico ofrecen todo el año lo mejor para los surfistas, aficionados o profesionales. Y en la playa salpicada de maderos hay montones de pozas en las rocas, rebosantes de vida marina. Los aficionados a andar pueden elegir entre varias rutas panorámicas, como el Schooner Trail (1,5 km), que serpentea por los exuberantes bosques que rodean la playa.

Islas Broken

Centro de interés de buceadores y amantes del kayak de mar, las islas Broken son un archipiélago de unos 100 islotes lo bastante cerca entre sí para explorarlos de uno en uno. Se pueden descubrir calas secretas donde hacer un pícnic privado o contemplar a través de sus aguas cristalinas estrellas de mar y otros bichejos correteando por el fondo en busca de cobijo.

West Coast Trail

Siguiendo el suroeste de la isla Vancouver, esta ruta recorre 75 km de antiguos caminos y rutas de canoa que usaron los pueblos de las Naciones Originarias para comerciar y para

Surferos en busca de olas en Long Beach y el puente colgante del West Coast Trail *(derecha)* ↑

Esencial ☆

OBSERVACIÓN DE BALLENAS

En la costa de la Columbia Británica hay más de 20 especies de ballenas. Cada año, cerca de 20.000 ballenas grises emigran desde el océano Ártico, donde se alimentan, a la costa de México para criar. Las ballenas no se alejan mucho del litoral, y a menudo están lo bastante cerca de la costa oeste de la isla Vancouver como para verlas desde tierra. De marzo a octubre hay salidas diarias al mar desde Tofino, Ucluelet y Bamfield.

viajar. Se construyó en 1907 para ayudar en el rescate de supervivientes de un naufragio frente a la costa y hoy se considera una de las mejores rutas de senderismo del mundo. Se tarda al menos siete días en recorrerla y atraviesa un paisaje natural increíble, que incluye bosques cubiertos de musgo, cascadas que se precipitan en playas de guijarros y profundos barrancos de roca ocultos por bosques de cedros inmensos. Quienes se embarcan en esta aventura deben tener experiencia y estar bien preparados. La ruta solo está abierta de mayo a septiembre y requiere de un permiso y reservas.

LUGARES DE INTERÉS

4 Port Renfrew

16947 Parkinson Rd; www.myportrenfrew.ca

Port Renfrew, última parada al final de la West Cost Highway (Hwy 14), es un pueblo de pescadores que se dedicó anteriormente a la madera. Es un destino popular para excursiones de un día desde Victoria. Desde aquí se accede a Botanical Beach, donde la retirada de la marea descubre una cornisa de arenisca llena de pozas de agua salada pobladas de vida marina, como, por ejemplo, de estrellas de mar. Con sus colinas salpicadas de abetos y prístinas playas, es el lugar perfecto para escapar de la ciudad.

El pueblo es célebre por sus antiguos senderos de leñadores: el Sandbar Trail atraviesa una plantación de abetos de Douglas y llega a la amplia playa de arena de un río, donde se puede nadar con marea baja. De mayor dificultad es el Juan de Fuca Marine Trail (47 km), que llega hasta China Beach. Esta ruta ofrece desde excursiones de varios días a breves paseos por playas. Port Renfrew es uno de los puntos de partida del West Coast Trail *(p. 104)*.

Fuera de Port Renfrew, frente a la Pacific Marine Road, hay dos pequeños lagos para bañarse: Fairy Lake y Lizard Lake. Las aguas de los dos suelen ser mucho más cálidas que las del Pacífico, que ponen la piel de gallina.

¿Lo sabías?

En Avatar Grove, en Port Renfrew, crecen píceas de Sitka de casi 1.000 años.

5 Cowichan District

Desde Duncan
2896 Drinkwater Rd, Duncan; www.tourismcowichan.com

Situado en el centro de la costa meridional de la isla Vancouver, a unos 60 km al norte de Victoria, el Cowichan District abarca los valles de Chemainus y Cowichan. En la lengua del pueblo cowichan, una de las Naciones Originarias más importantes de la Columbia Británica, su nombre (Quw'utsun) significa 'tierra cálida'. El clima templado de la zona permite nadar en las aguas del lago Cowichan en verano. El lago de agua dulce más grande de la isla es ideal también para practicar pesca, piragüismo y senderismo. Otra actividad con mucho éxito es dejarse llevar por el río Cowichan, cuyas aguas color esmeralda recorren 47 km desde el lago. La magnífica costa de Cowichan ofrece muchas opciones para salir al mar en barco o sobre una tabla.

Gracias al clima cálido de la zona, el valle de Cowichan alberga más de una docena de bodegas y produce excelentes *pinot noir*, vinos espumosos y vinos de mora. Son muy populares las rutas

← Dejándose llevar con flotadores por el río Cowichan cerca del lago Cowichan

Pesqueros de arrastre frente a la costa de la pequeña localidad de Port Hardy

para catar vinos, con guía o por cuenta propia.

Entre la ciudad de Duncan y el lago se extiende el Valley Demonstration Forest, un bosque con miradores panorámicos y carteles informativos. Duncan es conocida como la Ciudad de los Tótems, ya que cuenta con más de 40 postes en la zona del centro. Las huellas de color amarillo pintadas en las aceras guían a los visitantes por la Ruta de los Tótems.

6

Parksville

1275 Island Hwy E; www.visitparksvillequalicumbeach.com

Esta relajada ciudad se activa en los meses de verano, cuando locales y foráneos acuden en tropel al Rathtrevor Beach Provincial Park, en el extremo oriental de la ciudad, que cuenta con un espléndida franja de arena de 1,5 km. Con la marea baja las pequeñas pozas resultan interesantes para quienes buscan conchas y otros tesoros, mientras las águilas calvas sobrevuelan la zona en busca de un sabroso cangrejo o algún pez que llevarse al pico. Hay más oportunidades de ver fauna visitando el cercano North Island Wildlife Recovery Centre, donde tienen osos negros, búhos, tortugas y otros animales en proceso de rehabilitación.

Los comidistas no deben pasar por alto una parada en Little Qualicum Cheeseworks, donde pueden hacer acopio de queso brie, vino de fruta y otras delicias que se producen en esta granja. El Coombs Old Country Market es también un buen lugar para probar alimentos locales, como bollos de canela recién hechos y cremoso helado casero; solo hay que tener cuidado con las cabras que pastan en el tejado del mercado.

7

Port Hardy

7250 Market St; www.visitporthardy.com

Este pintoresco pueblo portuario es la comunidad más grande de la zona norte de la isla Vancouver y tiene un interesante pequeño museo lleno de fósiles, objetos de las Naciones Originarias y reliquias de los primeros colonos daneses. En la tienda venden tallas de madera de los artesanos locales. También merece la pena parar en el Quatse River Salmon Stewardship Centre para aprenderlo todo sobre el ciclo de vida del salmón en una divertida exposición interactiva.

Port Hardy es un lugar interesante para practicar deportes como kayak, buceo, pesca y espeleología. También es el punto de salida de la inolvidable ruta de BC Ferries Inside Passage a Prince Rupert y Haida Gwaii, y de emocionantes viajes en hidroavión con destino al Great Bear Rainforest.

CONSEJO DK
Comprar jerséis

Para llevarse un recuerdo auténtico de la isla, nada mejor que los gruesos jerséis de lana Cowichan, que tejen a mano en esta región los cowichan de las Naciones Originarias siguiendo la tradición.

↑ Telegraph Cove, con las casas sobre pilotes y pasarelas que caracterizan el pueblo

8

Telegraph Cove

Port McNeill 1594 Beach Dr, Port McNeill; (250) 956 3881

Esta pequeña y pintoresca aldea está construida sobre pasarelas y sus altas casas de madera sobre pilotes se asoman a las aguas del estrecho de Johnstone.

En verano, atraídas por la migración del salmón, las orcas que viven al norte acuden a retozar en las graveras de las aguas poco profundas de Robson Bight, una reserva ecológica establecida en 1982. El visitante puede observar las gracias de los cetáceos desde un barco o desde Port McNeill.

TOP 5 MEJORES PLAYAS

Chesterman Beach, Tofino
Paraíso para surferos de todos los niveles.

Cordova Bay Beach, Victoria
El lugar perfecto para comer algo con la puesta de sol.

Mystic Beach, Sooke
Un paraíso apartado, junto a una ruta forestal.

Goose Spit Park, Comox Valley
Perfecta para hogueras nocturnas; la leña se encuentra aquí mismo.

Rathtrevor Beach, Parksville
Una franja de arena ideal para hacer castillos y buscar conchas.

9

Campbell River

1235 Shoppers Row; www.campbellriver.travel

En la orilla noreste de la isla Vancouver, Campbell River es un famoso centro para la pesca del salmón. Las aguas del Discovery Passage se hallan en la ruta migratoria de cinco especies importantes de salmón, incluido el enorme chinook. Hay excursiones en barco que siguen a los peces río arriba. Se puede alquilar un barco de pesca o probar su suerte desde el Discovery Pier, un muelle de 183 m.

A solo 1,5 km al noroeste de Campbell River, el Elk Falls Provincial Park posee extensos bosques de abetos de Douglas y varias cascadas. Desde el puente colgante hay unas espléndidas vistas de las propias cataratas Elk.

10

Chemainus

102-9799 Waterwheel Crescent; www.chemainus.bc.ca

Cuando a finales de la década de 1970 se cerró la serrería local, este pintoresco pueblo se convirtió en un foco de atención por los enormes murales que narraban la historia de la región. Los artistas locales continuaron con el proyecto, y hoy hay más de 60 murales que reflejan hechos reales ocurridos en el pasado. Las gigantescas imágenes de los cowichan, de las Naciones Originarias, pioneros y leñadores, han revitalizado Chemainus.

El visitante puede disfrutar curioseando en los diversos anticuarios y relajarse en los cafés que llenan las aceras.

Desde la bahía de Swartz, a unos 70 km al sur, sale el ferri hacia las islas Southern Gulf y el continente. Estas 200 islas prácticamente deshabitadas ofrecen tranquilidad y belleza natural. Se organizan salidas para pescar y excursiones en kayak con paradas en litorales aislados

→ Disfrutando de las cálidas aguas en el Comox Valley en verano para observar nutrias, focas y aves marinas. También son frecuentes los avistamientos de águilas y auras gallipavo en las tranquilas playas de la zona.

Salt Spring es la isla más poblada, con unos 10.500 habitantes. Son muchos los que acuden en verano a pasear por el bonito pueblo de Ganges, donde un animado puerto deportivo rodea el muelle de madera. El pueblo cuenta con tiendas, cafés, galerías y mercados coloridos. En el famoso mercado dominical (abr-oct) se puede escuchar música en vivo mientras se recorren los puestos, que ofrecen variedad de productos frescos, productos caseros y artesanía.

11

Nanaimo

2450 Northfield Rd; www.tourismnanaimo.com

Antiguo emplazamiento de cinco poblados salish, Nanaimo se estableció como pueblo minero en la década de 1850. Hoy es la segunda ciudad más grande de la isla Vancouver y cuenta con numerosos centros comerciales y negocios a lo largo de Island Highway; pero lo que más se visita es el Old City Quarter, situado al borde del mar, justo en el corazón de Nanaimo.

En este barrio hay muchos edificios del siglo XIX, como la Nanaimo Court House, que fue proyectada en 1895 por Francis Rattenbury. El **Nanaimo Museum** alberga recreaciones de una antigua aula de colegio y una mina de carbón, una exposición sobre el pueblo snunéymuxw de las Naciones Originarias con un diorama de una aldea y un Sports Hall of Fame.

Nanaimo Museum
100 Museum Way
10.00-16.00 ma-sá
nanaimomuseum.ca

12

Comox Valley

101-3607 Small Rd, Cumberland; www.experiencecomoxvalley.ca

Vigilado desde lo alto por el glaciar Comox, este valle comprende la ciudad histórica de Courtenay, la localidad costera de Comox y el artístico pueblo de Cumberland, junto con otros más pequeños como Denman Island y Hornby Island. Aparte de sus rutas para caminar, remar y montar en bicicleta, la estrella aquí es el Mount Washington Alpine Resort, que ofrece actividades todo el año y uno de los mayores espesores de nieve del Pacífico Noroeste. Abajo en el valle hay festivales, bodegas, catas de ostras y mercados agrícolas que reúnen a más de 400 productores locales.

Tigh Na Mara Seaside Spa Resort
En este gran complejo se puede elegir entre sencillas cabañas de troncos y *suites* de lujo, todas con acogedoras chimeneas.
1155 Resort Dr, Parksville
tigh-na-mara.com
$$$

Old House Hotel & Spa
La *suite* moderna de este hotel del centro ofrece vistas magníficas del valle de Comox.
1730 Ricerside Ln, Courtenay
oldhousevillage.com
$$$

Esquiador saltando desde un risco cerca de Whistler

COLUMBIA BRITÁNICA CONTINENTAL

La región de la Columbia Británica Continental, situada entre la cadena costera del Pacífico al oeste, las Rocosas Canadienses al este y el Yukón al norte, es una de las más espectaculares de Norteamérica. Durante miles de años, las tribus de las Naciones Originarias prosperaron en los ricos y fértiles valles de la región cultivando plantas, pescando en campamentos estacionales y cazando grandes animales. En el siglo XVIII, las noticias de los recursos naturales de la zona continental se propagaron entre los recién llegados europeos, muchos de los cuales acudieron prestos a la región, impacientes por comerciar a cambio de valiosas pieles de castor. La fiebre del oro del río Fraser de la década de 1850 provocó la afluencia adicional de colonos, así como la finalización en 1885 de la vía férrea de la Canadian Pacific Railway. Este ferrocarril continental unía la Columbia Británica con las grandes ciudades del este de Canadá, en cumplimiento de una promesa hecha a la Columbia Británica cuando se unió a la Confederación Canadiense en 1871. Las ciudades proliferaron rápidamente a lo largo de esta ruta y prosperaron durante la época de expansión minera de finales del siglo XIX.

Lejos de la Columbia Británica Continental, en las remotas islas Haida Gwaii, el pueblo marinero de los haida ha prosperado durante más de 13.000 años a base inicialmente de comerciar con las Naciones Originarias de la zona continental y, en el siglo XVIII, con europeos y americanos. En la actualidad, los haida siguen representando la mitad de la población de las islas.

YUKÓN
Haines Junction
Whitehorse
Aeropuerto de Whitehorse
Tungsten
YUKÓN
p. 350
Monte Murray
2.162 m
Carcross
Chilkoot Pass
Watson Lake
Atlin
Lago Teslin
Simpson Peak
2.173 m
Klukwan
Haines
Lower Post
Coal River
Atlin Provincial Park
Cassiar
PARQUES DEL NORTE
15
Meszah Peak
2.164 m
Juneau
Dease Lake
Kechika
Glenora
Mount Edziza Provincial Park
Monte Edziza
2.787 m
ESTADOS UNIDOS (ALASKA)
Monte Ratz
3.136 m
Montes Skeena
Spatsizi Plateau Wilderness Provincial Park
Stikine
Point Baker
Monte Pattullo
2.729 m
Sustut Peak
2.740 m
Meziadin Junction
Stewart
Hydaburg
9
'KSAN HISTORICAL VILLAGE
Seven Sisters Peaks
2.755 m
Lago Babine
Terrace
10
PRINCE RUPERT
Houston
Masset
Isla Graham
Port Clements
Kitimat
Burns Lake
Queen Charlotte
Océano Pacífico
Estrecho de Hécate
COLUMBI
Isla Princess Royal
11
HAIDA GWAII
Lago Eutsuk
Bella Coola
Cabo St. James
Monte Monarch
3.533 m
Namu
Cabo Caution
Port Hardy
ISLA VANCOUVER
p. 92
COLUMBIA BRITÁNICA CONTINENTAL
0 kilómetros 150
0 millas 150
N

COLUMBIA BRITÁNICA CONTINENTAL

Esencial

1. Whistler
2. Valle del Okanagan
3. West Kootenays

Lugares de interés

4. Río Fraser
5. Kamloops
6. Hope
7. Quesnel
8. Prince George
9. 'Ksan Historical Village
10. Prince Rupert
11. Haida Gwaii
12. Fort St. John
13. Fort Nelson
14. Muncho Lake Provincial Park
15. Parques del norte
16. Sicamous
17. Montes Purcell
18. Revelstoke

1

WHISTLER

4230 Gateway Dr; www.whistler.com

Siguiendo la Sea-to-Sky Highway desde Vancouver, que discurre por el litoral en esta región de montañas, se llega ante los magníficos montes Whistler y Blackcomb. El pueblo de Whistler, entre las montañas, ha albergado los Juegos Olímpicos y Paralímpicos de Invierno. Pero este es un destino para todo el año: saltar en snowboard en invierno y lanzarse ladera abajo con la bicicleta en verano son solo dos de las muchas aventuras posibles.

1

Whistler Village

Lo que en origen no era más que una escala en una ruta del comercio de pieles y la fiebre del oro, en 1914 se convirtió en un complejo turístico, cuando abrió sus puertas una hospedería para pescadores en Alta Lake, un poco al oeste de donde hoy está el pueblo. Hoy, en las calles adoquinadas del centro hay una gran variedad de hostales y hoteles, tiendas de deporte y de recuerdos, buenos restaurantes, *pubs* y discotecas. Hay además negocios que organizan excursiones para ver osos y recorridos en motos de nieve.

En el Upper Village se lucen con orgullo los vestigios de los Juegos Olímpicos de Invierno 2010, en especial el Whistler Olympic Plaza. Aquí están los hoteles más lujosos, *spas* de primera, coctelerías, y esquiadores esperando las cabinas y telesillas que suben al monte Blackcomb.

2

Whistler Museum

4333 Main St 11.00-17.00 vi-ma, 11.00-21.00 ju whistlermuseum.org

Empezando por los primeros pioneros, este museo cuenta la fascinante historia de Whistler Blackcomb. Destaca una sección dedicada a los Juegos Olímpicos de Invierno 2010 y una gran muestra sobre la fauna local. Para quienes quieran ahondar más en la historia de Whistler, el museo ofrece visitas guiadas.

MEJORES VISTAS

Peak 2 Peak Gondola

Para disfrutar de unas vistas alucinantes, nada como subir a este teleférico que rompe récords, o atravesar el vertiginoso Cloudraker Skybridge, un puente colgante que se mece a 2.000 m de altitud.

↑ Esquiadores gozando de la famosa nieve polvo en el monte Whistler

③

Monte Whistler

Los aficionados al esquí y el snowboard pueden disfrutar de un increíble terreno de 19 km² con más de 100 pistas señalizadas. El Whistler Village Gondola ofrece unas vistas increíbles del valle durante los 20 minutos de trayecto hasta la cima. En verano, el monte Whistler se convierte en la meca de los ciclistas de montaña, con más de 250 km de pistas de distinto nivel.

④

Whistler Olympic Plaza

Village Stroll

Legado de las Olimpiadas de 2010, este centro comercial tiene una moderna instalación al aire libre que acoge una gran variedad de espectáculos, como conciertos, eventos deportivos y culturales. Los anillos olímpicos son uno de los lugares favoritos para las fotos.

⑤

Monte Blackcomb

Con una altura 2.284 m, es un gigantesco terreno de juegos. Una combinación de 14 telesillas y cabinas lleva volando a los aficionados hasta el paraíso de la nieve. Ofrece además tirolinas, excursiones en pisanieves o viajes en helicóptero para ver los glaciares.

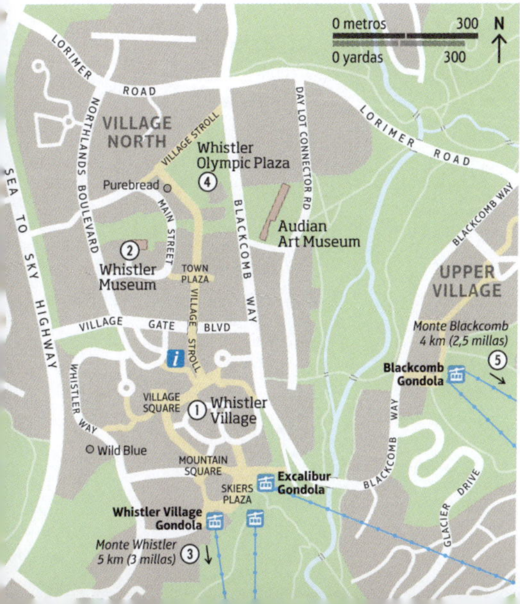

Esencial

Wild Blue

Con un interior de madera oscura y una iluminación ambiental tenue, este restaurante de alta cocina es un lugar ideal para una cita nocturna. El menú se centra en la cocina costera del noroeste del Pacífico, con productos sostenibles y locales como protagonistas de cada plato. Hay que probar la mariscada de gambas frescas, vieiras, cangrejo, ostras, mejillones y langosta.

4005 Whistler Way wildblue restaurant.com

$$$

Christine's on Blackcomb

Para disfrutar de una comida por todo lo alto, este restaurante a 1860 m ofrece unas vistas increíbles de las pistas y las montañas de alrededor. La comida, el vino y el servicio son tan sublimes como el entorno.

4545 Blackcomb Way
(604) 938 7437
Solo al mediodía

$$$

Purebread

Esta panadería-pastelería es una auténtica joya, con un asombroso surtido de cruasanes dulces y salados, panes consistentes, *scones* con deliciosos rellenos, sándwiches, minipizzas y un café rico y fuerte que nunca se acaba.

122, 4338 Main St
purebread.ca

$

2

VALLE DEL OKANAGAN

238 Queensway, Kelowna; www.tourismkelowna.com

Oculto tras montañas de laderas suaves y ligado por una sucesión de lagos estrechos y profundos, el valle del Okanagan está a cuatro horas en coche de Vancouver. El paisaje se compone de pastizales secos, hileras de vides que cruzan las colinas arriba y abajo, y huertos llenos de melocotoneros y cerezos.

↑ Escultura en la orilla del lago Okanagan, en Penticton

①

Vernon

En estas llanuras se instalaron ranchos de ganado en los primeros años del siglo XIX; el **O'Keefe Ranch** todavía existe y recibe muy bien a los visitantes. Hoy, Vernon es un destino muy popular para practicar deportes náuticos, tanto en el lago Okanagan como el verde azulado Kalamalka. En invierno, los locos del esquí acuden al excelente Silver Star Mountain Resort, donde la nieve es de gran calidad.

O'Keefe Ranch
9380 Hwy 97N
Los horarios varían, consultar página web
okeeferanch.ca

②

Kelowna

La ciudad más grande del valle descansa a orillas del lago Okanagan y es el centro de la actividad frutícola y vinícola. Aparte de las catas de vino y los puestos de fruta, Kelowna tiene soleadas playas perfectas para familias. Myra Canyon, que queda cerca en coche, es una estupenda excursión de un día desde aquí. Este tramo del histórico Kettle Valley Rail Trail resulta espectacular para caminar y montar en bicicleta.

③

Summerland

Esta ciudad al borde del lago conserva varios edificios del siglo XIX y ofrece unas vistas

¿Lo sabías?

Fueron los syilx quienes le dieron el nombre de *Okanagan*, que significa 'lugar de agua'.

increíbles desde lo alto de Giant's Head Mountain, un volcán extinguido. También se puede conducir aquí una locomotora por un tramo del Kettle Valley Railway.

④

Penticton

Relajado y amigable, este popular destino tiene acceso a dos lagos, el Okanagan y el Skaha, que dan al lugar un ambiente playero. Pero también se puede flotar suavemente en un cómodo hinchable por el canal que une ambos lagos, hacer una ruta en escúter por los viñedos de la vecina Naramata o atreverse a escalar los enormes Skaha Bluffs, al sur de la ciudad.

←

Viñedos en el valle del Okanagan, con el McIntyre Bluff al fondo

⑤

Oliver

Nombrada oficialmente capital canadiense del vino, en los alrededores de Oliver hay 40 bodegas, muchas de las cuales ofrecen además excelentes opciones de restauración y alojamiento.

⑥

Osoyoos

Los veranos de esta ciudad vacacional son de los más secos y calurosos de Canadá, y el Osoyoos es el lago de agua dulce más cálido del país; una combinación ganadora que atrae a muchos visitantes a las playas del lago para tomar el sol y practicar deportes náuticos.

Esencial ☆

TOP 6 BODEGAS LOCALES

Burrowing Owl Estate Winery
500 Burrowing Owl Pl, Oliver
Bodega elegante, de primera clase, con un gran restaurante y habitaciones de lujo.

Elephant Island Winery
2730 Aikens Loop, Naramata
Finca gestionada por una familia, famosa por sus exquisitos vinos de fruta, en particular su vino de postre de albaricoque.

Mission Hill Family Estate
1730 Mission Hill Rd, West Kelowna
Ultramoderna e icónica, cuenta con un jardín de esculturas en sus imponentes terrenos. Esencial su *pinot noir*.

Nk'Mip Cellars
1400 Rancher Creek Rd, Osoyoos
Bodega y restaurante propiedad de nativos de la zona, con excelentes *chardonnays* y *rieslings*.

See Ya Later Ranch
2575 Green Lake Rd, Okanagan Falls
Las catas se hacen en una casa de principios del siglo XIX, restaurada con gusto y con vistas fabulosas; lo mejor, el *gewürztraminer*.

Covert Farms Family Estate
300 Covert Pl, Oliver
El lugar ideal para probar una variedad de vinos orgánicos, sabrosos embutidos y productos deliciosos que recoge uno mismo.

Halcyon Hot Springs
Las casitas de lujo a orillas del lago y el *spa* con aguas termales cuentan aquí con vistas de las cumbres nevadas.
5655 Hwy 23, Nakusp
halcyon-hotsprings.com
$$$

Hume Hotel & Spa
Este emblemático hotel de 1898 combina detalles históricos y modernas habitaciones.
422 Vernon St, Nelson
humehotel.com
$$$

→ Panorámica de la cordillera montañosa y los lagos de West Kootenays

3

WEST KOOTENAYS

Nelson & Area Visitor Information Centre, 91 Baker St, Nelson; www.nelsonkootenaylake.com

Esta pintoresca región de bosque denso y cumbres nevadas está salpicada de antiguos pueblos mineros situados a orillas de lagos glaciares. Senderismo, bicicleta, esquí, exploración de cuevas, baños en manantiales calientes... Da gusto llegar a una acogedora cabaña después de un largo día de aventuras en estas montañas.

Nelson

Situada en las laderas de los montes Selkirk, en la orilla del brazo occidental del lago Kootenay, Nelson es una atractiva ciudad que fue minera y maderera, y tiene hoy un estilo de vida relajado.

Sus restaurantes y el café, tostado en la zona, son de primera. El centro, bien restaurado, tiene muchos edificios de la década de 1890. El visitante puede dar una vuelta por el agradable paseo de la orilla y empaparse de la tranquila atmósfera del Car 23, un tranvía restaurado en 1992 que dio servicio a la ciudad desde 1924 hasta 1949.

Rossland

Este encantador pueblo turístico de montaña cobra vida en los meses de invierno, cuando el cercano Red Mountain Resort atrae a esquiadores y *snowboarders* profesionales por su excelente nieve polvo. Antiguas vías de tren y mineras, y rutas del tráfico de *whisky* se entrecruzan en esta zona y son ideales en verano para la bicicleta y el senderismo.

Nakusp

Situada a orillas del lago Upper Arrow, esta pequeña ciudad es conocida por sus aguas

↑ Escaparates del siglo XIX en Front Street, en la localidad de Kaslo

termales minerales. Cerca de la población hay tres manantiales y dos se han convertido en cómodos complejos: Nakusp Hot Springs y Halcyon Hot Springs. Arriba, en los cercanos montes Selkirk, hay docenas de rutas para hacer a pie, en bicicleta de montaña o en moto de nieve. A apenas 40 km al sur de Nakusp, en el Slocan Valley, hay varias ciudades fantasma que se dedicaron a la minería de la plata; la más fascinante es Sandon, que fue la capital no oficial de la región minera.

Kaslo

Dominado por las cumbres de los montes Selkirk y Purcell, a este bonito pueblo lacustre lo llaman la pequeña Suiza de Canadá. Las bonitas calles de este antiguo aserradero y pueblo minero en la época del *boom* están salpicadas de escaparates de estilo fronterizo y floridos jardines. La mayor atracción es el SS *Moyie*, un vapor hoy amarrado que recorrió el lago Kootenay desde 1889 hasta 1957.

AGUAS TERMALES

West Kootenays está salpicado de manantiales de aguas termales, que se pueden disfrutar en auténticos balnearios o en pozas en plena naturaleza. Proporcionan un baño terapéutico en un agua caliente rica en sulfatos, calcio, sodio, litio y magnesio, minerales considerados buenos para los dolores habituales y para la artritis.

RUTA EN COCHE
WEST KOOTENAYS

Distancia 513 km (319 millas)
Paradas Kaslo; Nakusp

Vasta, remota y espectacularmente bella, la región de West Kootenays como mejor se explora es en coche. Lo ideal es dedicar varios días a esta ruta para poder disfrutar de todo plenamente. Hay que llevar los ojos bien abiertos, ya que pueden verse animales por el camino: no es raro encontrarse pavos salvajes, ciervos y osos cruzando estas carreteras. De octubre a marzo se requieren ruedas de invierno y algunos puertos pueden estar cerrados temporalmente. Al visitarlo hay que tener en cuenta que la carretera entre Howser y Beaton está sin asfaltar.

__Trout Lake__ es un bonito lago famoso por su excelente pesca. La pequeña comunidad cercana de Trout Lake City es una antigua ciudad minera.

El exclusivo complejo de __Halcyon Hot Springs__ está en un lugar realmente espectacular. Los visitantes pueden hacer una parada para relajarse en estas aguas ricas en minerales.

↑ Atardecer en el Red Mountain Resort, cerca de Rossland

En __New Denver__ hubo durante la Segunda Guerra Mundial un campo de internamiento para japoneses. El Nikkei Internment Memorial Centre (306 Josephine St) cuenta toda historia.

En invierno, se pueden adquirir pases de un día para el __Red Mountain Resort.__ Los esquiadores que se alojan aquí pueden recomendar a los visitantes las mejores pistas. Para quienes no esquían, hay paseos guiados por el bonito paisaje cubierto de nieve.

↑ Edificio y vehículos abandonados en la ciudad fantasma minera de Sandon

La aldea de **Meadow Creek** *es la puerta de entrada al Lardeau Valley, una formidable aunque remota zona rural con estupendas rutas de senderismo y varias opciones de rafting.*

Sandon, *una antigua ciudad minera donde se extraía plata, llegó a tener 10.000 habitantes en su mejor época. Hoy es una ciudad fantasma y se pueden explorar sus edificios vacíos y tranvías abandonados* (p. 119).

Kokanee Creek Provincial Park *cuenta con hermosas playas de arena, áreas recreativas y montones de rutas para bicicleta de montaña.*

La ciudad de **Nelson** *además de buen ambiente tiene un bonito centro histórico, con muchos edificios del siglo XIX* (p. 118).

MEJORES VISTAS
Buchanan Fire Tower

Siguiendo la Blue Ridge Forest Services Road se llega a una remota torre de vigilancia en lo alto del monte Buchanan. A 1.912 m, las vistas desde lo alto son impresionantes. Hay varias mesas de pícnic cerca, en torno al antiguo mirador.

0 kilómetros 25
0 millas 25
N

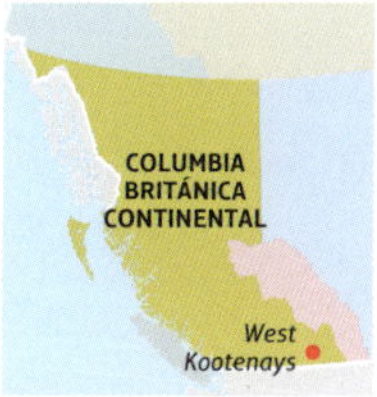

Mapa de situación
Para más detalles ver p. 112

LUGARES DE INTERÉS

4

Río Fraser

El majestuoso río Fraser discurre a lo largo de 1.375 km por algunos de los paisajes más imponentes de la Columbia Británica. Fluye desde su nacimiento en el lago Yellowhead, cerca de Jasper, hasta el estrecho de Georgia, junto a Vancouver. Por el camino, se dirige al norte para atravesar las Rocosas antes de girar hacia el sur cerca de Prince George. Continúa a lo largo de la cadena costera del Pacífico y avanza luego hacia el oeste, hasta Hope, abriéndose paso por un profundo cañón antes de seguir hacia Yale.

El impresionante cañón del Fraser fue descubierto por el explorador Simon Fraser cuando seguía el curso del río, en 1808. Cuando 50 años después se descubrió oro cerca de Yale, miles de buscadores remontaron el valle. Hoy Yale es un pequeño pueblo que alberga el encantador **Yale Historic Site,** dedicado a la historia de la fiebre del oro y a la épica construcción del ferrocarril a través del cañón. Este tramo del río es también célebre por sus rápidos, ideales para el rafting; en el pequeño pueblo de Boston Bar se organizan descensos. En Hell's Gate, el río atruena al pasar entre las estrechas paredes del cañón, separadas por tan solo 34 m.

Yale Historic Site

31187 Douglas St, Yale
Los horarios varían, consultar página web
foragerfoundation.com

5

Kamloops

1290 West Hwy I; www.tourismkamloops.com

En la lengua de los indígenas secwepemc, *Kamloops* significa 'donde se encuentran los ríos'. Una de las ciudades más extensas del sur de la Columbia Británica Continental se halla en la confluencia de los ríos South y North Thompson. También coinciden aquí tres autopistas y las líneas férreas Canadian Pacific y Canadian National.

El asentamiento europeo nació en 1812, cuando los comerciantes de pieles empezaron a negociar con los secwepemc de los pueblos de las Naciones Originarias. El **Secwepemc Museum and Heritage Park** se centra en la historia de los secwepemc y exhibe múltiples objetos, como una canoa de corteza de abedul, ropa tradicional, utensilios de caza y de cocina. En el Heritage Park, una serie de senderos conducen al visitante por los restos de un poblado de invierno shuswap de hace 2.000 años, en el que se han reconstruido cuatro casas de invierno enterradas auténticas. En la tienda del museo venden cestas, mocasines y joyas de cuentas y de plata.

CONSEJO DK
Pura naturaleza

Kamloops es un paraíso para los amantes de la naturaleza; el BC Wildlife Park acoge a osos, pumas y lobos rescatados, y la estación de esquí Sun Peaks ofrece actividades al aire libre todo el año.

↑ Las aguas serenas del río Fraser con un telón de fondo de montañas

←
Un senderista viendo la puesta de sol en el increíble Manning Provincial Park, cerca de Hope

En el centro, la Art Gallery cuenta con una colección pequeña pero sorprendente, con dibujos de A. Y. Jackson, del Grupo de los Siete *(p. 57)*.

Secwepemc Museum and Heritage Park
200-330 Chief Alex Thomas Way Jun-ago: diario; sep-may: 8:30-16:30 lu-vi secwepemcmuseum.ca

---

6

Hope

919 Water Ave; www.tourismhcc.ca

Situado en el extremo sur del cañón de Fraser, en Hope confluyen varias autopistas, entre ellas la Hwy 1 (Trans-Canada) y la Hwy 3. El pueblo constituye una buena base desde la que explorar el cañón y el sur de la Columbia Británica, y queda cerca de varios parques provinciales. El Manning Provincial Park destaca por sus numerosas actividades al aire libre. Se puede nadar, caminar, pescar y navegar, y en invierno esquiar.

¿Lo sabías?

En Hope se han rodado bastantes películas como *Hope Springs*, *Rambo: Acorralado* y *El juramento*.

7

Quesnel

703 Carson Ave; www.tourismquesnel.com

Esta localidad maderera nació durante la fiebre del oro, entre 1858 y 1861. Este era el último pueblo del Cariboo Gold Rush Trail, que estaba flanqueado por pueblos mineros hasta Kamloops. Quesnel está bien ubicado, en el triángulo que forman los ríos Fraser y Quesnel. Merece la pena visitar el Riverfront Trail System, un paseo arbolado que recorre las orillas de ambos ríos, y el peculiar Quesnel Museum. Cerca, en el Pinnacles Provincial Park, se encuentran los *hoodoos*, columnas de roca formadas hace 12 millones de años, cuando el agua del deshielo erosionó la superficie volcánica al final de la glaciación.

Al este de Quesnel se halla la histórica localidad minera de **Barkerville,** fundada por el inglés Billy Barker en 1862. El pueblo, muy bien conservado, tiene más de 125 edificios restaurados o reconstruidos y los guías se visten como entonces. Se puede ver al herrero en la forja, disfrutar de un espectáculo de variedades de la época o dar una vuelta en una diligencia.

Barkerville
81 km al este de Quesnel, fin de la Hwy 26 Los horarios varían, consultar página web barkerville.ca

8

Prince George

101-1300 First Ave; www.tourismpg.com

Esta población, la más grande del norte de la Columbia Británica, es el bullicioso centro de comunicaciones y suministro de la región. La atraviesan dos importantes autopistas. Fundada en 1807 como Fort George, un centro de comercio de pieles en la confluencia de los ríos Nechako y Fraser, la ciudad está bien situada para explorar la provincia.

Hoy cuenta con los servicios de una gran ciudad, como una universidad especializada en la historia y la cultura de las Naciones Originarias, una orquesta sinfónica propia y varios museos de arte. The Exploration Place Museum and Science Centre ocupa el lugar del antiguo fuerte, dentro de las 26 ha del Fort George Park, y exhibe objetos de las culturas indígenas, de los pioneros europeos y de los primeros colonos.

A tan solo una hora en coche desde la ciudad hay más de 1.600 lagos y ríos, por lo que Prince George es un lugar ideal para los amantes de la pesca.

↑ Exposición del fascinante Exploration Place Museum de Prince George

Dos postes totémicos con elaboradas tallas en el 'Ksan Historical Village

9

'Ksan Historical Village

1500 Hwy 62, Hazelton
Terrenos: todo el año; casas: abr-sep: 10.00-17.00 diario
ksanvillage.ca

Situado cerca de la antigua aldea de Gittanmaax, 'Ksan Historical Village recrea un asentamiento de 1870. Se levantó en la década de 1950 para preservar la cultura de los gitxsan, de las Naciones Originarias. El pueblo gitxsan ha habitado en esta zona desde hace miles de años, sobre todo en el valle del río Skeena. Su forma de vida se vio amenazada por la afluencia de colonos blancos que llegaron en la década de 1850 a Prince Rupert para trabajar la minería o la agricultura.

Los ancianos gitxsan, famosos por su habilidad para tallar y pintar canoas, tótems y máscaras, enseñan hoy sus técnicas en el 'Ksan Historical Village. En el complejo hay siete casas comunales tradicionales con una escuela de tallado, un museo y una tienda de regalos.

> **Los ancianos gitxsan, famosos por su habilidad para tallar y pintar tótems y máscaras, enseñan hoy sus técnicas a los más jóvenes en el 'Ksan Historical Village.**

10

Prince Rupert

100-215 Cowbay Rd; www.visitprince rupert.com

Famosa por su industria pesquera del fletán, Prince Rupert es una ciudad portuaria situada en la costa noroccidental de la Columbia Británica. Situada en la isla Kaien, está rodeada de bosques y montañas, y se asoma a una preciosa costa salpicada de fiordos. Su ajetreado puerto es el principal punto de acceso a Haida Gwaii y Alaska.

Igual que muchas de las ciudades principales de la provincia, su desarrollo estuvo ligado al avance del ferrocarril. El Kwinitsa Railway Museum repasa los grandes planes que tenía el empresario Charles Hay para la ciudad, y que en 1912 se fueron a pique junto con el *Titanic*, en el que viajaba.

Los tsimshian fueron los primeros habitantes de la zona, y hasta hace 150 años el puerto seguía flanqueado por sus grandes casas de cedro y sus tótems. El **Museum of Northern British Columbia** se dedica a la cultura y la historia de los pueblos indígenas de la costa noroeste del Pacífico. En una casa comunal tradicional se interpretan canciones, danzas y teatro tsimshian. También se organizan rutas arqueológicas.

Museum of Northern British Columbia

100 1st Ave W
Jun-sep: 9.00-17.00 diario; oct-may: 9.00-17.00 ma-sá
museumofnorthernbc.com

11

Haida Gwaii

3220 Wharf Way, Queen Charlotte; www. gohaidagwaii.ca

Haida Gwaii (antes islas Queen Charlotte) es un archipiélago de unas 150 islas frente a Prince Rupert, separado del continente por el océano Pacífico.

Estas islas apenas sufrieron la última glaciación y poseen un ecosistema único en Canadá. En sus bosques viven subespecies autóctonas de mamíferos como la musaraña negra y el armiño. También hay águilas calvas, y en primavera cientos de ballenas grises al migrar pasan por sus costas.

Las islas han sido durante miles de años el hogar del pueblo haida. Hoy los haida son reconocidos por sus tallas y esculturas en madera de cedro y argilita (un tipo de piedra similar a la pizarra, propia de estas islas). Fueron los haida quienes lideraron las campañas contra las empresas madereras en la década de 1980, que condujeron a la creación del **Gwaii Haanas National Park Reserve and Haida Heritage Site** en 1988. El parque alberga un bosque centenario con píceas de Sitka de 1.000 años y cedros rojos.

Gwaii Haanas National Park Reserve and Haida Heritage Site
Diario (gratis en invierno)
parks.canada.ca

12

Fort St. John

9324 96th St; www.fortstjohn.ca

Se encuentra en la Alaska Highway, que se construyó en 1942 y conllevó un drástico aumento de su población. La autopista convirtió a Fort St. John en un activo centro de suministro para la zona y en un eslabón importante para el desarrollo agrario de la región. Sin embargo, su mayor auge se vivió cuando en la década de 1950 se halló el mayor yacimiento de petróleo de la provincia. El orgullo que Fort St. John siente hoy por su legado industrial y pionero se refleja en el museo local, que luce una torre de perforación en la entrada y relata en su exposición la historia de la industria petrolífera local.

CONSEJO DK
A navegar

Hay dos formas de llegar a Haida Gwaii: por mar o por aire. BC Ferries ofrece dos opciones, una desde Prince Rupert (6 horas) y otra desde Port Hardy vía Prince Rupert (15 horas). Conviene reservar camarote con tiempo.

13

Fort Nelson

5500 Alaska Hwy; www.tourismnorthernrockies.ca

A pesar del desarrollo de las industrias del petróleo, el gas y la madera en las décadas de 1960 y 1970, Fort Nelson conserva el aire de ciudad fronteriza del norte. Antes de construirse la Alaska Highway en la década de 1940, Fort Nelson era una parada importante en la ruta hacia el Yukón y Alaska, aunque no tuvo agua ni electricidad hasta la década de 1950.

Para conocer cómo era la vida de los primeros comerciantes de pieles podemos meternos en una cabaña de tramperos llena de pieles en el pequeño **Fort Nelson Heritage Museum.** El museo también cuenta la historia de la construcción de la Alaska Highway, de 2.451 km, donde se exhiben objetos como vehículos de época anteriores a la Primera Guerra Mundial y una tienda de artículos básicos.

Fort Nelson Heritage Museum
5553 Alaska Hwy
med may-med sep: 13.00-18.00 diario; med sep-med may: solo con cita previa
fortnelsonmuseum.ca

¿Lo sabías?

La Alaska Highway fue el proyecto de construcción estadounidense más caro durante la Segunda Guerra Mundial.

↑ Una visitante disfrutando del gran bosque de la Gwaii Haanas National Park Reserve

14

Muncho Lake Provincial Park

681 Alaska Hwy Diario; *campings:* may-sep bcparks.ca

Es uno de los tres parques provinciales que se crearon tras la construcción de la Alaska Highway y ocupa el tramo más espectacular de la carretera. Comprende los picos desnudos de las Rocosas septentrionales, cuyas irregulares laderas de caliza son testimonio de miles de años de erosión glaciar. La autopista sigue la costa oriental del lago Muncho antes de cruzar el río Liard. Al principio del verano, desde el coche se puede ver a los alces pastando en los prados floridos. Al borde de la carretera se acercan también cabras, caribúes y carneros de Dali, atraídos por los depósitos de sodio, unos salegares naturales.

Para pasar la noche en el pintoresco Muncho Lake Provincial Park, las opciones son los dos *campings* accesibles en vehículo o el alojamiento privado, más confortable.

Strawberry Flats Campground
Mile 438 Alaska Hwy
$$$

MacDonald Campground
Mile 460 Alaska Hwy
$$$

Northern Rockies Lodge
Mile 462 Alaska Hwy
$$$

15

Parques del norte

(250) 771 4591

Los parques provinciales del norte de la Columbia Británica son el Mount Edziza, el Spatsizi Plateau Wilderness y, más al norte, el Atlin (Áa Tlein Téix'i). Todos ofrecen parajes remotos con altas montañas, campos de hielo y tundra.

Establecido en 1972, el Mount Edziza Provincial Park se distingue por su paisaje volcánico, que incluye ríos de lava, una meseta de basalto y conos de ceniza. Se puede acceder en barco o hidroavión. Una vez allí, el parque carece de carreteras; la única forma de recorrer sus campos abiertos, bosques de abedules árticos y arroyos es caminar por sus accidentados senderos o alquilar un hidroavión.

Al otro lado de la autopista se extiende el aún más agreste Spatsizi Plateau Wilderness Provincial Park, con picos nevados de los montes Skeena. En el centro del parque, el pequeño lago Gladys alberga una reserva ecológica para el estudio de muflones y cabras blancas. El único acceso es una carreterita que sale de la aldea de Tatogga, en la Hwy 37.

Al espectacular Atlin Provincial Park solo se puede acceder desde el Yukón, por la Hwy 7, que parte de la Alaska Highway. Cerca de un tercio del parque está cubierto por espectaculares campos de hielo y glaciares.

16

Sicamous

446 Main St; www.sicamouschamber.bc.ca

Se trata de un bonito pueblo a orillas de un lago, con calles encantadoras adornadas con macetas llenas de flores. Situado entre los lagos Mara y Shuswap, en la intersección de la Trans-Canada Highway (Hwy l) y la Hwy 97A, Sicamous es ideal para explorar los lagos y la ciudad de Salmon Arm, en el extremo norte del valle del Okanagan *(p. 116)*. En verano se alquilan más de 200 casas flotantes, y hay también puertos deportivos y empresas que

←
Un hidroavión atracado en la superficie cristalina del lago Muncho

alquilan embarcaciones. Los lagos ofrecen más de 1.000 km de orilla para explorar. Desde un barco se pueden contemplar las calas y el paisaje boscoso del lago Shuswap, en cuyas orillas se han visto osos negros, ciervos, alces, coyotes y linces rojos. En verano, visitantes y residentes se congregan en la estupenda playa pública que tiene el lago.

17

Montes Purcell

651 Hwy 95, Invermere; (250) 342 2844

Los agrestes y bellos montes Purcell se elevan frente a las Rocosas, al otro lado del amplio valle del río Columbia. Esta región, una de las más remotas de las Rocosas, atrae a aventureros y esquiadores de todo el mundo. Una cadena de agujas graníticas, llamada Bugaboos, también es muy popular entre los senderistas. En una de las pocas áreas accesibles en el norte, la Purcell Wilderness Conservancy cubre una vasta extensión de 21 km^2. Aquí proliferan grandes poblaciones de uapitíes, ciervos de cola blanca y caribúes, así como comadrejas, osos negros y osos grizzly.

Desde la cercana ciudad de Invermere se puede acceder a una de las rutas de senderismo más difíciles de Canadá: el Earl Grey Pass Trail, que recorre unos 63 km por los montes Purcell. La ruta debe su nombre a Earl Grey, gobernador general de Canadá entre 1904 y 1911, quien eligió estos montes para construir una cabaña donde pasar las vacaciones con su familia. El sendero que tomó seguía una ruta utilizada por el pueblo kinbasket, de la Nación Originaria shuswap. El camino es hoy notoriamente peligroso: osos, avalanchas y árboles caídos constituyen obstáculos habituales en la ruta, no apta para novatos.

18

Revelstoke

301 Victoria Rd West; www.seerevelstoke.com

Esta localidad de montaña se encuentra a la entrada de algunos de los parques nacionales más increíbles de la Columbia Británica: Mount Revelstoke, Glacier y Yoho. Y aprovecha semejante escenario con su propia estación de esquí: Revelstoke Mountain Resort, que posee la caída vertical más larga de las estaciones de Norteamérica (1.713 m). También se puede practicar aquí heliesquí y cat-skiing, gracias a las excelentes condiciones invernales. Durante los meses de verano, toman el relevo la escalada en roca, el senderismo, la bicicleta de montaña y los deportes acuáticos.

En la ciudad, el Revelstoke Railway Museum y el Revelstoke Museum and Archives ofrecen información sobre su historia ligada al ferrocarril.

CURIOSIDADES
Mt Revelstoke National Park

Abierto solo cuando no hay nieve, en los meses de verano, las cumbres subalpinas de este parque nacional ofrecen increíbles panorámicas de los montes Monashee y Selkirk.

↑ El sol atraviesa la neblina al amanecer en los remotos montes Purcell

Carretera a través de las Rocosas Canadienses

LAS ROCOSAS CANADIENSES

Las Rocosas Canadienses ocupan una franja de las provincias de la Columbia Británica y Alberta de casi 805 km de ancho, y forman parte de la cordillera que se extiende desde Canadá y a través de Estados Unidos hasta México. Hace entre 65 y 100 millones de años, un levantamiento lento pero masivo de la corteza terrestre provocó el surgimiento de las Montañas Rocosas con sus picos abruptos y escarpados. Cincuenta de ellos sobrepasan los 3.000 m de altura.

Este imponente paisaje y el hallazgo de manantiales de aguas termales en Banff en 1883 animaron al Gobierno federal a crear el primer parque nacional de Canadá. En 1984, la Unesco declaró Patrimonio de la Humanidad el conjunto de los parques nacionales de Banff, Jasper, Kootenay y Yoho, bajo la denominación de Canadian Rockies Mountain Parks.

Esta región de espectacular belleza atrae a millones de visitantes cada año, que acuden a admirar sus accidentadas cumbres cubiertas de nieve, sus luminosos glaciares y los iridiscentes lagos glaciares.

0 kilómetros
80
0 millas
80
N
Prince George
Aeropuerto de Prince George
Monte Sir Alexander (3.274 m)
Grande Cache
Dome Creek
Montes Columbia
Montañas
Fraser
Monte Chown (3.316 m)
McBride
13 BOWRON LAKE PROVINCIAL PARK
Quesnel
Barkerville
Monte Robson (3.954 m)
Hinto
Tête Jaune Cache
Jasper
JASPER NATIONA PARK
3
Yellowhead Pass
Rocosas
Likely
Monte Sir Wilfrid Laurier (3.505 m)
Valemount
Marguerite
Monte Fraser (3.322 m)
WELLS GRAY PROVINCIAL PARK
12
Williams Lake
Monte Alberta (3.619 m)
Monte Columbia (3.741 m)
Lago Kinbasket
Blue River
Mica Creek
Avola
Columbia
100 Mile House
Clearwater
COLUMBIA BRITÁNICA
Little Fort
COLUMBIA BRITÁNICA CONTINENTAL
p. 110
GLACIER NATIONAL PARK
5
Clinton
Revelstoke
Montes Selkirk
Sicamous
Lillooet
Ashcroft
Kamloops
Enderby
Pemberton
Lytton
Vernon
Coldstream
Merritt
Boston Bar
New Denve
Kelowna
Westbank
Aeropuerto internacional de Kelowna
Summerland
Castlegar
Oliver
LAS ROCOSAS CANADIENSES
Rossland
Orient
Tonasket
Winthrop
Colville

LAS ROCOSAS CANADIENSES

Esencial

1. Banff National Park
2. Yoho National Park
3. Jasper National Park

Lugares de interés

4. Waterton Lakes National Park
5. Glacier National Park
6. Kananaskis Country
7. Kootenay National Park
8. Radium Hot Springs
9. Fernie
10. Fort Steele Heritage Town
11. Crowsnest Pass
12. Wells Gray Provincial Park
13. Bowron Lake Provincial Park

1

BANFF NATIONAL PARK

224 Banff Ave, Banff; www.banfflakelouise.com

Es imposible viajar por este parque nacional sin quedarse extasiado. Las sublimes Montañas Rocosas se elevan sobre un paisaje de glaciares centelleantes, bosques perennes, veloces ríos que fluyen por valles frondosos y algunos de los lagos más azules de la Tierra.

El parque nacional más célebre de las Rocosas fue también el primero de Canadá. Se inauguró en 1885, dos años después de que tres obreros de la Canadian Pacific Railway descubrieran aquí aguas termales. Siglos antes de la llegada del ferrocarril, los pies negros, stoney y kootenay vivían en los valles de los alrededores de Banff. El parque cubre un área de 6.641 km², que comprende algunos de los escenarios más sublimes del país. Unos cuatro millones de visitantes anuales pasan por la ciudad de Banff y el pueblo de Lake Louise para disfrutar de actividades como rafting, espeleología y senderismo en verano, y tobogganing, trineos con perros y escalada en hielo en invierno.

↑ El centro de Banff durante una tormenta de verano

← Escalador trepando por una gran pared de hielo vertical en el cañón Johnston

↑ Pasarela en la cima del monte Sulphur, a las afueras de Banff

BANFF

Protegida por el gigantesco monte Rundle, la ciudad de Banff creció en torno a las aguas termales descubiertas aquí en la década de 1880. El director de la Canadian Pacific Railway, *sir* William Cornelius Van Horne, vio que los manantiales atraerían público, por lo que en 1888 construyó el majestuoso Banff Springs Hotel. El balneario se hizo muy popular y la ciudad creció rápidamente para adaptarse.

Hoy Banff ofrece multitud de servicios a los visitantes y es una excelente base para explorar el parque. En el cercano Cave and Basin National Historic Site se explica la historia de Banff y hay túneles para explorar. Por su parte, el Tunnel Mountain Summit Trail ofrece espléndidas vistas de Bow Valley. También es posible subir al monte Sulphur en teleférico y después darse un baño relajante en Upper Hot Springs.

CONSEJO DK
Recorrer las Rocosas

Viaje a la antigua usanza con Rocky Mountaineer, un servicio de tren de lujo que conecta Banff con el lago Louise, Kamloops y Vancouver entre abril y octubre *(www.rocky mountaineer.com)*.

Lake Louise Inn

Dispone de una gran variedad de habitaciones, algunas con cocina completa, chimenea y *jacuzzi*. También hay buenas opciones para comer, piscina cubierta y zona de hidromasaje, alquiler de bicicletas y de raquetas.

210 Village Rd, Lake Louise
lakelouiseinn.com

$$$

Storm Mountain Lodge

Unas cabañas en medio del bosque que fueron de la Canadian Pacific Railway se han renovado por completo para ofrecer confort y calidez, con bañera y chimenea. No se puede cocinar, pero en el restaurante sirven comida *gourmet*.

Hwy 93 S, Banff National Park
stormmountain lodge.com

$$$

Juniper Bistro
En lo alto de una colina por encima de Banff, cuenta con una fantástica terraza con pequeñas hogueras y vistas espléndidas. Hay que disfrutar de un *brunch* con un Juniper Benny a base de avena (una torta de pan de los inuit y los pueblos indígeneas), huevos hervidos y conejo estofado.

1 Juniper Way, Banff
thejuniper.com

$$$

Lake Agnes Tea House
Los suministros llegan en helicóptero a este histórico salón de té de 1905, al final de una empinada ruta de 3,4 km. También se puede seguir hasta la Plain of Six Glaciers Tea House, más adelante.

Lake Agnes Jun-oct
lakeagnestea house.com

$$$

High Rollers
Esta divertida bolera retro, pero moderna, sirve contundente *pizza* con queso hecha en horno de barro y tiene una inmensa carta de cervezas de la Columbia Británica.

110 Banff Ave, Banff
highrollersbanff.com

$$$

LAKE LOUISE

Una de las grandes estrellas del parque es el lago Louise, cuya belleza constituye una imagen emblemática de las Rocosas. Célebre por el azul intenso de sus aguas y por los picos nevados que lo rodean, aquí se encuentra también el glaciar Victoria, que se estira casi hasta el borde del agua. En las rutas alrededor del lago hay paneles que explican cómo se formó hace unos 10.000 años, al final de la última glaciación. El fantástico color de las aguas se debe a los depósitos de cieno glaciar, conocido como harina de roca, que quedan en suspensión justo bajo de la superficie.

En un extremo del lago, el imponente hotel Château Lake Louise, construido en 1894, domina el paisaje. El vecino pueblo de Lake Louise es una buena base para conocer la zona. En verano, un teleférico asciende hasta el monte Whitehorn, que regala al visitante espectaculares vistas del glaciar y del lago. En invierno, la zona atrae a muchos esquiadores y aficionados al snowboard.

↑ Canoas surcando las aguas color turquesa del lago Louise

¿Lo sabías?

El lago Peyto toma su nombre de Bill Peyto, uno de los primeros guías y guardas del Banff National Park.

→ Vista del lago Peyto en invierno desde Bow Summit, en Icefields Parkway

Esencial ☆

CUIDADO CON LOS OSOS

En los parques de las Rocosas viven osos negros y grizzly. Aunque es raro verlos, hay que respetar unas normas básicas: no acercarse a ellos, no alimentarlos, no correr y mantener la calma. Los osos tienen un olfato excelente, de modo que al acampar hay que guardar la comida y la basura dentro de un vehículo o en las cajas a prueba de osos que ofrecen en los parques. En las excursiones hay que hacer ruido, llevar campanas y *spray* antiosos, y a los perros atados.

RUTAS PANORÁMICAS A PIE Y EN COCHE

Icefields Parkway

Esta carretera panorámica (Hwy 93) serpentea durante 230 km entre algunas de las montañas más altas y escarpadas de las Rocosas, y ofrece la oportunidad de ver por el camino osos grizzly y cabras de las Rocosas. Cada curva supera las vistas de la anterior a medida que se asciende por puertos desde Lake Louise hasta Jasper.

Desde Bow Summit, el punto más elevado de la ruta (2.068 m), parte una carretera secundaria que llega hasta el mirador del lago Peyto, desde donde se ven los picos reflejados en el agua azul brillante.

Lago Moraine

Aunque no es tan conocido como el lago Louise, tiene poco que envidiarle. Una carretera panorámica (cerrada a vehículos privados) zigzaguea desde el lago Louise hasta este, rodeado por 10 picos de más de 3.000 m. Junto a la orilla hay un bonito refugio que ofrece alojamiento. Del lago parten varias rutas de senderismo.

Johnston Canyon

A unos 19 km al oeste de Banff, un breve sendero que sale de la carretera lleva hasta el cañón Johnston. Por sendas anchas y puentes estrechos que cruzan el cañón se llega a dos cascadas impresionantes. Hay que ir atentos a los Ink Pots, unas pozas donde burbujea el agua azul verdosa de manantiales subterráneos.

Lake Minnewanka Drive

Esta sinuosa carretera de 24 km pasa por merenderos, rutas de senderismo y tres lagos, incluido el Minnewanka, el más grande de Banff. En invierno cierran algunos tramos, hay que informarse antes de salir.

2

YOHO NATIONAL PARK

Park Visitor Centre: Hwy 1, Field; parks.canada.ca

Con el telón de fondo de las imponentes Montañas Rocosas nevadas, el Yoho National Park es un paraíso natural. Se puede remar apaciblemente en lagos del colores mágicos, alzar la vista con asombro hacia sonoras cascadas o descubrir remotas praderas alpinas perfumadas por flores silvestres.

La belleza de sus montañas, lagos, cascadas y peculiares formaciones rocosas llevó a denominar al parque *Yoho*, que en lengua cree significa 'asombro y maravilla'. Destacan el Natural Bridge –un puente de roca erosionado poco a poco durante siglos por el gélido río Kicking Horse que corre por debajo– y el lago Emerald, así bautizado por el intenso color de sus aguas.

Si el tiempo lo permite, no hay que perderse las Takakkaw Falls. Trepando hasta la base se puede sentir la bruma y la fuerza atronadora del agua glaciar al caer 348 m, lo cual las convierte en las segundas más altas de Canadá, después de James Bruce Falls. De regreso, se pueden ver los trenes serpenteando por los Spiral Tunnels, en las entrañas de Cathedral Mountain.

Para ver el lago O'Hara, al suroeste de Field, hay que reservar con mucho tiempo. Rodeado por valles glaciares suspendidos y picos abruptos, este lago tiene un asombroso tono azul y es una maravilla, pero solo se puede acceder previa reserva.

Takakkaw Falls Campground

Se trata de un *camping* básico, con poco más que una zona para plantar la tienda y hacer una hoguera. Pero no se necesita más. Aquí las vistas de las rugientes cascadas y las montañas cubiertas de glaciares solo se comparten con la fauna local.

Takakkaw Falls, Yoho National Park (250) 343 6783 Med jun-med oct

$$$

←
Una escaladora asciende por la ruta de Takakkaw Falls, Yoho National Park

BURGESS SHALE

Este yacimiento en el Yoho National Park fue declarado Patrimonio de la Humanidad para proteger un extraordinario grupo de fósiles marinos muy bien conservados que datan del Cámbrico, hace más de 500 millones de años. Es uno de los pocos lugares del mundo donde se han fosilizado tanto las partes duras como los tejidos blandos, lo cual ayuda mucho a la comprensión del origen de la vida en la Tierra. Solo se puede acceder a pie y con guías.

Esencial ☆

¿Lo sabías?

Dentro del Yoho National Park hay más de 400 km de rutas de senderismo.

↑ La preciosa orilla del lago O'Hara con el monte Huber al fondo

3

JASPER NATIONAL PARK

414 Patricia St, Jasper; www.jasper.travel

En este mítico parque campan a sus anchas grandes animales, como pumas, lobos y osos. Aparte de la observación de fauna, los visitantes pueden disfrutar de rutas alpinas imponentes e increíbles excursiones remando o pedaleando. El parque posee también el segundo cielo oscuro protegido más grande del mundo: el espectáculo continúa por la noche.

Establecido en 1907, este parque es asombrosamente bello, como todo en las Rocosas. El más septentrional de los cuatro parques nacionales de la región es también el más abrupto y extenso, con un área de 10.878 km² de altas montañas y valles salpicados de lagos glaciares. A la mayoría de estas zonas solo se puede acceder a pie, a caballo o en canoa. Aquí se puede ver más fauna que en los otros parques de las Rocosas, pero hay que tener en cuenta que los servicios del parque están cerrados de octubre a abril. En esos meses quienes son capaces de hacer frente al invierno tienen la oportunidad de practicar esquí de fondo por increíbles rutas que rodean los lagos helados. Además, pueden pescar en el hielo, hacer excursiones con raquetas o senderismo, siempre con guías, por ríos helados. En verano hay multitud de excursiones de un día desde Jasper, la principal población del parque.

MEJORES VISTAS
Jasper SkyTram

A tan solo unos kilómetros del pueblo de Jasper, este popular teleférico sube hasta una plataforma cerca de la cima del monte Whistlers. Las vistas del parque son increíbles.

Esencial ☆

ALCES EN JASPER

El alce es el miembro más grande de la familia de los cérvidos. Es fácil identificarlo por sus patas largas y desgarbadas, astas palmeadas y un hocico bastante grande. En el parque los hay por todas partes, incluso en el pueblo, pero el lago Maligne es uno de los mejores lugares para verlos. Conviene observarlos desde una distancia segura, ya que pueden ser agresivos, en especial los machos en la época de apareamiento (med sep-nov).

Jasper

Este pueblo nació en 1911 para los trabajadores de la Grand Trunk Pacific Railway que estaban poniendo las vías en el valle del río Athabasca. Como ocurrió en Banff, la llegada del ferrocarril y la transformación de los parques en centros turísticos fueron de la mano, y el pueblo empezó a crecer. Hoy, Jasper cuenta con una amplia variedad de buenos alojamientos y restaurantes.

Lagos Patricia y Pyramid

Al norte del pueblo de Jasper, estos bonitos lagos descansan a la sombra del gran monte Pyramid (2.763 m). Son un destino popular para una excursión de un día desde Jasper y por las buenas condiciones para practicar kayak, canoa y padelsurf. En los dos albergues que hay en los lagos se puede alquilar el equipo.

↑ Remando por el lago Patricia en otoño; una animada calle en el centro de Jasper *(arriba)*

Maligne Lake Drive

Esta carretera panorámica arranca a 5 km al este del pueblo de Jasper y se separa de la Hwy 16 para recorrer el fondo del valle, entre los montes Maligne y Queen Elizabeth. La ruta atraviesa paisajes magníficos y cuenta por el camino con miradores con vistas al valle. Entre los parajes más espectaculares destaca el cañón del Maligne, al que se llega a pie por un corto camino señalizado, en el que se explican las características geológicas de la formación de la garganta. La carretera termina en el lago Maligne, uno de los más grandes de las Rocosas. Se puede tomar un barco hasta las islas Spirit, en medio de las aguas. Hay también varios senderos panorámicos alrededor del lago, uno de los cuales lleva a Opal Hills, desde donde las vistas son espectaculares. Río abajo desde el lago Maligne se encuentra el lago Medicine, famoso por el nivel cambiante de sus aguas, un fenómeno provocado por una red subterránea de cuevas y canales.

Miette Hot Springs

A 61 km al norte de Jasper siguiendo la bonita Miette Springs Road, se encuentran los manantiales más calientes de las Rocosas: alcanzan hasta 54 °C. Pero las aguas se enfrían a 40 °C para hacerlas más soportables para los bañistas.

↑ El escarpado monte Edith Cavell con nieve

Athabasca Falls

En el cruce de las autopistas 93 y 93A, el río Athabasca se precipita desde una altura de 23 m al cauce del río que hay abajo, dando lugar a unas cascadas que se cuentan entre las más espectaculares del parque. Aunque la caída es pequeña si se compara con otras

¿Lo sabías?

En algunas partes del glaciar Athabasca el hielo es tan grueso como la altura de la Torre Eiffel.

cascadas de las Rocosas, el río Athabasca penetra con mucha fuerza en una garganta muy estrecha, rica en cuarzo, que convierte sus aguas en un torrente espumoso y poderoso.

Monte Edith Cavell

Lleva el nombre de una heroína de la Primera Guerra Mundial y está cerca del pueblo de Jasper, al sur. La bonita carretera que asciende por la montaña tiene algunos tramos irregulares y curvas estrechas, y está cerrada de noviembre a mayo debido a las condiciones invernales y a la conservación del caribú. La carretera termina en el lago Cavell, junto a la cara norte de la montaña. Desde aquí hay que seguir el Cavell Meadows Trail a través de bosques subalpinos y praderas floridas para contemplar el glaciar Angel al otro lado del valle.

Columbia Icefield

El Campo de Hielo de Columbia está a caballo entre los parques nacionales de Banff y Jasper, y con sus 200 km² es la superficie de hielo más grande al sur de Alaska. Se originó en la última glaciación, aunque los glaciares han retrocedido en los últimos siglos. Desde el Icefields Centre parten excursiones al glaciar Athabasca a bordo de vehículos todoterreno llamados Ice Explorers. El Columbia Icefield Skywalk tiene una plataforma de observación con suelo de cristal para disfrutar de unas vistas impresionantes.

> **El río Athabasca penetra con mucha fuerza en una garganta muy estrecha, rica en cuarzo, que convierte sus aguas en un torrente espumoso y poderoso.**

Esencial

Alpine Village
Una serie de cabañas se alinean mirando al río Athabasca en este complejo justo a la salida del pueblo. Los alces pastan a menudo en sus terrenos ajardinados.

Hwy 93A N, Jasper National Park Oct-abr alpinevillage jasper.com

$$$

Crimson Jasper
Buena relación calidad-precio. Está cerca de la estación y se puede llegar a pie al centro. Mininevera y microondas en las habitaciones, además de piscina cubierta y gimnasio.

200 Connaught Dr, Jasper banffjasper collection.com

$$$

La aurora boreal vista desde el glaciar Athabasca, en el Columbia Icefield

Reflejo de las primeras luces del día en el lago Cameron, Waterton Lakes National Park

LUGARES DE INTERÉS

4 Waterton Lakes National Park

404 Cameron Falls Dr; parks.canada.ca

Aunque es menos conocido, en este parque nacional hay parajes tan magníficos como en cualquier otro de las Rocosas. Está situado en el extremo suroeste de Alberta, junto a la frontera de Estados Unidos, y protege un ecosistema que comparte con el Glacier National Park del país vecino.

Debe su belleza única a un fenómeno geológico conocido como Lewis Overthurst, que se forjó hace más de mil millones de años (antes de la formación de las Rocosas), cuando la roca antigua fue empujada encima de sedimentos más recientes. Esto explica que las cimas se alcen bruscamente sobre las llanuras. Gracias a esta mezcla de tierras bajas y alpinas, Waterton tiene la variedad de fauna más amplia de los parques del país, desde osos a carneros de montaña, y desde aves acuáticas a chupasavias.

> CURIOSIDADES
> **Crypt Lake Trail**
> En el Waterton Lakes National Park se halla el Crypt Lake Trail (17 km), una ruta de senderismo que atraviesa frondosos bosques, riscos escarpados y cascadas, antes de llegar a un prístino lago turquesa.

↑ Carnero de las rocosas, un residente del Waterton Lakes National Park

5 Glacier National Park

Rogers Pass National Historic Site: 9520 Hwy 1, Rogers Pass; parks.canada.ca

No debe confundirse con el parque homónimo de Estados Unidos. El Glacier canadiense cubre 1.350 km² de espacios naturales en los montes Selkirk, dentro de la cordillera de los montes Columbia. Se estableció en 1886 y fue creciendo a medida que avanzaba la vía férrea que se tendió a través de Rogers Pass en 1885. Hoy, muchos de los caminos más accesibles del parque siguen vías de ferrocarril abandonadas. Otras rutas, como el ambicioso pero gratificante Perley Rock Trail, de un día completo de duración, ofrecen increíbles vistas de los 129 glaciares del parque, como el enorme glaciar Illecillewaet.

El parque se caracteriza por ser muy húmedo en verano y sufrir nevadas casi a diario en invierno: pueden caer hasta

Monumento que señala el Rogers Pass, en el Glacier National Park ↓

→

Disfrutando de la popular piscina de Radium Hot Springs

23 m de nieve en una sola temporada. Aquí la amenaza de avalancha es algo serio; los visitantes deben pasar por el Rogers Pass Center para informarse puntualmente. La Canadian Pacific Railway abandonó la línea de Rogers Pass debido a las avalanchas, y en su lugar se construyó un túnel. La Trans-Canada Highway (Hwy 1) sigue la ruta del puerto y divide en dos el parque de camino al foco de actividades recreativas al aire libre de Revelstoke *(p. 127)*.

6

Kananaskis Country

i 1 Hwy 40, Kananaskis; www.kananaskis.com

Kananaskis Country es un sistema de parques en las estribaciones de las Rocosas, con montañas, lagos, ríos y praderas alpinas. Situado al suroeste de Calgary, en el límite del Banff National Park, sus 4.000 km^2 de naturaleza virgen son famosos por el senderismo y la observación de fauna local. La localidad de Canmore es el centro de esta enorme zona recreativa y ofrece muchos alojamientos, además de actividades al aire libre.

7

Kootenay National Park

i Kootenay National Park Visitor Center, 7556 Main St E, Radium Hot Springs; (may-oct); parks.canada.ca

Este parque cubre 1.406 km^2 y es famoso por su clima, su ecología y la diversidad de su paisaje. Los 94 km de la Kootenay Parkway (Hwy 93S) lo dividen en dos de norte a sur. Serpentea por el estrecho cañón del Sinclair, pasa por los famosos manantiales de Radium Hot Springs, cruza los precipicios de Redwall Fault y sube hasta el puerto del Sinclair. La carretera continúa hasta el valle del río Kootenay, pasando Hector Gorge para adentrarse en el valle del río Vermilion. Por unos cortos senderos el visitante puede descubrir los Paint Pots, unos manantiales ricos en hierro, cuyas márgenes están cubiertas de arcilla roja. También se puede disfrutar del cañón Marble: las aguas glaciales de Tokumm Creek excavaron sus paredes de dolomita, de 35 m de alto. El Fireweed Trail se adentra en los bosques reforestados que crecen a lo largo de la divisoria continental.

8

Radium Hot Springs

i Visitor Center, 7556 Main St E; www.radiumhotsprings.com

Esta pequeña localidad, célebre por sus manantiales minerales, es una buena base para explorar el cercano Kootenay National Park. El pueblo tiene más plazas hoteleras que residentes.

Muchos de los 1,2 millones de visitantes anuales vienen para bañarse en las aguas curativas. Hay dos piscinas, una caliente para sumergirse y otra más fría para nadar. Pueden alquilarse taquillas, bañadores y toallas y, además, hay una máquina expendedora de bebidas y alimentos.

Desde aquí se pueden explorar las cercanas Columbia Valley Wetlands. Alimentado por las aguas glaciares de los montes Purcell y de las Rocosas, el río Columbia avanza por estas tierras pantanosas, que proporcionan un importante hábitat para más de 250 aves acuáticas, entre ellas la barnacla canadiense y el cisne chico.

¿Lo sabías?

Las leyendas locales hablan de un Bigfoot, o Sasquatch, que vive en las Rocosas. Ojo con las huellas gigantes...

←
Un esquiador gozando de una nieve polvo perfecta en el Fernie Alpine Resort

9

Fernie

🅘 102 Commerce Rd; www.tourismfernie.com

Este bonito pueblo rodeado de cumbres puntiagudas se halla en el lado de la Columbia Británica del Crowsnest Pass. El fuego arrasó el pueblo en 1904 y de nuevo en 1908; desde entonces, todos los edificios se han construido con gran gusto en piedra y ladrillo. Fernie, célebre por sus deportes de invierno, ofrece una de las mejores nieves polvo de las Rocosas. La temporada de esquí se extiende de diciembre a abril. El Fernie Alpine Resort tiene capacidad para subir a la montaña a casi 15.000 esquiadores cada hora. En verano, el Mount Fernie Provincial Park ofrece una gran variedad de rutas de senderismo espléndidas, y las excursiones en barco y la pesca son muy populares en los numerosos lagos y ríos de los alrededores.

TOP 3 **COMPAÑÍAS DE HELIESQUÍ**

CMH Heli-Skiing, Banff
🅦 cmhheli.com
Nieve en polvo garantizada y alojamientos de lujo.

Eagle Pass Heli-Skiing, Revelstoke
🅦 eaglepassheliskiing.com
1.372 km² de pendientes para explorar.

Stellar Heli-Skiing, Kaslo
🅦 stellarheliskiing.com
Una ratio cliente-guía imbatible.

10

Fort Steele Heritage Town

9851 Hwy 95 Jul-sep: 9.00-16.00 diario; oct-jun: 10.00-15.00 mi-do 🅦 fortsteele.ca

Este museo viviente recrea un asentamiento colonial de abastecimiento del siglo XIX que se estableció en 1864, cuando se encontró oro en Wild Horse River. Miles de buscadores y de empresarios llegaron hasta aquí por el Dewdney Trail, que unía Hope *(p. 123)* con los yacimientos. La población se bautizó en honor al superintendente de la Policía Montada Samuel Steele, quien llegó en 1887 para restablecer la paz entre los beligerantes ktunaxa y los colonos europeos. Fort Steele vivió un breve periodo de auge tras descubrirse plomo y plata, pero a principios del siglo XX era una ciudad fantasma: la principal línea de ferrocarril varió su trazado para pasar por Cranbrook.

Hoy hay unos 100 edificios restaurados o reconstruidos, atendidos por personal vestido de época, como un colmado o las dependencias de los oficiales de la Policía Montada, con fotografías familiares, espadas y uniformes. También se ofrecen demostraciones de

→
Piragüistas al principio de su circuito por el Bowron Lake Provincial Park

Fernie, célebre por sus deportes de invierno, ofrece una de las mejores nieves polvo de las Rocosas. La temporada de esquí se extiende de noviembre a abril.

técnicas tradicionales, como la elaboración de colchas y de helado. La visita al cercano Wild Horse River Historic Site incluye la oportunidad de de buscar oro.

11 Crowsnest Pass

Frank Slide Interpretive Centre; www.frankslide.ca

Este puerto está a 1,5 km de la Hwy 3, en Alberta, cerca del límite con la Columbia Británica. Como es habitual en las Rocosas, está rodeado de picos nevados. A principios del siglo XX, esta zona carbonífera fue el escenario del peor accidente minero de Canadá. En 1903, una enorme masa de roca se desprendió del monte Turtle y cayó sobre el pueblo de Frank; hubo 70 muertos. El Frank Slide Interpretive Centre ofrece dos audiovisuales sobre este trágico suceso, y una ruta señalizada por el valle conduce hasta los restos que dejó la catástrofe. Se puede aprender más sobre las comunidades mineras en la mina Bellevue –se visitan sus históricos túneles– y en Leitch Collieries, un fascinante complejo minero antiguo.

12 Wells Gray Provincial Park

Clearwater 416 Eden Rd; wellsgray.ca

Este parque abarca uno de los espacios naturales más bellos de la Columbia Británica y ofrece maravillas comparables a las de las Rocosas del este. Se abrió en 1939 y se caracteriza por sus prados alpinos, sus cascadas estruendosas y sus picos coronados por glaciares. Una vía de tren de Via Rail y la Hwy 5 siguen el curso del río Thompson por el límite occidental del parque y ofrecen unas vistas increíbles. De la Clearwater Valley Road parten varias rutas que van desde sencillos paseos a arduas caminatas de varios días por tierras remotas. Una serie de pequeños senderos conduce a las espectaculares Dawson Falls.

13 Bowron Lake Provincial Park

703 Carson Ave, Quesnel; tourismquesnel.com Quesnel May-sep

Este parque se encuentra en los montes Cariboo, a unos 120 km al este de Quesnel por la Hwy 26. Es célebre por poseer una vía navegable rectangular de 116 km compuesta por nueve lagos, tres ríos, arroyos, lagunas y numerosos *portages* (caminos que unen las zonas navegables). Es un circuito muy popular para hacer en canoa y se ofrecen excursiones de una semana; están limitadas a 50 personas, es necesario un pase y hay que reservar, por teléfono o por internet. Es una gran oportunidad para ver animales, sobre todo alces y castores. A finales del verano, los osos acuden a alimentarse de los salmones rojos que desovan en el río Bowron.

Machos de ciervo mulo en Grasslands National Park, Saskatchewan

LAS PRADERAS

Las provincias centrales de Canadá, Alberta, Saskatchewan y Manitoba, se conocen colectivamente como las Praderas, y cubren una vasta región de bosque boreal y fértiles praderas. Durante miles de años prosperaron aquí las Naciones Originarias, que dependían de las manadas de bisontes que vagaban por estas tierras. Los cazaban no solo para proveerse de comida, sino también de ropa, refugio y objetos ceremoniales. No obstante, a finales del siglo XIX, la caza estuvo a punto de causar la extinción del bisonte, probablemente por la acción de los caballos y los rifles que acompañaban a los europeos que estaban llegando. Estos colonos levantaron comunidades agrícolas en las tierras fértiles y algunos se casaron con mujeres de las Naciones Originarias y dieron lugar a un nuevo grupo cultural, los métis. En el siglo XX, la economía de la región empezó a depender no solo del cereal, sino también de otros recursos naturales como el gas y el petróleo. Hoy, las praderas son conocidas por sus infinitos campos de trigo dorado y de resplandeciente colza amarilla, salpicados por una serie de dinámicos pueblos y ciudades.

LAS PRADERAS
0 kilómetros 200
0 millas 200
N
Lago Aylmer
TERRITORIOS DEL NOROESTE
Yellowknife
Reliance
Fort Providence
Lago Great Slave
Hay River
TERRITORIOS DEL NOROESTE Y NUNAVUT
p. 360
Lago Bistcho
Indian Cabins
Fort Smith
Slave
Hay
35
Fort Nelson
11
WOOD BUFFALO NATIONAL PARK
Rainbow Lake
Lago Athabasca
Stony Rapids
COLUMBIA BRITÁNICA
High Level
Fort Vermilion
Fort Chipewyan
Lago Claire
Chinchaga
Wabasca
Montes Birch
Athabasca
Cree
Lago Cree
COLUMBIA BRITÁNICA CONTINENTAL
p. 110
Manning
Peace
Fort MacKay
Aeropuerto internacional de Fort McMurray
Fort McMurray
La Loche
Rycroft
Peace River
ALBERTA
Peter Pond Lake
Buffalo Narrows
GRANDE PRAIRIE 9
Valleyview
Slave Lake
Calling Lake
Conklin
Nipin
Monte Wallace (1.259 m)
Hondo
Beauval
La Ronge
Boyle
SASKATCHEWAN
Fox Creek
44
Westlock
Pierceland
16
McBride
Whitecourt
43
Bonnyville
3
PRINCE ALBERT NATIONAL PARK
Montañas Rocosas
16
EDMONTON 10
8
ELK ISLAND NATIONAL PARK
Aeropuerto internacional de Edmonton
Jasper
Leduc
16
15 VEGREVILLE
Prince Albert
Viking
Wetaskiwin
NORTH BATTLEFORD Y BATTLEFORD 17
DUCK LAKE 19
2
Bashaw
LAS ROCOSAS CANADIENSES
p. 128
RED DEER 7
BATOCHE NATIONAL HISTORIC SITE 20
Aeropuerto internacional de Saskatoon
21
35
SASKATOON
Aeropuerto internacional de Calgary
2
ROYAL TYRRELL MUSEUM
Kamloops
Revelstoke
Banff
1 CALGARY
Rosetown
Elrose
Davidson
14 DINOSAUR PROVINCIAL PARK
Kelowna
Brooks
MOOSE JAW
12 MEDICINE HAT
Swift Current
LETHBRIDGE
Castlegar
FORT MACLEOD 5
6
13 MAPLE CREEK
CYPRESS HILLS INTERPROVINCIAL PARK 16
Eastend
GRASSLANDS NATIONAL PARK 18
Okanogan
Coolin
ESTADOS UNIDOS

LAS PRADERAS

Esencial

1. Calgary
2. Royal Tyrrell Museum
3. Prince Albert National Park
4. Winnipeg

Lugares de interés

5. Fort Macleod
6. Lethbridge
7. Red Deer
8. Elk Island National Park
9. Grande Prairie
10. Edmonton
11. Wood Buffalo National Park
12. Medicine Hat
13. Maple Creek
14. Dinosaur Provincial Park
15. Vegreville
16. Cypress Hills Interprovincial Park
17. North Battleford y Battleford
18. Grasslands National Park
19. Duck Lake
20. Batoche National Historic Site
21. Saskatoon
22. Regina
23. Moose Jaw
24. Yorkton
25. Fort Qu'Appelle
26. The Pas
27. Riding Mountain National Park
28. Gimli
29. Flin Flon
30. Portage la Prairie
31. Dauphin
32. Steinbach
33. Lago Winnipeg
34. Churchill
35. Selkirk

El Peace Bridge sobre el río Bow con el centro de Calgary a lo lejos

1

CALGARY

17 km al noreste de la ciudad Tourism Calgary 238 11 Ave SE Suite 200; www.visitcalgary.com

Calgary es una urbe sofisticada, un reconocido centro culinario con rascacielos, museos y teatros, y también un campamento base para la aventura. Su ambiente del Oeste, que evoca los tiempos de la frontera, choca con su ultramoderno paisaje urbano, que no cesa de crecer desde el auge del petróleo en la década de 1960.

1

Calgary Tower

101 9th Ave SW (403) 266 7171 10.00-21.00 diario calgarytower.com

Se trata de una de las estructuras más altas de la ciudad, en otro tiempo el edificio más alto de su tipo en América del Norte. 62 segundos es lo que tardan los dos ascensores en llegar arriba; las escaleras de emergencia tienen 802 escalones cada una. Desde la calle hasta la punta más alta, la torre mide 191 m. En lo alto hay un restaurante giratorio, el Sky 360, y un mirador con el suelo de cristal. Ambos ofrecen unas vistas panorámicas espectaculares de las Rocosas.

2

National Music Centre

Studio Bell, 850 4 St SE Los horarios varían, consultar página web studiobell.ca

Inaugurado en 2016, se aloja en un premiado edificio que se inspira en el paisaje de Canadá y en diseños de instrumentos. Sede nacional de la música en Canadá, el National Music Center es conocido por su colección de más de 2.000 instrumentos raros, equipos de sonido, recuerdos relacionados con la música canadiense y objetos curiosos, como el estudio móvil de los Rolling Stones. También acoge actuaciones musicales en directo.

3

The Hangar Flight Museum

4629 McCall Way NE 10.00-16.00 diario thehangarmuseum.ca

El museo explora la historia de la aviación del oeste de Canadá en este antiguo hangar de entrenamiento militar. Se exhiben más de 24 aviones históricos, incluidos cazas y helicópteros, y los visitantes pueden incluso echar un vistazo al interior de algunas cabinas. La tienda de regalos tiene una gran variedad de artículos de coleccionista de aviones en miniatura.

4

Calgary Chinese Cultural Centre

197 1st St SW 10.00-17.00 diario culturalcentre.ca

Situado en el centro de Calgary, el Centro Cultural Chino se inspira en el Templo del Cielo de Pekín (1420), utilizado exclusivamente por los emperadores. El centro lo construyeron artesanos chinos con técnicas tradicionales. El Dr. Henry Fok Cultural Hall es la pieza central del edificio, con su techo de 21 m y su impresionante bóveda decorada con dragones y aves fénix. Las cuatro columnas que soportan la bóveda están decoradas con magníficos motivos dorados.

5

Prince's Island Park

Este bello parque se halla en una diminuta isla en el río Bow y está conectado con la ciudad por varios puentes, como el puente peatonal que está al final de 4th Street SW. Durante los cálidos meses de verano se celebran aquí muchos festivales y eventos al aire libre.

¿Lo sabías?

Prince's Island fue creada por leñadores, que excavaron un canal para acercar los troncos al aserradero de Calgary.

6

Arts Commons

205 8th Ave SE · Los horarios varían, consultar página web · artscommons.ca

Este gran complejo contiene cuatro teatros y un auditorio, más cinco salas de reuniones que se alquilan. Situado en el corazón de la ciudad, en Olympic Plaza, acoge diversos eventos, desde conciertos de jazz y blues hasta rodeos, festivales y teatro, además de exposiciones educativas. En 2024 se iniciaron las obras de ampliación.

7

Devonian Gardens

400-317 7th Ave SW, 4ª planta · (403) 268 2489 · Diario, los horarios varían, llamar antes

Ubicada en la última planta del CORE Shopping Centre, encerrada casi por completo en vidrio, hay 1 ha de jardines botánicos. Hay especies de plantas locales y exóticas en flor, más de 500 árboles adultos, instalaciones de agua en pequeñas cascadas y esculturas de artistas locales. Los niños pueden entretenerse en un parque infantil. Hay mesas y sillas donde comerse la comida de la zona de restaurantes de al lado.

Esencial ☆

River Cafe

Para disfrutar de este tranquilo restaurante de gama alta, nada mejor que un *brunch* en su terraza con vistas al río. En la carta tienen marisco fresco y comida casera de primera.

25 Prince's Island Park
river-cafe.com

$$$

8

Hunt House y Deane House

806 9th Ave SE; (403) 269 7747; restaurante: (403) 264 0595 Deane House: mi-do

Hunt House, una casa de troncos restaurada, es uno de los pocos edificios que quedan del asentamiento original de Calgary de la década de 1880. En su origen fue un puesto avanzado de la Hudson's Bay Company.

La vecina Deane House se construyó en 1906 para el capitán Richard Burton Deane, superintendente de Fort Calgary. Hoy ocupa el edificio un restaurante con una bonita decoración de la época.

9

Fort Calgary Historic Park

750 9th Ave SE 10.00-17.00 mi-do fortcalgary.com

Fort Calgary fue construido por la Policía Montada del Noroeste en la confluencia de los ríos Bow y Elbow en 1875. La Grand Trunk Pacific Railway llegó en 1883, y el diminuto fuerte alcanzó más de 400 residentes en un año. En 1914 la compañía compró el terreno y derribó el fuerte. En 1970 se hallaron sus restos durante una excavación arqueológica; se reconstruyó y abrió sus puertas en 1978.

Hoy, el fuerte alberga un centro de interpretación que habla del pasado de Calgary a través de recreaciones como la de una intendencia o un taller de carpintería. También se puede disfrutar de agradables paseos junto al río.

10

Pearce Estate Park

1440 17A St SE (403) 268 2489 Diario

Abrazando la curva del río Bow, el Pearce Estate Park se encuentra al este de Calgary y ofrece un respiro del bullicio urbano. Es una bonita zona verde muy bien cuidada a la que se puede dedicar toda una tarde. Los paseos por unas rutas informativas llevan hasta un humedal reconstruido que acoge diversas especies de aves acuáticas. Hay que buscar los álamos balsámicos, a los que ayuda a prosperar una variedad de pájaro carpintero grande y vistoso.

Dentro del parque está la Bow Habitat Station & Sam Livingston Fish Hatchery, donde se puede aprender sobre las numerosas especies de peces de Alberta. También hay un parque infantil y un estanque de truchas donde se enseña a los niños habilidades básicas de pesca.

Inglewood, el barrio adyacente al parque, cuenta con atractivos cafés y *boutiques* de moda.

11

Stampede Park

1410 Olympic Way SE Diario calgarystampede.com

Famoso por ser la sede de la Calgary Stampede, el parque cuenta con un hipódromo y dos estadios de hockey sobre hielo, uno de ellos en el impresionante Saddledome, llamado así por la forma de silla de montar de su cubierta. El parque acoge también ferias de comercio y conciertos.

12

TELUS Spark

220 St. George's Drive NE Diario; los horarios varían, consultar página web sparkscience.ca

Este museo de ciencia interactivo ofrece una experiencia memorable a niños y adultos. Las exposiciones abarcan diversos campos, como la geología, la astronomía, la robótica, las matemáticas y el arte digital. El centro también cuenta con áreas de juego creativo, una zona de realidad virtual y un planetario.

CALGARY STAMPEDE

Este vibrante festival de 10 días dedicado a todo lo relacionado con el Oeste se celebra en el mes de julio en el Stampede Park. Se creó en 1886 como una feria y en la década de 1920 se incluyó la emocionante y arriesgada carrera de carretas, que sigue siendo muy popular. El festival cuenta hoy día con representaciones inspiradas en los antiguos tiempos de vaqueros del salvaje Oeste. La feria comienza con un desfile por la ciudad y luego se celebra el rodeo al aire libre más grande del mundo. Para responder a la preocupación de los colectivos en defensa de los animales están presentes la Calgary Humane Society y varios veterinarios para garantizar la seguridad de los animales. Hay otras muchas atracciones, entre ellas espectáculos de fuegos artificiales.

> **CURIOSIDADES**
> **Darse un chapuzón**
> El lago artificial de Sikome es un apreciado lugar de veraneo en el Fish Creek Provincial Park. Ofrece aguas cálidas y poco profundas, una playa de arena y puestos de comida.

13

Fish Creek Provincial Park

15979 Bow Bottom Trail SE Diario albertaparks.ca

Creado en 1975, este parque abarca 13 km² de bosque en el valle Fish Creek. Los guías del parque explican mediante imágenes la ecología y historia de la región, y señalan sus múltiples yacimientos arqueológicos.

En invierno muchos de los senderos se convierten en pistas de esquí de fondo. La barnacla canadiense, la garza ceniza y el águila calva son algunas de las aves habituales.

14

Canada Olympic Park

88 Canada Olympic Rd SW Diario winsport.ca

Fue la sede de los XV Juegos de Invierno en 1988. Hoy, es posible disfrutar de las instalaciones durante todo el año: *bobsleigh, luge*, bicicleta de montaña o minigolf. Las vistas de las Rocosas y de Calgary desde lo alto de la Olympic Ski Jump Tower (90 m) son espectaculares. En el parque olímpico está también el Canada's Sports Hall of Fame, con 12 galerías interactivas y unos 100.000 objetos.

15

Heritage Park Historical Village

1900 Heritage Drive SW Pueblo: may-oct; museo y cafetería: todo el año heritagepark.ca

A orillas del pantano de Glenmore, el Heritage Park Historical Village alberga más de 70 edificios históricos trasladados aquí desde distintos lugares de todo Canadá occidental. La antigüedad de los edificios va desde la década de 1880 hasta 1914. La mayoría de los 45.000 objetos que amueblan y decoran el pueblo son donaciones de los residentes de Calgary y de las ciudades vecinas, y van desde tazas de té hasta trenes de vapor.

Destacan tres locomotoras de vapor originales y en perfecto estado, y un parque de atracciones del siglo XIX en funcionamiento. Se puede pasear por el pantano de Glenmore en la réplica de un barco de vapor, montar en uno de los tranvías eléctricos antiguos que llegan hasta la entrada del parque y pasear por una calle de la década de 1930. La sensación de viajar al pasado aumenta con el ruido de los cascos de los caballos que arrastran los carros y con los olores y los sonidos procedentes de la pastelería y la herrería, atendidas por personal vestido de época.

↑ Un camino rodeado de árboles en el Fish Creek Provincial Park en otoño

2

ROYAL TYRRELL MUSEUM

1500 N Dinosaur Trail, 6 km al noroeste de Drumheller May-ago: 9.00-21.00 diario; sep-abr: 10.00-17.00 ma-do tyrrellmuseum.com

Un museo fascinante donde acercarse a los esqueletos de los dinosaurios que poblaban las *badlands* de Alberta hace 75 millones de años y conocer la historia de la vida en la Tierra con una apasionante muestra interactiva.

Idealmente situado en medio de un rico yacimiento de fósiles en el cañón Horsethief, en la salida noroeste del pueblo de Drumheller, este museo excepcional y único en su categoría se inauguró en 1985. Su nombre rinde homenaje a Joseph Burr Tyrrell, el geólogo canadiense que en 1884 descubrió accidentalmente el primer fósil importante de dinosaurio en el Red Deer Valley *(p. 158)*.

El museo contiene más de 160.000 fósiles, incluida la mayor colección del mundo de esqueletos de dinosaurio completos, y numerosos especímenes fascinantes de la Edad de Hielo y la era cenozoica.

Además de repasar miles de millones de años de historia natural a través de objetos expuestos y estimulantes actividades interactivas, el museo es un centro puntero en investigación paleontológica. Una ventana al el Preparation Lab permite a los visitantes ver cómo los técnicos separan con mimo los fósiles de la roca y los preparan para el estudio.

¿Lo sabías?

El primer hallazgo de Tyrrell se denominó *Albertosaurus sarcophagus* (lagarto carnívoro de Alberta).

ACTIVIDADES PARA TODOS

El museo ofrece un programa al aire libre para niños y adultos, en las llamadas *badlands* de Alberta. Las actividades incluyen rutas a pie con guía, búsqueda de fósiles y aprender a excavar en un yacimiento con herramientas y técnicas profesionales; también hay campamentos de varios días. Dentro del propio museo es posible sacar moldes de fósiles, participar en excavaciones o ver cómo se montan los esqueletos.

Dinosaur Hall

▼ En esta sala, el plato fuerte del museo, se exhibe un tiranosaurio rex que se cierne sobre una muestra de unos 40 esqueletos de dinosaurio completos, incluidos especímenes de estegosaurio y triceratops.

Cretaceous Alberta Garden

Hace 69 millones de años, Alberta era frondosa y semitropical, y había manadas de Albertosaurus. El museo nos muestra quién más se atrevía a compartir vecindario con estos gigantes, como el Didelphodon, oculto entre los helechos.

Mammal Hall

▼ Extraños animales vagaban por la Tierra al comenzar el Cenozoico, nuestra actual era geológica, marcando el momento en que los mamíferos, pequeños al principio, convivieron con los dinosaurios.

Ice Age Hall

Aquí se pueden ver un montaje espectacular con esqueletos de mamuts, dientes de sable y bisontes: todos se adaptaron a un clima más frío cuando su hábitat en el hemisferio norte se cubrió de hielo. Pero ¿qué ocurrió cuando el hombre apareció en su mundo?

DINOSAURIOS EN ALBERTA

Resulta más sencillo imaginar a pistoleros y coyotes en las desérticas *badlands* de Alberta que a los dinosaurios que en otro tiempo habitaron la zona. Hace más de 75 millones de años, era una región pantanosa tropical (similar a los Everglades de Florida), el hábitat predilecto de los enormes reptiles que durante unos 160 millones de años dominaron la Tierra. Radicales cambios en el clima transformaron esta zona en un desierto, lo cual contribuyó a que se conservara una increíble cantidad de restos de dinosaurios.

PRIMER DESCUBRIMIENTO

En 1884, Joseph Burr Tyrrell, un geólogo y asesor minero de 26 años, halló en el Red Deer River Valley de Alberta los restos del primer dinosaurio carnívoro de Canadá que se conoce. Tropezó con aquel cráneo de 71,5 millones de años a unos kilómetros de Drumheller mientras buscaba yacimientos de carbón. El cráneo se identificó como una nueva especie más de una década después y en 1905 recibió el nombre de *Albertosaurus*, en honor a la provincia de Alberta, recién creada ese mismo año. El Royal Tyrrell Museum se llamó así en honor a J. B. Tyrrell.

← Cráneo de *Albertosaurus*, en el Royal Tyrrell Museum

DINOSAURIOS EN CANADÁ

Alberta no es la única provincia que cuenta con yacimientos de fósiles excepcionales. Los paleontólogos encontraron en 1991 en Saskatchewan un esqueleto casi completo de uno de los T-rex más grandes jamás vistos. En Manitoba dieron en 1974 con un esqueleto de mosasaurio de 13 m, y en 1984 se hallaron en la bahía de Fundy fósiles de hace unos 200 millones de años.

Fósiles en proceso de excavación en el Dinosaur Provincial Park

LA GRAN FIEBRE DE LOS DINOSAURIOS

En 1888, Thomas C. Weston, que al igual que Tyrrell trabajaba para la Geological Survey of Canada, encontró otro cráneo de *Albertosaurus* en una zona que hoy forma parte del Dinosaur Provincial Park *(p. 168)*. Empezó a nacer así el interés por la búsqueda de fósiles de dinosaurio, pues los paleontólogos ansiaban conseguir los mejores especímenes para sus museos. El periodo entre 1910 y 1917 se conoció como la gran fiebre de los dinosaurios: solo durante ese tiempo se descubrieron en Alberta 300 esqueletos de varias especies dignos de ser exhibidos. Desde entonces, no han cesado en la provincia los trabajos de excavación y los hallazgos, y aún hoy se descubren nuevas especies.

TOP 4 DINOSAURIOS ENCONTRADOS

Albertosaurus sarcophagus
Pariente cercano del T-rex, este dinosaurio de dos toneladas y 11 m de largo era el más rápido y el más ágil, y puede que cazara en grupo.

Edmontosaurio
Encontrado por primera vez en 1892 en Horseshoe Canyon Formation, este dinosaurio con pico de pato vivió hace unos 70 millones de años. Era herbívoro y podía andar a dos y cuatro patas.

Euoplocephalus
Este herbívoro con armadura estaba cubierto por filas de placas óseas y espinas, y su cola era como un pesado mazo; así era como se defendía de los depredadores más grandes.

Parasaurolophus
Los restos de este herbívoro, famoso por su gran cresta tubular, se hallaron en el Red Deer River en 1920.

El árido paisaje de las *badlands* que conforman el Dinosaur Provincial Park

3

PRINCE ALBERT NATIONAL PARK

969 Lakeview Dr, Waskesiu Lake; parks.canada.ca

En esta maravilla de parque, las grandes praderas fértiles dan paso a un gran bosque boreal, hogar de caribúes, alces y lobos. Las ondulantes colinas y los prados recónditos están entreverados de lagos grandes y pequeños, lo cual lo convierte en un destino ideal para caminar y para remar.

Fundado en 1927, este parque cubre 3.875 km^2 y es uno de los más populares de Canadá. El pueblo de Waskesiu Lake es el mejor lugar desde el que explorar el parque, pues ofrece todo el año gran variedad de alojamientos y lugares para comer, además de muchas playas y actividades en el lago. El Mud Creek Trail, una de las rutas cortas, es un camino circular de 2 km que rodea el lago Waskesiu para luego seguir por Mud Creek; aquí en primavera el desove de los peces atrae a los osos negros. Otro lugar destacado es el lago Lavallee, donde se puede ver la segunda mayor colonia de pelícanos blancos del país. Para vivir una experiencia típicamente canadiense, los lagos Kingsmere y Namekus son perfectos para realizar una excursión de varios días remando y porteando (llevar la canoa por tierra), con muchos *campings* tranquilos por el camino para elegir.

CONSEJO DK
Actividades

Se pueden alquilar canoas y kayaks en Waskesiu Marina, Hanging Heart Lakes Marina y Narrows Marina. Para sentirse como en el salvaje oeste, el Sturgeon River Ranch ofrece montar a caballo por el parque.

Ciénaga en las praderas del Prince Albert National Park

Esencial

☆

[1] El Grey Owl Trail es una ruta de 20 km que lleva hasta Beaver Lodge, una cabaña de troncos en la que el ecologista británico Grey Owl vivió con los castores entre 1931 y 1938 y escribió sobre la necesidad de proteger la naturaleza.

[2] El lago Hanging Heart, que forma un curso de agua que conduce al lago Crean, es una de las rutas más populares del parque para recorrer en canoa o kayak.

[3] El mejor sitio para ver uapitíes (ciervos canadienses) son los álamos temblones del Elk Trail, al sur del parque.

1

2

3

GREY OWL

Nacido como Archibald Stansfeld Belaney, Grey Owl fue un ecologista británico. Emigró a Canadá y se creó una identidad indígena falsa en un acto de apropiación cultural. Inspirado por su esposa mohawk, Anahareo, escribió sobre la conservación de la naturaleza y creó un programa de protección del castor, lo que lo convirtió en el primer naturalista del parque.

4

WINNIPEG

10 km al noroeste de la ciudad Esquina de Main St y Broadway 21 Forks Market Rd; www.tourismwinnipeg.com

Esta ciudad cosmopolita se halla en el corazón geográfico de Canadá. Más de la mitad de la población de Manitoba vive aquí, sobre todo en la periferia, que refleja una amplia mezcla cultural. Su ubicación, en la confluencia de los ríos Red y Assiniboine, hizo que fuera un importante núcleo comercial para los pueblos de las Naciones Originarias durante unos 6.000 años. A partir del siglo XVII llegaron los colonos europeos, atraídos por el comercio de pieles. En la década de 1880, el cereal se convirtió en la base de la economía del oeste, reforzada por una sustancial red de ferrocarril, que pasaba por Winnipeg. Hoy, esta atractiva ciudad ofrece una estancia agradable y cultural.

1

St. Boniface

Riel Tourism, 219 Provencher Blvd, Suite 100; www.passionethistoire.ca

La segunda comunidad francófona más grande de Canadá fuera de Quebec vive en el barrio histórico de St. Boniface. Lo fundaron en 1818 unos sacerdotes para atender a los métis y a los franceses que vivían aquí. En 1844, las monjas franciscanas construyeron el convento que hoy alberga el St. Boniface Museum. Los curas edificaron la basílica de St. Boniface en 1818. A pesar de que un incendio la asoló en 1968, su elegante fachada blanca es uno de los emblemas de la ciudad. En el Tourism Centre proyectan un vídeo sobre la historia de esta zona y la del líder métis Louis Riel, enterrado aquí tras su ejecución en 1885 *(p. 68)*.

2

Children's Museum

45 Forks Market Rd
9.00-16.30 diario
childrensmuseum.com

Ubicado en el complejo histórico The Forks, este popular museo ofrece actividades interactivas para niños de entre 3 y 11 años. Pueden ponerse creativos en el espacio Pop m'Art, o hacer experimentos con agua en el Splash Lab. En la Engine

VISITAR WINNIPEG

Desde el centro se puede acceder a pie a casi todos los lugares de interés. El Manitoba Museum y el Grain Exchange Building se encuentran al este del Exchange District. En la confluencia de los ríos Red y Assiniboine está The Forks, un centro de entretenimiento familiar dedicado a la historia de la ciudad. En el cruce de las calles Portage y Main se hallan el barrio financiero y el comercial, con bancos y tiendas.

↑ El perfil de Winnipeg iluminado, visto desde la otra orilla del río Red

House, los niños pueden jugar a ser conductores de tren en una locomotora diésel de 1952 mientras descubren la historia del ferrocarril canadiense. El propio museo está alojado en los talleres ferroviarios más antiguos del oeste de Canadá, que datan de 1889.

3

The Forks National Historic Site

1 Forks Market Rd
Diario theforks.com

El histórico parque ribereño The Forks se extiende a lo largo de la orilla oeste del río Red, desde el puente peatonal Esplanade Riel hasta la confluencia con el río Assiniboine.

El paseo junto al río ofrece hermosas vistas del centro de la ciudad y de la basílica de St. Boniface, y desde aquí se puede acceder al barrio francés por el puente. Las vistas son mejores aún desde la torre de observación de The Forks Market y Johnston Terminal.

La que fuera una bulliciosa estación de tren está ahora llena de compradores en busca de artesanía, arte tradicional o productos *gourmet*. Los niños disfrutarán en el Fort Parka, justo al norte del Children's Museum, un parque infantil con zona de chapoteo y manualidades diarias en verano.

Esencial ☆

4

Canadian Museum for Human Rights

85 Israel Asper Way
10.00-17.00 ma-do
humanrights.ca

El audaz edificio de caliza y vidrio del Museo Canadiense para los Derechos Humanos, diseñado por Antoine Predock, se alza en la confluencia de los ríos Red y Assiniboine, que fue durante más de 6.000 años un lugar de encuentro. Abrió sus puertas en 2014 y es el primer museo nacional canadiense fuera de Ottawa. Su objetivo es sensibilizar acerca de los derechos humanos en Canadá y en el mundo a través de exposiciones interactivas, programas de aprendizaje y visitas guiadas diarias. Cuenta con 10 galerías temáticas, una torre mirador y una tienda con productos de comercio justo únicos.

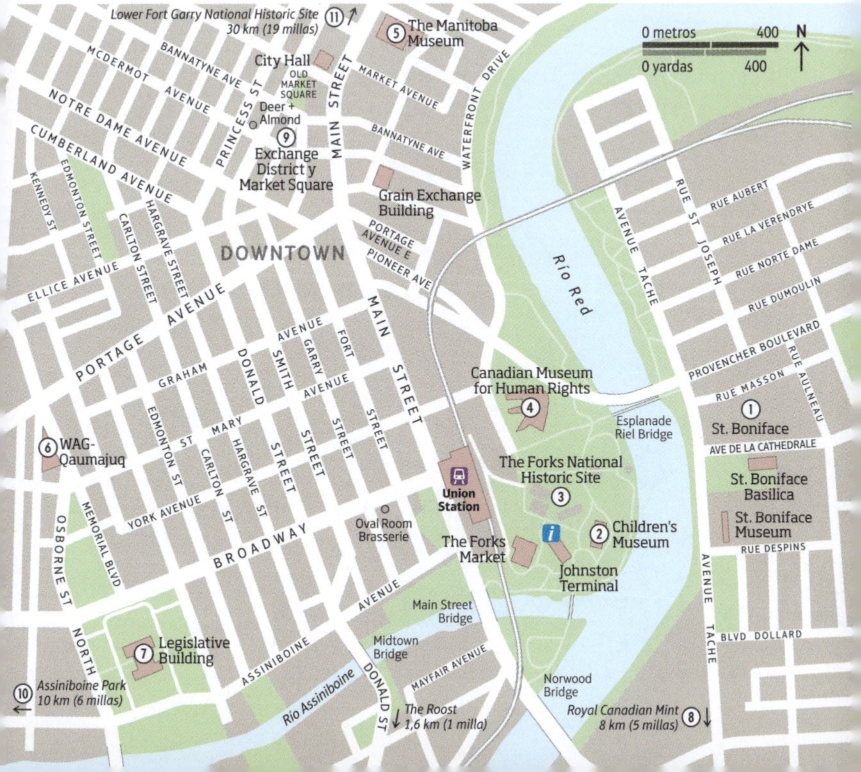

⑤

Manitoba Museum

190 Rupert Ave
10.00-16.00 ma-do
manitobamuseum.ca

Este excelente museo presenta imaginativas exposiciones dedicadas a la geografía y las gentes de la región, y cuenta también con un planetario y una sección de ciencia. El visitante avanza por galerías que siguen un orden cronológico, desde la prehistoria hasta la actualidad. En la Galería de la Historia de la Tierra se exhiben fósiles de hasta 500 millones de años de antigüedad. También puede verse una recreación de Winnipeg en la década de 1920, que incluye un cine y una consulta de dentista. Una de las estrellas del mueso es la réplica del *Nonsuch*, un queche (embarcación) del siglo XVII.

⑥

WAG-Qaumajuq

300 Memorial Blvd
11.00-17.00 ma-do (hasta 21.00 vi) **wag.ca**

El diseño modernista de formas irregulares de la WAG-Qaumajuq, proyectada por el arquitecto local Gustavo da Roza, la ha convertido en un punto de referencia de la ciudad. La WAG se creó en 1912, lo que la convirtió en el primer museo de arte municipal de Canadá.

Junto con obras del gótico tardío y del primer Renacimiento, cerámica y arte canadiense del siglo XIX, el museo posee la mayor colección del mundo de arte inuit contemporáneo, con más de 14.000 esculturas, grabados, dibujos y telas. Está especialmente bien representada la obra artística de mujeres inuit. En 2021, el museo construyó el Qaumajuq, junto al edificio existente de la WAG, para exponer una cantidad mucho más grande de esta fantástica colección. Las otras dos especialidades de este museo son las colecciones de artes decorativas y fotografía, y cuenta con una considerable selección de obras canadienses contemporáneas.

El diseño modernista de formas irregulares de la WAG-Qaumajuq, proyectada por el arquitecto local Gustavo da Roza, la ha convertido en un punto de referencia de la ciudad.

⑦

Legislative Building

Esq. Broadway y Osborne
8.00-20.00 diario
gov.mb.ca

Está construido con una rara y valiosa piedra caliza, completada con restos de fósiles en la fachada. El edificio está rodeado de preciosos jardines salpicados de estatuas de poetas, como el escocés Robert Burns o el ucraniano Taras Shevchenko, que celebran la diversidad de la provincia. Hay visitas guiadas de julio a septiembre.

⑧

Royal Canadian Mint

520 Lagimodière Blvd
9.00-17.00 ma-sá (may-1er lu sep: lu-do) **mint.ca**

La Casa de la Moneda ocupa un impresionante edificio de cristal rosado. Emite más de 15 millones de monedas diarias para su circulación en Canadá y para otros muchos países. Hay que llamar para reservar la visita guiada de 45 min.

↑ La característica fachada de cristal rosado de la Royal Canadian Mint

Una de las esculturas de bronce de Leo Mol que hay en el Assiniboine Park

9

Exchange District y Market Square

492 Main St
exchangedistrict.org

Cuando la Canadian Pacific Railway construyó su línea transcontinental a través de Winnipeg en 1881, la ciudad experimentó un auge que precipitó el establecimiento de varios centros de comercio. El barrio recibe su nombre por el Grain Exchange Building, y pronto se pobló de bonitos edificios de piedra tallada y terracota. Hoy está declarado monumento histórico y se ha restaurado para devolverle su antigua gloria. Alberga *boutiques*, tiendas de artesanía y de antigüedades, galerías, estudios de artistas y edificios residenciales.

El centro del barrio es la Old Market Square, un espacio popular para la celebración de festivales locales y conciertos al aire libre.

10

Assiniboine Park

2355 Corydon Ave
Diario **assiniboinepark.ca**

Es uno de los parques urbanos más grandes del centro de Canadá; se extiende a lo largo de 153 ha por la orilla meridional del río Assiniboine. Uno de los puntos de mayor interés es el Leo Mol Sculpture Garden, que cuenta con 50 esculturas de bronce del famoso artista ucraniano, que vivió en Winnipeg desde 1948 hasta su muerte en 2009. La Pavilion Gallery exhibe arte de la provincia y también tiene una muestra permanente sobre Winnie-the-Pooh, el célebre oso de ficción inspirado en un oso real llamado Winnipeg por el nombre de la ciudad. En verano se interpreta música en directo en el Lyric Theatre.

En el parque se pueden alquilar bicicletas y hay numerosos caminos para pasear y montar en bicicleta que se llenan en verano. En invierno se practica esquí de fondo, patinaje y se monta en trineo. Durante todo el año hay un parque infantil y un ferrocarril en miniatura pensado para los niños.

11

Lower Fort Garry National Historic Site

5925 Hwy 9 **May y jun: 10.00-16.00 lu-vi; jul-sep: 10.00-16.00 diario** **Oct-abr** **parks.canada.ca**

A 32 km al norte de Winnipeg, a orillas del río Red, se alza este fuerte restaurado, el único de piedra de la época del comercio de pieles. Las construcciones que han sobrevivido más de 180 años hablan de una época de comercio y esfuerzo. Actores vestidos de la época se meten en la piel de herreros, comerciantes y cocineros para recrear la historia de este asentamiento del siglo XVII.

Deer + Almond
Conviene tomar asiento en la barra de madera de este local contemporáneo (situado en el Exchange District) para degustar sabrosos platos y cócteles creativos.
85 Princess St
deerandalmond.com

Oval Room Brasserie
En el interior del histórico Fort Garry Hotel, esta coctelería es pura elegancia. Jazz en directo por la noche.
222 Broadway
fortgarryhotel.com

The Roost
Cócteles muy artesanales y ostras recién abiertas. Una terraza genial en verano y un acogedor interior si hace frío.
651 Corydon Ave
theroostwpg.com

LUGARES DE INTERÉS

5

Fort Macleod

219 25 St (en The Fort Museum); www.fortmacleod.com

Fort Macleod, ubicado al borde de las praderas, en la serpenteante base de las Rocosas, fue levantado en 1874 por la Policía Montada del Noroeste *(p. 171)* como primer puesto avanzado en el oeste. Enviados para controlar a los comerciantes ilegales de *whisky* del puesto comercial de Fort Whoop-up, establecieron su base cerca. La ciudad actual conserva muchos edificios históricos y las empalizadas reconstruidas del fuerte albergan un museo que cuenta el periplo de la Policía Montada.

El salto de bisonte más antiguo y mejor conservado, el **Head-Smashed-In Buffalo Jump,** está al noroeste de Fort Macleaod y es Patrimonio de la Humanidad. Los pueblos indígenas cazaban bisontes provocando estampidas para que los animales cayeran por un acantilado. Este sistema fue perfeccionado por la tribu de los pies negros. El lugar lleva el nombre de una persona que murió con la cabeza aplastada mientras observaba la caza bajo el acantilado.

↑ El fuerte y el museo reconstruidos en Fort Macleod

Head-Smashed-In Buffalo Jump

Hwy 785, desde Hwy 2 (403) 553 2731
10.00-17.00 ma-do
headsmashedin.ca

6

Lethbridge

2805 Scenic Dr S; www.tourismlethbridge.com

Próspera gracias al carbón, el petróleo y el gas, la tercera ciudad más grande de Alberta tomó su nombre en 1885 del empresario de la minería William Lethbridge, aunque algunos pueblos de las Naciones Originarias viven en la zona desde la prehistoria.

En Lethbridge está el famoso Fort Whoop-up, establecido en 1869 por los comerciantes de *whisky* John Healy y Alfred Hamilton. Atraídos por la bebida, muchos miembros de las Naciones Originarias sufrieron envenenamientos y murieron a causa de este licor ilegal. Hoy, una reconstrucción del fuerte y tres galerías evocan cómo era la vida aquí en la década de 1870.

7

Red Deer

101-4200 Hwy 2; www.visitreddeer.com

A medio camino entre Calgary y Edmonton, esta moderna ciudad la fundaron en 1882 colonos escoceses. Con buenos servicios, es el corazón de la zona verde y ondulada de Alberta. La reserva de Waskasoo Park se extiende a lo largo del río Red.

8

Elk Island National Park

Hwy 16 (780) 922 5790
Diario

Protegida en 1906 como el primer santuario de fauna de Canadá, se convirtió en parque nacional en 1913. Acoge a grandes mamíferos como el uapití y el alce. Fue clave también en el esfuerzo de conservación del bisonte canadiense; hoy cuenta con más de 700 ejemplares de bisonte de montaña y bisonte de las llanuras.

El paisaje de transición de álamos temblones constituye uno de los hábitats más amenazados de América del Norte. Estos crecen sobre todo en zonas secas, mientras que el álamo balsámico, el chopo y el abedul del papel prosperan en las zonas húmedas, donde abundan también los sauces.

A la isla acuden visitantes de un día desde Edmonton y fotógrafos de naturaleza. Hay 11 rutas de senderismo de diversa dificultad y actividades al aire libre todo el año.

9

Grande Prairie

Centre 2000, 11330 106 St; www.gptourism.ca

Esta ciudad grande y moderna está en el extremo noroeste de Alberta y la rodean fértiles

←
Remando en canoa al atardecer en el Elk Island National Park

campos de cultivo. Es un punto de parada habitual para quienes viajan al norte, hacia Dawson Creek y la Alaska Highway. La ciudad, corazón de la región de Peace River, es un paraíso para las compras y tiene el atractivo añadido de que no aplica el impuesto sobre bienes provincial.

El centro de la ciudad está atravesado por el bonito y verde Muskoseepi Park. El **Grande Prairie Museum & Heritage Village,** gratuito, se encuentra en el parque y alberga más de 55.000 piezas históricas en sus 15 edificios. Cuenta con varias reconstrucciones, como un colegio de 1911 y una iglesia. En el museo también se exhibe una célebre colección de huesos de dinosaurio hallados en el valle del río Peace.

En el Bear Creek, un arroyo que discurre por el Muskoseepi Park, se ven águilas con frecuencia. En los humedales de Grand River viven también más de 300 especies de aves.

CONSEJO DK
Bower Ponds Park

Haga el tiempo que haga en Red Deer, en Bower Ponds Park siempre hay actividades. En verano, se alquilan barcas de remos, kayaks y canoas. En invierno, se puede patinar sobre hielo.

Grande Prairie Museum & Heritage Village
Esq. 102nd St y 102nd Ave
Los horarios varían, consultar página web
cityofgp.com

10

Edmonton

9990 Jasper Ave; www.exploreedmonton.com

La capital de Alberta se extiende por el valle del río North Saskatchewan, en el centro de la provincia. El centro combina de forma atractiva lo antiguo y lo moderno. El West Edmonton Mall alberga más de 800 tiendas y comercios; el contraste lo ofrece el encantador Alberta Legislature, de 1913. El **Royal Alberta Museum** (RAM) es el museo más grande de Canadá occidental. Situado en el Arts District, su asombrosa exposición ofrece una amplia variedad de montajes interactivos, con historias de pueblos indígenas entretejidas a lo largo de las seis galerías de historia natural.

Al noroeste del centro se halla el Telus World of Science, con un cine IMAX.

Royal Alberta Museum
9810 103a Ave NW 10.00-17.00 diario (hasta 20.00 ju)
royalalbertamuseum.ca

Little Brick
En este café hay que pedir un sándwich de pan recién horneado y, después, explorar la tienda en busca del contenido local deseado.
10004 90 St NW, Edmonton
littlebrick.ca
$$$

Mocha Cabana Bistro
Este local informal que lleva sus productos de la huerta a la mesa sirve saludables ensaladas, grandes hamburguesas y deliciosos postres.
317 4 St S, Letherbridge
mochacabana.ca
$$$

Westlake Grill at Heritage Ranch
Un banquete a base de filete de bisonte, verduras de cultivo local y exquisitos vinos mientras se admiran los terrenos del rancho y las vistas del río.
6300 Cronquist Dr, Red Deer
westlakegrill.ca
$$$

¿Lo sabías?

Wood Buffalo National Park, con un área de 44.807 km², es más o menos del tamaño de Dinamarca.

11 Wood Buffalo National Park

Off Hwy 5, cerca de Fort Smith 149 McDougal Rd, Fort Smith; (867) 872 7960

La Unesco declaró Patrimonio de la Humanidad en 1983 al parque nacional más grande de Canadá por la diversidad de hábitats que ofrece a especies raras, como el bisonte americano de bosque.

Engloba tres ecosistemas diferentes: las tierras altas de bosque quemado, una meseta con escaso drenaje llena de riachuelos y ciénagas, y el Peace-Athabasca Delta, repleto de praderas de juncias, pantanos y lagos poco profundos. Es fácil ver al águila calva y al halcón peregrino, y el parque es el único lugar de anidación natural del mundo de la rara grulla trompetera.

12 Medicine Hat

330 Gehring Rd SW; www.tourismmedicinehat.com

El valle del río South Saskatchewan proporciona un marco pintoresco a la ciudad de Medicine Hat, fundada en 1883 como centro de extracción de gas natural. Sin embargo, se convirtió rápidamente en un importante centro alfarero debido a la abundancia natural de arcilla en las riberas. En la actualidad, el **Medalta Potteries National Historic Site,** situado en el Historic Clay District, es un museo viviente y activo dedicado a contar las historias de la industria alfarera.

Medalta Potteries National Historic Site
713 Medalta Ave SE 10.00-16.00 ma-sá medalta.org

13 Maple Creek

114 Jasper St; www.maplecreek.ca

En las estribaciones orientales de los montes Cypress, Maple Creek (conocido familiarmente como Viejo Pueblo Vaquero) fue fundado como centro ganadero en 1882. El pueblo conserva cierto aire del Viejo Oeste, con remolques y vaqueros con sombrero típico por las calles. Entre sus muchas fachadas de comercios originales de principios del siglo XX está la del antiguo Commercial Hotel y la del W. R. Orr Heritage Building, que hoy alberga el centro de interpretación de Maple Creek. El pueblo está bien situado como punto de acceso al popular Cypress Hills Interprovincial Park.

14 Dinosaur Provincial Park

Route 544 (403) 378 4342 Diario

A dos horas en coche al sureste de Drumheller, este parque creado en 1955 fue declarado Patrimonio de la Humanidad por la Unesco. Ubicado a lo largo del valle del río Red Deer, contiene algunos de los yacimientos de fósiles más ricos del mundo. Cuenta con esqueletos de dinosaurios sobre todo del Cretácico tardío, hace unos 75 millones de años *(p. 158)*. Aquí se han hallado más de 300 esqueletos prácticamente intactos y más de 30 instituciones de todo el mundo exhiben especímenes procedentes de este valle.

El accidentado paisaje del Dinosaur Provincial Park ↑

→ *Pysanka* gigante en Vegreville, una de las esculturas de este tipo más grandes del mundo

Desde Drumheller se puede enfilar el **Dinosaur Trail,** una ruta de 48 km que recorre el Valle de los Dinosaurios, pasa por el Royal Tyrrell Museum *(p. 156)*, ofrece vistas magníficas las *badlands* desde puntos como el cañón Horseshoe y conduce hasta los pintorescos *hoodoos*.

Dinosaur Trail
Drumheller; www.traveldrumheller.com

Elliot Home + Lifestyle
Una atractiva tienda de regalos que vende productos locales: de cerámica, textiles y de cuidado corporal.
462 4th St SE, Medicine Hat
do-ma
shopelliot.com

Inspire Studio, Gallery, and Café
Acogedor café con arte local a la venta expuesto en estantes y paredes.
675 2nd St SE, Medicine Hat
do **inspireart.ca**

Medalta Potteries National Historic Site
Después de visitar el museo, aquí se puede comprar una réplica de cerámica de Medalta, incluida la típica cazuela para alubias.
713 Medalta Ave SE, Medicine Hat
do y lu
medalta.org

15

Vegreville

4500 Pysanka Ave; www.vegreville.com

En la Yellowhead Highway, al este de Edmonton, se halla esta población de mayoría ucraniana. Esta comunidad es famosa por elaborar los típicos huevos de Pascua ucranianos, muy decorados *(pysanki)*. Desde la carretera se ve un *pysanka* gigante con complejos motivos en bronce, oro y plata. El monumento narra la historia de los colonos ucranianos de la región y celebra su fe religiosa, sus cosechas y la protección que recibieron de la Policía Montada. El huevo mide 9 m de alto y está formado por más de 3.500 piezas de aluminio.

16

Cypress Hills Interprovincial Park

Hwy 41 **Diario**
cypresshills.com

Situado en la frontera entre Saskatchewan y Alberta, este parque ofrece bonitas vistas de las llanuras desde sus picos de hasta 1.500 m. El paisaje del parque es parecido al de las estribaciones de las Montañas Rocosas, con sus bosques de pinos costeros y su abundancia de flores silvestres. Los senderos brindan la ocasión de ver alces, uapitíes y ciervos de cola blanca, además de muchas especies de aves que se detienen aquí en su migración, como el raro cisne trompetero y el carbonero de montaña.

En la sección oriental del parque, en Saskatchewan, el **Fort Walsh National Historic Site** es una reconstrucción del fuerte levantado en 1875 por la Policía Montada para detener a los contrabandistas de *whisky* que atacaban al pueblo nakoda, de las Naciones Originarias. Los guías vestidos de época cuentan la historia de la Policía Montada del Noroeste.

Fort Walsh National Historic Site
(306) 662 2645
Med may-jun y sep: 9.30-17.00 ma-sá; jul-ago: 9.30-17.00 diario

¿Lo sabías?

En el Grasslands National Park viven las únicas colonias de perritos de las praderas de cola negra que quedan en Canadá.

17

North Battleford y Battleford

11 20th St; www.battlefords.ca

Las dos comunidades, conocidas en conjunto como The Battlefords, están en orillas opuestas del río North Saskatchewan. Deben su nombre a un vado del río Battle, una zona que enfrentó a los pies negros y los cree. Aquí estuvo la sede del Gobierno de los Territorios del Noroeste entre 1876 y 1882. Hoy es un próspero centro industrial, aunque el Western Development Museum de North Battleford está dedicado a la vida rural.

La **Allen Sapp Gallery** expone obras de uno de los artistas contemporáneos más apreciados de Canadá. Las tradiciones de la comunidad cree de las llanuras del norte ocupan un lugar importante en la obra de Sapp.

Entre Saskatchewan y el río Battle está el **Fort Battleford National Historic Site,** un puesto de la Policía Montada del Noroeste bien restaurado. Dentro del recinto hay cinco edificios originales que son un museo; incluye el mirador en la casa del comandante, las oficinas de los oficiales y los barracones. Los guías vestidos de época cuentan la historia de cuando en 1885, durante la Rebelión del Noroeste *(p. 171)*, más de 500 colonos euro-canadienses se refugiaron en la empalizada.

Allen Sapp Gallery
1 Railway Ave E
Jun-sep: 11.00-17.00 diario; oct-may: 12.00-16.00 mi-do
allensapp.com

Fort Battleford National Historic Site
Salida de la Hwy 4
(306) 937 2621 Med may-jun: 10.00-16.00 lu-vi; jul-ago: 10.00-16.00 diario

---

18

Grasslands National Park

Cruce Hwy 4 y Centre St
Diario (algunos servicios solo abren en verano) Val Marie; 877 345 2257

Este parque nacional se creó en 1988 en el extremo suroeste de Saskatchewan para proteger uno de los últimos pastizales originales de las praderas de América del Norte. Aquí las temperaturas son extremas, hasta 40 °C en verano y -40 °C en invierno. El ecosistema sostiene gran variedad de fauna poco común. Los visitantes pueden hacer senderismo y acampar en el parque, aunque los servicios son básicos.

Al este se extienden las **Big Muddy Badlands,** un paisaje espectacular modelado por los glaciares. A principios del siglo XX, las cuevas de arenisca y los profundos barrancos sirvieron de escondite a ladrones de ganado como Butch Cassidy.

Big Muddy Badlands
Salida de la Hwy 34
117 Centre St, Coronach; (306) 267 3312

19

Duck Lake

5 Anderson Ave; www.ducklake.ca

Al oeste de este pueblo agrícola, una placa recuerda los primeros disparos de la Rebelión del Noroeste. El 26 de marzo de 1885, durante las negociaciones hubo una refriega entre un emisario cree y un intérprete de la policía, que murió. En la batalla que siguió murieron 12 policías y seis métis. En el centro de interpretación unos realistas murales representan la batalla.

Un bisonte solitario vagando por las praderas del Grasslands National Park

LA POLICÍA MONTADA DE CANADÁ

La Royal Canadian Mounted Police es un motivo de orgullo nacional. *Sir* John A. Macdonald, primer ministro de Canadá, fundó la Policía Montada del Noroeste en 1873 para mantener el orden en el nuevo país. Los *Mounties* son hoy en día un potente cuerpo de 19.000 policías encargados de que se respeten las leyes federales en todo Canadá. Sus tareas van desde el recuento de aves migratorias hasta la detección de espías. Ahora patrullan en aviones, helicópteros y coches; los caballos los dejan para actos ceremoniales.

20

Batoche National Historic Site

Rte 225 desde Hwy 312 (306) 423 6227 Med may-jun y sep-med oct: 9.00-17.00 lu-vi; jul-ago: 9.00-17.00 diario

En 1885 tuvo lugar en la antigua aldea de Batoche la última batalla entre la milicia canadiense y los métis, con Louis Riel y Gabriel Dumont al frente *(p. 68)*.

Desde el siglo XVII, en el oeste los comerciantes de pieles se habían casado con mujeres de tribus de las Naciones Originarias, adoptando la lengua y las costumbres tribales. El pueblo mixto resultante, conocido como métis, ya se había rebelado para reclamar los derechos sobre sus tierras en la zona de Winnipeg en 1869. Cuando en 1885 empezó a repetirse la historia, los métis recuperaron a Riel de su exilio en Montana para declarar un Gobierno provisional en Batoche. Y empezó la que se conocería como la Rebelión del Noroeste. Pero Riel se rindió, lo juzgaron por traición y lo ahorcaron en Regina.

El Batoche National Historic Site ocupa el lugar de la aldea y el campo de batalla. Sus 6 km² albergan la iglesia de St. Antoine de Padou, acribillada a balazos, y el cementerio donde yacen los líderes métis. En el centro de interpretación se cuenta la historia de Batoche y la rebelión vista por los métis.

21

Saskatoon

101-202 4th Ave N; www.tourismsaskatoon.com

Esta ciudad agraria y núcleo comercial rodeado de praderas se fundó en 1882 por miembros del Movimiento por la Templanza. La historia regional se cuenta en el Western Development Museum, que se centra en el auge que vivió la ciudad a principios del siglo XX. Se recrea la calle principal típica de una ciudad de las praderas, incluida su estación de tren. Se pueden ver también el Ukrainian Museum of Canada y el Remai Modern, un museo de arte.

El río South Saskatchewan serpentea por la ciudad y está rodeado por numerosos parques, entre los que destaca el **Wanuskewin Heritage Park** (307 ha), dedicado a la historia de las Naciones Originarias de las llanuras del norte. Cuenta con yacimientos arqueológicos que muestran cómo vivían aquí las comunidades de cazadores-recolectores hace unos 6.000 años. Las colinas del parque y los arroyos fangosos son aún territorio sagrado, y sus habitantes trabajan como guías e intérpretes. También hay un mirador para observar la manada de bisontes salvajes del parque.

Wanuskewin Heritage Park

Desde Hwy 11
9.30-17.00 diario
wanuskewin.com

Los edificios más altos de Saskatoon reflejados en el río South Saskatchewan

22

Regina

2900 Wascana Dr; www.tourismregina.com

Regina es la animada capital de Saskatchewan. La princesa Louise, casada con el gobernador general de Canadá, pensó en su madre la reina Victoria para dar nombre a la ciudad, fundada en 1882 a partir de un campamento denominado Pile O'Bones. El nombre derivaba de una palabra cree que describía los huesos de bisonte que quedaban atrás tras la cacería.

Regina es una ciudad próspera cuyos modernos rascacielos contrastan con los 350.000 árboles del Wascana Centre, un parque urbano artificial de 9 km² en torno a un enorme lago. El parque es refugio para unas 60 especies de aves acuáticas, incluida la barnacla canadiense.

El **Royal Saskatchewan Museum** está junto al parque. En la Earth Sciences Gallery están representados los 3.500 millones de años de historia geológica de Saskatchewan, mientras que la First Nations Gallery repasa 10.000 años de cultura indígena en la provincia.

Al oeste del centro de la ciudad se encuentra el primer cuartel general de la Policía Montada del Noroeste. Hoy, todos los miembros del cuerpo son formados aquí, donde se halla también el **RCMP Heritage Centre,** que cuenta la historia de los *Mounties* desde su origen en 1873 *(p. 171)*. Destacan las ceremonias y ejercicios que ejecutan ciertos grupos especiales, como el Sergeant Major's Parade y las Sunset Retreat Ceremonies.

Royal Saskatchewan Museum
2445 Albert St
9.30-17.00 diario
royalsaskmuseum.ca

RCMP Heritage Centre
Dewdney Ave W 11.00-17.00 diario (may-sep: desde 10.00)
rcmphc.com

23

Moose Jaw

450 Diefenbaker Dr; www.tourismmoosejaw.ca

Fue fundada como terminal ferroviaria por la Canadian Pacific Railroad en 1882. Hoy, 47 murales rinden homenaje a la vida de los pioneros del ferrocarril y los granjeros, decorando edificios en torno a 1st Avenue. Cerca, River Street

CONSEJO DK
Bajo tierra

En los túneles que hay bajo Moose Jaw se puede evocar la historia local; las actuaciones teatrales amenas y para todos los públicos resucitan los emocionantes tiempos de la Prohibición.

← La fachada y la llamativa exposición del RCMP Heritage Centre en Regina

alberga hoteles y almacenes que recuerdan que en la década de 1920, durante la Prohibición en Estados Unidos, Moose Jaw participó en el contrabando de licor ilegal desde Canadá hasta Chicago.

La sede en Moose Jaw del Western Development Museum está dedicada al transporte.

← *Mac the Moose* da la bienvenida a quienes llegan a la ciudad de Moose Jaw

24

Yorkton

Cruce Hwys 9 y 16; www.tourismyorkton.com

Esta comunidad del centro de Saskatchewan fue fundada en 1882 como centro agrario. La espectacular arquitectura de sus iglesias refleja la herencia ucraniana de la ciudad. La sede en Yorkton del Western Development Museum (una de las cuatro de la provincia) se centra en la historia de los inmigrantes en la región.

25

Fort Qu'Appelle

Hwy 10; www. fortquappelle.com

El pueblo de Fort Qu'Appelle heredó su nombre de un puesto de comercio de pieles de la Compañía de la Bahía de Hudson establecido en 1864. Está entre Regina y Yorkton, en la Hwy 10. El **Fort Qu'Appelle Museum,** en el emplazamiento del antiguo fortín, exhibe objetos indígenas, como abalorios antiguos, y fotografías de los pioneros.

El río Qu'Appelle (430 km) se ensancha en la ciudad y forma ocho lagos rodeados por varios parques provinciales. Las excursiones en coche por la región son uno de los mayores atractivos del valle. Al este de Fort Qu'Appelle se encuentra **Motherwell Homestead National Historic Site.** Esta casa con bellos jardines la construyó W. R. Motherwell, quien introdujo numerosas mejoras agrícolas en la zona, con tanto éxito que se convirtió en el ministro de Agricultura de la provincia de 1905 a 1918.

Bar Willow
Ofrece buenos vinos en la amplia terraza con vistas al lago Wascana, y música en directo los fines de semana.

3000 Wascana Dr, Regina barwillow.ca

Bushwakker Brewpub
Instalado en un antiguo almacén, este agradable *pub* tiene fama por su deliciosa *mead* (hidromiel) de moras y otras cervezas de la casa.

2206 Dewdney Ave, Regina bushwakker.com

Crave Kitchen & Wine Bar
Ubicado en el que dicen que es el edificio más encantado de Regina, este bar-restaurante ofrece cócteles excelentes y una buena carta de vinos.

1925 Victoria Ave, Regina cravekwb.com

Fort Qu'Appelle Museum
198 Bay Ave N (306) 332 5751 Jun-ago: 13.00-17.00 diario

Motherwell Homestead National Historic Site
Desde Hwy 22 (306) 999 2253 Med may-jun: 10.00-16.00 lu-vi; jul-ago: 10.00-16.00 diario

26

The Pas

81 Edwards Ave; www.townofthepas.ca

El que fuera un importante puesto comercial de pieles hace 300 años es hoy un gran centro de distribución industrial y de transporte para el noroeste de Manitoba. El cercano Clearwater Lake Provincial Park debe su nombre a las aguas del lago: dicen que son tan claras que se puede ver el fondo, 11 m más abajo. Es recomendable hacer una ruta a pie por las llamadas *caves;* se trata de un fenómeno geológico por el que masas de roca desprendidas de los barrancos han creado enormes quebradas que dan cobijo a osos negros, alces, lobos y zorros.

27

Riding Mountain National Park

Hwys 10 y 19 (204) 848 7275 Diario

El que es uno de los espacios naturales más populares de Manitoba ocupa una vasta extensión de 3.000 km^2. Las mejores rutas de senderismo y algunos de los paisajes más espectaculares de Manitoba se hallan en el centro del parque, donde el bosque boreal confluye con el rocoso Manitoba Escarpment. Hacia el oeste, una cadena de praderas y bosques siempre verdes da cobijo a alces y uapitíes. También hay una pequeña manada de bisontes en los alrededores del lago Audy. La zona más desarrollada es la pequeña población de Wasagaming, donde se puede recabar información sobre la red de senderos del parque para caminar, montar en bicicleta y a caballo. También pueden alquilarse canoas para explorar el lago Clear.

A través de Parks Canada se pueden reservar yurtas y oTENTiks (una mezcla de tienda y cabaña) en el Wasagaming Campground.

28

Gimli

1 Centre St; www.gimli.ca

Situada en la orilla occidental del lago Winnipeg, Gimli es la comunidad islandesa más grande fuera de Islandia. Los colonos llegaron al cercano Willow Creek en 1875, tras conseguir los derechos sobre la tierra. Pronto proclamaron un Estado independiente, que duró hasta 1897. Hoy, el **New Iceland Heritage Museum** cuenta su peculiar historia.

Gimli tiene un ambiente claramente marinero, con callejuelas adoquinadas que descienden hasta el pintoresco puerto y el embarcadero de madera. En el Festival Islandés de Manitoba, que se celebra en agosto, los visitantes puede ser vikingos por un día y disfrutar de música y especialidades islandesas.

Un enorme vikingo de fibra de vidrio en Gimli, Manitoba

Al oeste de Gimli, Narcisse Snake Dens protege el hábitat de miles de serpientes de jarretera, que pueden verse a principios de primavera y de otoño a lo largo de una breve ruta indicada para ello.

New Iceland Heritage Museum

108-94 1st Ave
10.00-16.00 diario
nihm.ca

29

Flin Flon

Hwy 10A; www.cityofflinflon.ca

Lo empinado de sus calles se debe a que Flin Flon descansa sobre roca precámbrica (tan antigua como la propia corteza terrestre, formada hace 3.800 millones de años). Esta zona es famosa por su característica roca ígnea verde. El nombre del pueblo se inspira en un personaje de novela, la que leía el buscador

Canoas por las aguas del lago Athapapuskow, cerca de Flin Flon

de oro que reclamó la tierra en 1915, *The Sunless City*, de J. E. P. Muddock. Todavía se extraen cobre y zinc en Flin Flon, pero los visitantes acuden sobre todo a disfrutar de la naturaleza en el cercano Grass River Provincial Park.

Salpicado de hileras de islas, el peculiar río Grass ha servido durante siglos como ruta comercial a los pueblos indígenas y más tarde a los exploradores y comerciantes de pieles europeos para ir de los bosques septentrionales a las praderas. Hoy, se puede hacer esta ruta histórica con una excursión guiada en canoa, o simplemente ir a pescar.

30

Portage la Prairie

97 Saskatchewan Ave E; www.islandontheprairies.ca

Este pueblo se encuentra en el centro de una rica zona agrícola. Debe su nombre al término francés que describe un desvío por tierra, ya que Portage la Prairie está entre el lago Manitoba y el río Assiniboine, que formaban una importante vía fluvial para los primeros viajeros.

El Fort La Reine Museum y el Pioneer Village se hallan en el emplazamiento del fortín original de 1738. La muestra del museo cuenta cómo era la vida en las praderas en el siglo XIX. La popular sección dedicada al ferrocarril exhibe el vagón de *sir* William van Horne, fundador de la Canadian Pacific Railroad. El Pioneer Village recrea un asentamiento del siglo XIX, con comercios y una iglesia.

31

Dauphin

100 Main St S; www.tourismdauphin.ca

El explorador francés La Vérendrye bautizó esta población con el nombre que se da al primogénito del rey de Francia. Es un núcleo de aprovisionamiento para las granjas del fértil valle del río Vermilion. El **Fort Dauphin Museum** es una réplica de un puesto comercial del siglo XVIII. La muestra incluye una canoa de corteza de abedul y edificios de los pioneros.

La cúpula en forma de bulbo de la iglesia de la Resurrección es un tributo a los inmigrantes ucranianos, que empezaron a llegar a Dauphin en 1891.

Fort Dauphin Museum

140 Jackson St

May-sep: 10.00-15.00 lu-vi; oct-abr: con cita previa

fortdauphinmuseum.ca

¿Lo sabías?

En una mina de Flin Flon se cultivó la mayor plantación de marihuana medicinal de Canadá.

¿Lo sabías?

Más del 50 % de los residentes en Steinbach aseguran ser descendientes de europeos del Este.

32

Steinbach

steinbach.ca

Mas o menos a una hora en coche al sureste de Winnipeg se halla esta comunidad estrechamente unida, en la que hay impresionantes negocios de concesionarios de camiones, manufacturas y sobre todo de coches. La mayoría los dirigen menonitas, miembros de una secta religiosa protestante.

Los menonitas llegaron a Steinbach en 1874 huyendo de la persecución religiosa en Rusia. A pesar de carecer de ferrocarril, la ciudad prosperó gracias a su habilidad como agricultores y, más tarde, como vendedores de coches. La cercana **Mennonite Heritage Village** recrea un asentamiento menonita del siglo XIX, con algunos edificios originales de la década de 1870 y una iglesia y un colegio con muebles de la época. Su restaurante sirve comidas caseras como *borscht*, una sopa de col muy sustanciosa. Se celebran eventos a lo largo de todo el año, en los que hay demostraciones y comida tradicional.

Mennonite Heritage Village
231 Hwy 12 N
May-sep: 9.00-17.00 lu-sá (hasta 20.00 ju), 11.30-17.00 do; oct-abr: 9.00-17.00 ma-sá
mennoniteheritagevillage.com

33

Lago Winnipeg

Winnipeg
1 Centre St, Gimli; www.travelmanitoba.com

El lago Winnipeg, de unos 350 km de largo, domina la provincia de Manitoba y une el sur de la provincia con la bahía de Hudson, al norte, a través del río Nelson.

En la costa suroriental del lago hay numerosas playas, como Winnipeg Beach, una de las zonas turísticas más populares de la provincia. En el parque hay una gran cabeza tallada en madera, obra del artista húngaro Peter Toth, el Lobo. Titulada *Whispering giant*, rinde homenaje a los pueblos ojibwa, cree y assiniboine, Naciones Originarias de Manitoba.

Grand Beach, en el **Grand Beach Provincial Park,** cuenta con largas playas de arena muy fina y enormes dunas de más de 12 m con vegetación en lo alto. Detrás de la playa se extiende el marjal, uno de los tesoros del parque, en el que viven muchas especies de aves, como el raro y amenazado chorlitejo silbador.

Al oeste del lago, el Oak Hammock Marsh es un hábitat pantanoso esencial para más de 300 especies de aves y otros animales.

TOP 3 PLAYAS DEL LAGO WINNIPEG

Gimli Beach
Keenora Dr, Gimli
Una playa ideal para disfrutar en familia, justo en el paseo marítimo de Gimli.

Grand Beach
Hwy 59, Grand Beach Provincial Park
Kilómetros de arena fina y blanca y dunas onduladas.

Patricia Beach
Hwy 59, Pembina
Ofrece arena fina, una agradable laguna y rincones solitarios.

← Tractores antiguos expuestos en Mennonite Heritage Village, Steinbach

←

El gran espectáculo de la aurora boreal en los cielos sobre Churchill

El **Hecla/Grindstone Provincial Park** ocupa una serie de islas en el lago. Una pasarela lleva desde la orilla a la isla Hecla, que estuvo en origen habitada por el pueblo anishinabe (ojibwa). En 1875 llegaron los primeros colonos europeos desde Islandia. Hoy, la aldea de Hecla es un bonito museo al aire libre con varios edificios del siglo XIX. Hay caminos para recorrer a pie o en bicicleta que llegan hasta miradores desde los que observar aves acuáticas poco comunes, como la garza ceniza o el achichilique occidental.

Grand Beach Provincial Park

Hwy 12, cerca de Grand Marais (204) 945 6784 Diario

Hecla/Grindstone Provincial Park

Hwy 8, cerca de Riverton (204) 378 2261 Diario

34

Churchill

1 Mantayo Seepee Meskanow; (204) 675 8863 churchill.ca

Situado en la desembocadura del río Churchill, en la bahía de Hudson, este pueblo conserva un aire industrial, sin hoteles de lujo, con pocas carreteras asfaltadas y escasos árboles. Este vasto paisaje ártico solo está libre de nieve desde junio a finales de septiembre. No hay acceso por carretera: a Churchill solo se puede llegar en avión o en tren desde Winnipeg, Thompson y The Pas. A pesar de su remota ubicación, fue una importante vía de entrada a Canadá para los primeros exploradores y comerciantes de pieles que llegaron por barco en el siglo XVIII. La Compañía de la Bahía de Hudson abrió un puesto comercial aquí en 1717.

Hoy, los visitantes vienen a ver a los osos polares, las belugas y la magnífica tundra de la región. En primavera los musgos, líquenes y las diminutas flores tiñen la tundra de colores. En verano, las belugas remontan el río y pueden verse desde barcos o excursiones en kayak. Churchill es también uno de los mejores lugares de Canadá para ver la aurora boreal *(p. 359)*.

35

Selkirk

490 Eveline St; www.myselkirk.ca

Debe su nombre a Thomas Douglas, quinto conde de Selkirk, cuya familia tenía participaciones en la Compañía de la Bahía de Hudson. El pueblo fue fundado en 1882 por un grupo de colonos que llegó siguiendo las orillas del río Red. Hoy, la enorme estatua de 8 m de un pez gato que hay en Main Street proclama a Selkirk capital mundial de la pesca deportiva, que atrae a entusiastas de toda Norteamérica.

El Marine Museum de Manitoba, en Eveline Street, cuenta con seis barcos históricos restaurados, entre los que destaca el *Keenora* (1897), el barco de vapor más antiguo de Manitoba.

LA MEJOR FOTO

Animales

Los aficionados a fotografiar animales estarán encantados en Churchill. En verano, se pueden ver ballenas beluga desde un barco y los osos polares se observan de mediados de octubre a noviembre.

RYERSON UNIVERSITY STUDENT

Exterior del Ryerson University Student Learning Centre

TORONTO

Estratégicamente situada en la orilla noroeste del lago Ontario, la zona de lo que hoy es Toronto fue ocupada por primera vez por las Naciones Originarias en torno al 9000 a. C. Aproximadamente hace 1.000 años, los seneca, los cayuga, los onondaga, los oneida y los mohawk, que vivían aquí, se fusionaron para convertirse en el pueblo iroqués. Esta confederación de tribus se dedicaba a la guerra, la agricultura y la caza, pero en 1701 los iroqueses fueron desplazados por los pueblos mississauga. Estos no conservaron las tierras mucho tiempo. En 1787 los británicos compraron la zona a los mississauga por 2.000 piedras de fusil, 436 litros de ron y otros artículos y la llamaron York. Hasta 1834 la ciudad no fue rebautizada con el nombre de Toronto: una variante de la palabra mohawk *tkaronto*, que significa 'donde hay árboles en el agua'.

Toronto creció espectacularmente en el siglo XIX. La finalización de varias líneas de ferrocarril convirtieron a la ciudad en un centro manufacturero, financiero y comercial que atrajo a varias oleadas de inmigrantes europeos. Una de esas líneas férreas era el Grand Trunk Railway, que unía Canadá con Estados Unidos y era utilizada por muchos buscadores de la libertad procedentes de los estados sureños de Estados Unidos. Toronto continuó creciendo a buen ritmo después de la Segunda Guerra Mundial con la llegada de más de 500.000 inmigrantes, que acudieron aquí en busca de una nueva vida alejada de la Europa devastada. En la actualidad, Toronto es una de las ciudades más dinámicas de América del Norte, una mezcla cosmopolita de casi tres millones de habitantes procedentes de más de 200 grupos étnicos.

TORONTO

Esencial

1. Art Gallery of Ontario
2. Royal Ontario Museum
3. CN Tower

Lugares de interés

4. Toronto City Hall
5. Fairmont Royal York
6. First Post Office
7. Chinatown
8. University of Toronto
9. Casa Loma
10. Kensington Market
11. Ontario Parliament Building
12. Spadina Museum, Historic House and Gardens
13. Bata Shoe Museum
14. Allan Gardens Conservatory
15. St. Lawrence Market
16. Gardiner Museum
17. Distillery Historic District
18. Hockey Hall of Fame
19. The Beaches y Scarborough Bluffs
20. TD Gallery of Indigenous Art
21. The Toronto Islands
22. Fort York
23. Toronto Zoo
24. Aga Khan Museum
25. Ontario Science Centre
26. High Park
27. Black Creek Pioneer Village
28. McMichael Canadian Art Collection

Dónde comer

① Fudao Noodle House
② Rasta Pasta
③ Seven Lives Tacos
④ Buster's Sea Cove, Carousel Bakery, Churrasco's

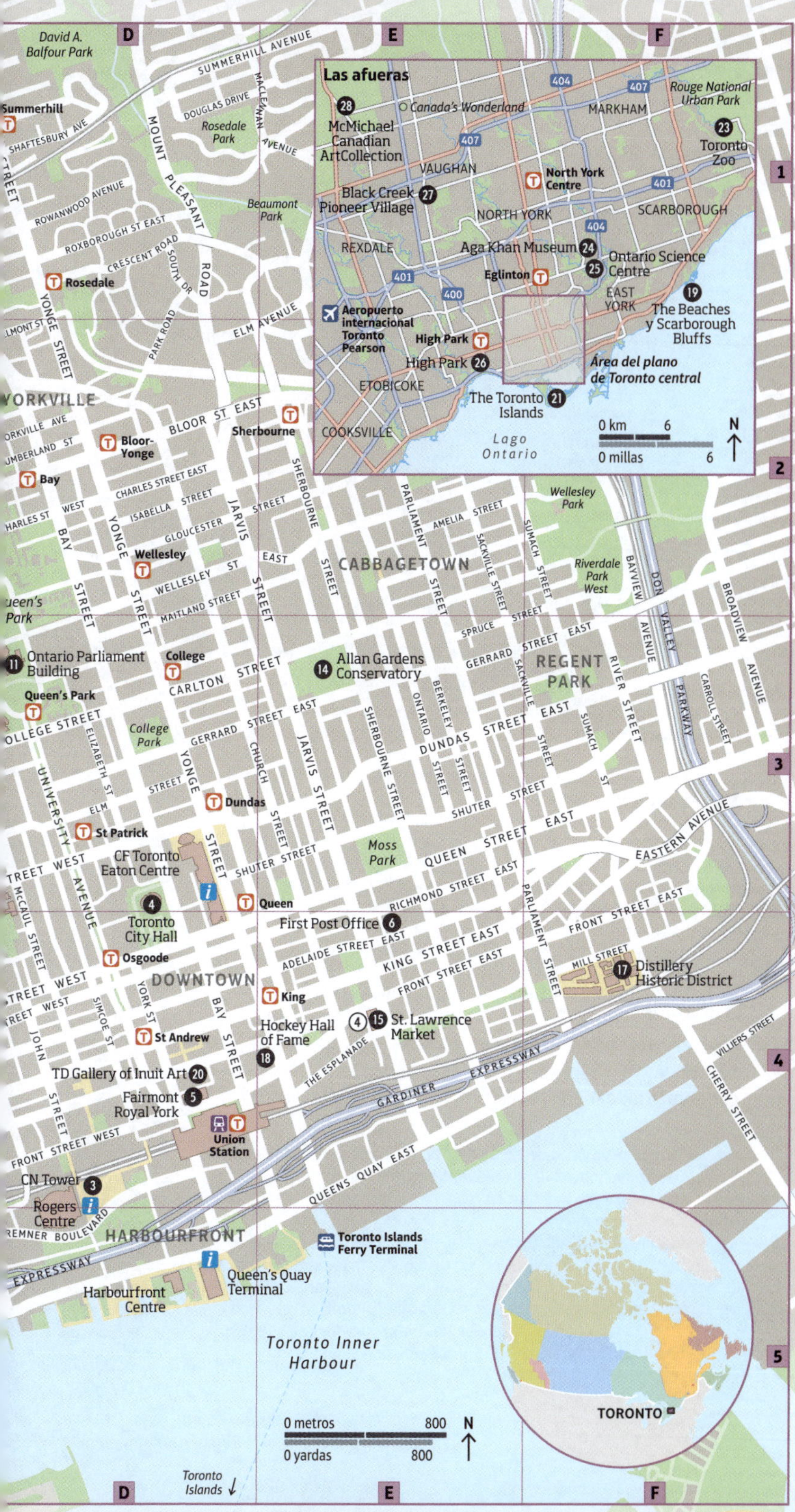

Las afueras
McMichael Canadian ArtCollection
Canada's Wonderland
Rouge National Urban Park
MARKHAM
Toronto Zoo
VAUGHAN
North York Centre
Black Creek Pioneer Village
NORTH YORK
SCARBOROUGH
REXDALE
Aga Khan Museum
Ontario Science Centre
Eglinton
EAST YORK
The Beaches y Scarborough Bluffs
Aeropuerto internacional Toronto Pearson
High Park
Área del plano de Toronto central
ETOBICOKE
The Toronto Islands
COOKSVILLE
Lago Ontario
0 km 6
0 millas 6
N
D
E
F
1
2
3
4
5
David A. Balfour Park
Summerhill
SUMMERHILL AVENUE
SHAFTESBURY AVE
DOUGLAS DRIVE
Rosedale Park
MACLENNAN AVENUE
MOUNT PLEASANT ROAD
ROWANWOOD AVENUE
ROXBOROUGH ST EAST
Beaumont Park
CRESCENT ROAD
SOUTH DR
Rosedale
YONGE STREET
ELM AVENUE
PARK ROAD
YORKVILLE
YORKVILLE AVE
CUMBERLAND ST
Bloor-Yonge
BLOOR ST EAST
Sherbourne
Bay
CHARLES STREET EAST
CHARLES ST WEST
ISABELLA STREET
JARVIS STREET
SHERBOURNE STREET
PARLIAMENT STREET
AMELIA STREET
SACKVILLE STREET
SUMACH STREET
Wellesley Park
GLOUCESTER STREET
Wellesley
WELLESLEY ST EAST
CABBAGETOWN
Riverdale Park West
BAYVIEW AVENUE
DON VALLEY PARKWAY
BROADVIEW AVENUE
Queen's Park
MAITLAND STREET
SPRUCE STREET
Ontario Parliament Building
College
CARLTON STREET
Allan Gardens Conservatory
GERRARD STREET EAST
REGENT PARK
RIVER STREET
CARROLL STREET
Queen's Park
COLLEGE STREET
ELIZABETH ST
College Park
GERRARD STREET EAST
CHURCH STREET
ONTARIO STREET
BERKELEY STREET
DUNDAS STREET EAST
UNIVERSITY AVENUE
ELM STREET
Dundas
SHUTER STREET
St Patrick
CF Toronto Eaton Centre
Moss Park
QUEEN STREET EAST
EASTERN AVENUE
QUEEN STREET WEST
MCCAUL STREET
Toronto City Hall
Queen
RICHMOND STREET EAST
First Post Office
FRONT STREET EAST
Osgoode
ADELAIDE STREET EAST
KING STREET EAST
MILL STREET
Distillery Historic District
DOWNTOWN
KING STREET WEST
YORK ST
BAY STREET
King
SIMCOE ST
JOHN STREET
Hockey Hall of Fame
St. Lawrence Market
St Andrew
THE ESPLANADE
VILLIERS STREET
CHERRY STREET
TD Gallery of Inuit Art
GARDINER EXPRESSWAY
Fairmont Royal York
Union Station
FRONT STREET WEST
QUEENS QUAY EAST
CN Tower
Rogers Centre
BREMNER BOULEVARD
HARBOURFRONT
Toronto Islands Ferry Terminal
EXPRESSWAY
Queen's Quay Terminal
Harbourfront Centre
Toronto Inner Harbour
TORONTO
0 metros 800
0 yardas 800
Toronto Islands

¿Lo sabías?

Los miércoles, de 18.00 a 21.00 la entrada es gratis y hay descuentos para las exposiciones especiales.

1

ART GALLERY OF ONTARIO

C3 317 Dundas St W Patrick 501 y 505
10.30-17.00 ma-do (hasta 21.00 mi y vi, hasta 17.30 sá y do) ago.ca

Fundada en 1900 como Art Museum of Toronto, la Art Gallery of Ontario (AGO) alberga una extensa colección de pintura y escultura que abarca un periodo desde el siglo I hasta la actualidad.

Este edificio emblemático de Toronto no pasa desapercibido. La ondulada fachada de titanio y cristal fue un aditamento del arquitecto de origen canadiense Frank Gehry. Dentro, las magníficas muestras de arte están bañadas por luz natural.

Las notables obras de arte canadiense son un tesoro nacional. Junto con una extensa y espléndida colección de dibujos, maquetas y esculturas de Henry Moore (donada por él mismo), el museo exhibe obras maestras significativas del arte europeo, como cuadros de Tintoretto, Frans Hals, Van Gogh y Picasso. Entre las adquisiciones más recientes se cuenta una impresionante colección de arte africano e indígena australiano.

Eve, c. 1883, escultura de mármol de Auguste Rodin

← Escalera de madera en espiral de Frank Gehry en el interior de la AGO

El museo exhibe obras maestras significativas del arte europeo, como cuadros de Tintoretto, Frans Hals, Van Gogh y Picasso.

↑ Exterior de la ampliación de cristal y titanio de la AGO iluminado al caer la noche

Colecciones del museo

Indigenous and Canadian Art

▼ En esta galería se exhiben obras de los pueblos de las Naciones Originarias, inuit y métis, además de piezas de arte indígena de todo el mundo, que reflejan costumbres antiguas y recientes. La colección canadiense tiene una excelente muestra de obras del Grupo de los Siete y sus contemporáneos.

Modern and Contemporary Art

▶ La colección moderna abarca el periodo de 1900 a 1960 tanto en Europa como en América, e incluye obras de Monet, Picasso y Henry Moore. Las galerías contemporáneas cubren el periodo de 1960 hasta 1990.

European Art

▼ Aquí se exhiben cuadros y esculturas hechas por artistas europeos entre los años 1000 y 1900, con especial énfasis en el periodo de la Edad Media al Renacimiento italiano. Están presentes por ejemplo Rubens, Rembrandt, Bernini, Chardin o Monet.

African Art

▼ Figuras talladas en madera, máscaras tribales, armas o tronos forman parte de esta colección. La mayoría procede de África occidental, lo más antiguo es de principios del siglo XIX. Algunos temas recurrentes son el nacimiento, la supervivencia, la muerte y la regeneración.

2

ROYAL ONTARIO MUSEUM

C2 · 100 Queen's Park, Toronto · Museum o St. George · 13
Jul-sep: 10.00-17.30 diario; oct-jun: 10.00-17.30 ma-do · rom.on.ca

El ROM es uno de los museos más grandes de Canadá y con su colección de más de seis millones de piezas extraordinarias cubre la historia de la civilización humana y del mundo natural.

Con una ultramoderna ampliación de cristal, aluminio y acero que parece estallar desde el edificio eduardiano original, el ROM se reconoce de inmediato. Este emblemático edificio alberga una colección tremendamente variada que procede de los campos de las bellas artes y las artes aplicadas, las ciencias naturales y la arqueología.

↑ Michael Lee-Chin Crystal, ampliación del edificio eduardiano original del ROM

Culturas del mundo

Repartidos en diversas galerías hay objetos de todo el mundo, algunos de tiempos tan remotos como la Edad de Piedra, que incluyen obras de arte, armas, objetos religiosos y piezas textiles. Imprescindible el cráneo reducido de Perú o la Canadiana gallery, llena de arte de pueblos indígenas y de las Naciones Originarias. Se exhiben también piezas de China, Corea, así como magnífico arte religioso, mobiliario y cerámica de Japón.

↑ Muestra de especies en peligro en las galerías de historia natural

Historia natural

Las galerías de historia natural contienen piezas que van desde objetos del espacio hasta esqueletos de especies extinguidas hace mucho tiempo. Destacan los brillantes meteoritos, los esqueletos de dinosaurios enormes o la réplica de una cueva de murciélagos. Hay muchas muestras interactivas y objetos y especímenes naturales que se pueden manipular.

Cronología

1912-1914

▲ La junta de gobierno de la University of Toronto and Ontario crea el ROM. Abre sus puertas en 1914.

1978-1984

▼ Se reforma el museo con una gran inversión de 55 millones de dólares. Es reabierto por Isabel II.

1989

▲ Los activistas denuncian la exposición *Into the Heart of Africa* por perpetuar los estereotipos raciales.

2002-2007

▼ Michael Lee-Chin dona 30 millones de dólares para un proyecto de ampliación del museo de gran envergadura.

Esencial ☆

57.482

Número de piezas que se pueden encontrar en las colecciones *online* del ROM.

Esqueleto del dinosaurio *Futalognkosaurus* en el vestíbulo principal del ROM ↑

¿Lo sabías?

Al comer o cenar en el 360 Restaurant de la torre, el acceso al LookOut Level es gratuito.

La CN Tower, vista desde debajo de un arce en otoño ↑

3

CN TOWER

D4 290 Bremner Blvd, Toronto Union 9.00-21.30 diario
cntower.ca

Visible desde casi cualquier rincón de Toronto, la emblemática CN Tower es una joya de la ingeniería de la década de 1970. Fue en origen una torre de comunicación y hoy es el mayor atractivo turístico de la ciudad. En un día claro, pueden llegar a verse las cataratas del Niágara.

Los seis ascensores exteriores con pared de cristal vuelan en menos de un minuto hasta el LookOut, el nivel más popular, situado a 346 m del suelo. Con ventanas panorámicas de arriba abajo y suelo de cristal, ofrece la oportunidad de contemplar desde lo alto los lugares más destacados de la ciudad y el lago Ontario.

Un nivel por debajo del LookOut está el Glass Floor, donde se puede estar de pie, sentarse o incluso saltar sobre cristal reforzado y mirar hacia el suelo, que está 342 m más abajo. Aquí está también la Outdoor SkyTerrace.

Un solo ascensor llega hasta el SkyPod, el punto accesible más elevado de la torre, a 447 m sobre la ciudad. Si se calcula bien el tiempo, se puede ver desde arriba el espectáculo del sol poniéndose sobre Toronto.

EdgeWalk

Solo para los amantes de las emociones fuertes: es el paseo circular con las manos libres más alto del mundo. Se camina por una cornisa de 1,5 m de ancho que rodea el mirador por arriba. Es imprescindible reservar.

> **Con ventanas panorámicas de arriba abajo y suelo de cristal, se pueden contemplar los lugares más destacados de la ciudad.**

↑ Turistas contemplando la ciudad a sus pies en el nivel del Glass Floor de la CN Tower

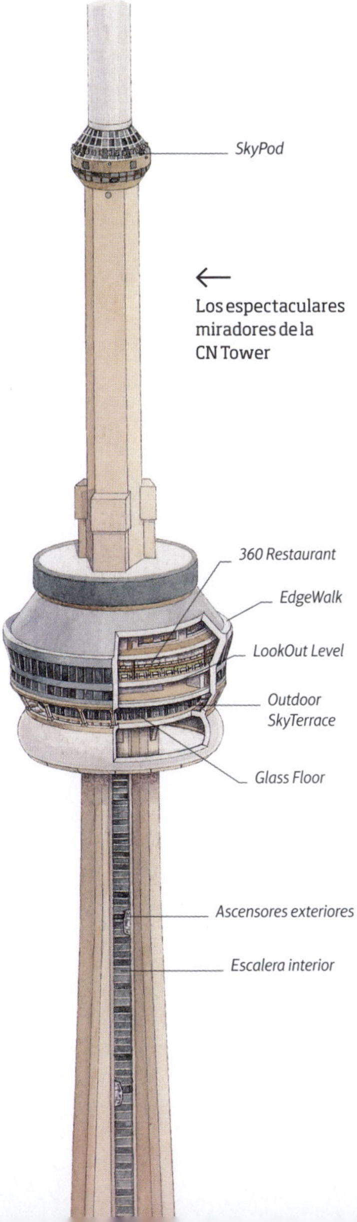

← Los espectaculares miradores de la CN Tower

LUGARES DE INTERÉS

¿Lo sabías?

Los Toronto Maple Leafs tienen el mayor número de seguidores de la NHL, a pesar de no ganar desde 1967.

4

Toronto City Hall

D3 100 Queen St W y Bay St Queen, Osgoode Queen 501 8.30-16.30 lu-vi

El ayuntamiento de Toronto fue diseñado por el premiado arquitecto finlandés Viljo Revell. Cuando se inauguró en 1964, el primer ministro Lester Pearson anunció que se trataba de "un edificio tan moderno como el mañana", pero para muchos ciudadanos el mañana había llegado demasiado pronto, y hubo protestas en diversos barrios. Más de 50 años después, el edificio no ha perdido un ápice de su modernidad. Es un arquetipo del urbanismo de la década de 1960, con dos torres curvas de hormigón y cristal que enmarcan un edificio circular, donde se reúnen los concejales. Cerca está el antiguo ayuntamiento, Old City Hall, un edificio neorrománico del siglo XIX con torres y columnas.

5

Fairmont Royal York

D4 100 Front St W Union fairmont.com/royal-york-toronto

El Fairmont Royal York (1929) ha sido durante mucho tiempo uno de los hoteles más lujosos de Toronto. Se construyó frente a la estación de tren principal para comodidad de los dignatarios que visitaban Toronto, pero para miles de inmigrantes era lo primero que veían de su nueva ciudad. Lo diseñaron los arquitectos de Montreal Ross y Macdonald en estilo *beaux arts*.

En 2015 se sometió a una remodelación multimillonaria, y hoy el Fermont sigue siendo un gran favorito de los más pudientes, incluida la realeza.

6

First Post Office

E4 260 Adelaide St E King, Queen 501, 504 9.00-17.30 lu-vi, 10.00-16.00 sá, 12.00-16.00 do townofyork.com

En 1829, la Cámara de los Comunes británica fundó el servicio de correos colonial, y cinco años después instaló una oficina de correos en la remota y recién creada ciudad de Toronto. La primera oficina de correos de la ciudad ha sobrevivido en el tiempo a pesar de varios intentos de demolición por parte de las autoridades municipales. Es totalmente operativa y es la única que todavía queda en funcionamiento de la era del servicio postal británico en Norteamérica. Los visitantes pueden escribir con pluma de ave y luego lacrar la carta. Del correo moderno, sin embargo, se encarga hoy Canada Post, el servicio nacional. El First Post Office Museum alberga una exposición permanente sobre los inicios del sistema postal, así como una maqueta de la joven ciudad de Toronto.

7

Chinatown

C4 Queen 501, Dundas 505, College 506, Spadina 510

La comunidad china de Toronto ronda los 531.600 habitantes, más del 12 % de la población de la ciudad. Canadá ha experimentado varias oleadas de inmigración china, la primera a finales de la década de 1850 en la Columbia Británica,

Las brillantes luces de un supermercado en una de las Chinatowns de Toronto

durante la fiebre del oro. Los primeros chinos llegaron a Toronto a finales del siglo XIX para trabajar en la Canadian Pacific Railway, asentándose en ciudades a lo largo de la línea férrea. Los chinos encontraron trabajo en el ferrocarril y en las lavanderías y fábricas de Toronto. La última oleada de inmigración estuvo compuesta por prósperos profesionales chinos ciudadanos de Hong Kong, que se asentaron en Toronto en la década de 1990. Aunque los chinos canadienses viven por toda la ciudad, están concentrados en cuatro barrios chinos o Chinatowns. El más grande y bullicioso se extiende en torno a Spadina Avenue, entre las calles Queen y College, y a lo largo de Dundas Street, al oeste de la Art Gallery of Ontario. Este conjunto de manzanas es muy diferente del resto, ya que su aspecto, los sonidos y los olores recuerdan a Hong Kong. Las aceras se inundan de tiendas y puestos que ofrecen gran variedad de delicias chinas. Y por la noche, los neones anuncian tentadores restaurantes.

8

University of Toronto

C3 27 King's College Circle St George, Queen's Park College 506 utoronto.ca

Esta universidad nació por orden del rey Jorge IV en 1827. La Iglesia lo consideró un desafío a su control sobre la educación y la nueva institución tuvo que soportar acusaciones de impiedad. Pero aguantó el pulso y mientras tanto se convirtió en una de las universidades más prestigiosas de Canadá.

Su peculiar historia explica la desordenada disposición de su campus, una zona arbolada salpicada de facultades. Los edificios más bonitos están cerca del extremo occidental de Wellesley Street. En el Hart House Circle, se pueden ver los encantadores patios y los muros cubiertos de hiedra de Hart House (1919), inspirada en los colegios ingleses de Oxford y Cambridge. Cerca, el King's College Circle alberga el University College, imponente edificio neorrománico de 1859, el Knox College, con su rústica mampostería de arenisca gris, y la bonita rotonda del Convocation Hall. El University of Toronto Art Centre (UTAC) alberga una exposición permanente de iconos bizantinos y otras muestras. La visita se puede completar con un paseo por Philosophers' Walk, por cuyas cuidadas praderas se puede llegar detrás del Royal Ontario Museum y a Bloor Street West.

Las aceras se inundan de tiendas y puestos que ofrecen gran variedad de delicias chinas. Y por la noche, los neones anuncian tentadores restaurantes.

Las inusuales torres curvas del Toronto City Hall se asoman a Nathan Phillips Square

↑ La notable fachada y los jardines de Casa Loma

9

Casa Loma

B1 1 Austin Terrace Dupont 9.30-17.00 diario casaloma.ca

Esta insólita casa de estilo eduardiano la diseñó E. J. Lennox, el mismo arquitecto del Old City Hall de Toronto. Su inusual estructura es un tributo a su propietario, *sir* Henry Pellatt (1859-1939), uno de los industriales más influyentes en el Canadá de principios del siglo XX. Amasó su fortuna gracias a la energía hidroeléctrica, aprovechando la fuerza de las cataratas del Niágara. En 1906, Pellatt decidió construirse un castillo. Varios años y 3,5 millones de dólares canadienses después, la construcción se detuvo por el estallido de la Primera Guerra Mundial. La casa de 98 habitaciones se terminó por fin en 1914, pero la ruina económica obligó a Pellatt a abandonarla antes de 10 años. Hoy se pueden visitar la casa y sus bonitos jardines formales, o participar en elaborados juegos de escape en este entorno inigualable.

10

Kensington Market

C3 Baldwin St y Augusta Ave Dundas 505, College 506, Spadina 510 kensington-market.ca

Kensington Market es una de las áreas residenciales más características y diversas de Toronto. La fundaron a comienzos del siglo XX inmigrantes judíos del este de Europa y de Rusia, que se apiñaron en la serie de modestas casas que había en el cruce de Spadina Avenue y Dundas Street, y que luego se desperdigaron por las estrechas calles para vender sus mercancías. El gran bazar que montaron –que tiene de todo, desde pastelerías hasta ropa *vintage*– ha sido desde entonces lo más representativo de la zona.

11

Ontario Parliament Building

D3 Queen's Park (416) 325 0061 Queen's Park College 506 8.00-18.00 lu-vi (diario Día de Victoria-Día del Trabajo)

El Parlamento de Ontario es todo menos modesto. Ocupa un vasto edificio de arenisca rosada que abrió sus puertas al final de University Avenue en 1893. La provincia era una parte pequeña pero muy leal del Imperio británico. Ansiaba dejar su impronta y tenía el

Fudao Noodle House
En este restaurante chino de sopa de fideos, se elige la base de la sopa y se añaden los ingredientes que se deseen.
C3 358 Spadina Ave fudao.ca
$$$

Rasta Pasta
Comida jamaicana para llevar, un clásico de Kensington Market.
C3 61 Kensington Ave lu eatrastapasta.ca
$$$

Seven Lives Tacos
Unos de los mejores tacos de la ciudad.
C3 72 Kensington Ave sevenlivesto.ca
$$$

LOS BARRIOS DE TORONTO

La ciudad de Toronto es básicamente una amalgama de barrios y cada uno tiene su propio ambiente y especialidades, como Chinatown y Kensington Market. En Little Italy, excelente *pizza* y algunos de los mejores bares de la ciudad; en Koreatown, karaokes y tiendas de alimentación *gourmet;* en Little Portugal, deliciosos pasteles de nata.

dinero para hacerlo. Por ello, los miembros del Parlamento provincial encargaron esta costosa estructura de estilo neorrománico. La fachada principal, finalizada en 1892, es un conjunto de torres y arcos dispuestos bajo una serie de cubiertas apuntadas.

El interior del edificio es igualmente grandioso, con columnas neoclásicas doradas y enormes vidrieras. En 1909 un incendio arrasó el ala oeste, que se reconstruyó en mármol italiano. A los miembros del Parlamento no les hizo gracia comprobar que muchas de las carísimas planchas de mármol tenían *defectos,* restos de fósiles de dinosaurios, que pueden verse en el ala oeste.

12

Spadina Museum, Historic House and Gardens

B1 285 Spadina Rd (416) 392 6910 Dupont May-sep: 11.00-17.00 mi-do (oct-abr: hasta 16.00) lu; 1 ene, Viernes Santo, 25 y 26 dic

La casa de James Austin, primer presidente del Toronto Dominion Bank, se construyó en 1866 sobre el risco que domina la ciudad. Cuando el último miembro de la familia se marchó en 1982, la Ciudad de Toronto y la Provincia de Ontario compraron la casa y los terrenos. Se restauró para que el Spadina Museum sea un fiel reflejo de cómo vivía la familia Austin en las décadas de 1920 y 1930. Hay muchas cosas interesantes y curiosas, como la trampilla en la Palm Room, que permitía a los jardineros cuidar las plantas sin que los viera la familia.

13

Bata Shoe Museum

C2 327 Bloor St W St George 10.00-17.00 lu-sá, 12.00-17.00 do Viernes Santo, 30 sep, 9 oct, 25 dic batashoe museum.ca

Se inauguró en 1995 para mostrar la notable colección de calzado de Sonja Bata, miembro de esta familia fabricante de zapatos. El edificio lo diseñó el prestigioso arquitecto canadiense Raymond Moriyama; se trata de un moderno diseño angular creado para parecer una elegante caja de zapatos.

El museo se reparte en diversas plantas pequeñas y cuenta con tres exposiciones por las que van rotando con regularidad las piezas del gran fondo del museo. Una de las exposiciones, titulada All about shoes (Todo sobre zapatos), ofrece una visión general de las funciones y la evolución del calzado. Comienza con un molde de escayola de la huella humana más antigua que se conoce; procede de Tanzania y tiene cuatro millones de años; es muy interesante también la sección medieval de zapatos con punta. Otra exposición permanente es la de calzado de personajes famosos; aquí podrían verse los zapatos rojos de tacón de Marilyn Monroe, un par de plataformas de Elton John o unas deportivas de lamé dorado de Michael Johnson.

Hay además una exposición curiosa de zapatos extraños, como unas botas francesas para aplastar castañas o unas botas del ejército de Estados Unidos cuya suela imita la huella de un soldado del Viet Cong.

→ Todo sobre zapatos, una de las muestras permanentes del Bata Shoe Museum

↑ Allan Gardens Conservatory, un remanso de verdor en el centro de Toronto

14

Allan Gardens Conservatory

E3 160 Gerrard St E (416) 392 7288 10.00-17.00 diario

Construido en 1858, este parque, uno de los más antiguos de Toronto, es una agradable distracción en los fríos meses de invierno. Al entrar en alguno de los diversos invernaderos tropicales el visitante se siente envuelto por el calor y la fauna exótica, orquídeas y bromelias multicolores que florecen entre la vegetación. Los invernaderos templados, un poquito más frescos pero aún maravillosamente cálidos, albergan limoneros, dulces jazmines en flor y camelias en torno a cascadas y estanques con carpas koi. La exuberante Palm House está llena de plantas trepadoras, bosquecillos de bambú y, por supuesto, palmeras. En la Arid House viven todo tipo de cactus y plantas suculentas. Fuera del invernadero hay una zona de columpios.

15

St. Lawrence Market

E4 92-5 Front St E King Los horarios varían, consultar página web stlawrencemarket.com

Lo mejor es llegar con hambre y unirse a la multitud que hace cola para probar los bocadillos de beicon *peameal*, los *bagels* hechos en horno de leña o los rollos de churrasco de pollo portugueses. Con sus más de 100 puestos, el edificio principal del mercado, al que llaman South Market, es el lugar al que ir en Toronto para comprar buena carne, pescado y marisco frescos, variedad de quesos y las mejores frutas y verduras. El edificio del North Market acoge los mercados del fin de semana (el agrícola y el de antigüedades), donde se pueden escoger ingredientes frescos y mobiliario de segunda mano y decoración del hogar.

← *Untitled*, de Jun Kaneko, junto al Gardiner Museum

16

Gardiner Museum

C2 111 Queen's Park Museum 10.00-18.00 lu-vi (hasta 21.00 mi), 10.00-17.00 sá y do gardinermuseum.on.ca

Inaugurado en 1984, es el único museo dedicado exclusivamente al arte de la cerámica en Norteamérica y se considera uno de los grandes museos especializados del mundo.

Buster's Sea Cove

Aquí se forman largas colas por sus deliciosos *fish 'n' chips* y bocadillos de cangrejo fresco.

E4 93 Front St E lu busters-stlawrence.business.site

$$$

Carousel Bakery

Turistas y locales acuden en tropel por el mundialmente famoso Canadian Peameal Bacon Sandwich: sirven 2.000 a diario. Solo pago en metálico.

E4 93 Front St E (416) 363 4247 lu

$$$

Churrasco's

Un pollo asado jugoso, sabroso y tierno con una salsa picante secreta: eso es lo que hace que los clientes vengan año tras año. Los pasteles de nata portugueses también están deliciosos.

E4 91 Front St E (416) 862 2867 lu

$$$

La exposición recorre la historia de la cerámica. Empieza con la precolombina y una excelente muestra de piezas de Perú y México, que incluye dioses de la fertilidad con el rostro contraído.

Entre los coloridos ejemplos de mayólica (loza esmaltada) hay piezas procedentes de la Italia de los siglos XV y XVI. La colección de útiles domésticos graciosamente decorados se complementa con piezas renacentistas más tardías en las que se relatan mitos clásicos y hechos históricos. La cerámica de Delft (loza con esmalte blanco de estaño) está bien representada. Las piezas del siglo XVIII provenientes de Francia, Austria, Alemania e Inglaterra son magníficas, en especial la colección de figurillas de la *commedia dell'arte*. Decoradas con toda suerte de colores, los aristócratas las ponían en sus mesas de comedor para deleitar o incluso cortejar a sus invitados especiales.

También la muestra de porcelana es impresionante, con muchas piezas exquisitas de Meissen del siglo XVIII. Destaca un precioso servicio de té y chocolate de mediados del siglo XVIII, colocado en su propio maletín de viaje de piel. En cada tacita se representa en oro una escena delicadamente pintada. Entre las piezas de porcelana hay también más de 100 frascos de perfume procedentes de toda Europa.

Inaugurado en 1984, es el único museo dedicado exclusivamente al arte de la cerámica en Norteamérica y es uno de los grandes museos especializados del mundo.

17

Distillery Historic District

F4 55 Mill St 504 a Parliament 10.00-18.00 lu-ju, 10.00-20.00 vi, 10.00-20.00 sá, 11.00-18.00 do thedistillerydistrict.com

Las calles adoquinadas y edificios victorianos bien conservados de esta zona peatonal de compras y ocio albergaron en otro tiempo la destilería de *whisky* de Gooderham and Worts. La zona comprende tiendas, estudios, galerías de arte, bares y restaurantes distribuidos en 47 edificios renovados. Muchos de los elementos originales de la destilería se han conservado, como las tuberías y los enrejados que cruzan sobre los callejones de ladrillo rojo.

El punto de referencia de la zona es la Mill Street Brewery, un lugar ideal para catar cervezas locales. Hay muchas tiendas de artesanía y galerías de arte, y por todas partes surgen patios llenos de restaurantes y cafés elegantes.

18

Hockey Hall of Fame

E4 Brookfield Place, 30 Yonge St Union, King Jun-sep: 10.00-18.00 diario (oct-may: hasta 17.00) 1 ene, Induction Day, 25 dic hhof.com

Se trata de un fastuoso tributo al deporte nacional, el hockey sobre hielo. Este deporte de sencillos orígenes en lagos y estanques helados levanta hoy pasiones en los canadienses como ningún otro. La ultramoderna zona de exposición del Hall of Fame es muy creativa y dedica secciones a distintos aspectos del juego. Hay de todo, desde camisetas de grandes jugadores hasta una réplica de los vestuarios de los Montréal Canadiens.

Otra sección recorre el desarrollo de la máscara del portero, desde sus humildes inicios hasta las elaboradas versiones de hoy. El visitante puede probar sus habilidades en actividades interactivas, como parar discos lanzados por jugadores virtuales. En otra zona se exponen trofeos, entre los que se incluye la Stanley Cup, el trofeo más prestigioso de Canadá.

↑ *Our Game* de Edie Parker, una escultura a las puertas del Hockey Hall of Fame

←

Vista aérea de los imponentes acantilados de Bluffers Park, en Scarborough

CONSEJO DK
Subterráneos

Muchos de los lugares de interés de Toronto, así como restaurantes y tiendas, están conectados por la PATH, una red de subterráneos. Es una excelente forma de desplazarse en invierno, a salvo del riguroso clima invernal.

TOP 4
TORONTO INDÍGENA

First Story
Esta app lleva por un viaje de 3 horas por lugares indígenas de la ciudad.

TD Gallery of Indigenous Art
Una galería de arte centrada en el arte indígena.

Daphne Cockwell Gallery
Esta galería que es parte del ROM *(p. 184)* está dedicada al arte de las Naciones Originarias.

Na-Me-Res Pow Wow
Un festival anual celebrado por una organización que apoya a los hombres indígenas de la ciudad.

19

The Beaches y Scarborough Bluffs

F1 Queen 501

The Beaches es uno de los barrios más cautivadores de Toronto, con sus calles arboladas que ascienden desde la orilla del lago. Está al este del centro, entre Woodbine Avenue y Victoria Park Avenue. La calle principal, Queen Street East, está salpicada de excelentes cafés y tiendas. Al principio era un barrio tranquilo, pero su larga playa de arena y su paseo lo han convertido en un lugar muy concurrido. El paseo de madera que recorre 3 km de playa se llena en verano de gente que pasea, corre, patina y monta en bicicleta. Muchas de las playas de Toronto son aptas para nadar; en el (416) 392 7161 informan de la calidad del agua.

The Beaches limita por el este con Scarborough, un gran barrio de la periferia cuyo principal atractivo son los Scarborough Bluffs, unos riscos de roca que rodean el lago Ontario a lo largo de 16 km. Se puede acceder por una serie de parques: Scarborough Bluffs y Cathedral Bluffs ofrecen magníficas vistas de los acantilados, y el Bluffers Park es ideal para hacer pícnic.

20

TD Gallery of Indigenous Art

D4 79 Wellington St W (416) 982 4051 Union, St. Andrew 8.00-18.00 lu-vi, 10.00-16.00 sá y do

El TD (Toronto Dominion) Centre consta de cinco rascacielos negros, un moderno tributo al Toronto Dominion Bank del arquitecto Mies van der Rohe. En las dos plantas del vestíbulo de la torre sur se exhibe una importante colección de arte indígena. Las piezas se reunieron en la década de 1960 como un proyecto para celebrar el centenario.

Se compraron más de 100 objetos de distintos materiales, incluidos algunos de cuerno de caribú y de colmillo de morsa, aunque la mayoría son piedras talladas. Las esculturas de esteatita representan a animales mitológicos y espíritus, y escenas cotidianas. Algunas de las más bellas son obra de Johnny Inukpuk (1911-2007), como *Mother Feeding Child* (1962) y *Tattooed Woman* (1958), que emanan una fuerza salvaje.

21

The Toronto Islands

F2 Queen's Quay
toronto.ca/explore-enjoy/parks-gardens-beaches/toronto-island-park

En el lago Ontario, frente a la ciudad, las islas Toronto, unidas por pasarelas, protegen el puerto y ofrecen un agradable espacio de recreo libre de tráfico. La brisa fresca del lago es un alivio en verano. Desde las islas se puede ver la CN Tower *(p. 186)*.

Se tarda una hora en ir a pie de un extremo a otro de las islas. En el este se encuentra la isla Ward's, una zona residencial; la isla Centre, sede del parque de atracciones infantil Centreville, está en el centro, y al oeste se halla Hanlan's Point, que cuenta con una de las pocas playas nudistas públicas del país.

22

Fort York

C5 250 Fort York Blvd
511, 509 11.00-17.00 mi-do 1 ene, Viernes Santo, 25 y 26 dic
fortyork.ca

Los británicos fundaron Fort York en 1793 para mantener una presencia militar y naval en el lago Ontario pocos años después de la guerra de Independencia estadounidense. Pero en la guerra de 1812 el fuerte fue atacado y destruido por las fuerzas estadounidenses. Después, los británicos lo reconstruyeron y su presencia alentó el crecimiento del pueblo de York, hoy Toronto.

El fuerte se ha restaurado para devolverle el aspecto que tenía durante la guerra, con barracones, dependencias de oficiales y fortificaciones. Hoy sus muros encierran la mayor colección de Canadá de edificios originales de la guerra de 1812.

El centro de visitantes ofrece diversas exposiciones sobre distintos temas que exploran la historia de más de 200 años del fuerte. Además, Fort York atrae a miles de visitantes durante los festivales y eventos especiales que se celebran a lo largo del año.

¿Lo sabías?

La leyenda del béisbol Babe Ruth hizo su primer *home run* como profesional en las Toronto Islands, en 1914.

↓ Las Toronto Islands, un gran lugar para el ocio y con increíbles vistas de la ciudad *(izquierda)*

CURIOSIDADES
Más allá del zoo

Aunque la mayoría de los visitantes se quedan en el zoo, merece la pena explorar el parque que lo rodea. El Rouge National Urban Park, el mayor parque urbano de Norteamérica, posee una playa, pintorescas rutas de senderismo y ciclismo, y fauna salvaje.

23

Toronto Zoo

F1 2000 Meadowvale Rd Kennedy 86A (lu-vi todo el año, más sá-do en verano) Variable, consultar web torontozoo.com

Toronto cuenta con uno de los mejores zoos del mundo. Hay que ir prevenido: el lugar requiere caminar mucho porque, a diferencia de otros muchos zoos donde los recintos están muy cerca, el zoo de Toronto concede mucho espacio a sus animales. Los animales se agrupan según su hábitat natural, tanto en el exterior, entre los bosques y llanuras del valle fluvial, como en el interior, en grandes pabellones climatizados.

Los visitantes pueden recorrer el zoo siguiendo alguna de las rutas señalizadas o subirse al Zoomobile, que realiza un recorrido comentado de 30 minutos que proporciona una excelente visión general. Se tarda unas cuatro horas en ver esta buena selección de animales, entre ellos los alces, caribúes y osos grizzly de Canadá. También hay un recinto con osos polares. Splash Island permite a los más pequeños refrescarse en el agua entre esculturas de morsas y castores.

24

Aga Khan Museum

F1 77 Wynford Dr Eglinton 100 Flemingdon Park, al este hacia Wynford Dr 10.00-16.00 diario (hasta 17.00 sá y do) agakhanmuseum.org

Este museo, el primero de Norteamérica dedicado al arte de la civilización musulmana, conecta artes visuales y escénicas desde la península ibérica hasta China a través de exposiciones, programas didácticos y una completa programación de actuaciones en su auditorio con capacidad para 350 personas. La planta principal del museo incluye un salón de estilo persa y muestras rotativas de la colección permanente, que cuenta con exquisitos manuscritos, dibujos, pinturas, cerámica decorada, orfebrería, ornamentos arquitectónicos y piezas de entre los siglos VIII y XIX. Cada año se organizan en la segunda planta cuatro exposiciones temporales, que destacan la continuidad de las tradiciones artísticas desde las primeras civilizaciones musulmanas hasta hoy.

Diseñado por el arquitecto japonés Fumihiki Maki, el museo comparte un precioso espacio, con un parque paisajístico y un jardín formal, con el Ismaili Centre Toronto, diseñado por Charles Correa.

Se ofrecen visitas guiadas de la colección y la arquitectura de jueves a domingo; las visitas de los jardines suelen ser a horas programadas.

25

Ontario Science Centre

F1 770 Don Mills Rd Eglinton o Pape Eglinton 100 o Don Mills 25 10.00-17.00 mi y vi-do, 12.00-19.00 ju ontariosciencecentre.ca

Se trata de uno de los centros de mayor interés de Toronto y atrae a miles de niños, que acuden a disfrutar de las exposiciones interactivas sobre toda suerte de fenómenos,

←
Los cerezos japoneses, donados por Tokio, florecen en High Park en primavera

¿Lo sabías?

Casi una cuarta parte de la población del país vive en un radio de 160 km alrededor de Toronto.

desde el sistema solar al cerebro humano. En el KidSpark los niños de hasta ocho años pueden crear música, experimentar con pistas y unirse a un equipo para construir una casa, mientras que los mayores disfrutarán de la galería AstraZeneca Human Edge.

26

High Park

E2 1873 Bloor St W
highparktoronto.com

Este parque de 161 ha al oeste del núcleo central de Toronto se inauguró en 1876 y es una de las mayores zonas verdes de la ciudad. Es al mismo tiempo una zona de ocio y un parque natural, con varios servicios disponibles, como columpios, un centro de naturaleza, un museo de historia y una piscina exterior. La zona noreste del parque está cubierta de bosque y tiene arroyos, charcas y la atraviesan muchos caminos. Para ir con niños, hay un trenecito y en el Grenadier Pond se puede tanto pescar como patinar sobre hielo.

←
El exterior angular de granito blanco del Aga Khan Museum

27

Black Creek Pioneer Village

E1 1000 Murray Ross Parkway, esq. Steeles Ave W y Jane St Finch
60 11.00-16.00 mi-do
Ene-abr (excepto vacaciones de marzo)
blackcreek.ca

A lo largo de los años, unos 40 edificios decimonónicos se han trasladado desde otras zonas de Ontario a este pueblo histórico al noroeste de la ciudad. Es inevitable que el resultado no sea del todo realista (ningún pueblo en Ontario tuvo nunca este aspecto), pero este museo de historia viviente es de lo más curioso. El personal vestido de época muestra cómo se elaboraban antiguamente el pan, las velas o los grabados. Los edificios más destacados son la Doctor's House (1860) y el colmado Laskay Emporium. Cinco de los edificios se atribuyen a Daniel Stong, un pionero del siglo XIX: una pocilga, un ahumadero, un granero y dos casas muy diferentes; la primera, una simple cabaña de troncos, y la segunda, una casa con una chimenea de ladrillo y huerta.

28

McMichael Canadian Art Collection

E1 10365 Islington Ave, Kleinburg
10.00-17.00 ma-do
mcmichael.com

Unos 30 minutos en coche al norte del centro de Toronto, en Kleinburg, Robert y Signe McMichael construyeron ellos mismos su bonita casa de troncos y piedra con vistas al valle del río Humber. Ávidos coleccionistas de arte canadiense, en 1965 los McMichael donaron su casa y sus cuadros a la Provincia de Ontario. Desde entonces, la colección ha crecido de forma notable y hoy es una de las colecciones de arte canadiense más extensas de la provincia, con más de 6.000 piezas.

El núcleo de la colección es la obra del Grupo de los Siete *(p. 57)* y en la muestra permanente se exhibe una selección de sus obras. Los cuadros clave son paisajes característicamente crudos y llenos de fuerza que ilustran las maravillas de la naturaleza canadiense. Tanto Tom Thomson (un célebre precursor del Grupo) como Lawren Harris están bien representados. También hay expuesto arte contemporáneo de las Naciones Originarias, los métis y los inuit.

UN PASEO HARBOURFRONT

Distancia 1,5 km (1 milla) **Tiempo** 15 minutos
Metro Toronto Convention Centre

El puerto de Toronto ha tenido una historia muy variada. Las aguas del lago llegaban en otro tiempo hasta Front Street, pero los victorianos reclamaron 3 km de tierra para acomodar cocheras de trenes y almacenes. Las exportaciones e importaciones de Ontario se canalizaron por esta franja industrial hasta la década de 1960, cuando el comercio declinó. Veinte años más tarde, se le dio una nueva vida a la zona y el puerto luce hoy parques cubiertos de hierba, paseos, pequeños bloques de pisos y un puñado de lugares de interés turístico en torno al Harbourfront Centre.

La **CN Tower** *(p. 186), que fue en su día el edificio más alto del mundo, ofrece vistas de hasta 160 km sobre Ontario y un suelo de cristal para personas con los nervios de acero.*

Con un consumo eléctrico que bastaría para iluminar toda la isla Príncipe Eduardo, los espectáculos en el gran estadio **Rogers Centre** *son toda una experiencia.*

Las locomotoras de vapor rodean la plataforma giratoria, aún operativa, en la **Roundhouse,** *sede del Toronto Railway Museum.*

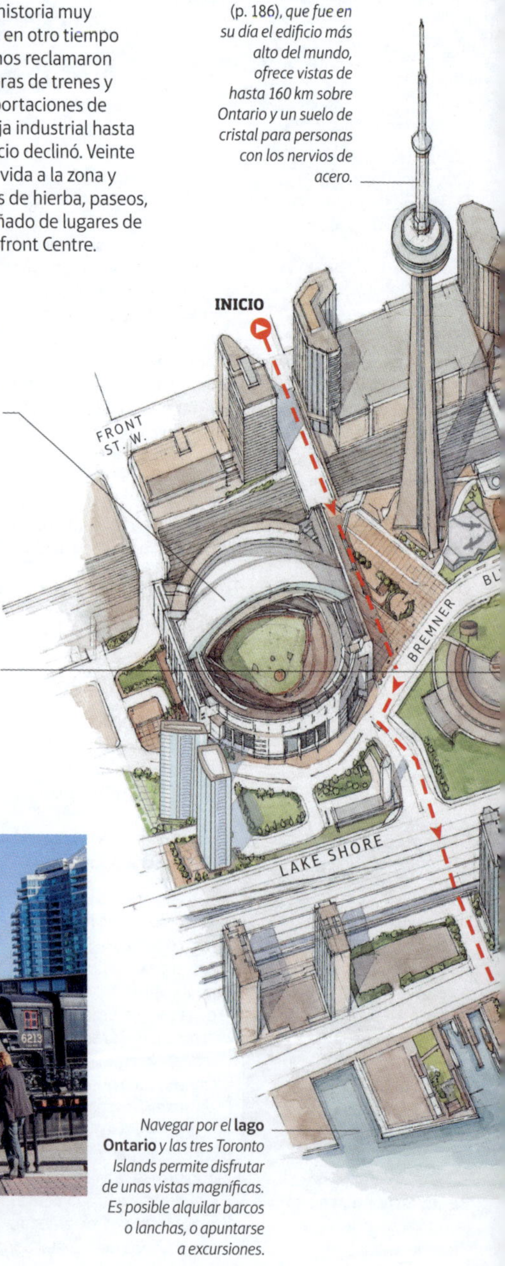

Navegar por el **lago Ontario** *y las tres Toronto Islands permite disfrutar de unas vistas magníficas. Es posible alquilar barcos o lanchas, o apuntarse a excursiones.*

↑ Tren expuesto en el exterior del Toronto Railway Museum

La CN Tower en primera línea del puerto de Toronto ↑

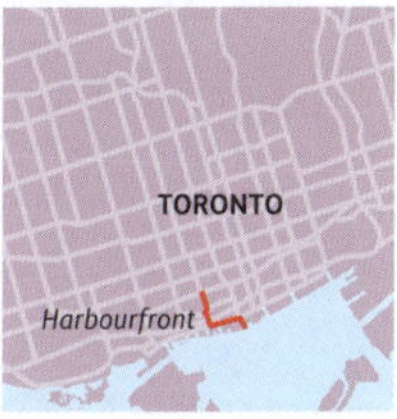

Plano de situación

Para más detalles ver p. 180

¿Lo sabías?

En el puerto hay tres plataformas onduladas (WaveDeck): Spadina, Simcoe y Rees.

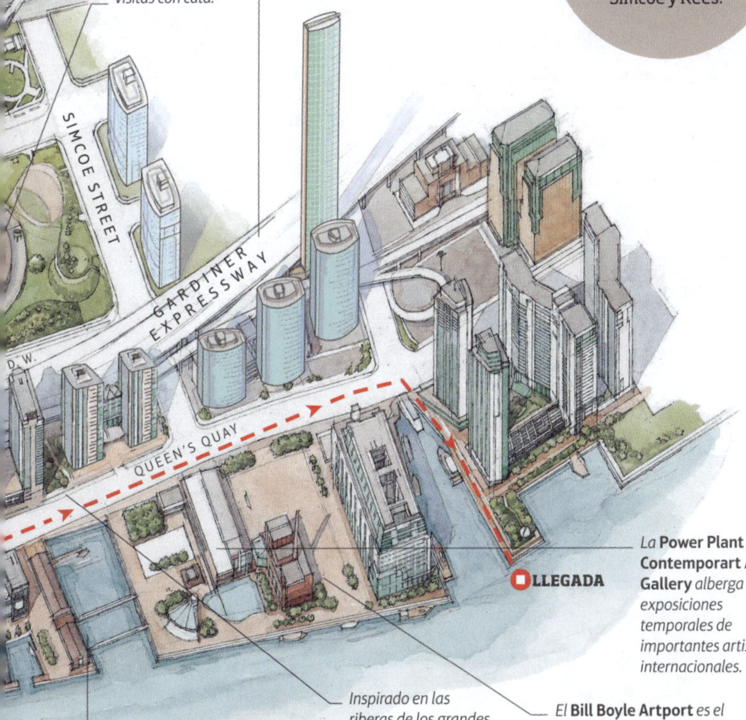

Steam Whistle Brewing, *en la Roundhouse, es una fábrica de cerveza ubicada en un antiguo taller de locomotoras de vapor. Ofrece visitas con cata.*

La **Gardiner Expressway** *separa el centro de la ciudad de la ribera y se dirige hacia el este, a las cataratas del Niágara.*

La **Power Plant Contemporart Art Gallery** *alberga exposiciones temporales de importantes artistas internacionales.*

Harbourfront *es un lugar animado para los visitantes, sobre todo en verano. Las embarcaciones privadas atracan en la orilla y los paseos junto al agua ofrecen preciosas vistas del lago.*

Inspirado en las riberas de los grandes lagos de ontario, la **Simcoe WaveDeck** *es un muelle urbano premiado y de referencia.*

El **Bill Boyle Artport** *es el núcleo del Harbourfront Centre, donde se desarrollan la mayor parte de las actividades. Hay también un espacio para actuaciones.*

El Parlamento de Ottawa rodeado de nieve

ONTARIO

Cuando hace unos 11.000 años se retiraron los glaciares dejando infinidad de lagos y vías navegables, las tribus nómadas que perseguían por las praderas a sus manadas de bisontes llegaron a lo que hoy es Ontario. Las vías navegables de la zona sur de la provincia sirvieron de autovías comerciales para estos pueblos indígenas y, posteriormente, para los colonos europeos. Durante la década de 1850, más de 100.000 inmigrantes irlandeses que huían de la hambruna de la patata de su país convirtieron el sur de Ontario en su hogar. Muchos escogieron Ottawa, una ciudad construida sobre un antiguo asentamiento algonquín en la orilla sur del río Ottawa. Como consecuencia de su posición estratégica entre Toronto y Kingston (en el oeste de Canadá) y Montreal y la ciudad de Quebec (en el este de Canadá), la reina Victoria declaró a Ottawa capital de Canadá en 1857. La ciudad pasó rápidamente de ser una ciudad maderera próspera a convertirse en una ciudad industrial en expansión.

En cambio, el norte de Ontario no estuvo muy poblado y su mayor parte estaba cubierto por el escudo Canadiense: una vasta región de rocas antiguas expuestas y cubiertas en parte por bosques boreales y tundra. Incluso hoy, casi el 94 % de la población de Ontario se aparta de esta tierra cautivadora pero poco hospitalaria. Por el contrario, acoge los pastos de los caribúes, lobos y osos polares.

ONTARIO
TEMAGAMI 26
Lago Rabbit
Lago Onaping
Capreol
Lago Wanapitei
Marten River
Cartier
Thorne
Chelmsford
Field
Sudbury
Hagar
Vernier
NORTH BAY 18
Espanola
Lago Panache
Estaire
Lago Nipissing
Callander
KILLARNEY PROVINCIAL PARK 40
Noëlville
Powassan
Little Current
Killarney
Loring
Meldrum Bay
Gore Bay
ISLA MANITOULIN 35
South River
Lago Kawigamog
Britt
Sundridge
Lago Bernard
Isla Great Duck
Providence Bay
Manitowaning
Thirty Thousand Islands
Dunchurch
Burk's Falls
South Baymouth
Isla Fitzwilliam
Bahía Georgiana
Huntsville
Parry Sound
Tobermory
Cabo Hurd
Cabot Head
Isla Parry
Rosseau
Alpena
Baysville
LAGO HURÓN 34
Península Bruce
GEORGIAN BAY ISLANDS NATIONAL PARK 38
Gravenhur
MUSKOKA 31
Wiarton
SAINTE-MARIE ENTRE LOS HURONES 24
Washag
SAUBLE BEACH 33
BAHÍA NOTTAWASAGA 32
ORILLIA 25
Owen Sound
Oscoda
Lago Hurón
Port Elgin
Wasaga Beach
Lago Simcoe
Stayner
Chesley
Markdale
Barrie
Kincardine
Durham
Keswick
Cookstown
Point Clark
Península de Ontario
Newmarket
Wingham
Harbor Beach
Orangeville
Markha
Port Albert
Vaughan
Palmerston
Arthur
GODERICH 30
Aeropuerto internacional Toronto Pearson
Toronto
Guelph
Seaforth
Mississauga
ST. JACOBS 23
Kitchener
Oakville
NIAGARA-ON-THE-LAKE 20
Marlette
STRATFORD 21
Grand Bend
New Hamburg
Cambridge
HAMILTON 16
Kettle Point
St. Marys
BRANTFORD 22
St. Catharines
Lucan
CATARATAS DEL NIÁGARA 1
Aeropuerto internacional de Hamilton
Lapeer
Forest
Sarnia
Woodstock
LONDON 19
Welland
Hagersville
Corunna
Tillsonburg
CANAL WELLAND 39
Glencoe
St. Thomas
Port Dover
Sterling Heights
Dresden
Port Burwell
Bahía Long Point
Wallaceburg
West Lorne
Detroit
Chatham
27 LAGO ERIE
Dunkirk
WINDSOR 17
Blenheim
La Salle
Essex
Pointe aux Pins
Lago Erie
Wheatley
Erie
Leamington
Jamestown
POINT PELEE NATIONAL PARK 37
Conneaut
Warren
Union City
Isla Pelee
North Madison
Meadville
0 kilómetros 60
0 millas 60
N
ESTADOS UNIDOS

ONTARIO

Esencial

1 Cataratas del Niágara
2 Ottawa
3 Algonquin Provincial Park

Lugares de interés

4 Thousand Islands
5 Prescott
6 Canal Rideau
7 Upper Canada Village
8 Kingston
9 Prince Edward County
10 Haliburton Highlands
11 Barry's Bay
12 Combermere
13 Lang Pioneer Village
14 Eganville
15 Lagos Kawartha
16 Hamilton
17 Windsor
18 North Bay
19 London
20 Niagara-on-the-Lake
21 Stratford
22 Brantford
23 St. Jacobs
24 Sainte-Marie entre los Hurones
25 Orillia
26 Temagami
27 Lago Erie
28 Sault Ste. Marie
29 Thunder Bay
30 Goderich
31 Muskoka
32 Bahía Nottawasaga
33 Sauble Beach
34 Lago Hurón
35 Isla Manitoulin
36 Lago Superior
37 Point Pelee National Park
38 Georgian Bay Islands National Park
39 Canal Welland
40 Killarney Provincial Park

1

CATARATAS DEL NIÁGARA

Desde Toronto Table Rock Welcome Centre, 6650 Niagara River Pkwy; www.niagarafallstourism.com

Aunque el majestuoso rugido de las cataratas puede oírse varios kilómetros antes de verlas, nada prepara para el espectáculo que ofrece este gigantesco arco de aguas desenfrenadas lanzándose por un inmenso risco entre las densas nubes provocadas en la caída.

Miles de visitantes acuden cada día a las cataratas, ansiosos por sentir en el rostro el frescor del agua pulverizada. Creadas por la última glaciación, hace unos 10.000 años, las cataratas del Niágara son en realidad tres, pues Goat Island, una diminuta porción de tierra, divide el veloz río en dos canales. A un lado quedan las potentes cataratas canadienses Horseshoe Falls, y al otro lado de la frontera, las más pequeñas American Falls, así como las comparativamente estrechas Bridal Veil Falls. Cuando se visitan las cataratas, hay que tomarse tiempo para parar en otros puntos de la región, como las reservas de fauna, los museos y la ciudad de Niagara Falls. También está cerca la localidad histórica de Niagara-on-the-Lake *(p. 227)*, rodeada de algunos viñedos y bodegas excelentes.

↑ Visitantes acercándose a las cataratas en el Hornblower Niagara Cruise

¿Lo sabías?

Annie Taylor, una maestra, fue la primera persona que sobrevivió al lanzarse en un barril por las Horseshoe Falls en 1901.

Cronología

8000 a. C.

▲ Los relieves que serán las cataratas del Niágara (y los Grandes Lagos) se forman durante la última glaciación.

1604

▼ El explorador francés Samuel de Champlain es el primero que escribe sobre las cataratas en sus diarios.

1804

▲ Jérôme Bonaparte, hermano de Napoleón, visita con su esposa las cataratas del Niágara en su luna de miel.

1829

▼ Sam Patch se convierte en el primer temerario que salta a las cataratas y sobrevive.

Amanecer en invierno sobre una gélida niebla en las potentes Horseshoe Falls

1846

▲ Comienza su andadura *Maid of the Mist*, un servicio de excursiones en barco *(p. 206)* por la base de las cataratas.

1918

▼ El *Niagara Scow*, una barcaza, encalla en las rocas, donde aún sigue.

1965

▲ Se inaugura la Skylon Tower, un observatorio a 160 m sobre las cataratas del Niágara.

2012

▼ Nik Wallenda es la primera persona que cruza las cataratas en 116 años sobre una cuerda floja.

①
Horseshoe Falls

Llamadas cataratas de la herradura por su forma, con sus 790 m de ancho y 57 m de alto son las más potentes del río Niágara. Las compañías hidroeléctricas han aprovechado su fuerza, con un efecto colateral positivo: reducir la erosión. Por la noche las cataratas se iluminan con mil colores y en verano también con fuegos artificiales. En invierno, cuando el gentío es menor, las formaciones de hielo en las cascadas son bastante espectaculares.

Las excursiones en barco (con Maid of the Mist o Hornblower Niagara Cruises) ofrecen unas imponentes vistas. Mejor aún es adentrarse en los túneles de roca que conducen detrás de las Horseshoe Falls, donde el ruido del agua al chocar es ensordecedor y la pared de agua es tan gruesa que tapa la luz del día. Este Journey Behind the Falls lo ofrecen en el Table Rock Welcome Centre, donde se puede disfrutar también de Niagara's Fury, una emocionante simulación en 4D de la creación de las cataratas.

②
American Falls

Estas cascadas pertenecen al estado de Nueva York, en el lado estadounidense de la frontera. Aunque son grandes, su saliente de 290 m recibe solo una fracción del volumen de agua que cae por las Horshoe Falls.

③
Rainbow Bridge

Desde la arcada del puente hay vistas panorámicas de las cascadas. El puente cruza la garganta que hay entre Canadá y Estados Unidos, y se paga una pequeña tasa peatonal para pasar por él (en metálico). En los días soleados, se forma un arcoíris a través del agua pulverizada y pueden salir unas fotos increíbles.

Visitantes acercándose a las Horseshoe Falls con el Journey Behind the Falls

En las Horseshoe Falls, el 90 % del agua del río Niágara se precipita rugiendo por un barranco semicircular que forma parte de la escarpadura del Niágara.

El Table Rock Welcome Centre ofrece todas las comodidades y acceso a una experiencia de inmersión 4D, Niagara's Fury.

Un ascensor detrás de las Horseshoe Falls conduce al Journey Behind de Falls.

Los barcos de Hornblower Niagara Cruises se acercan mucho al pie de las cataratas. A los pasajeros se les proporcionan impermeables.

La Skylon Tower permite contemplar las cataratas a vista de pájaro.

Mapa ilustrado de las cataratas del Niágara y Goat Island vistas desde arriba

¿Lo sabías?

Las Horseshoe Falls se han congelado por entero una sola vez (en 1848). Las American Falls, seis veces.

EXPLORA Ontario

4 Ciudad de Niagara Falls

Niagara Falls es una ciudad acogedora que se extiende unos 3 km a orillas del río Niágara. Destino popular para recién casados, tiene todo lo necesario para satisfacer a los 14 millones de personas que visitan las cataratas cada año. Se divide en tres zonas principales: al sur están las cataratas, flanqueadas por una franja de parque que recorre la orilla del río hasta llegar a Clifton Hill –la calle más pomposa de todo Ontario–, con sus atracciones chillonas; al oeste se extiende Lundy's Lane, donde están la mayoría de alojamientos; y al norte, en Bridge Street se concentra el barrio financiero y las estaciones de tren y de autobús.

5 Bird Kingdom

Aquí se pueden explorar varios pisos de bosque llenos de animales exóticos y aves tropicales que vuelan libres: es el aviario interior más grande del mundo. Incluso se puede sostener y alimentar a algunos amigos de plumas. Y quienes no teman a la oscuridad, pueden acudir a la Night Jungle, hogar de búhos, murciélagos y otros bichos nocturnos que aguardan a ser descubiertos.

6 White Water Walk

Una gran forma de admirar la fuerza del torrente del Niágara es desde el fondo del cañón. El White Water Walk proporciona esta posibilidad mediante un ascensor y un túnel que conducen desde lo alto de la garganta a una pasarela junto al río. Estos remolinos y rápidos se cuentan entre los más peligrosos del mundo.

MEJORES VISTAS
Skylon Tower

Esta enorme torre tiene en lo alto un mirador y un restaurante giratorio, que permiten contemplar las cataratas a vista de pájaro. Por la noche se pueden ver las cascadas iluminadas con luces multicolores.

7 Whirlpool Aero Car

El río Niágara efectúa un giro muy pronunciado unos 4,5 km río abajo desde las cataratas, generando un brutal remolino que constituye uno de los tramos fluviales más letales

El río Niágara efectúa un giro muy pronunciado unos 4,5 km río abajo desde las cataratas, generando un brutal remolino.

Paseo en barco por la base de las American Falls con el cielo oscuro y tormentoso ↑

↑ El Whirlpool Aero Car, diseñado en 1916, sobre el río Niágara

de toda Norteamérica. El efecto es creado por las aguas al presionar contra la vertiente noroeste del cañón y rebotar con fuerza en dirección opuesta. La vista más espectacular de los rápidos del remolino la proporciona el Aero Car, un funicular diseñado por el célebre ingeniero español Leonardo Torres Quevedo, que cruza la garganta, muy por encima del río.

⑧

Niagara Glen Nature Reserve

Esta pequeña reserva natural está a 7 km río abajo desde las cataratas. Esta sección de la garganta se ha conservado en excelentes condiciones, con arbustos y árboles pequeños asomados a los acantilados rocosos (así es como pudo haber sido su aspecto antes de la llegada de los europeos). Hay siete senderos diferentes que avanzan entre rocas, cuevas y flores silvestres; son fáciles de bajar, pero la subida es muy pronunciada.

⑨

Botanical Gardens y Butterfly Conservatory

Los Niagara Parks Botanical Gardens están 9 km río abajo desde las cataratas. Se trata de 40 ha de cuidados jardines divididos en varias zonas. Una de las más agradables en verano es el jardín de rosas, que cuenta con más de 2.400 variedades. El Butterfly Conservatory, instalado dentro del jardín botánico, es aún más popular. Las mariposas ocupan una enorme cúpula climatizada que da cobijo a más de 2.000 ejemplares. Allí revolotean libremente, posándose a veces sobre los encantados visitantes. Es una de las colecciones más grandes del mundo. Una serie de caminos atraviesan la cúpula, internándose en la frondosa flora tropical que sirve de hogar a las mariposas.

AG

Este restaurante, que respeta el principio del campo a la mesa, es una bienvenida tregua después de los cegadores neones de la ciudad. El lomo de venado al enebro es delicioso, y de postre, el helado italiano hecho a mano Andrews.

5195 Magdalen St, Niagara Falls
Solo cenas lu
agcuisine.com

$$$

Flour Mill Scratch Kitchen Restaurant

Un restaurante elegante, acogedor, con decoración antigua, dentro del Old Stone Inn (que data de 1904). Lo mejor es la carta del *brunch* de inspiración local, con deliciosos huevos benedict, *steak and eggs*, y otros clásicos.

6080 Fallsview Blvd, Niagara Falls
oldstoneinnhotel.com

$$$

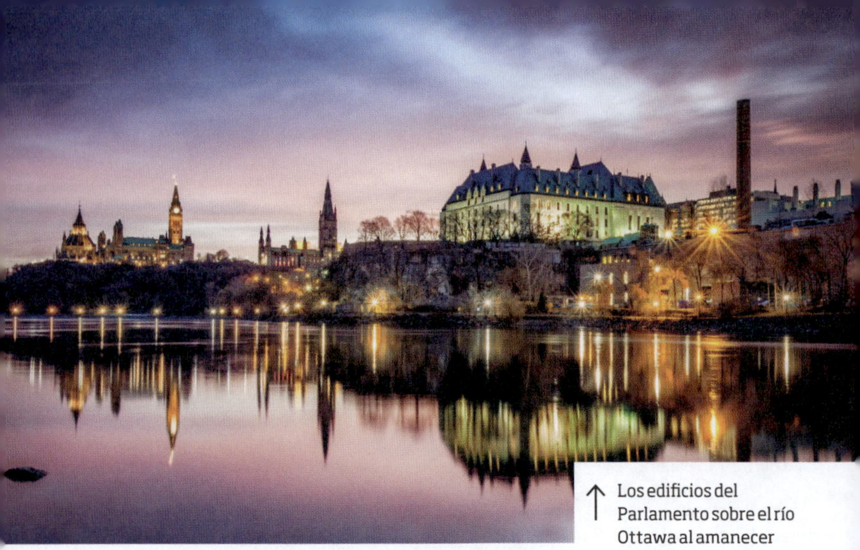

↑ Los edificios del Parlamento sobre el río Ottawa al amanecer

2

OTTAWA

✈ 18 km al sur de la ciudad 🚆 200 Tremblay Rd, 3347 Fallowfield Rd 🚌 265 Catherine St, 200 Tremblay Rd ℹ Capital Information Centre, 90 Wellington St; www.ottawatourism.ca

Ottawa fue elegida capital de Canadá como solución de compromiso, dada la rivalidad entre ingleses y franceses, y entre las ciudades que hoy son las actuales Toronto y Montreal. Capital del Dominio de Canadá desde 1857, la ciudad, con una posición privilegiada entre los ríos Ottawa y Rideau, tiene una identidad propia.

① Edificios del Parlamento

Parliament Hill, 111 Wellington St May-jun: 9.00-19.30 diario; jul-abr: 9.00-16.30 diario 1 ene, 1 jul, 25 dic parl.ca

Los edificios del Parlamento nacional, que dominan el paisaje urbano, contemplan el centro de Ottawa majestuosamente. Ajenos a los rascacielos que han ido creciendo a su alrededor desde que hace 150 años los edificios Este y Oeste relucen verdes sobre la ciudad debido a sus tejados de cobre. Los dos edificios neogóticos de arenisca se terminaron en 1860.

Situado en un promontorio de 50 m, el Parlamento ofrece una vista panorámica sobre el río Ottawa. Los edificios recuerdan claramente al Westminster londinense tanto por su estilo neogótico como por su ordenamiento. Muy dañados por un incendio en 1916, han sido restaurados, se les ha devuelto su antiguo esplendor y pueden visitarse todo el año. Desde lo alto de la Peace Tower hay unas vistas excelentes de la ciudad, y también es posible asistir a los plenos del Parlamento y el Senado. El interior de las cámaras de Gobierno se caracterizan por las tallas en arenisca y caliza. En verano, la Policía Montada patrulla los cuidados jardines del Parlamento. El 1 de julio, Día de Canadá, Parliament Hill acoge un gran concierto al aire libre y actos de celebración.

② Cathédrale Notre-Dame

385 Sussex Dr (613) 241 7496 9.00-20.00 mi-do (lu y ma: hasta 17.00)

Construida entre 1841 y 1865, la catedral de Notre-Dame, con sus dos agujas, es la iglesia católica más conocida de Ottawa. Situada en la zona del ByWard Market, luce un

↑ El deslumbrante techo abovedado de la Cathédrale Notre-Dame

espectacular techo de estilo gótico. Philippe Parizeau (1852-1938) fue el responsable de las tallas en caoba. En nichos repartidos por el santuario se pueden ver relieves en madera de profetas y apóstoles, obra de Louis-Philippe Hébert (1850-1917), hoy pintados para que parezcan de piedra. En el exterior hay una estatua de Joseph-Eugène Guigues, el primer obispo de Ottawa, que supervisó el final de las obras.

---

③

Bytown Museum

1 Canal Lane Med may-med oct: 10.00-16.00 mi-do; med oct-med dic y feb-med may: 11.00-16.00 ju-lu bytownmuseum.com

Este museo, que ocupa el edificio de piedra más antiguo de Ottawa (1827), recorre la historia de los primeros años de la ciudad, desde la construcción del canal Rideau, los violentos días de Bytown hasta la elección como capital de Canadá y más allá. El ingeniero real británico a cargo de la construcción del canal Rideau, el teniente coronel John By, estableció aquí su cuartel general en 1826. Durante las obras, el edificio se utilizó como almacén de suministros militares y monedas de plata. El museo organiza muestras, visitas guiadas y eventos para familias.

---

④

Canadian War Museum

1 Vimy Pl Los horarios varían, consultar página web warmuseum.ca

Canadá ha visto lo suyo en los campos de batalla mundiales. Este museo, ubicado en un imponente edificio moderno cerca de Parliament Hill, muestra la historia militar del país y cómo este pasado ha marcado a la nación y sus gentes. La exposición recoge desde las primeras guerras habidas en suelo canadiense entre franceses y británicos hasta el presente. LeBreton Gallery acoge una gran muestra de tecnología militar, incluidos vehículos, artillería y otros objetos. La Beaverbrook Collection of War Art contiene 13.000 obras y es una de las mayores colecciones de arte militar del mundo. El Memorial Hall ofrece un espacio para la reflexión. Sus muros de hormigón evocan las filas de lápidas de los cementerios de guerra de los Aliados. Lo único que hay en la sala es la lápida de la tumba del soldado desconocido de Canadá. El Regeneration Hall, que ofrece una vista de la Peace Tower (torre de la Paz) de Parliament Hill, simboliza la esperanza de un futuro mejor. El Día de Canadá (1 jul), el Día Nacional de la Verdad y la Reconciliación (30 sep) y el Día del Recuerdo (11 nov) la entrada es gratuita, también los jueves de 17.00 a 19.00.

¿Lo sabías?

Ottawa es la séptima capital más fría del mundo, por debajo de ciudades como Moscú y Tallin.

5

Canada Aviation and Space Museum

11 Aviation Parkway
9.00-17.00 ju-lu
ingenium canada.org/aviation

Este enorme edificio cerca de Rocklife Airport alberga más de 130 aeronaves. Tiene una réplica del *Silver Dart* (1909) –el primer avión que voló en Canadá–, y también el morro del *Avro Arrow*, el avión de combate supersónico que causó una crisis política cuando el Gobierno paralizó su desarrollo en la década de 1950. El Spitfire, valeroso compañero de los aliados en la Segunda Guerra Mundial, se expone entre otros aviones históricos, como el Beaver y los primeros aviones de pasajeros. Hay espacio también para las hazañas de los héroes de guerra canadienses y para la historia de la aviación en el interactivo Walkway of Time. Y además, un simulador de vuelo *full motion* que permite a los visitantes tomar el mando.

6

Canal Rideau

Construido a mediados del siglo XIX, este canal Patrimonio de la Humanidad, va desde Ottawa hasta la localidad de Kingston *(p. 221)*. Fluye a través de la ciudad y es un lugar agradable, con sus paseos y carriles para bicicletas junto al agua. El canal, antes navegable, es hoy una zona de ocio. En verano se pasea por las orillas, pero el frío invierno de Ottawa convierte una franja de 8 km en la pista de patinaje más grande del mundo. Es muy popular durante el festival de invierno y como forma de desplazarse al trabajo.

7

ByWard Market

Entre las calles Cumberland, Sussex, George y St. Patrick
byward-market.com

Este barrio está animado todo el año. La zona se halla al este de Parliament Hill, al otro lado del canal Rideau, y ofrece una colorida serie de tiendas de artesanía, restaurantes y discotecas. Lo más destacado son los puestos de alimentación del ByWard Market Square y los Sussex Courtyards, una serie de plazoletas adoquinadas.

8

National Arts Centre

1 Elgin St Diario
nac-cna.ca

Terminado en 1969, el NAC cuenta con cuatro escenarios, un elegante restaurante junto al canal y una terraza de verano. El edificio original, diseñado por el conocido arquitecto canadiense Fred Lebensold, se amplió en 2017 para añadir un espectacular acceso nuevo desde Elgin Street con impresionantes vistas de la capital. La orquesta del NAC y muchos artistas canadienses e internacionales actúan aquí con regularidad. Conviene reservar las entradas con mucha antelación.

9

Royal Canadian Mint

320 Sussex Dr 10.00-17.00 diario mint.ca

Fundada en 1908 como sucursal de la Real Casa de la Moneda británica, ya no emite

↑ Escultura de bronce que recibe a los visitantes de la Royal Canadian Mint

moneda oficial. En su lugar, acuña ediciones especiales y monedas de oro para inversores: procesa cerca del 70 % del oro del país en su refinería, una de las más grandes de Norteamérica.

Hay visitas guiadas a lo largo del día, pero conviene reservar antes para asegurarse de ver el proceso por el que las planchas de oro se convierten en bolsas de brillantes monedas. Las visitas del fin de semana son menos interesante, al estar paradas las líneas de producción.

(10)

Laurier House

335 Laurier Ave E
(613) 992 8142 Med may-jun y sep-med oct: 10.00-17.00 ju-lu; jul-ago: 10.00-17.00 diario

Esta casa victoriana de 1878 está declarada Monumento Histórico. Fue residencia de dos notables primeros ministros canadienses, *sir* Wilfrid Laurier y William Lyon Mackenzie King. Está bellamente amueblada y alberga recuerdos, documentos y objetos personales de ambos líderes.

← Aeronaves expuestas en el Canada Aviation and Space Museum

(11)

Canada Agriculture and Food Museum

901 Prince of Wales Dr
9.00-17.00 diario
ingeniumcanada.org/agriculture

Se encuentra en la Central Experimental Farm, un centro de investigación agrícola y con valor histórico nacional. El museo muestra a los visitantes los entresijos de la vida agrícola a través de animales, exposiciones, demostraciones prácticas y deliciosas comidas. Los establos de animales y los rebaños de ganado son muy populares entre los niños. La demo kitchen tiene también mucho éxito. La entrada es gratuita desde las 15.30.

(12)

Canadian Museum of Nature

240 McLeod St Los horarios varían, consultar página web nature.ca

El Museo de Historia Natural de Canadá entretiene con sus secciones dedicadas a aves, mamíferos, animales acuáticos, fósiles y dinosaurios. La Vale Earth Gallery posee muestras geológicas, mientras que la exposición marina del Ártico tiene un buque de investigación que los niños pueden capitanear, el cual es todo un éxito. El Animalium permite ver de cerca caracoles gigantes, tarántulas y escorpiones.

(13)

Canada Science and Technology Museum

1867 St. Laurent Blvd
9.00-17.00 diario
ingeniumcanada.org/scitech

Después de una remodelación multimillonaria, el museo reabrió sus puertas en 2017. Se hace mucho énfasis en la presentación digital para permitir, a través de diversas muestras fascinantes, explorar temas como la historia espacial de Canadá, el transporte a través de los siglos y la tecnología industrial. Hay además una atractiva Children's Gallery.

Andaz Ottawa ByWard Market
Este hotel está decorado con arte canadiense y tiene un bar acristalado con vistas a los edificios del Parlamento.
325 Dalhousie St
hyatt.com
$$$

Fairmont Château Laurier
Un hotel de referencia con vistas al Parlamento y al canal Rideau.
1 Rideau St
fairmont.com/laurier-ottawa
$$$

Saintlo Ottawa Jail
Si se busca algo diferente, este singular hotel ofrece habitaciones privadas en las celdas de una antigua cárcel.
75 Nicholas St
613 235 2595
$$$

⑭

NATIONAL GALLERY OF CANADA

380 Sussex Dr 1, 3, 9 10.00-17.00 diario gallery.ca

En el interior de una estructura futurista de granito rosa y cristal, la National Gallery of Canada es el museo de bellas artes más importante del país. Se pueden admirar espléndidas obras nacionales e internacionales, desde antiguo arte indígena hasta vanguardistas instalaciones de artistas contemporáneos.

Una colosal araña negra, escultura de la artista francoestadounidense Louise Bourgeois, custodia la entrada principal al museo. Dentro, una luminosa columnata conduce al visitante al Great Hall, por cuyos enormes ventanales puede verse Parliament Hill y el río Ottawa.

Arte contemporáneo

La colección contemporánea, correspondiente a las tres últimas décadas, está en las plantas 1 y 2. Están presentes artistas como Chris Ofili, Ai Wei Wei, Mona Hatoum o Bharti Kher.

Arte canadiense e indígena

La primera planta del museo alberga la mayor colección del mundo de arte canadiense e indígena, con obras desde principios del siglo XVIII hasta los tiempos modernos. Las fabulosas esculturas blancas de Brian Jungen *Shapeshifter* (2000) y *Vienna* (2003), que parecen esqueletos de ballena de tamaño real, están hechas con sillas de plástico de terraza.

Arte europeo, americano y asiático

En la segunda planta se encuentran las galerías dedicadas a Europa, América y Asia, con cuadros, esculturas y artes decorativas del siglo XIV en adelante. En esta sección hay cuadros de artistas famosos como Rembrandt, Goya, Van Gogh y Matisse. El expresionismo abstracto y el minimalismo americanos también están bien representados, con obras de Andy Warhol, por ejemplo. La colección asiática incluye arte antiguo de la India, del siglo II.

La famosa escultura de Louise Bourgeois, *Maman*, en la entrada del museo ↑

1

2

3

[1] Este abrigo ceremonial es obra de un artista naskapi desconocido (*c.* 1840).

[2] En las salas consagradas a Europa y América se exponen unas 2.000 obras.

[3] Henry Moore talló esta escultura, *Reclining Woman*, en piedra de Hornton verde en 1930.

UN PASEO OTTAWA

Distancia 1,5 km (1 milla) **Tiempo** 25 minutos
Parada de autobús Wellington O'Connor

Ottawa es mucho más que la capital política de Canadá. Posee una dinámica mezcla de residentes anglófonos y francófonos y una combinación llamativa de edificios históricos y modernos que ofrecen muchos atractivos para los visitantes. El núcleo de la capital está relativamente concentrado y a muchos de los lugares de interés en torno al Parlamento se puede llegar a pie. El canal Rideau, que fluye hacia el sur por la ciudad, es una zona de ocio durante todo el año, que permite desde bañarse y pasear en verano hasta patinar por su superficie helada en el gélido invierno canadiense.

↑ La sede del Parlamento en un día de invierno luminoso y helador

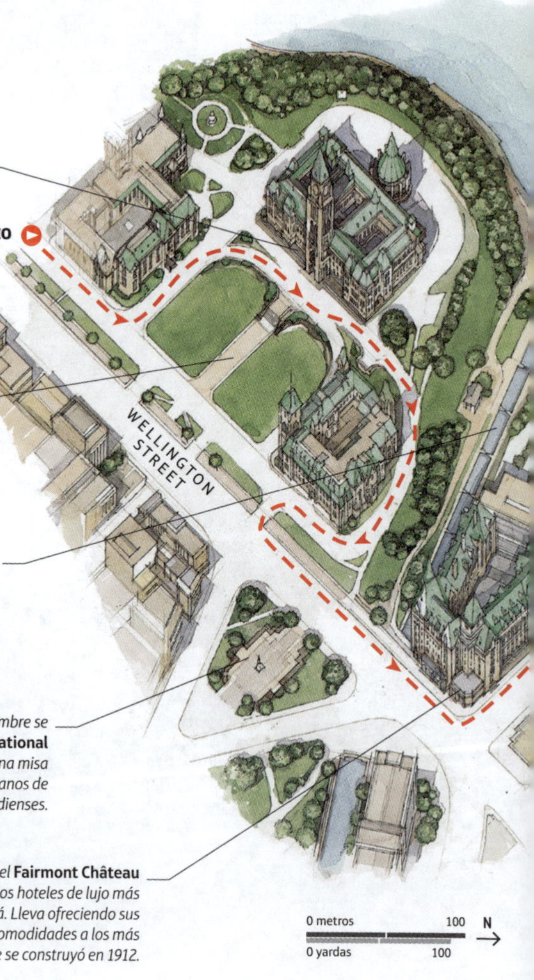

Los ***edificios del Parlamento*** *(**p. 210**) son la sede del Gobierno. La ceremonia del cambio de guardia tiene lugar en el exterior todos los días a las 10.00 desde finales de junio hasta finales de agosto.*

La ***Centennial Flame*** *nunca se apaga. Se encendió para celebrar en 1967 el centenario de la Confederación.*

Construido a mediados del siglo XIX, el ***canal Rideau*** *(**p. 212**) es hoy una zona recreativa, cuyas orillas están surcadas por verdes caminos para bicicletas y peatones.*

Cada 11 de noviembre se celebra en el ***National War Memorial*** *una misa en honor a los veteranos de guerra canadienses.*

Se puede decir que el ***Fairmont Château Laurier*** *es uno de los hoteles de lujo más famosos de Canadá. Lleva ofreciendo sus suntuosas comodidades a los más pudientes desde que se construyó en 1912.*

¿Lo sabías?

Ottawa es una de las ciudades más jóvenes de Canadá: casi la mitad de su población es menor de 35 años.

Major's Hill Park, *un espacio de calma y verdor en el corazón de la ajetreada capital, está presidido por la estatua de un explorador anishinabe, que rinde homenaje al papel de las Naciones Originarias en el desarrollo de Canadá.*

Nepean Point *es un lugar desde donde se puede ver todo el centro de Ottawa.*

La **Royal Canadian Mint** (p. 212) *hoy solo produce ediciones especiales y monedas para invertir; las monedas en circulación se acuñan en las nuevas instalaciones de Winnipeg.*

Con sus más de 25.000 obras de arte, la **National Gallery of Canada** (p. 214) *es la colección de bellas artes más importante del país. Su sede es un espectacular edificio de granito y cristal.*

→ Escultura de soldados canadienses en el National War Memorial

¿Lo sabías?

El personal del parque organiza llamadas a los lobos: imitan sus aullidos esperando oír una respuesta.

3

ALGONQUIN PROVINCIAL PARK

Hwy 60 Todo el año, pero servicios limitados nov-mar
algonquinpark.on.ca

Con sus espesos bosques de arces y pinos, crestas rocosas y miles de lagos y ríos relucientes, Algonquin es un tesoro nacional. La fauna es abundante: es habitual ver castores, alces y osos en sus hábitats naturales. Resuena además la conmovedoramente bella llamada del colimbo, un ave acuática que abunda en el parque.

The Parkway Corridor

La Hwy 60, la única carretera de Algonquin, cruza una pequeña porción del parque cerca del límite meridional. Si solo se tiene un día para visitar el parque, recorriendo sus 35 km se puede ver lo esencial. Por el camino están el Visitor Centre, el Art Centre y el Logging Museum, y algunos negocios de alquiler.

Algonquin Logging Museum

Este museo cuenta la historia de la explotación forestal en Algonquin. En una ruta de 1,5 km se

→ Una canoa surcando las tranquilas aguas del lago Herb

Esencial ☆

↑ El sol asciende sobre la niebla matinal en el lago Two Rivers y un alce avanza por las aguas lacustres en el Algonquin Provincial Park *(derecha)*

recrea un campamento de leñadores, hay un remolcador anfibio a vapor llamado *caimán*, equipo para la tala y paneles informativos.

Montar en canoa en el parque

Más de 1.930 km de rutas para recorrer remando atraviesan el parque. Hay de todos los niveles: para principiantes y familias con niños, algunas de tan solo 6 km, y rutas de 70 km para los más duchos. Canoe Lake es uno de los lugares más populares para remar, y en el Visitor Centre tienen mapas con las rutas.

Lago Opeongo

Este es el lago más grande del parque y es famoso por ofrecer increíbles oportunidades para la pesca. Aunque está muy concurrido, hay muchas caletas solitarias e islotes para descubrir, lo cual lo convierte en un lugar perfecto para hacer un pícnic tranquilo.

PESCA

El Algonquin Provincial Park tiene fama por ser excelente para la pesca, sobre todo de la trucha. Las nativas trucha de arroyo y la lacustre viven en cientos de lagos del parque. La mejor temporada para la trucha es la primavera, en especial el mes de mayo. También se encuentran en los lagos percas americanas y lucios. Es imprescindible tener una licencia de pesca para lanzar la caña; puede comprarse en el parque.

LUGARES DE INTERÉS

4

Thousand Islands

10 King St E, Gananoque; www.1000islands tourism.com

El río San Lorenzo, una de las mayores vías fluviales del mundo, es la salida al mar para los buques que navegan por los Grandes Lagos. Pocos tramos del trayecto tienen el encanto o la belleza de Thousand Islands, una zona con más de mil diminutos islotes desperdigados que se extiende desde Kingston, río abajo, hasta las poblaciones ribereñas de Gananoque, Brockville y Rockport. Desde estas localidades salen cruceros de diversa duración, incluidos algunos de un día completo para visitar el curioso Boldt's Castle. Este castillo, en la isla Heart, que pertenece ya al estado de Nueva York, fue un capricho construido por el hotelero millonario George Boldt, quien lo abandonó en 1904. Oscar, jefe de cocina de Boldt en el Waldorf Astoria Nueva York, inventó aquí el famoso aliño Thousand Island.

¿Lo sabías?

Para contar como una de las Thousand Islands, el islote debe tener al menos dos árboles vivos.

5

Prescott

360 Dibble St W; www.prescott.ca

Los atractivos principales de este pueblo son su arquitectura y su acceso al río San Lorenzo. Algunos visitantes acuden para hacer submarinismo: hay 22 pecios de barcos hundidos en los siglos XIX y XX a menos de una hora en coche.

Fort Wellington National Historic Site, en el este, atrae también a muchos visitantes. Levantado en la guerra de 1812 y reconstruido en 1838, conserva cuatro murallas y algunos edificios, uno de los cuales alberga un museo.

Fort Wellington National Historic Site

370 Vankoughnet St, Prescott (613) 925 2896 Med may-jun y sep-med oct: 10.00-17.00 ju-lu; jul-ago: 10.00-17.00 diario

6

Canal Rideau

El canal Rideau, en su origen una barrera defensiva que protegía a Canadá de los estadounidenses, recorre 202 km desde Ottawa al lago Ontario. La mejor forma de disfrutar de esta panorámica vía fluvial es en barco. Este gran logro de la ingeniería del siglo XIX, que es Patrimonio de la Humanidad, permite navegar entre tranquilas tierras de cultivo y lagos preciosos, así como detenerse en el Rideau Canal Visitor Centre. Al norte de Kingston, el canal cuenta con varios parques provinciales donde es posible realizar rutas en canoa. También es popular el Rideau Trail, una red de senderos que permiten ir caminando desde Kingston a la capital, Ottawa.

7

Upper Canada Village

13740 County Rd 2
Variable, consultar la web
uppercanadavillage.com

Esta recreación de un pueblo del siglo XIX la componen 40 edificios anteriores a la Confederación (1867) que se trasladaron aquí para preservarlos de la inundación mientras se construía el canal de San Lorenzo, en la década

←

Un crucero navegando por el río San Lorenzo a la altura de Thousand Islands

↑ Patinadores deslizándose por el canal Rideau, que se congela en los meses de invierno

de 1950. Hoy es un vívido recuerdo de la historia social de la provincia. Sus habitantes vestidos de época trabajan en la forja y la serrería, y están abiertas las panadería, la quesería y un colmado. Se organizan eventos especiales como recreación de batallas y fines de semana temáticos.

8

Kingston

209 Ontario St; www.visitkingston.ca

Antiguo astillero y centro de comercio de pieles, Kingston fue durante un breve periodo (1841-1844) la capital de la Provincia Unida de Canadá. Sigue siendo una de las capitales de la navegación en agua dulce de Norteamérica y el punto de embarque para muchos cruceros. Es también la ciudad de Ontario con más museos. El Fort Henry National Historic Site of Canada, un bastión británico restaurado, es un museo militar al que dan vida guardias con brillantes uniformes de época escarlata. El Royal Military College of Canada (RMCC), la exclusiva escuela militar del país, también tiene su sede en Kingston. Su museo repasa la historia de los cadetes actuales y sus predecesores (abre solo en verano). A un breve paseo del Visitor Information Centre y el City Hall, el **Marine Museum of the Great Lakes** ofrece una exposición sobre la historia de los Grandes Lagos y los barcos que los han surcado. Se exhibe el primer barco destinado a los lagos construido aquí en 1678, así como un rompehielos de 3.000 toneladas. La cercana esclusa de Kingston Mills es un gran lugar para ver barcos y hacer un pícnic.

Marine Museum of the Great Lakes

55 Yonge St 10.00-17.00 diario marmuseum.ca

9

Prince Edward County

231 Main St W, Picton; www.visitthecounty.com

Muy apreciado por los amantes de la cocina, el antes apacible Prince Edward County es hoy un floreciente destino turístico. Los viñedos se apelotonan en esta isla rodeada por el lago Ontario y la bahía de Quinte. También alberga dos playas en el Sandbanks Provincial Park; sus montañas de arena suave de hasta 25 m forman uno de los sistemas de dunas de agua dulce más importantes del mundo.

Los lealistas de Estados Unidos se instalaron en el condado tras la guerra de Independencia (1783), y fundaron bonitos pueblos y una sólida industria agrícola.

The Grange of Prince Edward

Se organizan catas en un granero enorme; en el recinto se puede disfrutar de un pícnic.

grangewinery.com

Hinterland Wine Company

Esta tranquila bodega es famosa por sus vinos espumosos.

hinterlandwine.com

Waupoos Estates Winery

Un local clásico con unos vinos de hielo soberbios.

waupooswinery.com

Islotes arbolados en las Thousand Islands

10

Haliburton Highlands

12340 Hwy 35, Minden; www.myhaliburton highlands.com

Las tierras altas de Haliburton reciben visitantes durante todo el año. Son famosas por sus bosques, lagos y paisajes espectaculares. En verano se puede disfrutar navegando, pescando y nadando. En otoño llegan autobuses llenos de turistas para disfrutar de los famosos colores de la estación; otros vienen a cazar ciervos. El invierno trae a los inmaculados bosques y parques provinciales a quienes aman la nieve.

El artístico pueblo de Haliburton concentra muchos visitantes. Subiendo por Skyline Park Road hay unas vistas estupendas. La carretera panorámica Hwy 35 serpentea hacia el norte entre paisajes excepcionales desde Minden hasta la encantadora Dorset.

MEJORES VISTAS
Dorset Lookout Tower

Hay que subir a la cima de esta torre a 60 km al noroeste de Haliburton para contemplar unas vistas de 360° totalmente increíbles -sobre todo en otoño- del Lake of Bays y la zona que lo rodea.

11

Barry's Bay

Ottawa Valley Tourist Association; www.ottawa valley.travel

Esta bonita y atractiva localidad tiene una considerable población polaca, al igual que la vecina Wilno, que es el primer asentamiento polaco de Canadá. En la zona hay muchos artesanos que venden sus productos en las aldeas. La ciudad también cuenta con la **Barry's Bay Railway Station,** de la década de 1890 y magníficamente restaurada, que hoy alberga una buena colección de recuerdos relacionados con el ferrocarril. Hace también las veces de centro de información y centro de arte de la localidad. Hay instalaciones deportivas cerca, en el lago Kamaniskeg y en Redcliffe Point, dos sitios populares para alquilar cabañas.

Barry's Bay Railway Station

19503 Opeongo Line (Hwy 60) 10.00-18.00 diario therailwaystation.ca

12

Combermere

Ottawa Valley Tourist Association; www.ottawa valley.travel

Mucha gente visita desde este pueblo los parques provinciales de Ontario oriental, como Algonquin *(p. 218)*, Carson Lake y Opeongo River. Es junto con Wilno y Barry's Bay uno de los tres municipios de Madawaska Valley, y es un buen centro turístico para aprovisionarse de gasolina y comida. Al sur de la ciudad está el **Madonna House Pioneer Museum**. Esta comunidad católica laica fundada por Catherine Doherty ha crecido hasta tener misiones por todo el mundo. Funciona gracias a voluntarios que viven en su cooperativa agrícola. Desde 1963 se lleva a cabo un programa de reciclaje que reúne dinero para los pobres.

Madonna House Pioneer Museum

2888 Dafoe Rd Med may-jul y sep-nov: 13.00-16.00 ju-sá (jul-sep: ma-sá) madonnahouse.org

←

Canoas amarradas en un muelle en Haliburton Highlands

14

Eganville

Ottawa Valley Tourist Association; www.ottawavalley.travel

En la Hwy 60, Eganville es una buena base para quienes visitan la región. Uno de los centros de interés son las **cuevas Bonnechere,** que se hallaban en el fondo de un mar tropical hace 500 millones de años. Con el paso de los milenios se fueron elevando y hoy se ven cubiertas de fósiles de formas de vida primitivas. Son de propiedad privada y ofrecen visitas guiadas en verano.

Cuevas Bonnechere
1247 Fourth Chute Rd
Med may-med oct: 10.00-16.00 diario bonnechere caves.com

↑ Una pasarela en las profundas cuevas Bonnechere, en Eganville

13

Lang Pioneer Village

104 Lang Rd, Keene
Los horarios varían, consultar página web
langpioneervillage.ca

En el diminuto río Indian, 4 km al norte de Keene, esta aldea representa cómo fue Canadá en el pasado, con 20 edificios decimonónicos restaurados y jardines antiguos. Hay un viejo molino de cereal restaurado en funcionamiento y personas vestidas de época desarrollan oficios antiguos, mientras cuentan cómo era la vida en aquellos tiempos. Los aldeanos también muestran los métodos tradicionales usados en los hogares. En verano, los visitantes pueden tomarse un té en el hotel Keene (no se incluye en la entrada). Los actos especiales a lo largo del año se centran en cómo los pioneros celebraban las cosechas y la Navidad.

15

Lagos Kawartha

1400 Crawford Dr, Peterborough; www.thekawarthas.ca

Los lagos Kawartha forman parte del canal Trent-Severn, que fluye desde el lago Ontario hasta la bahía Georgiana. Hoy esta zona ofrece muchas actividades acuáticas, como cruceros y pesca. En el centro de la región está Peterborough, que posee la mayor esclusa hidráulica del mundo. Al norte, en el Whetung Ojibwa Centre (Curve Lake Reserve) se puede ver arte aborigen.

El **Petroglyphs Provincial Park,** situado al norte de Peterborough, es conocido como las rocas didácticas, por los más de 900 relieves esculpidos por los indígenas en el mármol blanco del parque. Los líderes espirituales hicieron estos símbolos para registrar sus sueños y visiones. Hoy las piedras se hallan en un edificio de cristal que se construyó a su alrededor en 1984 para protegerlas de las heladas.

Petroglyphs Provincial Park
2249 Northey's Bay Rd, Woodview (705) 877 2552
Med may-med jun y sep-med oct: mi-do; med jun-ago: 10.00-17.00 diario

→

El molino histórico y el aliviadero en Lang Pioneer Village

16 Hamilton

28 James St N; www.tourismhamilton.com

Hamilton se encuentra en el extremo occidental del lago Ontario, a unos 70 km de Toronto. Se la conocía como la ciudad del acero, ya que de sus hornos salía cerca del 60 % de la producción nacional. Pero a pesar de su carácter industrial resulta agradable. Uno de sus mayores atractivos es el **Dundurn Castle,** una villa de estilo italiano de la década de 1830 cuyo interior atesora una bella colección de muebles de la época. Se construyó para los MacNab, una de las familias más influyentes de Ontario. Otro lugar interesante son los Royal Botanical Gardens, que en sus 1.093 ha al norte del puerto albergan bosques, marismas y pequeños lagos. Entre sus notables jardines destacan el bello Rose Garden y el aromático Lilac Arboretum. También en Hamilton se pueden ver en el Canadian Warplane Heritage Museum más de 40 aviones de distintas épocas.

Dundurn Castle
610 York Blvd
(905) 521 3168
12.00-16.00 ma-do

17 Windsor

333 Riverside Dr W, Suite 103; www.visitwindsoressex.com

Al igual que en la vecina Detroit, aquí cada día salen de las fábricas cientos de coches de marca estadounidense. Windsor tiene calles arboladas y un paseo junto al río, pero lo más famoso es su casino, que atrae a miles de visitantes. También resulta interesante la Art Gallery of Windsor, que ofrece excelentes exposiciones temporales.

La ciudad cuenta con muchos bares y cafés bastante animados. Los mejores son los que se hallan en las tres primeras manzanas de Ouellette, la calle principal. Durante la Prohibición, se pasaron de contrabando millones de botellas de alcohol desde Windsor a Estados Unidos a través del río Detroit.

Siguiendo el río 20 km hacia el sur se llega a Fort Malden, construido por los británicos en Amherstburg. Es poco lo que queda de él, pero hay unos barracones de 1819 bien restaurados y la vieja lavandería es un centro de interpretación, donde se explica el papel desempeñado por el fortín en la guerra de 1812, cuando los ingleses se aliaron con los shawnee para invadir Estados Unidos.

The Barracks Inn
Hotel *boutique* en un antiguo barracón.
425 Wilson St E, Ancaster, Hamilton
thebarracksinn.com
$$$

Sandman Hotel
Un hotel acogedor cercano a la Confederation Beach Park y a la orilla del mar.
560 Centennial Pkwy N, Hamilton
sandmanhotels.com/hamilton
$$

The Laundry Rooms
Una *boutique* de vivos colores ofrece alquileres de apartamentos para estancias cortas.
18 Augusta St, Hamilton
thelaundryrooms.ca
$$

¿Lo sabías?

La Duff Baby House, en Windsor, se construyó en 1792 y está considerada el edificio más antiguo de Ontario.

←
El jardín acuático y la casa del té de los Royal Botanical Gardens, en Hamilton

18

North Bay

1375 Seymour St; www.tourismnorthbay.com

North Bay, que se anuncia como la puerta al Norte Próximo, se halla en el extremo oriental del lago Nippissing, 339 km al norte de Toronto. Las residentes más famosas de la región son las quintillizas Dionne, nacidas en 1934.

El cercano lago Nippissing es famoso por la pesca y por su belleza natural. Hay cruceros que atraviesan el lago, siguiendo la antigua ruta de exploración francesa.

19

London

391 Wellington St; www.londontourism.ca

Está en una de las zonas más fértiles de Ontario y es la ciudad más importante de la zona. Aquí tiene su sede la University of Western Ontario, que cuenta con un moderno museo de arte y un campus con decenas de mansiones victorianas. Los edificios más bonitos del centro de la ciudad son las dos catedrales del siglo XIX: St. Paul, un edificio neogótico construido para los anglicanos en 1846, y la catedral basílica de St. Peter, católica, erigida en 1885.

El Museum of Ontario Archeology se dedica a los 1.100 años de historia de la región. En el Lawson Iroquoian Village han reconstruido un pueblo de hace 500 años.

20

Niagara-on-the-Lake

26 Queen St; www.niagaraonthelake.com

Esta pequeña ciudad con encanto, con elegantes casas de madera y calles arboladas, se sitúa donde el río Niágara desemboca en el lago Ontario. Con su nombre original, Newark, en 1792 fue la capital del Alto Canadá (como se conocía entonces a Ontario). Cuatro años después los británicos decidieron trasladar la capital más lejos de la frontera con Estados Unidos, y eligieron York (hoy Toronto). Un acierto, porque los vecinos cruzaron el río Niágara y destruyeron Newark en la guerra de 1812. Después de la guerra, los británicos volvieron para reconstruir sus hogares; esa ciudad georgiana ha perdurado hasta hoy.

CURIOSIDADES
Wortley Village
En este encantador barrio de London se encuentran las mejores tiendas independientes, cafés con encanto y una vida nocturna animada.

Lo más interesante es el **Fort George National Historic Site,** una empalizada británica de la década de 1790 que se restauró al suroeste de la ciudad. Hay 10 réplicas de edificios y los guías con antiguos uniformes británicos describen cómo era la vida en el fuerte en el siglo XIX.

Niagara-on-the-Lake es famoso también por sus excelentes bodegas, que producen algunos de los *icewine* (vinos de postre hechos con uvas congeladas en la vid) mejores de Canadá.

Fort George National Historic Site
51 Queen's Parade, Niagara-on-the-Lake
(905) 468 6614 Abr-med may: 10.00-17.00 sá y do; med may-med sep: 10.00-17.00 diario; med sep y oct: 12.00-16.00 mi-do

Fachada de la catedral basílica de Saint Peter, en London ↓

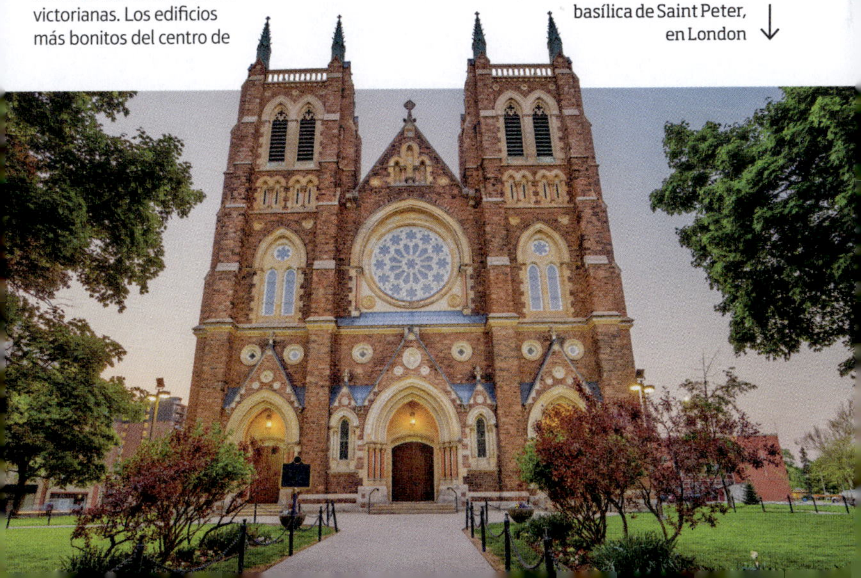

21 Stratford

47 Downie St; www.visitstratford.ca

En 1830, el posadero William Sargint abrió la Shakespeare Inn junto a uno de los muchos caminos agrícolas que por entonces cruzaban el sur de Ontario. Los granjeros que se instalaron en los alrededores bautizaron al río local Avon, y Stratford a la población que creció allí, en honor al lugar de nacimiento del dramaturgo.

En 1952, el periodista local Tom Patterson (1920-2005) organizó un festival dedicado a Shakespeare. Aunque la primera edición se celebró en una humilde tienda, el festival, que hoy se extiende desde mayo hasta principios de noviembre, se ha convertido en uno de los principales eventos de la temporada teatral en Canadá. Se siguen representando obras sobre todo de Shakespeare, pero también de otros autores, incluidas piezas modernas.

Stratford es una bonita ciudad con muchos parques. Está enfocada a los visitantes, ofrece innumerables alojamientos y hay varios restaurantes de calidad. La oficina de turismo organiza paseos culturales que pasan por los numerosos edificios históricos de la ciudad. Destaca por su arquitectura el ayuntamiento victoriano. Hay también muchas galerías de arte, tiendas de artesanía y otros comercios.

22 Brantford

399 Wayne Gretzky Parkway; www.discoverbrantford.ca

Esta modesta ciudad manufacturera debe su nombre a Joseph Brant (1742-1807), líder de la confederación de comunidades de las Seis Naciones. Este jefe iroqués se asentó aquí en 1784, y pronto decidió que los intereses de su pueblo coincidían con los de los británicos: los suyos lucharon junto a los Casacas Rojas en la guerra de Independencia de Estados Unidos (1775-1783). Por desgracia, escogió el bando perdedor, y tras la guerra se vio obligado a emigrar al norte de Canadá, donde los británicos cedieron a los pueblos de las Naciones Originarias un trozo de tierra en Brantford. Los iroqueses aún viven en la zona y en verano celebran el Grand River *pow wow*, con danzas y artesanía tradicionales.

Brantford es célebre también por su relación con la telefonía. En 1876, Alexander Graham Bell (1847-1922), que había emigrado de Gran Bretaña a Ontario en 1870, realizó desde aquí la primera llamada telefónica de larga distancia a la vecina aldea de Paris. La casa de Bell, a las afueras de Brantford, es hoy el **Bell Homestead National Historic Site.** Consta de dos edificios: la casa de Bell, que conserva muchos muebles originales de la familia, y la primera centralita telefónica de Canadá, que se trasladó aquí desde el centro de Brantford en 1969.

CURIOSIDADES
Mohawk Chapel

Esta capilla de Brantford construida en 1785 es la primera iglesia protestante del Alto Canadá y la más antigua de las que quedan en Ontario. Gestionada por las Seis Naciones, está abierta a visitas de público.

Bell Homestead National Historic Site
94 Tutela Heights Rd 9.00-16.00 ma-sá 24 dic-1 ene brantford.ca/en/things-to-do/bell-homestead.aspx

23 St. Jacobs

1406 King St N; www.stjacobsvillage.com

En la calle principal de este encantador pueblo las tiendas de artesanía venden colchas, escobas, productos horneados y muebles. Muchos de los productos los hacen miembros de la

→ El imponente monumento a Alexander Graham Bell en Brantford

comunidad menonita, que tienen granjas en la zona. Se puede visitar el Mennonite Story Interpretive Centre para conocer cómo viven los menonitas y los amish. A solo 3 km, al norte de Waterloo, está el St. Jacobs Farmers Market, alojado en dos enormes edificios. En muchos puestos venden salchichas con chucrut, lo cual recuerda la tradición alemana de la zona.

↑ Edificios rústicos en Sainte-Marie entre los Hurones; interior de una cocina *(derecha)*

24

Sainte-Marie entre los Hurones

16164, Hwy 12 E, Midland May-oct: 10.00-17.00 diario hhp.on.ca

Sainte-Marie entre los Hurones es uno de los lugares más cautivadores de Ontario. A 5 km al este del pueblo de Midland, se trata de la reconstrucción del asentamiento que unos curas jesuitas fundaron aquí en 1639 entre el pueblo de los hurones. La aldea está dividida en dos secciones, una para los europeos (con su capilla y sus talleres) y otra para los hurones, con un par de casas comunales cubiertas de corteza de árbol. El límite entre ambas lo marca la pequeña iglesia de Saint Joseph, un sencillo edificio de madera (cuyo interior se ha recreado con esmero) donde los jesuitas intentaban convertir a los hurones. Aquí se examina en detalle la compleja relación entre ambas culturas.

¿Lo sabías?

En el puerto de Orillia celebran una fiesta de Navidad en junio, con un bufé de pavo.

25

Orillia

50 Andrew St S; www.orillia.ca

En esta agradable ciudad vivió el novelista y humorista Stephen Leacock (1869-1944). En su popular libro de relatos *Un verano en Mariposa* se reía de las vanidades de la vida del Ontario provinciano. Su antigua casa junto al lago alberga hoy el **Stephen Leacock Museum,** que conserva muebles originales y detalles de la vida del autor.

Orillia se extiende junto a una estrecha franja de agua que une el lago Couchiching con el lago Simcoe, y es un buen punto de partida para navegar por ambos lagos. El Centennial Park posee un puerto deportivo y un paseo de madera que llega hasta la playa de Couchiching.

Stephen Leacock Museum
50 Museum Dr, Old Brewery Bay (705) 329 1908 10.00-16.00 diario

↑ Las orillas rocosas y arboladas del pintoresco lago Temagami

26 Temagami

Chamber of Commerce, Lakeshore Rd; www.temagami.ca

Este diminuto pueblo y sus salvajes alrededores han atraído desde hace mucho a comerciantes de pieles y tramperos, pintores y escritores. La población descansa a orillas del peculiar lago Temagami, que presenta largos fiordos y bahías, además de 1.400 islas, todo atravesado por rutas panorámicas para recorrer en canoa, a pie y en bicicleta. En verano proliferan las casas flotantes entre quienes quieren maximizar sus aventuras lacustres. Hay empresas de alquiler que las ofrecen grandes y pequeñas.

Más remoto aún resulta el Lady Evelyn Smoothwater Wilderness Park, al oeste. Aunque solo es accesible en canoa o en hidroavión desde Temagami, ofrece algunos de los paisajes más increíbles de Ontario. Mucho más fácil es acceder al mirador de la torre de vigilancia de incendios de Temagami (30 m), que regala una vista panorámica de los pinares de alrededor y del precioso Finlayson Provincial Park, popular para hacer pícnics y para acampar; ambos están a las afueras de Temagami.

27 Lago Erie

660 Garrison Rd, Fort Erie; www.forterie.ca

Este lago debe su nombre a las Naciones Originarias que vivían en sus orillas, los eries, que tenían fama de buenos pescadores. Con unos 400 km de largo y una media de 60 m de ancho, es el menos profundo de los Grandes Lagos y separa Canadá de Estados Unidos. La ondulada orilla norte, una de las zonas más tranquilas de Ontario, está jalonada por apacibles localidades rurales y pequeños puertos. Desde la orilla canadiense penetran en el lago tres penínsulas, una de las cuales conforma el Point Pelee National Park *(p. 234)*, que alberga un bosque virgen y a miles de aves migratorias en primavera y verano.

A unos 30 km al sur de las cataratas del Niágara se halla la pequeña ciudad de Fort Erie, donde el río Niágara desagua en el lago Erie. Al otro lado está su gran vecino estadounidense, Buffalo, con el que le une el gigantesco Peace Bridge. Casi todo el mundo cruza la frontera sin prestar mayor atención a Fort Erie. Y al hacerlo pasan por alto uno de los fuertes británicos reconstruidos más impresionantes de los que salpican la frontera. **Old Fort Erie** es una réplica de un fortín que los estadounidenses destruyeron en la guerra de 1812. Se entra por un puente levadizo y en el interior hay barracones, un polvorín y dependencias de los oficiales. Aquí tuvo lugar una de las batallas más sangrientas de la guerra de 1812, durante el asedio del fuerte en 1814.

Old Fort Erie

350 Lakeshore Rd (905) 871 0540 Med may-oct: 10.00-17.00 diario

28 Sault Ste. Marie

99 Foster Dr; www.saulttourism.com

Sault Ste. Marie, una de las comunidades más antiguas de Ontario, se halla en el lugar donde los rápidos del río St. Marys conectan los lagos Superior y Hurón.

La Nación Originaria ojibwaa llamaba a esta zona *Baawitigong*, lugar de los rápidos, y era para ellos un lugar de encuentro. Hoy sigue habiendo una gran presencia de las Naciones Originarias en la zona.

La ciudad la fundaron los franceses en 1688 como misión jesuita y puesto de comercio de pieles. Llamada Sault (en francés, cascada), prosperó a partir de 1798, cuando se circunvalaron los rápidos con un canal. Desde entonces este se ha mejorado mucho y hoy lo surcan hacia el interior grandes cargueros, que mantienen una próspera economía local.

→ Faro de Point Abino, en la orilla norte del lago Erie

→ En la estación de Sault Ste. Marie, esperando el Agawa Canyon Tour Train

Lo que atrae a los turistas a Sault Ste. Marie es el **Agawa Canyon Tour Train,** que ofrece excursiones de un día por los alrededores. El tren serpentea hacia el norte a través de densos bosques y sobre desfiladeros profundos, hasta llegar al espectacular cañón de Agawa, donde se detiene una hora y media para comer.

Agawa Canyon Tour Train
87 Huron St Med jun-med oct: una salida diaria agawatrain.com

29 Thunder Bay

Terry Fox Information Centre, Hwy 11/17 E; www.visitthunderbay.com

Situado en la orilla norte del lago Superior, es el tercer puerto de agua dulce más grande del país. Su ribera está dominada por gigantescos elevadores de grano, que llega desde las praderas del oeste y se carga en barcos que lo llevan al resto del mundo por la ruta de los Grandes Lagos.

La ciudad fue en su origen (1679) un puesto comercial francés. Aquellos tiempos se recuerdan en el **Fort William Historical Park,** una réplica del antiguo puesto comercial en la que hay actores disfrazados de comerciantes de pieles, exploradores franceses y gentes de las Naciones Originarias. Fort William se unió al pueblo vecino de Port Arthur para formar Thunder Bay en 1970.

Fort William Historical Park
1350 King Rd Med may-med sep: 10.00-17.00 diario fwhp.ca

30 Goderich

91 Hamilton St; www.goderich.ca

Esta encantadora ciudad domina el lago Hurón desde la desembocadura del río Maitland. La fundó en 1825 la británica Canada Company, que convenció al Gobierno de Ontario para que le vendiera un millón de hectáreas de tierra fértil a tan solo 12 centavos el acre, una ganga que no tardó en levantar sospechas de corrupción. Deseosa de atraer colonos, la compañía construyó la Huron Road desde Cambridge hasta Goderich. La ciudad se trazó de modo que las calles principales partían del centro, que tenía forma de octágono.

Goderich cuenta con dos museos magníficos. El **Huron County Museum** alberga una amplia colección de aperos de labranza antiguos, una galería militar, una trilladora de vapor y la reconstrucción de la calle de una ciudad del siglo XIX. La **Huron Historic Gaol National Historic Site,** construida entre 1839 y 1842, es una prisión victoriana. La fascinante visita recorre las celdas frías y húmedas, las dependencias de los carceleros y la casa del gobernador.

Huron County Museum
110 North St
Los horarios varían, consultar página web
huroncountymuseum.ca

Huron Historic Gaol National Historic Site
181 Victoria St N
(519) 524 6971 May-ago: 10.00-16.30 lu-sá, 13.00-16.30 do; sep-oct: 13.00-16.00 lu-vi, 10.00-16.30 sá, 13.00-16.30 do

CURIOSIDADES
Probar suerte

Hay minas de amatista a cielo abierto en torno a Thunder Bay donde pagando una entrada se permite al visitante buscar su propia gema.

El exterior de madera de la Bethune Memorial House, en Gravenhurst

31

Muskoka

Gravenhurst, Huntsville 1342 Hwy 11 North RR #2, Kilworthy; www.discovermuskoka.ca

Muskoka comprende una zona al norte de Orillia, entre Huntsville y Gravenhurst. Este último, en el corazón del paisaje lacustre, es un centro de veraneo situado en el extremo sur del lago Muskoka. Aquí nació el doctor Norman Bethune (1890-1939), el primero en utilizar unidades móviles de transfusión de sangre durante la guerra civil española. Su casa natal, la **Bethune Memorial House,** ha sido restaurada al estilo de finales del siglo XIX y se consagra a su vida y obra.

Bethune Memorial House

297 John St N (705) 687 4261 Med may-med oct: 10.00-16.00 diario (fin oct: ju-lu)

32

Bahía Nottawasaga

Wasaga Beach o Collingwood 45 St Paul St, Collingwood; (705) 445 7722 o 1 888 227 8667

Esta bahía, que forma parte de la espléndida bahía Georgiana, es uno de los destinos de vacaciones más populares de la región. Wasaga Beach tiene la playa de agua dulce más larga del mundo. Además de nadar y tomar el sol en sus doradas arenas, se puede visitar el curioso Nancy Island Historic Site, detrás de la zona de playa 2 (Beach Area 2). Existe desde 1928 y en su museo se conserva el HMS *Nancy*, uno de los pocos barcos británicos que sobrevivieron a la guerra de 1812.

En la orilla sur de la bahía Georgiana, Collingwood y Blue Mountain son lugares ideales para practicar senderismo, ciclismo y remo en verano. En invierno, el pueblo turístico de Blue Mountain es uno de los principales destinos de Ontario para practicar esquí alpino y snowboard.

33

Sauble Beach

Owen Sound RR1, Sauble Beach; www.saublebeach.com

Esta es una de las mejores playas de arena de Ontario y se extiende 11 km a orillas del lago Hurón: es la segunda playa de agua dulce más larga del mundo. Su nombre viene del que le dieron los primeros exploradores franceses: *la rivière au sable* (la orilla de arena). Tras la playa hay una estrecha franja de *campings*, cabañas y chalés. El corazón de este centro turístico es el diminuto pueblo de Sauble Beach, que tiene tan solo 500 habitantes y bastantes casas de huéspedes y B&B en sus tranquilas calles traseras. El *camping* más agradable está en el Sauble Falls Provincial Park, al norte de la playa. También es una buena zona para observar aves.

¿Lo sabías?

Ha habido más de 1.000 naufragios en el lago Hurón, y muchos barcos siguen aún en el fondo.

Este pecio en Big Tub Harbour se ve a través del agua cristalina del lago Hurón

Más al norte, el istmo largo y estrecho de la península Bruce se introduce en el lago Hurón, señalando un fuerte cambio en el paisaje ribereño.

34

Lago Hurón

i Sarnia, orilla sur, (519) 344 7403; Barrie, bahía Georgiana, (705) 725 7280; Sault Ste. Marie, orilla norte, (705) 945 6941
w destinationontario.com

De todos los Grandes Lagos, este es el que ofrece mayor variedad de paisajes. El lago se estrecha al sur para pasar canalizado de camino al lago Erie entre las ciudades industriales de Sarnia y Windsor. En su orilla suroriental está flanqueado por un suave promontorio que marca el límite de una de las regiones agrícolas más productivas de Ontario. Más al norte, el istmo largo y estrecho de la península Bruce se introduce en el lago, señalando un fuerte cambio en el paisaje ribereño. Aquí, las llanuras meridionales dan paso al abrupto terreno erosionado por los glaciares del escudo Canadiense. Esta transición se aprecia con claridad en la bahía Georgiana: su impresionante litoral cuajado de lagos, bosques, playas y pueblos atrae a muchos visitantes. Las aguas del lago salpicadas de islas son una zona popular para practicar deportes acuáticos. Aquí se puede nadar, hacer senderismo y pescar.

35

Isla Manitoulin

i 70 Meredith St, Little Current; www.exploremanitoulin.com

Esta isla, que abraza la orilla septentrional del lago Hurón, es con sus 2.800 km² la isla en agua dulce más grande del mundo. Tranquila, salpicada de pueblecitos y campos de labranza, bosques y lagos, está rodeada de playas desiertas. El canal Norte del lago separa a Manitoulin del continente, y sus agradables aguas y caminos atraen a navegantes y senderistas en verano.

El pueblo ojibwa ocupó la isla hace más de 10.000 años y la bautizó en honor al Gran Espíritu, Manitou. Los pueblos de las Naciones Originarias, aún más de un cuarto de la población de la isla, celebran en agosto, en el fin de semana del Civic Holiday, uno de los *pow wow* más importantes de Canadá, el Wiikwemkoong Cultural Festival (Bay of the Beaver).

En la orilla norte, Gore Bay cuenta con cinco minimuseos dedicados a los primeros colonos. No muy lejos está Little Current, la población más grande de la isla. Desde mayo hasta octubre, hay que reservar plaza con antelación para el ferri Chi Cheemaun, que conecta Tobermory, en la península Bruce, con la isla Manitoulin.

36

Lago Superior

Ontario Travel Information Centre, Sault Ste. Marie; (705) 945 6941

El menos contaminado y más occidental de los Grandes Lagos es la mayor extensión de agua dulce del mundo, con una superficie de 82.000 km². Es célebre por sus repentinas y violentas tormentas, muy temidas por los marineros locales. La costa norte es un vasto territorio azotado por las inclemencias del tiempo y dominado por afloramientos graníticos y un bosque casi inabarcable. Donde mejor se aprecia esta zona desafiante es en el Pukaskwa National Park y en el Lake Superior Provincial Park, a los que se llega por la Trans-Canada Highway (Hwy 17), que avanza siguiendo la espectacular ribera septentrional.

37

Point Pelee National Park

1118 Point Pelee Dr, Leamington (519) 322 2365 Diario

Este istmo estrecho y largo penetra 20 km en el lago Erie y forma la punta más meridional del Canadá continental. El parque cuenta con una amplia variedad de hábitats, como pantanos, campos abiertos y bosques caducifolios centenarios. Estos son una rareza, pues es uno de los pocos lugares dentro de la Carolinian Life Zone de América del Norte, donde nunca se han talado muchos de los árboles. La profusión de especies crea un ambiente que recuerda a una selva, con cedros de Virginia, nogales negros, sasafrás americanos, carias, sicomoros y zumaques que compiten por alcanzar la luz.

Tal variedad atrae a miles de aves en sus migraciones de primavera y otoño. Se han avistado más de 370 especies. Se pueden ver desde los observatorios y los senderos del bosque. En otoño hay por todo el parque montones de mariposas monarca.

Una ruta por una pasarela de madera serpentea a través de la zona de los pantanos. Se pueden alquilar bicicletas y canoas donde comienza la pasarela, y también hay un puesto de comida. Más hacia el interior del parque, el centro de visitantes cuenta con una exposición sobre la fauna y la flora locales, y una pequeña tienda de regalos.

El canal Welland se construyó para solucionar el problema de las cataratas del Niágara, que eran un obstáculo que impedía a los barcos circular entre los lagos Ontario y Erie.

38

Georgian Bay Islands National Park

2611 Honey Harbour Rd, Honey Harbour (705) 527 7200 DayTripper: (705) 526 8907 Los horarios varían, llamar antes

Esta bahía está salpicada de miles de pequeñas islas que a menudo son poco más que una roca vigilada por un pino azotado por el viento. Las aguas de la amplia y preciosa bahía Georgiana son parte del lago Hurón. Sesenta de sus islas han sido reunidas en este parque nacional cuyo centro es la isla Beausoleil, donde se encuentran la mayor parte de los servicios de la zona.

Hay bonitas rutas de senderismo que atraviesan Beausoleil, pero hay que ir bien equipados, ya que es un lugar muy remoto. La única forma de llegar es en el taxi acuático DayTripper desde el caserío de Honey Harbour; se tardan unos 40 minutos.

En Penetanguishene, al este de la bahía Nottawasaga, está Discovery Harbour, una reconstrucción de la base naval que establecieron aquí los británicos en el año 1814. Se han hecho réplicas de los barracones y una herrería; las

←
Remando por aguas tranquilas dentro del Point Pelee National Park

↑ Esta colorida cabaña se asoma a uno de los lagos del Killarney Provincial Park

dependencias de los oficiales son originales. En el King's Wharf están amarradas dos réplicas de goletas, HMS *Tecumseth* y el HMS *Bee*. La zona bajo cubierta de la *Tecumseth* está amueblada tal como consta en el diario de a bordo de 1815. Los fantásticos restos de su casco original también se exhiben en el contemporáneo HMS *Tecumseth* Centre.

39

Canal Welland

1932 Welland Canals Parkway, St. Catharines
Diario www.wellandcanal.com

Este canal se construyó para solucionar el problema de las cataratas del Niágara, que eran un obstáculo que impedía a los barcos circular entre los lagos Ontario y Erie. Había que descargar las mercancías a un lado de las cataratas, llevarlas en carro al otro lado y volverlas a cargar, un proceso lento y costoso. Para solucionarlo, a principios del siglo XIX los empresarios locales excavaron un canal a lo largo del istmo de 45 km que separaba los lagos, abriendo una ruta al oeste del río Niágara. El primer canal dejaba bastante que desear, pero con el tiempo ha ido mejorando hasta ser la gran obra de ingeniería que es hoy, que cuenta con ocho esclusas gigantescas que salvan un desnivel de no menos de 99 m y por la que pueden navegar barcos de gran tonelaje. La Government Road discurre por la mitad norte del canal, del lago Ontario a Thorold. El mirador en el Welland Canals Centre, a la altura de la esclusa nº 3 en St. Catharines, ofrece una vista magnífica y cuenta con un centro de información donde se explica su historia. El canal es navegable de abril a diciembre.

40

Killarney Provincial Park

(705) 287 2900
Sudbury Diario

El precioso parque provincial de Killarney cuenta con lagos cristalinos, bosques de pinos y árboles de madera dura, tierras bajas cenagosas y los espectaculares montes La Cloche, famosos por sus llamativos riscos de cuarcita blanca. Este magnífico escenario natural ha inspirado a muchos artistas, en especial a los miembros del Grupo de los Siete *(p. 57)*, uno de los cuales, Franklin Carmichael, calificó el parque como el "paisaje más desafiante y gratificante" de Ontario. La ruta de 100 km llamada La Cloche Silhouette Trail, que se tarda en recorrer entre 7 y 10 días, atrae a muchos senderistas avezados por las espectaculares vistas. En los muchos lagos y ríos del parque hay también una red de rutas bien señalizadas para hacer en canoa.

CONSEJO DK
Plantar la tienda

Para pasar la noche en Killarney, tienen unas yurtas estupendas en el George Lake Campground *(960 Highway #637)*. Para cenar en el pueblo, Herbert Fisheries *(21 Channel St)* hace un *fish 'n' chips* excelente.

RUTA EN COCHE
PENÍNSULA BRUCE

Distancia 100 km (62 millas) **Inicio** El itinerario sigue la Route 9 y la Hwy 6. Se puede tomar desde Owen Sound en el sur, o Tobermory en el norte **Parada** Stokes Bay

La península Bruce separa el cuerpo principal del lago Hurón de la bahía Georgiana y alberga también algunos de los paisajes más hermosos de la zona. El Bruce Peninsula National Park, que se extiende por la orilla oriental, luce cabos escarpados y acantilados de caliza con senderos para caminar. Pasado el puerto de Tobermory, en la punta de la península, el Fathom Five Marine National Park comprende 19 islas deshabitadas. A los buceadores les encanta por las aguas cristalinas y las sorprendentes formaciones rocosas.

Mapa de situación
Para más detalles ver p. 202

Frente al extremo norte de la península, el ***Fathom Five Marine Park*** *encierra en sus límites 19 islas. Las aguas cristalinas y tranquilas y los pecios atraen a los buceadores.*

La ***isla Flowerpot*** *es la única del Fathom Five Marine Park con servicios básicos y destaca por las columnas rocosas que salpican su costa.*

Desde el pueblo de Dyer Bay sale una bonita carretera costera que conduce al faro de ***Cabot Head*** *y la casa del guarda.*

Los accidentados acantilados del ***Bruce Peninsula National Park*** *forman parte de la escarpadura del Niágara, una cresta de roca caliza que atraviesa el sur de Ontario y la península Bruce.*

En el extremo norte de la península, el pueblecito pesquero de ***Tobermory*** *es un centro turístico de la zona. De aquí salen los ferris hacia la isla Flowerpot.*

Stokes Bay, *con sus playas de arena y buena pesca, es un pueblo típico de esta zona. Está cerca de los principales centros de interés de la península.*

La ruta empieza en ***Wiarton,*** *un pueblo animado y con muchos parques.*

Un poco de relax en las formaciones rocosas del Bruce Peninsula National Park

Interior de la Basilique Notre-Dame-de-Montréal

MONTREAL

Habitada desde hace mucho por los iroqueses de St. Lawrence, la zona conocida actualmente como Montreal fue en otro tiempo emplazamiento de pueblos fortificados y rodeados de campos de cultivo de maíz, tabaco y girasoles. En 1603, el navegante francés Samuel de Champlain pensó que esos pueblos y sus asentamientos habían desaparecido, quizá debido a la migración, a epidemias o a guerras tribales. En realidad, quedaban en la zona un número importante de indígenas, pero Champlain aprovechó la oportunidad de reclamar la zona por su ubicación en la convergencia de los ríos San Lorenzo y Ottawa, donde estableció un puesto comercial de pieles en 1611. La ciudad creció a buen ritmo y atrajo a misioneros e inmigrantes franceses, que llegaron para convertir a los pueblos indígenas y a comerciar para enriquecerse. Sin embargo, en 1821 la North West Company de Montreal, dedicada al comercio de pieles, no estaba a la altura de la British Hudson's Bay Company y la economía de la ciudad se desplazó hacia el transporte marítimo y ferroviario. En 1880, la Canadian Pacific Railway estableció su sede central en Montreal y en 1919 la siguió la Canadian National Railway.

Aunque buena parte del poderío económico de Canadá se ha desplazado hoy día hacia el este, a Toronto, lo que hace de Montreal un lugar interesante hoy día es la confluencia cultural, más que geográfica. La ciudad es un orgulloso bastión de la cultura franco-canadiense, donde los francófonos constituyen el 88 % de la población. Estos habitantes plurilingües están decididos a preservar su identidad y muchos apoyan el movimiento soberanista de Quebec.

A
B
C
1
2
3
4
5
Montreal
Jardin Botanique de Montréal
21
Olympic Park
8
ANJOU
SAINT-MARTIN
40
15
20
Marché Jean-Talon
9
MONT-ROYAL
LONGUEUIL
Área cubierta por el mapa
SAINT-LAURENT
OUTREMONT
MONTREAL
Oratoire St. Joseph
4
SAINT-LAMBERT
San Lorenzo
13
CÔTE SAINT-LUC
28
Maison Saint-Gabriel
VERDUN
LASALLE
23
Lachine
0 km
5
0 millas
5
N
Sherbrooke
Station Centrale
SQUARE ST-LOUIS
QUARTIER LATIN
RUE ST-HUBERT
RUE BERRI
RUE ST-DENIS
Berri-UQAM
Ciné-Robothéque
AVE DE L'HÔTEL-DE-VILLE
RUE ST-DOMINIQUE
RUE STE-CATHERINE OUEST
RUE SANGUINET
RUE ONTARIO EST
Saint-Laurent
RUE MILTON
RUE SHERBROOKE OUEST
BOULEVARD ST-LAURENT
RUE SAINT-DOMINIQUE
AVE DU PARC
Place des Arts
17
Place-des-Arts
2
Musee d'Art Contemporain de Montréal
RUE ST-URBAIN
16
Underground City
1
2
3
GAUCHETIÈRE OUEST
Place-d'Armes
RUE DUROCHER
RUE MILTON
RUE AYLMER
RUE UNIVERSITY
AVE DU PRES KENNEDY
4
RUE JEANNE-MANCE
RUE DE BLEURY
7
Parc du Mont-Royal
Chalet
Parc Rutherford
Musée Redpath
15
McGill University
McGill
26
Musée McCord
RUE ST-ALEXANDRE
RUE DE LA
PLACE PHILLIPS
22
Christ Church Cathedral
6
5
St. Patrick's Basilica
OUEST
RUE ST-ANTOINE
AVENUE DES PINS OUEST
RUE MANSFIELD
RUE DE LA CATHEDRALE
Rue Sherbrooke
18
Peel
BOULEVARD ROBERT-BOURASSA
Square-Victoria–OACI
AVENUE VIGER
SQUARE VICTORIA
PENFIELD
DOCTEUR
AVE DU MUSÉE
RUE SHERBROOKE OUEST
RUE STANLEY
MAISONNEUVE EST
5
Cathedrale Marie-Reine-du-Monde
Gare Centrale
24
RUE NOTRE-DAME OUEST
AVENUE DES PINS OUEST
AVENUE
RUE SIMPSON
3
Museé des Beaux Arts
BOULEVARD DE
RUE DE LA MONTAGNE
RUE DRUMMOND
Square Dorchester y Place du Canada
19
GAUCHETIÈRE OUEST
Bonaventure
CHEMIN DE LA CÔTE-DES-NEIGES
RUE CRESCENT
RUE BISHOP
RUE MACKAY
RUE GUY
BOULEVARD RENÉ-LÉVESQUE OUEST
RUE DE LA
Gare Windsor
Guy-Concordia
Lucien-l'Allier
RUE PEEL
RUE WILIAM
RUE DE LA MONTAGNE
RUE STE-CATHERINE OUEST
RUE DU FORT
RUE LUSIGNAN
RUE SAINT-JACQUES
R VICTOR-HUGO
RUE NOTRE-DAME OUEST
RUE WILIAM
RUE OTTAWA
RUE CHOMEDEY
RUE LAMBERT CLOSSE
Centre Canadien d'Architecture
11
RUE GUY
AUTOROUTE VILLE MARIE
Atwater
RUE ST-ANTOINE OUEST
Georges-Vanier
RUE DES SEIGNEURS
BLVD GEORGES VANIER
MONTREAL
RUE VINET
RUE NOTRE-DAME OUEST
0 metros
500
0 yardas
500
N

MONTREAL

Esencial

1. Basilique Notre-Dame-de-Montréal
2. Musée d'Art Contemporain de Montréal
3. Musée des Beaux Arts

Lugares de interés

4. Oratoire St. Joseph
5. St. Patrick's Basilica
6. Musée Pointe-à-Callière
7. Parc du Mont-Royal
8. Olympic Park
9. Marché Jean-Talon
10. Château Ramezay
11. Centre Canadien d'Architecture
12. Sir George-Etienne Cartier National Historic Site
13. Chinatown
14. Habitat 67
15. McGill University
16. Underground City
17. Place des Arts
18. Rue Sherbrooke
19. Square Dorchester y Place du Canada
20. Parc Jean-Drapeau
21. Jardin Botanique de Montréal
22. Christ Church Cathedral
23. Lachine
24. Cathédrale Marie-Reine-du-Monde
25. Centre des Mémoires Montréalaises
26. Musée McCord
27. Centre des Sciences de Montréal
28. Maison Saint-Gabriel

Dónde comer y beber

① Dragon Beard Candy
② Kim Fung
③ Pâtisserie Harmonie
④ Café Parvis
⑤ Le Cathcart
⑥ Escondite

1

BASILIQUE NOTRE-DAME-DE-MONTRÉAL

D2 110 rue Notre Dame O Place d'Armes 9.00-16.30 lu-vi (16.00 sá), 12.30-16.00 do basiliquenotredame.ca

En el centro de la Place d'Armes se eleva sobre los adoquines la iglesia católica más majestuosa de Montreal. Este impresionante edificio es uno de los principales atractivos de la ciudad y recibe cerca de un millón de visitantes cada año.

La actual basílica data de 1829, cuando reemplazó a una iglesia más pequeña del siglo XVII que había en el mismo lugar. El arquitecto estadounidense James O'Donnell se superó al construir una enorme nave abovedada que fue la primera iglesia neogótica de Canadá; cuenta con 3.000 asientos en la nave y dos hileras de balcones. Sus torres gemelas se elevan 69 m sobre la basílica y se ven desde todo el casco antiguo. El interior se redecoró de forma espléndida hacia 1870 con elaborados relieves en madera del artesano Victor Bourgeau.

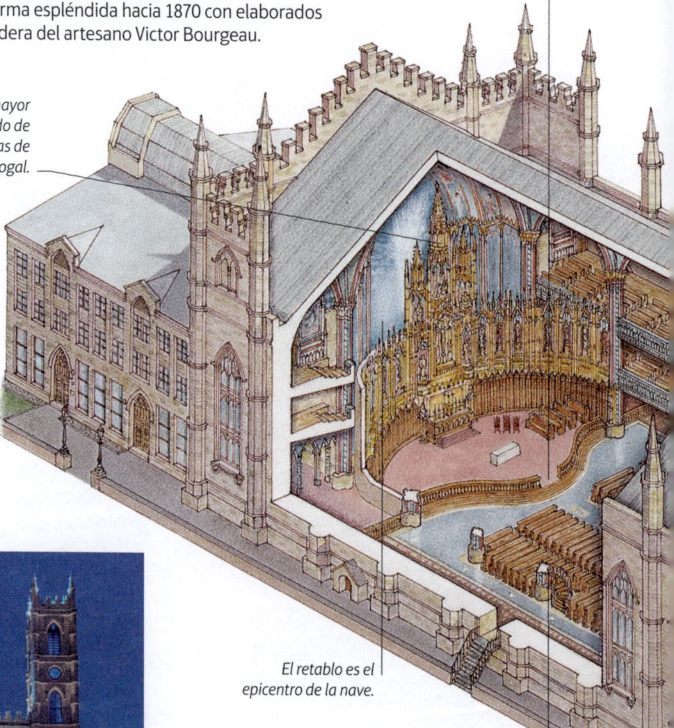

La nave se ilumina con un rosetón situado por debajo de un techo azul celeste.

El altar mayor está rodeado de delicadas tallas de pino y nogal.

El retablo es el epicentro de la nave.

El decorado púlpito fue esculpido por Philippe Hébert.

← La impresionante fachada de piedra de la basílica

Esencial ☆

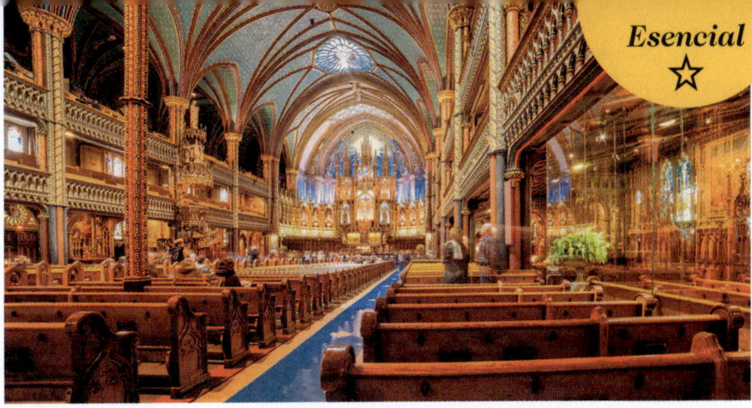

↑ Espectacular interior azul y dorado de la basílica

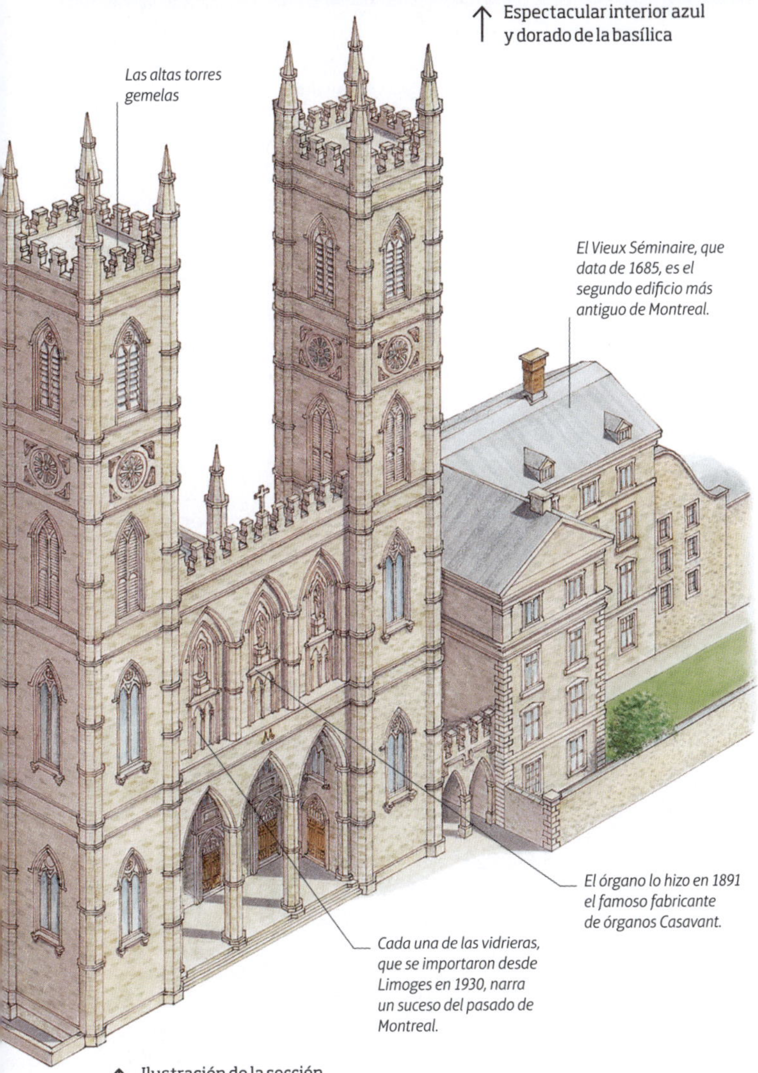

↑ Ilustración de la sección transversal de la Basilique Notre-Dame-de-Montréal

2

MUSÉE D'ART CONTEMPORAIN DE MONTRÉAL

C2 185 rue Sainte-Catherine O 15, 61, 150, 168, 410 Place-des-Arts 11.30-19.00 ma-vi, 11.00-18.00 sá, 11.00-17.30 do Muchas salas están cerradas por renovación, consultar detalles en la web macm.org

Esta notoria institución, y único museo en Canadá dedicado exclusivamente al arte moderno y contemporáneo, tiene un programa de exposiciones innovador que destaca el trabajo de artistas canadienses y extranjeros.

La colección permanente del Museo de Arte Contemporáneo de Montreal (MAC) está compuesta por unos 8.000 cuadros, dibujos, fotografías, vídeos e instalaciones. Las primeras obras datan de 1939, pero la gran mayoría son contemporáneas. Más del 60 % de las piezas expuestas son de artistas de Quebec.

Situado en la Place des Arts, un gran complejo dedicado a las artes escénicas, el MAC exhibe obras de grandes artistas quebequenses como Jean-Paul Riopelle, Paul-Emile Borduas y Alfred Pellan. Solo se exhibe una pequeña porción de las 300 obras del museo, y las piezas rotan con frecuencia. Ocupan la planta superior, junto con obras visitantes. Las exposiciones temporales del MAC recogen las últimas tendencias del arte en todo el mundo.

El museo cuenta también con un jardín de esculturas, al que se accede desde el edificio principal; tiene exposiciones rotativas y es un buen lugar para hacer una pausa. La cafetería de altos techos es perfecta para comer algo ligero, y en la tienda del museo venden una excelente selección de objetos: joyas, juguetes y artículos de decoración y papelería, todos ellos de producción local.

Esencial ☆

1

1 Estas coloridas piezas formaron parte de una exposición de Francine Savard, una respetada artista quebequense.

2 Los DJ ambientan con su música los eventos nocturnos en el MAC.

3 Los talleres de arte forman parte del programa del museo pensado para adultos.

2

3

EVENTOS ESPECIALES

Todos los domingos por la tarde se organizan los Family Sundays, con talleres divertidos para despertar en los niños el interés por las obras expuestas. Y para los mayores que necesitan un poquito de estímulo, de vez en cuando el MAC abre sus puertas por la noche (Nocturnes). En estas ocasiones los visitantes pueden quedarse hasta las 2.00 y disfrutar de visitas interactivas, talleres creativos, música y un servicio de bar. Más información en la web del museo.

←

El exterior del MAC, con los carteles que anunciaban la exposición de Leonard Cohen en 2017-2018

3

MUSÉE DES BEAUX-ARTS

A3 · 1380 rue Sherbrooke O · 24 · Peel, Guy-Concordia
10.00-17.00 ma-do (hasta 21.00 mi) · mbam.qc.ca

Cinco pabellones, todos admirables por sí solos, albergan un tesoro artístico que abarca muchos siglos y cuenta con obras de algunos de los mejores creadores canadienses e internacionales de su época, desde románticos retratos de maestros holandeses hasta suaves esculturas inuit. Un museo esencial para los amantes del arte.

Arqueología y culturas del mundo

Este pabellón de 1912 refleja la riqueza y diversidad del arte antiguo en todo el mundo. En sus salas se exhiben máscaras ceremoniales, objetos rituales, piezas textiles y monedas. Algunas se remontan a la Edad del Bronce, e incluyen objetos griegos, romanos, de Oriente Próximo y egipcios. Los jarrones, los frascos de perfume y las urnas funerarias son especialmente notables, al igual que los objetos precolombinos, que proceden sobre todo de Mesoamérica. El arte islámico, chino y japonés también están representados, y hay asimismo piezas del África subsahariana.

↑ La fachada principal del Musée des Beaux-Arts

Arte internacional antiguo y moderno

Esta colección comprende objetos religiosos europeos de la Edad Media, obras de pintores holandeses y flamencos del siglo XVII, retratos neoclásicos y obras de la colección personal de Napoleón. El arte moderno también está bien representado, con piezas de artistas de renombre como Cézanne, Dalí y Picasso.

Arte quebequense y canadiense

El Claire and Marc Bougie Pavilion exhibe una colección excepcional de arte quebequense y canadiense, con artistas inuit y de las Naciones Originarias. Hay desde tallas de hueso y de piedra del Ártico hasta paisajes emblemáticos de Tom Thomson y el Grupo de los Siete.

GUÍA DEL MUSEO

La arqueología y las culturas del mundo se hallan en el Michal and Renata Hornstein Pavilion. El arte internacional antiguo y moderno se puede ver en el Michal and Renata Hornstein Pavilion for Peace. El arte quebequense y canadiense se expone en el Claire and Marc Bougie Pavilion y el arte contemporáneo internacional en el Jean-Noël Desmarais Pavilion. Las artes decorativas y el diseño se hallan en el Liliane and David M. Stewart Pavilion.

← El moderno interior minimalista del museo

Esencial ☆

Cronología

1860

▲ El obispo Francis Fulford funda la Art Association of Montreal (AAM).

1879

La colección de la AAM se traslada a su primera sede fija, en Phillips Square.

1912

La AAM se muda a la Rue Sherbrooke Ouest, en la Golden Square Mile.

1949

La AAM cambia de nombre y se convierte en el Montreal Museum of Fine Arts.

1972

El museo sufre el mayor robo de arte de la historia de Canadá.

2011

▼ La Erskine and American Church se convierte en parte del nuevo Claire and Marc Bourgie Pavilion.

Las obras se remontan a la década de 1960, y hay también piezas modernas de Jean-Paul Riopelle, Claude Tousignant y Guido Molinari.

Arte contemporaneo internacional

Grandes cuadros abstractos y figurativos, instalaciones multimedia y esculturas modernas pueblan el Jean-Noël Desmarais Pavilion. Son trabajos de artistas locales y extranjeros, de un periodo que va desde la década de 1980 hasta hoy. La colección se extiende por el jardín de esculturas, con piezas de David Altmejd, Jim Dine, Anthony Gormley y Henry Moore.

Artes decorativas y diseño

El Liliane and David M. Stewart Pavilion acoge 4.000 objetos de todo el mundo e ilustra el impacto del diseño antiguo en movimientos posteriores como el *art nouveau*, el *art déco* y el modernismo.

Fotografía y artes gráficas

Espléndidos grabados, dibujos y fotografías decoran las paredes de esta galería del Jean-Noël Desmarais Pavilion. Su amplia colección permite admirar la habilidad de grandes maestros como Delacroix, Goya y Rembrandt.

↑ Obras expuestas en la galería Expanding Fields, en el Claire and Marc Bourgie Pavilion

LUGARES DE INTERÉS

4 Oratoire Saint-Joseph

A1 3800 chemin Queen Mary Central Station 51, 166, 368, 711 Côte-des-Neiges Diario saint-joseph.org

Cada año, dos millones de peregrinos suben los 283 escalones (99 de los cuales se pueden subir de rodillas en oración) que dan acceso a esta gran iglesia. Una devoción que sin duda complacería al hermano André (1845-1937), responsable de que hoy exista este santuario dedicado al esposo de la Virgen María. Todo comenzó cuando en su tiempo libre el hermano André construyó en esta colina una capilla dedicada a san José. Los enfermos y discapacitados de Montreal se unieron a él en sus rezos, y pronto empezó a hablarse de curaciones milagrosas. El hermano André comenzó a atraer peregrinos, y el actual oratorio se construyó para acogerlos. Los peregrinos aún pueden hoy orar en su tumba. El religioso fue beatificado en 1982 y canonizado en 2010.

La cúpula octogonal de cobre de la iglesia es una de las más grandes el mundo: mide 44,5 m de alto y 38 m de diámetro. El interior es claramente moderno; las alargadas tallas en madera de los apóstoles de los cruceros son de Henri Charlier, responsable también del altar mayor y del enorme crucifijo. Las espectaculares vidrieras, obra de Marius Plamondon, representan escenas de la vida de san José. El edificio principal alberga un museo fascinante sobre la vida del hermano André. Al lado de la cripta, hay una capilla votiva.

5 St. Patrick's Basilica

C3 460 boul René-Lévesque O Square-Victoria-OACI, Place-d'Armes stpatricksmtl.ca

Este templo de estilo neogótico es la iglesia católica anglófona más antigua de Montreal. Aquí la conocen como Irish Church, pues se construyó para dar servicio al gran número de inmigrantes irlandeses que acudieron a Montreal durante los años de la Gran Hambruna en su país. En la decoración interior se combina la flor de lis francesa con el trébol irlandés. Cuenta con columnas de roble cubiertas de mármol y 150 óleos.

6 Musée Pointe-à-Callière

D3 350 place Royale 10.00-18.00 lu-vi, 11.00-18.00 sá y do pacmusee.qc.ca

Este museo arqueológico tiene una colección

La fachada salpicada de nieve y el interior *(izquierda)* del Oratoire St. Joseph

Visitantes disfrutando de las exposiciones del Musée Pointe-à-Callière ↑

> **El empinado promontorio verde que se alza sobre el centro de la ciudad solo tiene 234 m de altura, pero aquí lo llaman *la montagne*, es decir, la montaña.**

fascinante de objetos de las Naciones Originarias y una muestra que explica el nacimiento de Montreal. El museo lo forman seis edificios que se alzan sobre varios lugares arqueológicamente relevantes que marcan distintos periodos en la historia de la ciudad, como un antiguo puesto aduanero (Custom House) de 1836, el primer cementerio católico de la ciudad o los restos del antiguo sistema de alcantarillado. En la Mariner's House hay unos yacimientos arqueológicos simulados donde los niños pueden disfrutar, y L'Arrivage Bistro, en el piso superior del edificio Éperon, ofrece unas preciosas vistas del Vieux-Port.

7

Parc du Mont-Royal

A2 Central Station 11, 165, 180 Mont-Royal 6.00-24.00 diario lemontroyal.qc.ca

Este empinado promontorio verde que se alza sobre el centro de la ciudad solo tiene 234 m de altura, pero aquí lo llaman *la montagne*, es decir, la montaña. Jacques Cartier le puso nombre cuando vino por aquí en 1535, y el Mont-Royal dio su nombre a la ciudad. En 1876, el Ayuntamiento decidió convertirlo en parque. Compró el terreno y contrató a Frederick Law Olmsted, el paisajista que diseñó el Central Park neoyorquino. Olmsted trató de preservar la naturaleza, construyendo unos cuantos miradores interconectados por caminos. Con los años se han añadido el lago Beaver, una cruz de vigas de acero de 30 m de altura y la Voie Camillien-Houde, una avenida que atraviesa el parque de este a oeste.

Las 101 ha de praderas y bosques ofrecen un fantástico refugio en medio de la vida urbana, así como unas vistas espectaculares de la ciudad. Desde el amplio mirador que hay frente al Chalet du Mont-Royal se dominan los edificios del centro. El límite septentrional del parque linda con dos enormes cementerios: el Notre-Dame-Des-Neiges, católico, y el antiguo y elegante cementerio aconfesional de Mont-Royal, donde descansa parte de la flor y nata canadiense, y que se declaró de interés histórico en 1999, tres años antes de cumplir 150 años.

MEJORES VISTAS
Desde lo alto

El mirador de la Montreal Tower está a 165 m de altura y ofrece unas vistas increíbles de la ciudad. Tiene unas señales que indican lugares de interés hasta 80 km a la redonda.

8

Olympic Park

B1 4545 ave Pierre de Coubertin Viau, Pie-IX Jun-sep: 13.00-22.00 lu, 9.00-22.00 ma-do; oct-may: 13.00-18.00 lu, 9.00-18.00 ma-do parcolympique.qc.ca

Creado para los Juegos Olímpicos de 1976, cuenta con unos impresionantes edificios modernos. El arquitecto francés Roger Taillibert diseñó el estadio, ahora conocido por los montrealenses como The *Big O*, (la gran O). Tiene capacidad para 56.000 personas y hoy se usa para conciertos de estrellas internacionales y para grandes exposiciones. En un costado del estadio se eleva el arco de la Montreal Tower, que es la torre inclinada más alta del mundo y ofrece unas vistas fantásticas. Un funicular sube a los visitantes hasta su mirador en menos de dos minutos. Cerca, el museo de medio ambiente Biôdome, que ha sido sometido a importantes reformas, reproduce cuatro climas distintos, y en la Esplanade Financière Sun Life los fines de semana hay actividades al aire libre gratuitas para toda la familia.

¿Lo sabías?

No se permite construir en la ciudad ningún edificio más alto que el Mont-Royal, de ahí la ausencia de rascacielos.

← Entrada del Marché Jean-Talon, un ajetreado mercado en el barrio de Little Italy

Dragon Beard Candy
Dulces chinos tradicionales hechos a mano, a base de jarabe de maíz congelado y harina de arroz.
C2 · 52 rue de la Gauchetière O · (514) 916 6252
$$$

Kim Fung
Clásicos *dim sun* cantoneses, servidos humeantes en un carrito tradicional.
C2 · 1111 rue Saint-Urbain · (514) 878 2888
$$$

Pâtisserie Harmonie
Las vitrinas de esta pastelería están llenas de sabrosos dulces, algunos decorados con personajes de dibujos.
C2 · 85 rue de la Gauchetière O · (514) 875 1328
$$$

9

Marché Jean-Talon

A1 · 7070 ave Henri-Julien · marchespublics-mtl.com

Este inmenso mercado cubierto en el barrio del Little Italy es el favorito de los chefs locales. Entre los pasillos de productos frescos, productos horneados y flores se intercalan tiendas especializadas y concurridos cafés. Abierto en 1933, es uno de los mercados públicos al aire libre más grandes de Norteamérica y un lugar excelente para pasar un par de horas. También se puede hacer aquí acopio de recuerdos, como jarabe de arce y vinos locales, o probar la incomparable *poutine* *(p. 45)* de Montreal.

10

Château Ramezay

D2 · 280 rue Notre Dame E · VIA Rail · 14, 55, 715, Terminus Voyager · Champ-de-Mars · Jun-oct: 10.00-17.00 diario; nov-may: 10.00-16.30 ma-do · chateauramezay.qc.ca

Cuando llegó en 1702, Claude de Ramezay, undécimo gobernador de Montreal, añoraba Normandía. Por eso decidió construirse una residencia con muros de piedra, buhardillas y tejado de cobre que le recordara a los castillos de su tierra natal. Muchos de sus sucesores vivieron aquí, y el edificio fue sede también de la West India Company. Es uno de los restos del régimen francés más impresionantes que se pueden visitar en Montreal. Destaca el salón Nantes, con sus paneles de madera el siglo XVIII tallados por el arquitecto francés Germain Boffrand.

Los uniformes, documentos y mobiliario de la planta principal reflejan cómo vivían las clases gobernantes de Nueva Francia; el contenido de los sótanos revela la realidad de los colonos más humildes.

11

Centre Canadien d'Architecture

A4 · 1920 rue Baile · Terminus Voyager · Guy Concordia · 11.00-18.00 mi-do (21.00 ju) · cca.qc.ca

Por las salas bien iluminadas de este enorme edificio con forma de U van pasando exposiciones que cambian con regularidad. Se trata principalmente de muestras centradas en la arquitectura, el diseño y el paisajismo.

Las dos alas del moderno edificio rodean la mansión Shaughnessy. La casa, que hoy forma parte del Centro Canadiense de Arquitectura, se construyó en 1874 para *sir* Thomas Shaughnessy, presidente de la Canadian Pacific Railway.

El centro es además una importante institución académica. Su colección de planos, dibujos, maquetas y fotografías es las más importante de su clase. La biblioteca posee más de 215.000 volúmenes

El nombre de esta zona se ha vuelto un poco anacrónico, ya que muchos de los negocios de Chinatown pertenecen hoy a inmigrantes vietnamitas y tailandeses.

sobre los edificios más significativos del mundo.

⑫

Sir George-Etienne Cartier National Historic Site

D2 458 rue Notre Dame E (514) 283 2282 Central Station 14, 715, Terminus Voyager Champ-de-Mars Med jun-sep: 10.00-17.00 mi-do; oct-fin dic: 10.00-17.00 vi-do (26-30 dic: diario)

George-Étienne Cartier (1814-1873) fue uno de los padres de la Confederación y uno de los políticos más importantes de su tiempo. Este monumento nacional comprende dos casas contiguas de piedra, situadas en el lado oriental del casco antiguo. En la que está dedicada a la carrera de Cartier se puede escuchar en francés o en inglés un buen resumen de la fundación política del Canadá moderno. La segunda casa se consagra a la vida doméstica de Cartier y el día a día de una familia victoriana de clase media-alta. Es posible recorrer las habitaciones y oír algunos testimonios grabados de los sirvientes hablando de su vida.

⑬

Chinatown

D1 Champ-de-Mars, Place-d'Armes

El nombre de esta zona se ha vuelto un poco anacrónico, ya que muchos de los negocios de este barrio de 18 manzanas pertenecen hoy a inmigrantes vietnamitas y tailandeses llegados a Montreal tras los años convulsos vividos en el sureste de Asia en el siglo XX. Pero fueron los chinos los primeros que se instalaron aquí. Comenzaron a llegar en masa a partir de 1880, junto con muchos inmigrantes europeos, y la comunidad china se reunió en este rincón de la ciudad. Al prosperar, muchos descendientes de los primeros inmigrantes se trasladaron a zonas más ricas, dejando Chinatown para las personas mayores y los recién llegados. Pero muchos vuelven los fines de semana y las estrechas calles se llenan de gente comprando seda, recuerdos y comida.

Los restaurantes, especializados en comida de diversas partes de Asia, llenan el aire de aromas deliciosos.

Para aquellos que deseen alejarse del bullicio, en la Rue Clarke hay un jardincito encantador dedicado al líder chino Sun Yat-Sen.

⑭

Habitat 67

E3 2600 Av Pierre-Dupuy habitat67.com

Esta maravilla arquitectónica de hormigón, construida al sur del Vieux Port, la diseñó el arquitecto israelí-canadiense Moshe Safdie en 1967. Como parte de un pabellón de la Expo 67, su intención original era ofrecer a sus habitantes los beneficios de los hogares de la periferia, con jardines y terrazas privadas a un precio asequible. Aunque el idealismo del plan se esfumó, el edificio sigue siendo un símbolo de aquel concepto. Hoy es un caro complejo de viviendas, pero se organizan visitas guiadas del admirable edificio.

↑ La inusual estructura de cubos de Habitat 67, que se alza a orillas del río San Lorenzo

Interior del fascinante Redpath Museum, que forma parte de la McGill University

15

McGill University

B2 845 rue Sherbrooke O Central Station 24, 356 McGill 9.00-18.00 lu-vi mcgill.ca

La universidad más conocida de Canadá se fundó en 1821 en unos terrenos donados por el comerciante de pieles y especulador de tierras James McGill (1744-1813). Al traspasar las Classical Roddick Gates que guardan la entrada principal, una avenida conduce al neoclásico Arts Building, es el más antiguo del campus.

El resto de los aproximadamente 70 edificios que forman la universidad van desde el recargado estilo victoriano al austero hormigón. Uno de los más bonitos es el **Redpath Museum,** que guarda una de las colecciones más eclécticas y excéntricas de la ciudad: una enorme cantidad de fósiles –incluido un esqueleto de dinosaurio– comparten espacio con obras de arte africano, monedas romanas y hasta una cabeza reducida.

Redpath Museum
859 rue Sherbrooke O
(514) 398 4861
9.30-16.30 ma-vi

16

Underground City

C2 Central Station Terminus Voyager Peel, McGill, Bonaventure

Cuando se inauguraron las primeras líneas del metro de Montreal en 1966, se creó sin querer un nuevo estrato de vida suburbana: la Ciudad Subterránea. Las primeras estaciones tenían conexiones subterráneas solo con las dos estaciones de tren principales, así como con unos cuantos hoteles y con el centro comercial que hay bajo la torre de oficinas de Place Ville-Marie. Hoy esto se ha convertido en una gran red de más de 30 km de corredores comerciales que albergan más de 1.600 tiendas, 200 restaurantes, hoteles y cines. En teoría, es posible llevar una buena vida en Montreal sin ver la luz del día.

¿Lo sabías?

Antes de hacer su encamada por la paz en Montreal, John Lennon y Yoko Ono lo intentaron en Nueva York y Bahamas.

17

Place des Arts

C2 175 rue Sainte-Catherine O 15, 55, 80, 125, 129 Place des Arts placedesarts.com

Este complejo de salas y teatros se halla en pleno corazón del Quartier des Spectacles y es el principal centro de artes escénicas de la ciudad. Tanto la Opéra de Montréal como la Orquesta Sinfónica tienen su sede aquí. Los edificios comparten una espaciosa plaza con el magnífico Musée d'art contemporain *(p. 244)*.

18

Rue Sherbrooke

C2 Central Station
Terminus Voyager
M Sherbrooke

En la segunda mitad del siglo XIX, Montreal era una de las ciudades más importantes del Imperio británico. Sus comerciantes e industriales controlaban cerca del 70 % de la riqueza de Canadá, y muchos de ellos construyeron elegantes casas en las laderas del Mont-Royal, en la zona conocida como Golden (o Square) Mile. Rue Sherbrooke, entre Guy y University, era la calle principal, y sus tiendas, hoteles e iglesias eran los más elegantes del país.

Algo de aquella elegancia sobrevivió a los *bulldozers* modernizadores de la década de 1960. Holt Renfrew –los grandes almacenes de lujo de Canadá– y el majestuoso hotel Ritz-Carlton siguen en pie, al igual que dos iglesias exquisitas, la presbiteriana St. Andrew and St. Paul, y la Erskine American United, con vidrieras de Tiffany. Varias *boutiques*, librerías y galerías ocupan las casas adosadas de piedra gris. Los millonarios cuya fortuna no alcanzaba para la Square Mile, construyeron bonitas casas adosadas en calles próximas como Montagne, Crescent y Bishop. Muchas albergan hoy tiendas y bistrós.

19

Square Dorchester y Place du Canada

B3 Central Station
Terminus Voyager
M Peel, Bonaventure, Lucien-L'Allier

Estas dos amplias plazas son un oasis verde en el centro de Montreal. En el lado norte del Boulevard René-Lévesque, estatuas como la del primer ministro francocanadiense del país, Wilfrid Laurier, comparten Square Dorchester con un monumento a los caídos en la guerra Bóer. En la Place du Canada, la estatua de John A. Macdonald –primer primer ministro del país– dirige su mirada hacia el elegante Boulevard René-Lévesque.

Los edificios que rodean el parque son muy diversos. Hay una iglesia gótica, una torre negra y brillante de un banco, y el Sun Life Building (1933), la enorme fortaleza de piedra donde se guardaron las Joyas de la Corona británica durante la Segunda Guerra Mundial.

Café Parvis
Un espacio relajado y luminoso popular por su *brunch*. Además se puede tomar *pizza* y vino hasta tarde.
B2 433 rue Mayor
W cafeparvis.com
$$$

Le Cathcart
Decorado con plantas y luces de hadas, este salón de comidas *gourmet* promete una gran selección de restaurantes.
C3 Place Ville Marie
W lecathcart.com
$$$

Escondite
Bar mexicano con luces suaves, mojitos de primera y una larga lista de tequilas para tomar sabrosos tacos.
C3 1206 ave Union
W escondite.ca
$$$

↑ Los colores del otoño iluminan la Place des Arts, en el centro de Montreal

EXPLORA Montreal

20

Parc Jean-Drapeau

F1 1 circuit Gilles Villeneuve (514) 872 6120 Jean Drapeau Vieux-Port 6.00-24.00 diario

Este parque, que abarca tanto la Île-Sainte-Hélène como la Île-Notre-Dame, es un lugar popular y sede de grandes eventos, como el Piknic Electronik, un festival de música electrónica que se celebra los domingos en verano.

La boscosa Île-Sainte-Hélène, situada en medio del río San Lorenzo, ha desempeñado un papel clave en el surgimiento de Montreal como ciudad moderna. Lleva el nombre de la esposa de Samuel de Champlain y fue sede de la Expo 67, la feria mundial que atrajo a millones de visitantes a la ciudad.

Entre los recuerdos de aquellos días destacan La Ronde, el parque de atracciones de la feria, y la estructura casi esférica que sirvió de pabellón de Estados Unidos y es hoy la Biosphère, un museo dedicado al medio ambiente. Cerca se halla el Fort de l'Île-Sainte-Hélène, construido en 1825 para proteger Montreal de un posible ataque de los Estados Unidos. Dentro de sus muros de piedra roja hay una explanada con césped que se utiliza hoy para recrear la lucha de los dos regimientos del siglo XVIII que batallaron por el futuro de Nueva Francia hasta 1759.

La Île-Notre-Dame, una cuña de tierra de 116 ha rodeada por el canal del San Lorenzo, no existía hasta 1967, cuando se amontonaron aquí las rocas extraídas para construir el metro de Montreal. Hospedó también parte de la Expo 67.

Lo que sin duda atrae a más gente a esta isla es el monumental Casino de Montreal, que se precia de no cerrar nunca. Cada día miles de personas se instalan en sus mesas y máquinas tragaperras.

Pero la isla cuenta también con otros entretenimientos: un canal de remo –se excavó para las Olimpiadas de 1976–, magníficos jardines florales y una masa de agua cuidadosamente filtrada, con la única playa de Montreal apta para el baño. Además, el circuito Gilles Villeneuve acoge carreras de Fórmula 1.

En invierno, el Parc Jean-Drapeau es un lugar popular para las raquetas de nieve, el esquí de fondo, el patinaje sobre hielo y las bicicletas de nieve.

21

Jardin Botanique de Montréal

A1 4101 rue Sherbrooke E Pie-IX 185, 139 Los horarios varían, consultar página web espacepourlavie.ca

El jardín botánico de Montreal es uno de los más grandes del mundo, todo un logro para una ciudad con un clima frío en invierno. Sus 75 ha incluyen 30 jardines, 10 invernaderos, el Patio de los Sentidos –en el que unos guías con discapacidad visual descubren al visitante las flores exóticas a través de su aroma y su tacto–, además de un insectario. Las zonas más tranquilas son las 2,5 ha del Chinese Garden, una deliciosa réplica de un jardín Ming del siglo XIV, así como el exquisito jardín japonés.

→ Un impresionante exhibición de luces al atardecer en el Jardin Botanique de Montréal

22

Christ Church Cathedral

C3 635 rue Sainte-Catherine O Central Station 35, 61, 168, 420 McGill 9.00-17.00 lu-vi y do, 10.00-18.00 sá montrealcathedral.ca

El arquitecto Frank Wills terminó en 1859 la sede de la Diócesis anglicana de Montreal. El elegante edificio está decorado con gárgolas en el exterior y tiene unas vidrieras magníficas, algunas del taller de William Morris en Londres. Como el terreno no soportaba el peso de la iglesia, el chapitel de piedra se tuvo que reemplazar en 1940 por una aguja de aluminio. A menudo se celebran al mediodía conciertos en el interior de la catedral.

> CURIOSIDADES
> **Calder**
> Los entusiastas del arte pueden buscar en el Parc Jean-Drapeau la inmensa escultura de acero de Alexander Calder *Three Disks*, conocida como *The Man*.

↑ El Fur Trade at Lachine National Historic Site, uno de los edificios más interesantes fuera del centro

23

Lachine

B2 boul St Joseph (514) 873 2015 191 Lionel Groulx

Este barrio periférico del suroeste de Montreal incluye una pequeña isla del mismo nombre al oeste de los rápidos de Lachine, donde el río San Lorenzo se ensancha para formar el Lac-Saint-Louis. Hoy forma parte de Montreal, pero Lachine tiene una larga historia propia. El casco antiguo, que se extiende por el Boulevard Saint-Joseph, está lleno de encanto. Muchas de sus bonitas casas son hoy restaurantes y bistrós. Una de las más antiguas, de 1670, alberga el Musée de Lachine, un museo de historia y de arte. El Fur Trade at Lachine National Historic Site es un edificio dedicado al comercio de pieles, que fue la actividad principal durante años en Montreal.

El canal Lachine, construido en el siglo XIX para sortear los rápidos, unía el pueblo con el Vieux-Port. Hoy cerrado a la navegación, sus orillas son un parque con un carril bici.

↑ El espléndido interior de la Cathédrale Marie-Reine-du-Monde

24

Cathédrale Marie-Reine-du-Monde

C3 1085 rue de la Cathédrale Bonaventure 150, 178, 350, 355, 747 M Bonaventure 7.00-19.00 lu-vi, 7.30-19.00 sá-do W diocesemontreal.org

Cuando el fuego arrasó la primera catedral católica de Montreal en 1852, el obispo Ignace Bourget decidió demostrar la importancia de la Iglesia católica en Canadá construyendo una nueva en un barrio dominado por entonces por la elite comercial inglesa protestante.

Las dimensiones de la catedral, terminada en 1894, equivalen a una cuarta parte de San Pedro. Las estatuas del tejado representan a los santos patrones de todas las parroquias que en 1890 constituían la diócesis de Montreal. El baldaquino del altar, réplica del que diseñara Bernini para San Pedro, se fundió en cobre y pan de oro. Otro recordatorio de la lealtad a Roma se encuentra en el pilar de la esquina nororiental, donde hay una placa de mármol con los nombres de todos los habitantes de Montreal que sirvieron en los ejércitos del papa durante las guerras de Independencia italiana, en la década de 1850.

25

Centre des Mémoires Montréalaises

D3 1210 boul Saint-Laurent 35, 61, 75 M Saint-Laurent 10.00-17.00 mi-do Med dic-med ene W memmtl.ca

Los objetos de este museo, conocido inicialmente como Centre d'Histoire de Montréal, recorren la historia de Montreal, desde los primeros asentamientos indígenas de las Naciones Originarias hasta la edad moderna, con el foco puesto en la vida cotidiana. El museo ocupa un hermoso edificio contemporáneo con grandes ventanales, así como con un cabaret, una *boutique* y un café. "Traces. Places. Memories", la provocadora exposición permanente del museo, ilustra cinco hitos históricos de la ciudad, empezando con el encuentro en 1535 de los pueblos de las Naciones Originarias con los europeos, y terminando con el apogeo cultural de la década de 1960. Las plantas segunda y tercera albergan exposiciones temporales, en las que se muestran los avances de la ciudad y sus gentes. En la tercera planta hay un mirador con vistas panorámicas del Vieux-Port y Vieux-Montréal.

26

McCord Museum

B2 690 rue Sherbrooke St O Central Station 24 M McGill 10.00-18.00 ma, ju y vi, 10.00-21.00 mi, 10.00-17.00 sá-do (jul-ago: también lu) W musee-mccord-stewart.ca/en

El abogado David Ross McCord (1844-1930) fue un ávido coleccionista de prácticamente todo lo que tuviera que ver con la vida en Canadá: libros, fotografías, joyas, muebles, ropa, documentos, cuadros, juguetes

y cerámica. En 1919 donó sus considerables adquisiciones a la McGill University para que se creara un museo de historia social de Canadá. La colección, compuesta hoy por más de un millón y medio de objetos, ocupa un señorial edificio de caliza que funcionó en otro tiempo como centro social para los estudiantes de McGill. El museo cuenta con una buena sección de historia temprana, una muestra excepcional de arte tradicional y una destacada colección de objetos indígenas e inuit, que incluye ropa, armas, joyas y cerámica. Una sala se consagra a la historia social de Montreal. Lo más preciado del museo es una amplia colección de fotografías que registran todos los detalles de la vida cotidiana en el Montreal del siglo XIX.

↑ Centre des Sciences de Montréal, con una gigantesca estructura molecular en la escalera de acceso

27

Centre des Sciences de Montréal

D2 King Edward Quay Central Station 715 Place d'Armes 10.00-17.00 diario montrealsciencecentre.com

Este inmenso y luminoso edificio que domina el King Edward Quay en el Vieux-Port alberga diversas exposiciones, permanentes y temporales, dedicadas a la tecnología, la ingeniería y la ciencia. Una de las muestras permanentes, Water in the Universe, explica lo que ocultan a nivel científico las moléculas de agua y la cruzada por encontrar en el espacio fuentes alternativas de agua. Es una experiencia atractiva para todas las edades e incluye una roca de la luna que se puede tocar.

Junto al Centre des Sciences se halla el cine IMAX Telus, que proyecta documentales didácticos en 3D en su inmensa pantalla. El precio de la entrada puede variar mucho en función de la combinación de exposiciones y películas que se elija.

← La cálida fachada de ladrillo rojo del Centre d'histoire de Montréal

28

Maison Saint-Gabriel

B2 2146 place de Dublin Charlevoix, Square Victoria 57, 61 Los horarios varían, consultar página web maisonsaint-gabriel.ca

Este pedacito aislado de Nueva Francia parece perdido entre los bloques de viviendas del barrio obrero de Pointe-Saint-Charles. Era una granja hasta que la formidable Marguerite Bourgeoys –primera maestra de Montreal, hoy una santa canonizada– la compró en 1668 como residencia para la orden religiosa que había fundado en 1655.

La casa, reconstruida en 1698 tras un incendio, es un bello ejemplo de arquitectura del siglo XVII, con gruesos muros de piedra y un empinadísimo tejado a dos aguas sobre la compleja estructura original de vigas de madera.

Marguerite Bourgeoys y sus incansables hermanas trabajaban en la granja y dirigían un colegio para hijos de indígenas y de colonos. También hospedaban y educaban a las *filles du roy* (hijas del rey), jóvenes huérfanas a las que enviaban al extranjero para que se convirtieran en las mujeres de la nueva colonia. La Maison Saint-Gabriel, que es hoy un museo y un lugar de interés histórico, se inauguró en 1966. El propio edificio tiene más de 300 años y la capilla, la cocina, el dormitorio y los salones están llenos de objetos del siglo XVII, dispuestos como si aún se usaran. Entre ellos está el escritorio de la propia Marguerite Bourgeoys y unas magníficas vestiduras bordadas por un rico ermitaño que vivía en la propiedad.

CURIOSIDADES
The Village

Situado en la Rue Saint-Catherine E, a pocos pasos del Centre des Sciences de Montréal, The Village es el corazón de la comunidad LGTBIQ+ de la ciudad. Esta zona inclusiva alberga más de 200 restaurantes, tiendas y bares, todos ellos con un ambiente muy acogedor.

UN PASEO
VIEUX-MONTRÉAL

Distancia 1 km (0,5 millas) **Tiempo** 15 minutos
Metro Place-d'Armes

Iglesias históricas, calles adoquinadas, calesas tiradas por caballos y un ajetreado puerto internacional, así es Vieux-Montréal (el viejo Montreal). Se trata de la parte más antigua de la ciudad, donde sus fundadores construyeron el pueblo católico que en 1642 acabaría convirtiéndose en Montreal, junto al río San Lorenzo. Cuando la ciudad se expandió a mediados del siglo XX, Vieux-Montréal entró en declive, para renacer de nuevo en la década de 1980. Las casas del siglo XVIII conservadas se transformaron en restaurantes de lujo, bistrós elegantes y exclusivas *boutiques*. Hoy, el barrio antiguo representa el lado romántico, la cultura y la alegría de vivir de la metrópolis, mientras que la actividad constante de los supercargueros y cruceros en el Vieux-Port recuerda que Montreal es la puerta hacia el mar de los Grandes Lagos.

←
Impresionante interior de la Basilique Notre-Dame-de-Montréal

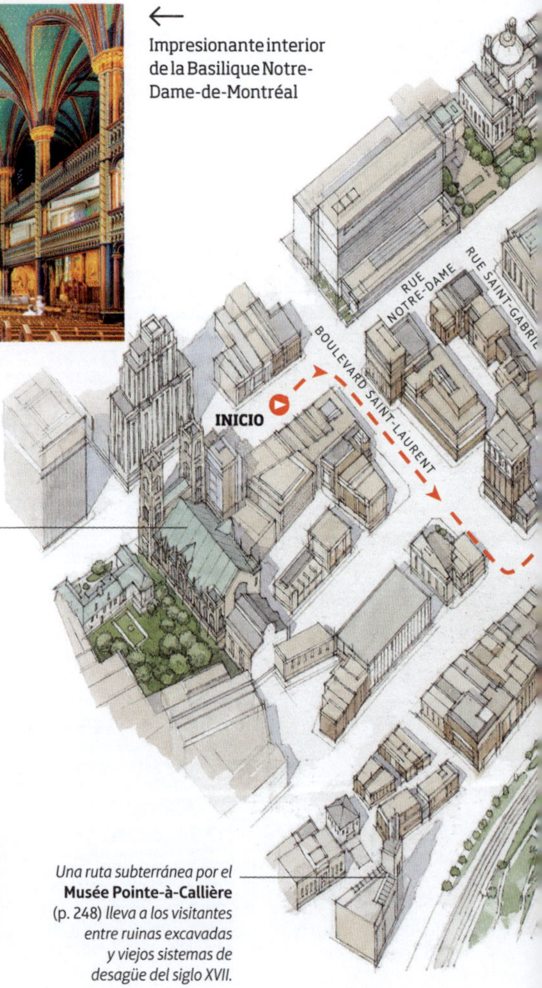

Una de las iglesias más espléndidas de Norteamérica, la **Basilique Notre-Dame-de-Montréal** (p. 242), *de 1829, es la joya católica de la ciudad, con un interior decorado de forma espectacular.*

Una ruta subterránea por el **Musée Pointe-à-Callière** (p. 248) *lleva a los visitantes entre ruinas excavadas y viejos sistemas de desagüe del siglo XVII.*

¿Lo sabías?

Los primeros colonos del siglo XVII llamaron a Montreal Ville-Marie.

El **Hôtel de Ville** *se construyó en estilo segundo imperio en 1872-1878 y se restauró en 1926. El vestíbulo de mármol alberga una estatua del primer alcalde de Montreal.*

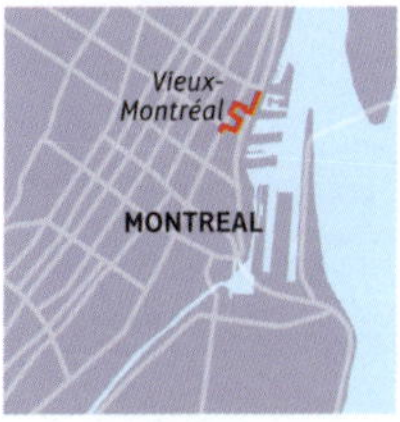

Plano de situación
Para más detalles ver p. 240

Antigua sede del gobierno municipal de Montreal, el dieciochesco **Château Ramezay** (p. 250) *rinde tributo a los colonos de Quebec con su bello museo de herramientas y objetos antiguos.*

Hogar espiritual de los marineros de Quebec, la **Chapelle Notre-Dame-de-Bonsecours** *ofrece bellas vistas del río desde su torre.*

La elegante fachada neorrenacentista del **Marché Bonsecours** *oculta su animada historia, desde sus primeros días en el siglo XIX como sede del Parlamento de Canadá hasta su época de mercado de verduras.*

↑ La grandiosa fachada del siglo XIX del Marché Bonsecours

Le Forgeron D'or
ABM

Paseando entre las tiendas de la Rue du Petit-Champlain

QUEBEC CAPITAL

Corazón y alma del Canadá francés, Quebec capital se extiende sobre los acantilados de Cap Diamant, desde donde domina el río San Lorenzo. Esta comunidad, una de las más antiguas del continente americano, fue un poblado iroqués durante miles de años hasta que el navegante francés Jacques Cartier desembarcara aquí en 1535. Cartier fundó en 1541 Fort Charlesbourg-Royal, el asentamiento francés más antiguo conocido en América del Norte. El fuerte fue abandonado un año después, en buena medida por la hostilidad de los iroqueses y los crudos inviernos. En los 80 años siguientes, la población iroquesa estuvo a punto de desaparecer y habitaron la zona los inuit y los algonquines, que recibían visitas frecuentes de los comerciantes de pieles europeos. No fue hasta 1608 cuando Samuel de Champlain fundó la ciudad de Quebec como colonia de Nueva Francia.

Convertida hoy en capital de la provincia homónima y sede del gobierno regional, es además el núcleo del nacionalismo francocanadiense. Quebec es una ciudad prácticamente francófona y de aire europeo, todas sus callejuelas merecen una visita. El ambiente y la arquitectura europeos, así como la crucial importancia histórica de la ciudad, contribuyeron a que en 1985 la Unesco declarara el barrio histórico Vieux-Québec Patrimonio de la Humanidad.

QUEBEC CAPITAL

Esencial

1. La Citadelle
2. Place-Royale
3. Basilique-Cathédrale Notre-Dame de Québec

Lugares de interés

4. Musée National des Beaux-Arts du Québec
5. Fairmont Le Château Frontenac
6. Terrasse Dufferin
7. Musée de la Civilisation
8. Musée du Fort
9. Place d'Armes
10. Monastère des Ursulines
11. Hôtel de Ville
12. Rue du Trésor
13. Rue du Petit-Champlain
14. Séminaire de Québec

Dónde comer

① Bistro L'Orygine
② Pub l'Oncle Antoine
③ Buffet de l'Antiquaire
④ La Galette Libanaise
⑤ Le Mezzé Taverna Grecque

Dónde comprar

⑥ Galerie Art Inuit Brousseau
⑦ La Boutique de Noël de Québec
⑧ Roots

D
E
F
Marina du Port de Québec
0 metros 250
0 yardas 250
N
Bassin Louise
Marché du Vieux-Port
Espace 400e Bell
Musée Naval de Québec
Pointe á Carcy
Agora de Vieux-Port
VIEUX-PORT
RUE DALHOUSIE
QUAI SAINT-ANDRÉ
RUE SAINT-PAUL
CÔTE DE LA CANOTERIE
RUE DES REMPARTS
RUE SOUS-LE-CAP
3
RUE ST-PAUL
RUE BELL
RUE DE LA BARRICADE
RUE HÉBERT
RUE DE L'UNIVERSITÉ
RUE DE CHARLEVOIX
RUE COUILLARD
RUE FERLAND
RUE SAINTE-FAMILLE
RUE SAINT-PIERRE
RUE DU SAULT-AU-MATELOT
Séminaire de Québec 14
Musée Bon-Pasteur
RUE GAMEAU
RUE SAINT-JEAN
Musée de l'Amérique-Française
7 Musée de la Civilisation
RUE ST-ANTOINE
Basilique-Cathédrale Notre-Dame de Québec 3
PLACE DES CONOTIERS
RUE CHAUVEAU
11 Hôtel de Ville
RUE DES JARDINS
RUE DE BUADE
8 7
Parc Montmorency
CÔTE DE LA MONTAGNE
RUE DU PORCHE
RUE COOK
RUE STE-ANNE
RUE DU TRÉSOR
RUE DU FORT
i
8 Musée du Fort
Place-Royale 2
2 1
PLACE DE PARIS
VIEUX-QUÉBEC
9 Place d'Armes
Terrasse Dufferin
Notre-Dame-des-Victoires
RUE SOUS-LE-FORT
Monastère des Ursulines 10
Rue du Trésor 12
6
5 Fairmont Le Château Frontenac
Maison Chevalier
RUE SAINT-LOUIS
6
RUE SAINTE-URSULE
RUE DE LA PORTE
RUE MONT-CARMEL
RUE DES CARRIÈRES
TERRASSE DUFFERIN
RUE DU PETIT-CHAMPLAIN
BLVD CHAMPLAIN
Lévis
Parc du Cavalier du Moulin
Jardin des Gouverneurs
13 Rue du Petit-Champlain
Sanctuaire Notre-Dame du Sacré-Coeur
RUE DES GRISONS
RUE STE-GENEVIÈVE
AVENUE
RUE DE BRÉBEUF
PLACE TERRASSE-DUFFERIN
AVENUE SAINT-DENIS
Parc Bastion de la Reine
San Lorenzo
La Citadelle 1
BOULEVARD CHAMPLAIN
AVENUE DU CAP-DIAMANT
QUEBEC CAPITAL
1
2
3
4
5

1

LA CITADELLE

D4 1 côte de la Citadelle May-oct: 9.00-17.30 diario; nov-abr: 10.00-17.30 diario lacitadelle.qc.ca

Situado en lo alto de Cap Diamant, este impresionante conjunto de 10 edificios en forma de estrella es la fortificación militar más grande de Norteamérica. Hoy acoge al 22º Regimiento Real del Ejército de Canadá y durante el verano los visitantes pueden presenciar ceremonias militares.

La Ciudadela, que vigila desde arriba el río San Lorenzo, empezaron a construirla los franceses en 1693, aunque muchas de las fortificaciones las levantaron los británicos entre 1820 y 1850 para defender Quebec de un temido ataque estadounidense que nunca se materializó. Hoy se puede visitar la fortaleza y ver a los soldados en sus tareas diarias y haciendo la instrucción.

Uno de los momentos destacados de la visita es el cambio de guardia, que se celebra a las 10.00 todos los días del 24 de junio hasta el Día del Trabajo. Los soldados de relevo marchan al ritmo de la banda de metal para sustituir a los otros soldados en su tarea. En el acto les acompaña la cabra Batisse, mascota del regimiento. Todos los días a las 12.00 y a las 21.30 en los meses de verano, los visitantes pueden presenciar también cómo se dispara ceremonialmente un cañón desde la ciudadela.

Otros puntos de interés son la espléndida Residencia del gobernador, residencia oficial del gobernador general de Canadá desde el siglo XIX; el reducto de Cap Diamant, la estructura más antigua del fuerte; un polvorín reconvertido en capilla; y la neoclásica puerta Dalhousie, entrada original a La Citadelle. Hay también dos museos fascinantes que repasan la historia del Royal 22e Régiment, donde se exhiben entre otras cosas excepcionales documentos militares y armamento antiguo.

¿Lo sabías?

Desde 1955, el Royal 22e Régiment ha tenido al menos 10 cabras como mascota, todas llamadas Batisse.

Vista aérea de las famosas murallas en forma de estrella de La Citadelle

Esencial ☆

1 Desde los muros que se asoman sobre el Vieux-Québec se ve el tejado del Fairmont Le Château Frontena.

2 En el complejo de La Citadelle hay un histórico cañón situado delante de los barracones.

3 Una banda de metal acompaña la ceremonia del cambio de guardia, realizada por el 22º Regimiento Real del Ejército de Canadá.

EL 22º REGIMIENTO REAL

Royal 22e Régiment, en francés, coloquialmente conocido como el Van Doos (pronunciación a la inglesa del francés *vingt-deux*, veintidós). El 2º batallón de este regimiento es la guardia de La Citadelle desde 1969. Este prestigioso grupo fue reconocido por su valor en la guerra de Corea (1950-1953) y por su labor en fuerzas de paz desde entonces. Su uniforme de gala, de diseño británico, se compone de una casaca roja y un gorro alto de piel de oso.

2

PLACE-ROYALE

E3 Rue Notre-Dame 1, 11

Esta bella plaza adoquinada, que es espiritual y literalmente el corazón de la ciudad, fue testigo del nacimiento de Nueva Francia. Rodeada por edificios de piedra del siglo XVII restaurados, en ella levantó Samuel de Champlain la primera edificación de la ciudad en 1608.

De todas las plazas de Canadá, esta es sin duda la que tiene más historia. Se cree que Samuel de Champlain, fundador de Quebec, plantó su jardín y puesto comercial en este lugar, y el gobernador colonial Frontenac lo convirtió en mercado en 1673. En 1686 se instaló un busto de Luis XIV y la plaza fue bautizada Place-Royale. Hoy se conserva prácticamente igual que en el siglo XVII, con su elegancia y su grandiosidad. Sus casas de tejados apuntados fueron hogar de ricos comerciantes, pero la plaza entró en declive en el siglo XIX. Hoy está completamente restaurada y es frecuentada por artistas callejeros.

↑ Coloridos tejados y paredes de piedra de los edificios en torno a la histórica Place-Royale

Esencial

Cronología

1608

▲ Samuel de Champlain construye el primer asentamiento de Quebec en este lugar.

1759

El ejército británico destruye gran parte de la ciudad: la Place-Royale queda en ruinas.

1815-1860

Con la Revolución Industrial, la plaza pierde su función de centro de comercio.

1967

▼ El Gobierno invierte en la reforma de la plaza para devolverle su antiguo esplendor.

Église Notre-Dame-des-Victoires

A pesar de ser pequeña, esta encantadora iglesia católica domina la plaza. Se trata de una de las iglesias más antiguas de Norteamérica: se construyó en 1688 sobre las ruinas del primer puesto avanzado de Samuel de Champlain. El edificio resultó bastante dañado en la batalla de las Llanuras de Abraham en 1759 –una batalla breve pero importante durante la guerra de los Siete Años–, pero se reconstruyó poco después. La iglesia abre a los visitantes todos los días en verano y la entrada es gratis. Dentro hay bonitos cuadros de los siglos XVIII y XIX.

Bistro L'Orygine

Situado justo detrás de la Place-Royale, en el corazón del Vieux-Québec, este restaurante que aúna elegancia y estilo ofrece una fantástica carta de cocina canadiense. También hay un montón de opciones para veganos.

36 rue Saint-Pierre
lu **lorygine.com**

$$$

Pub l'Oncle Antoine

Este acogedor *pub* alojado en un antiguo almacén del siglo XVII ofrece sopa de cebolla francesa y bebidas únicas.

29 rue Saint-Pierre

$$$

←

Las encantadoras calles adoquinadas del centro histórico de Quebec

3

BASILIQUE-CATHÉDRALE NOTRE-DAME DE QUÉBEC

E2 16 rue de Buade 11 Diario holydoorquebec.ca

Esta magnífica catedral es la sede de la archidiócesis católica de Quebec, cuya diócesis llegaba en otro tiempo hasta México. A pesar de las diversas restauraciones necesarias después de incendios –y batallas–, conserva una notable unidad de estilo.

La primera iglesia construida aquí data de 1647 y aún quedan intactas algunas porciones de los muros y del campanario originales. Gran parte del exterior se debe a la reconstrucción terminada en 1771. El interior neobarroco se rehízo también tras un incendio devastador en 1922. Se han empleado algunos materiales modernos, pero con tacto, para recrear la sensación de ligereza; las luminosas vidrieras de las ventanas, los ricos dorados y el gracioso baldaquino que se eleva sobre el altar mayor contribuyen también a este efecto. Se pueden ver tesoros eclesiásticos y pinturas de la época del régimen francés, incluyendo una lámpara de altar regalo de Luis XIV.

Para la celebración del 350 aniversario de la catedral, el papa autorizó que se construyera una puerta santa: solo existen ocho en el mundo, dos fuera de Europa. Se abrirá de nuevo en 2025.

La gran cripta de la catedral fue el primer cementerio de Quebec. Hay más de 900 cuerpos enterrados bajo el altar, incluidos 20 obispos y cuatro gobernadores de Nueva Francia. Se dice que Samuel de Champlain está enterrado en algún lugar cerca de la catedral. Los arqueólogos llevan buscando su tumba desde la década de 1850.

↑ El alto techo y el altar bañado en oro de la catedral

Esencial ☆

¿Lo sabías?

En verano, con las visitas guiadas se puede descender a la cripta pagando una pequeña cantidad.

↑ La pálida piedra del exterior de la catedral iluminada por el brillo de las farolas

LUGARES DE INTERÉS

4

Musée National des Beaux-Arts du Québec

A5 **179 Grande Allée Ouest** **10.00-18.00 diario** **Festivos** **mnbaq.org**

El MNBAQ, que posee más de 30.000 obras, está dedicado a artistas de Quebec y recoge trabajos desde el siglo XVII hasta la actualidad. La colección se reparte en cuatro pabellones, conectados entre sí por túneles subterráneos. Es especialmente interesante el Charles-Baillairgé Pavilion, una antigua cárcel de 1861. Se han conservado algunas celdas, que permiten ver las condiciones originales de la prisión. The Central Pavilion tiene un magnífico jardín en la azotea y en el jardín de esculturas se pueden admirar 15 obras.

5

Fairmont Le Château Frontenac

E3 **1 rue des Carrières** **fairmont.com/frontenac-quebec**

Este emblemático edificio de tejado de cobre, que marca el perfil del casco histórico de Quebec y contempla el río desde los acantilados, es un hotel de lujo construido por la Canadian Pacific Railway. En el siglo XIX, el arquitecto estadounidense Bruce Price diseñó el hotel como un enorme castillo francés con decenas de torrecillas, torres y un altísimo tejado tachonado con filas de buhardillas. La construcción se alargó durante casi un siglo después de que se inaugurara la primera sección del hotel en 1893. Se completó en 1993. El hotel de piedra y ladrillo cuenta hoy con 611 habitaciones, dos exclusivos restaurantes y áreas públicas muy elegantes.

¿Lo sabías?

Construida en 1884, Les Glissades de la Terrasse está considerada una de las primeras atracciones turísticas de la ciudad de Quebec.

6

Terrasse Dufferin

E3

Esta plataforma de madera en lo alto de Cap Diamant llega desde el Fairmont Le Château Frontenac hasta el extremo de La Citadelle. Está equipada con multitud de bancos y kioscos, y ofrece unas vistas absolutamente magníficas del río, los montes Laurentinos y la Île d'Orléans. Se construyó en 1879 y se extiende 425 m a lo largo de la ciudad. Durante el invierno, se instala en la terraza una impresionante rampa de hielo para lanzarse en trineo, conocida como Les Glissades de la Terrasse. En los meses de verano, se llena de artistas callejeros a lo largo del serpenteante paseo.

Interior y exterior *(izquierda)* del Pierre Lassonde Pavilion en el MNBAQ

La Terrasse Dufferin en invierno, con la rampa de hielo instalada

7

Musée de la Civilisation

E2 85 rue Dalhousie
Fin jun-prin sep: 10.00-17.00 diario; prin sep-fin jun: 10.00-17.00 ma-do
mcq.org

El conocido arquitecto israelí-canadiense Moshe Safdie diseñó este edificio contemporáneo de piedra caliza y cristal en la Basse-Ville para albergar el museo de historia y cultura de Quebec. A pesar de su aire moderno, ha ganado varios premios por adaptarse perfectamente a su entorno histórico. También forman parte del museo tres edificios antiguos, entre ellos la Maison d'Estèbe, una casa de mercaderes del siglo XVIII. En el museo destaca la exposición C'est notre histoire, sobre la historia de las Naciones Originarias y los indígenas en Quebec. Y también la exhibición de los restos de un esquife francés de 250 años de antigüedad. Muchas muestras son interactivas y habitualmente hay talleres para familias, en los cuales se anima a los participantes a probarse trajes de distintas épocas. El acceso a todos los talleres está incluido en la entrada general.

8

Musée du Fort

E3 10 rue Sainte-Anne
Diario Festivos
museedufort.com

La historia militar cobra vida en este museo a través de unos sorprendentes espectáculos de sonido y luz que recrean seis episodios militares de la ciudad, incluidas la famosa batalla de las Llanuras de Abraham y la marcha de Benedict Arnold sobre Quebec. Hay además una colección de reliquias bélicas y una maqueta de 37 m² de la ciudad de Quebec y las regiones de alrededor como eran en 1750, que permite apreciar la gran importancia estratégica de esta ciudad. En la tienda tienen una maravillosa selección de libros históricos, además de recuerdos interesantes.

A pesar de su aire moderno, el edificio del Musée de la Civilisation ha ganado varios premios por adaptarse perfectamente a su entorno histórico.

Buffet de l'Antiquaire

Este emblemático comedor sirve la mejor comida casera quebequesa. No hay que perderse el desayuno de *poutine*, a base de patata.

E2 95 rue Saint-Paul
lebuffetdelantiquaire.com

$

La Galette Libanaise

El bocadillo al estilo libanés, rápido y recién hecho. Para llevar o comer en el local.

B4 641 Grande Allée Est lagalettelibanaise.com

$

Le Mezzé Taverna Grecque

Se sirve la mejor comida griega de la ciudad. Es muy recomendable reservar con antelación.

A5 95 chemin Ste-Foy do-ma
signemclepage.com

$$

9
Place d'Armes

E3

En otro tiempo los soldados coloniales franceses utilizaron esta bonita plaza ajardinada al norte del Fairmont Le Château Frontenac para sus desfiles. En el centro, el Monument de la Foi conmemora el tercer centenario de la llegada en 1615 de los misioneros católicos recoletos, dedicados a convertir a los pueblos indígenas. Junto a la bonita catedral anglicana se alza el antiguo Palais de Justice, un grandioso palacio de principios del siglo XIX. Enfrente, el Musée du Fort *(p. 271)* contiene una maqueta a gran escala de la ciudad de Quebec en el siglo XIX.

10
Monastère des Ursulines

D3 12 rue Donnacona (418) 694 0694 Diario

En 1639, la madre Marie de l'Incarnation importó la Orden de las Ursulinas a Quebec, y en 1641 supervisó la construcción de su convento, más tarde destruido por las llamas. Hoy se pueden visitar dos alas que se reconstruyeron entre 1686 y 1721, Saint-Augustin y Sainte-Famille. Originalmente rodeado por jardines de árboles frutales, el complejo ha ido cambiando a lo largo de los últimos cuatro siglos. Uno de los edificios alberga el que fue el colegio femenino más antiguo de Norteamérica (desde 2010 también se admiten chicos). Todavía viven y trabajan aquí cerca de cien monjas, por lo que el acceso es limitado. La capilla bellamente decorada y las antigüedades francesas –instrumentos científicos, muebles estilo Luis XIII, cuadros y bordados– se pueden ver en el Musée des Ursulines, donde se explica también la historia de los logros educativos y misioneros de las monjas. La notable madre Marie elaboró los primeros diccionarios de hurón, algonquino e iroqués, de los que se exhiben copias junto a bordados y vestimentas litúrgicas de los siglos XVII al XIX.

←

El Monument de la Foi, que se alza sobre la Place d'Armes

11
Hôtel de Ville

D2 2 rue des Jardins (418) 641 6311 8.30-16.30 diario

El edificio del ayuntamiento se halla en el extremo oeste de la Rue de Buade, muy popular entre los artistas quebequenses para exponer y vender sus obras. Inaugurado en 1896 –y sede aún del consistorio– se construyó donde estaba el College des Jésuites, un edificio importante en Nueva Francia. Los jardines atraen a vecinos y visitantes: el parque cuenta con fuentes perfectas para refrescarse y muchos lugares donde disfrutar de un pícnic en verano. En invierno acoge un animado mercado de Navidad alemán.

↑ Rue du Petit-Champlain con sus luces festivas en las semanas previas a la Navidad

12

Rue du Trésor

D3

Al otro lado de la Rue de Buade desde la catedral Holy Trinity, esta callecita diminuta es toda una institución en Quebec. Cerrada al tráfico, en verano se llena de turistas que desean ser retratados o caricaturizados por los artistas callejeros que se reúnen aquí. La tradición nació en la década de 1960, cuando dos jóvenes artistas colgaron aquí sus obras para evitar el proceso de las galerías, y otros muchos siguieron su ejemplo.

CONSEJO DK
Navidad

Si se visita Quebec en la época navideña, el mercado de navidad alemán del Hôtel de Ville es un buen lugar para escuchar villancicos y probar dulces.

13

Rue du Petit-Champlain

E3 quartierpetitchamplain.com

La escalera más antigua de la ciudad –la llaman *Escalier Casse-Cou* (escalera rompe-cuellos)– desciende desde la Haute-Ville, pasando por muchas tiendas de regalos, hasta esta calle pequeña y estrecha de la zona antigua. Los artesanos franceses empezaron a construir sus casas aquí en la década de 1680, y los estibadores irlandeses se instalaron en el siglo XIX. Se conservó gran parte de la arquitectura histórica, pero la zona decayó a principios del siglo XX. Hoy aquellas casas de trabajadores se han reconvertido en 50 tiendas de arte, especialidades y restaurantes, y la corta calle peatonal es uno de los puntos más animados del casco antiguo. Suele estar llena de gente, pero hay algunas tiendas interesantes.

14

Séminaire de Québec

E2 1 rue des Remparts
(418) 692 3981
Verano

En 1663, François de Laval, primer obispo de Quebec, construyó un seminario junto a la catedral para formar a los sacerdotes católicos. Con los siglos ha experimentado varias ampliaciones, y hoy compone un elegante complejo de edificios alrededor de un tranquilo patio. En el interior, unos magníficos paneles de madera del siglo XVIII cubren las paredes de la capilla.

Galerie Art Inuit Brousseau
Una buena galería que promueve obras de artistas inuit, en especial la escultura.

D3 35 rue Saint Louis artinuitbrousseau.ca

La Boutique de Noël de Québec
Sea cual sea el momento del año, en esta tienda siempre es Navidad; lo tienen todo en decoración y adornos.

D2 47 rue de Buade boutiquedenoel.ca

Roots
Esta marca canadiense de ropa de sport ofrece ropa y accesorios para todas las edades. Y todo con su distintivo logo: un castor.

D2 49 rue de Buade roots.com

UN PASEO
QUEBEC CAPITAL

Distancia 1 km (0,5 millas) **Tiempo** 15 minutos
Parada de autobús Des Jardins

Con una bonita ubicación ribereña, edificios antiguos y calles adoquinadas –todo lo cual le valió la declaración de Patrimonio de la Humanidad en 1985–, el Vieux-Québec (conocido también como Basse-Ville, Ciudad Baja) es un oasis peatonal. En lo alto de Cap Diamant, con vistas al río San Lorenzo y los montes Laurentinos, esta parte de la ciudad es muy rica culturalmente. Es toda una experiencia pasear por las calles y las serpenteantes escaleras, entre bellos edificios bien preservados y animados cafés.

↑ Elegante interior de la Basilique-Cathédrale Notre-Dame de Québec

Construida en 1647, la **Basilique-Cathédral Notre-Dame de Québec** *exhibe reliquias y cuadros de maestros del antiguo régimen francés.*

La elegante fachada neoclásica de piedra de la **Holy Trinity Anglican Cathedral** *(1804) oculta un interior inglés de roble.*

Fairmont Le Château Frontenac, *uno de los edificios más emblemáticos de Quebec, domina el perfil de la ciudad desde 1893 y cuenta con 611 lujosas habitaciones.*

↑ La preciosa Place-Royale, donde estuvo el primer asentamiento de Nueva Francia

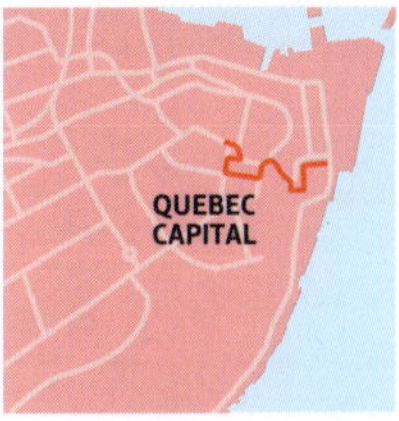

Plano de situación

Para más detalles ver p. 262

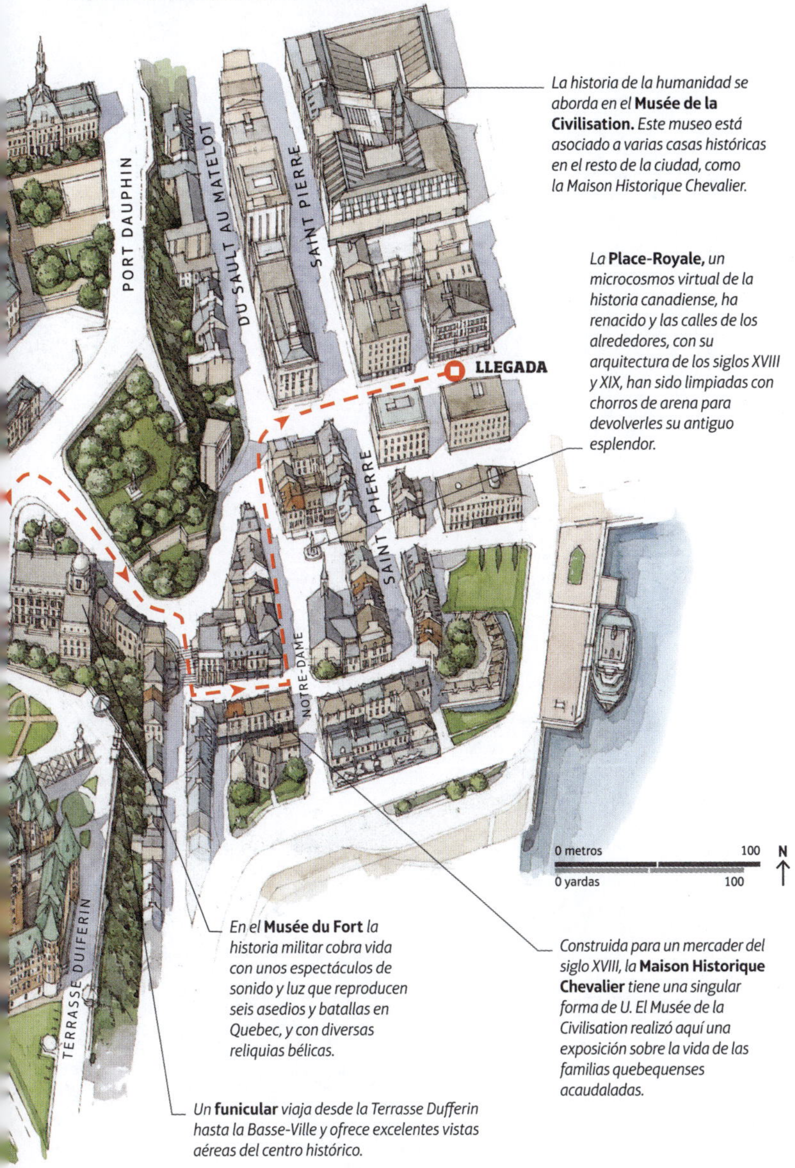

La historia de la humanidad se aborda en el ***Musée de la Civilisation.*** *Este museo está asociado a varias casas históricas en el resto de la ciudad, como la Maison Historique Chevalier.*

La ***Place-Royale,*** *un microcosmos virtual de la historia canadiense, ha renacido y las calles de los alrededores, con su arquitectura de los siglos XVIII y XIX, han sido limpiadas con chorros de arena para devolverles su antiguo esplendor.*

En el ***Musée du Fort*** *la historia militar cobra vida con unos espectáculos de sonido y luz que reproducen seis asedios y batallas en Quebec, y con diversas reliquias bélicas.*

Construida para un mercader del siglo XVIII, la ***Maison Historique Chevalier*** *tiene una singular forma de U. El Musée de la Civilisation realizó aquí una exposición sobre la vida de las familias quebequenses acaudaladas.*

Un ***funicular*** *viaja desde la Terrasse Dufferin hasta la Basse-Ville y ofrece excelentes vistas aéreas del centro histórico.*

540 ml
Sirop d'érable
PUR
PRODUIT DU QUÉBEC, CANADA
RÉFRIGÉRER APRÈS L'OUVERTURE
FAIT AU CANADA
PURE
Maple Syrup
540 ml
Sirop d'érable

Latas de jarabe de arce local dispuestas para la venta

PROVINCIA DE QUEBEC

Quebec es la provincia más extensa de Canadá, donde predomina el paisaje precámbrico del escudo Canadiense. Los pueblos indígenas han vivido aquí durante más de 11.000 años, incluidos los inuit, que siguen residiendo en las remotas llanuras septentrionales de Nunavik, y los iroqueses, que vivían en el valle del río San Lorenzo, rico en recursos. En 1534 el navegante francés Jacques Cartier remontó sus aguas y se encontró con los iroqueses; al principio recibieron de manera amistosa al recién llegado, pero pronto se dieron cuenta de sus intenciones de conquista, lo que deterioró las relaciones futuras. Cartier reclamó la región para Francia y la llamó Canadá por la palabra iroquesa *kanata* (que significa 'pueblo'). A finales del siglo XVII los colonos (en su mayoría franceses) habían establecido granjas, puestos de comercio de pieles y pueblos pesqueros por todo el territorio. Mientras los franceses establecían sus tierras, los británicos, que habían llegado a Canadá en el siglo XVIII, reclamaban la zona para ellos, lo que creó tensiones entre ambas potencias. Aunque los británicos se impusieron en 1759 (con la incorporación de Quebec al recién formado Dominio de Canadá, bajo el control británico, en 1867), la influencia francesa perduraría. Hoy en día, Quebec es el mayor territorio francófono del mundo fuera de Francia, y más del 93 % de los habitantes se aferran a la cultura heredada de sus antepasados franceses.

Quebec
0 km 300
0 millas 300
N
Kangiqsujuaq
Quaqtaq
Kangirsuk
Península de Ungava
Tasiujaq
Kangiqsualujjuaq
Inukjuak
Kuujjuaq
26
NUNAVIK
Lago Minto
Nain
Mar de Labrador
QUEBEC
Kuujjuarapik
Schefferville
Rigoletall
Chisasibi
Radisson
Embalse de la Grande Deux
Embalse de Caniapiscau
LABRADOR
23
EEYOU ISTCHEE JAMES BAY REGIONAL GOVERNMENT
Eastmain
Rivière-St-Paul
Montes Laurentinos
MINGAN ARCHIPELAGO NATIONAL PARK
9
109
Baie-du-Poste
SEPT-ÎLES
11
138
Baie-Trinité
Île d'Anticosti
113
ROUYN-NORANDA
27
VAL-D'OR
24
San Lorenzo
Península de Gaspé
167
Campbellton
10
ISLAS DE LA MADELEINE
RÉSERVE FAUNIQUE LA VÉRENDRYE
25
Quebec capital
117
Moncton
Nueva Escocia
Montreal
Ottawa
Área cubierta por el mapa
Dolbeau
167
St- Félicien
Roberval
Lac-Bouchette
155
Les Équerres
La Tuque
St-Maurice
Grande-Anse
155
Rivière-Matawin
117
Ste-Anne-du-Lac
Embalse Baskatong
Montes Laurentinos
PARC NATIONAL DE LA MAURICIE
12
St-Tite
St-Ignace-du-Lac
Grand-Mère
Mont-Laurier
Shawinigan
55
131
Parc National de Mont-Tremblant
117
Maniwaki
Rivière-Rouge
Rouge
TROIS-RIVIÈRES
21
St-Gabriel-de-Brandon
Lièvre
105
Lago Tremblant
Lago St-Pierre
Nicolet
Papineau-Labelle Wildlife Reserve
Gracefield
St-Jovite
Rawdon
Sorel-Tracy
Ste-Agathe-des-Monts
JOLIETTE
19
40
309
Lavaltrie
Drummondville
15
St-Jérôme
Repentigny
20
TERREBONNE
20
14
VALLE DEL RICHELIEU
55
Montebello
Lachute
Buckingham
50
Laval
St-Hyacinthe
148
Montreal
SUCRERIE DE LA MONTAGNE
18
22
OKA
Mont St-Hilaire
GATINEAU
2
Ottawa
Aeropuerto internacional de Montréal-Trudeau
Granby
ONTARIO p. 200
10
30
Aeropuerto internacional de Ottawa Macdonald-Cartier
20
Salaberry
Beauharnois
St-Jean
Cowansville
15
ONTARIO
LAGO MEMPHRÉMAGOG
Napierville
Perth
Cornwall
401
Massena
Lago Champlain
Plattsburgh
0 kilómetros 50
0 millas 50
N
ESTADOS UNIDOS

PROVINCIA DE QUEBEC

Esencial

1. Sainte-Anne-de-Beaupré
2. Gatineau

Lugares de interés

3. Tadoussac
4. Río Saguenay
5. Parc de la Chute Montmorency e Île d'Orléans
6. Baie-Comeau
7. Chicoutimi
8. South Shore
9. Mingan Archipelago National Park
10. Islas de la Madeleine
11. Sept-Îles
12. Parc National de la Mauricie
13. Lago Memphrémagog
14. Valle del Richelieu
15. Sainte-Croix
16. Sherbrooke
17. Charlevoix
18. Sucrerie de la Montagne
19. Joliette
20. Terrebonne
21. Trois-Rivières
22. Oka
23. Eeyou Istchee James Bay Regional Government
24. Val d'Or
25. Réserve Faunique La Vérendrye
26. Nunavik
27. Rouyn Noranda

1

SAINTE-ANNE-DE-BEAUPRÉ

10018 ave Royale 8.30-19.00 lu-sá (do: desde 7.30)
sanctuairesainteanne.org

Se trata del centro de peregrinación más antiguo de Norteamérica: su construcción se remonta a 1658. Está dedicado a santa Ana, madre de la Virgen y patrona de Quebec, y es uno de los lugares más sagrados de Canadá.

En la década de 1650, un grupo de marineros llegaron aquí tras sobrevivir a un naufragio e hicieron la promesa de construir una capilla en honor a santa Ana, de quien se dice que tenía poderes sanadores. La actual basílica neorrománica se construyó en 1926-1946 y es la quinta iglesia levantada en este lugar. Acuden cada año más de 800.000 visitantes y los pilares de la entrada están cubiertos de las muletas de los devotos que aseguran que santa Ana los ha curado. El techo abovedado está decorado con mosaicos de oro que relatan la vida de la santa. En un edificio aparte hay una amplia exposición sobre santa Ana y los 300 años de peregrinación a este lugar sagrado.

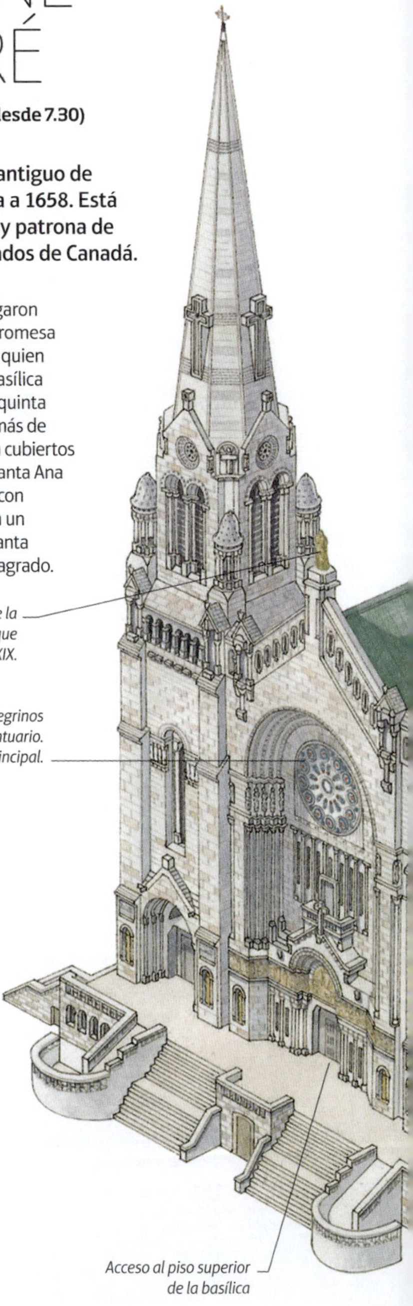

LA BASÍLICA

Santa Ana fue proclamada patrona de Quebec en 1876 y en 1887 se concedió a esta iglesia la condición de basílica. La orden católica de los monjes redentoristas se hizo cargo del santuario en 1878.

Esencial ☆

Ciborio bañado en oro sobre altar, en el interior de Sainte-Anne-de-Beaupré ↑

Una estatua ricamente ornamentada se alza sobre las reliquias de santa Ana en la planta superior.

En el extremo norte del deambulatorio se encuentra una fiel reproducción de La Piedad *de Miguel Ángel.*

→ Estatua de oro que representa a Jesús condenado a muerte, parte del viacrucis

↑ Espectaculares colores otoñales en torno al lago Meech, en el Parc de la Gatineau

2

GATINEAU

Aeropuerto internacional de Ottawa 12 km al sur de la ciudad 200 Tremblay Rd, Ottawa 103 rue Laurier; www.tourismeoutaouais.com

Gatineau (llamado Hull hasta 1992) se encuentra en la orilla opuesta a Ottawa, en la provincia de Quebec, y a menudo se considera que es un homólogo más relajado y divertido de la capital nacional. Ya desde su fundación en el año 1800, sus leyes sobre el alcohol fueron mucho más permisivas que las de Ottawa, y por eso aquí venían a divertirse sus políticos. Gatineau cuenta también con el museo más visitado de Canadá, el Canadian Museum of History, que ofrece un recorrido fascinante por los últimos 1.000 años de historia del país.

①

Parc de la Gatineau

33 Scott Rd Diario
ncc-ccn.gc.ca

Este oasis de 360 km² de lagos y colinas onduladas entre los ríos Gatineau y Ottawa es una zona de recreo de fin de semana para los habitantes de la ciudad. El parque contiene una finca que perteneció al ex primer ministro canadiense William Lyon Mackenzie King, en la cual se pueden ver ruinas de edificios góticos.

↑ Vista nocturna de Alexandra Bridge iluminado, mirando hacia Gatineau

②

Casino du Lac-Leamy

1 boul du Casino
24 h diario
casinos.lotoquebec.com

Tres millones de personas acuden cada año a este rutilante casino, equipado con 1.800 máquinas tragaperras y 64 mesas de juego. Propiedad del Gobierno de Quebec, fue inaugurado en 1996 y se halla en un parque lleno de flores y fuentes. Ofrece diversión las 24 horas, con restaurantes de primera, una animada discoteca y teatro a gran escala en sus instalaciones.

Esencial ☆

Alexandra Bridge, un bonito puente de acero construido en 1900, vadea el río Ottawa y une Ontario con Quebec. Es conocido también como Interprovincial Bridge.

③

Maison du Citoyen

⌂25 rue Laurier ☎(819) 2 43 2345 ◷8.30-16.30 lu-vi

El corazón de este complejo es el Agora, un vasto atrio pensado para servir como lugar de encuentro para los ciudadanos en cualquier época del año y como amplio espacio de descanso para los funcionarios municipales. En el complejo confluyen el Ayuntamiento, una biblioteca, un teatro y una galería de arte.

④

Alexandra Bridge

Este bonito puente de acero construido en 1900 vadea el río Ottawa y une Ontario con Quebec. Es conocido también como Interprovincial Bridge. Se puede cruzar a pie, en bicicleta o en coche, y unos 22.000 vehículos lo hacen a diario. Los peatones pueden disfrutar de buenas vistas del río, del Museo Canadiense de Historia y de los edificios del Parlamento de Ottawa.

⑤

Promenade du Portage

Conectada con los dos puentes principales de la ciudad, esta avenida del centro está llena de animados cafés, restaurantes y hay incluso una microcervecería. El paseo y la cercana Place Aubry son el foco de la estupenda vida nocturna de Gatineau.

Les Brasseurs du Temps

Un animado *pub*-cervecería con una terraza preciosa, instalado en una antigua casa de piedra. Cervezas caseras acompañadas con tapas deliciosas. Tiene su propio museo; los entusiastas de la cerveza artesanal no deben perdérselo.

⌂170 rue Montcalm
brasseursdu temps.com

$$$

La Belle Verte

Agradable restaurante donde degustar una deliciosa variedad de platos veganos, vegetarianos y sin gluten. Los sándwiches y la *pizza* son los platos estrella, pero también hay magníficos postres.

⌂166 rue Eddy
labelleverte.ca

$$$

La Pataterie Hulloise

No hay que buscar más: aquí sirven la mejor *poutine* de Gatineau. Patatas recién cortadas fritas en su punto, una ración generosa de chirriante queso fresco en grano y una capa de salsa de carne suave y sabrosa. Imprescindible para los que ansían volver a probar el plato nacional de Canadá.

⌂311 boul Saint-Joseph
lapataterie hulloise.com

$$$

6

MUSEO CANADIENSE DE LA HISTORIA

100 rue Laurier Los horarios varían, consultar página web historymuseum.ca

Las formas curvas de este espléndido edificio de caliza tienen reminiscencias de glaciares, ríos y olas; un diseño ideal para un museo íntegramente dedicado a Canadá. El espacio exterior ofrece vistas panorámicas de Ottawa y lo que se muestra en el interior es igualmente impresionante: piezas espectaculares con las que se repasa la historia del país desde la prehistoria hasta el presente.

Situado a orillas del río Ottawa, el Museo de Historia Canadiense se construyó en la década de 1980 para convertirse en el depositario de la historia humana del país. El arquitecto Douglas Cardinal quería que las fachadas onduladas de los dos edificios que lo componen reflejaran el paisaje canadiense. La sala más curva, la Canadian Shield Wing, alberga las oficinas del museo, y la Glacier Wing contiene la exposición. La entrada es espectacular: el impresionante Grand Hall contiene la mayor colección de postes totémicos del mundo y es el núcleo arquitectónico del museo. El Children's Museum es también una auténtica maravilla, mientras que el CINE+ Theater ofrece lo último en experiencias cinematográficas.

Postes totémicos con elaboradas tallas dominan el Grand Hall del museo, en la Glacier Wing ↑

El llamativo exterior del museo, con sus particulares formas curvas ↑

¿Lo sabías?

La entrada al museo es gratuita todos los jueves por la tarde, de 17.00 a 19.00.

Lo más destacado

Grand Hall

▼ Además de la colección de postes totémicos, esta gran sala alberga seis casas comunales tradicionales de las Naciones Originarias. También se pueden ver objetos de las Naciones Originarias de la costa noroeste y obras de reconocidos artistas haida.

First Peoples Hall

▶ Situada en la planta 1, en esta sala se destacan los logros históricos, culturales y artísticos de los pueblos de las Naciones Originarias de Canadá, los métis y los inuit en los últimos 20.000 años. Se exhiben objetos cotidianos, como ropa, herramientas, vasijas de piedra, canoas y objetos ceremoniales.

Canadian History Hall

▼ Entre las plantas 3 y 4, estas salas ofrecen un viaje inolvidable por la historia de Canadá, desde los primeros pobladores de hace 15.000 años hasta el presente. Imprescindible la talla en marfil de 3.900 años de antigüedad con el rostro de una mujer.

Canadian Children's Museum

Situado en la planta 2, es un espacio tremendamente popular que organiza exposiciones en las que los niños pueden dar la vuelta al mundo explorando otras culturas. Es totalmente interactivo, con disfraces, juguetes, juegos e incluso un multicolor autobús a tamaño natural.

LUGARES DE INTERÉS

3

Tadoussac

197 rue des Pionniers; www.tadoussac.com

Las viejas calles de este pueblito son un buen punto de partida para explorar el tramo local del río San Lorenzo. En 1600, los comerciantes franceses escogieron este lugar para establecer el primer puesto comercial de pieles en Canadá, al darse cuenta de que los pueblos de las Naciones Originarias llevaban generaciones realizando aquí tratos comerciales y negociaciones. En el siglo XIX, se construyó el primer Hôtel Tadoussac y comenzaron a llegar barcos de vapor llenos de turistas adinerados en busca de su agreste belleza.

Lo cierto es que los paisajes justifican dos siglos de turismo. Con los acantilados rocosos y las altas dunas de arena como fondo, el pueblo se asoma al estuario que forma la confluencia de los ríos San Lorenzo y Saguenay. En el pueblo son populares la recreación del puesto comercial del siglo XVII y la Petite Chapelle, la iglesia de madera más antigua de Canadá (1747). Sin embargo, el mayor atractivo está en el agua. Abundan las excursiones para observar a las ballenas que nadan en el estuario, cuyas magníficas condiciones naturales mantienen a una colonia de belugas, a las que en verano se unen rorcuales aliblancos y comunes, y ballenas jorobadas y azules.

4

Río Saguenay

Jonquière Chicoutimi 412 boul Saguenay E, Chicoutimi; www.saguenaylacsaintjean.ca

El Saguenay fluye a través del fiordo natural más meridional de Norteamérica. Lo formó un glaciar en retroceso que abrió una grieta en la corteza terrestre durante la última glaciación, hace 10.000 años. Las aguas profundas (hasta 300 m) recorren 155 km bajo altísimos acantilados. Debido a su excepcional profundidad, los transatlánticos pueden subir hasta La Baie, un municipio de Saguenay.

El río Saguenay, que fluye desde el lago Saint-Jean hasta el estuario del San Lorenzo, es famoso por sus frondosas riberas y por la fauna abundante. Gran parte del bonito Bas Saguenay, la mitad inferior del río, es un parque marítimo nacional con una saludable población de ballenas.

Desde la orilla occidental de Cap Trinité, un acantilado que se eleva sobre el canal, hay unas bonitas vistas del fiordo.

5

Parc de la Chute Montmorency e Île d'Orléans

Montmorency Falls: 5300 boul Sainte-Anne; (418) 663 3330; www.sepaq.com/montmorencyfalls

Montmorency Falls, 13 km al noreste de Quebec capital, son las cascadas más famosas de la provincia de Quebec. 30 m más altas que las cataratas del

↑ Un pueblo cubierto de escarcha en las orillas del ancho río Saguenay

TOP 3 OBSERVAR BALLENAS

Croisières
croisieresaml.com
Se puede elegir entre barcas estilo zódiac o embarcaciones más estables para salir en busca de ballenas y focas en su hábitat.

Les Écumeurs du St. Laurent
lesecumeurs.com
Si lo que se busca es buena relación calidad-precio, las excursiones en las pequeñas zódiac de esta empresa son una buena opción económica.

Mer et Monde
meretmonde.ca
Excursiones en kayak de mar con guía, que permiten acercarse mucho a las ballenas de la región.

Las imponentes Montmorency Falls en un precioso otoño ↑

Niágara, se forman cuando el río Montmorency vierte sus aguas en el San Lorenzo. En el parque que rodea a las cascadas hay un puente colgante, un teleférico, una tirolina de 300 m y senderos que trepan por los riscos.

Un puente cercano cruza el río hasta la Île d'Orléans, en cuyos pueblos se puede tener una fascinante visión de la vida rural de Quebec.

6

Baie-Comeau

337 La Salle; www.ville.baie-comeau.qc.ca

Este pueblo de tamaño medio debe su existencia al periódico *Chicago Tribune*, que en 1936 construyó un molino cerca de la desembocadura del río Manicouagan para proveer de papel a sus prensas. Declarado Barrio Histórico en 1985, la zona más antigua de Baie-Comeau es el Quartier Amélie.

La industria papelera sigue siendo vital para la zona, pero Baie-Comeau es más importante hoy por ser el acceso al enorme complejo hidroeléctrico de Manic-Outardes, situado en la Hwy 389. La estructura más espectacular es Manic-5, a 212 km al norte de Baie-Comeau, cuya presa arqueada Daniel Johnson retiene un gigantesco embalse que ocupa un cráter; según los geofísicos, pudo crearlo un meteorito hace varios milenios.

7

Chicoutimi

Jonquière Chicoutimi
412 blvd Saguenay E, Bureau 100; (418) 543 9778

Acurrucada en las montañas de la orilla occidental del Saguenay, es una de las ciudades más grandes del norte de Quebec, y el centro cultural y económico de la región. Un paseo por su vereda ofrece buenas vistas de los montes colindantes y de la confluencia de los ríos Chicoutimi, Du-Moulin y Saguenay.

Antiguo centro de fabricación de papel, Chicoutimi conserva un enorme molino de pasta de papel, la **Pulperie de Chicoutimi.** Aunque ya no funciona, pueden visitarse la planta y el museo adyacente, que muestra los detalles de esta industria quebequense de gran relevancia en su época.

Pulperie de Chicoutimi
300 rue Dubuc Fin jun-sep: 9.00-18.00 diario; sep-fin jun: 10.00-16.00 mi-do pulperie.com

¿Lo sabías?

Un referéndum que proponía en 1995 la independencia para la provincia de Quebec perdió por tan solo un 1 %.

Entre-Côte Riverin

De este moderno asador tiene fama el suculento tartar de ternera. Es BYOB (Bring Your Own Bottle), se puede traer la bebida de fuera.

260 rue Riverin, Chicoutimi entrecoteriverin.com

$$$

Impresionante follaje otoñal reflejado en un lago en Quebec

8

South Shore

Rivière-du-Loup
148 rue Fraser, Rivière-du-Loup; www.bassaint laurent.ca

Los colonos de Nueva Francia del siglo XVIII fundaron las comunidades de esta zona de South Shore o Rive-Sud. A lo largo de las tierras fértiles y llanas de la orilla meridional del río San Lorenzo al oeste de Gaspé, y en el interior, hacia Montreal, las poblaciones se extienden entre Montmagny y Rimouski, las ciudades más grandes de la región. Rivière-du-Loup, un lugar en principio común y corriente, tiene para muchos el sabor del auténtico Quebec. Su antigua iglesia de piedra destaca en el paisaje, el casco antiguo serpentea por calles empinadas y sus casas de campo del siglo XVIII tienen un aire francés.

Trois-Pistoles, más adelante en la Route 132, tiene una historia que se remonta a 1580, con la llegada de los balleneros vascos. Frente a su costa está la Île-aux-Basques, que fue un puesto ballenero en el siglo XVI y es hoy un santuario de aves. Yendo hacia Rimouski –el centro comercial de la región– está el Parc National du Bic, una pequeña reserva de 33 km² que protege dos tipos de bosque y una variada fauna costera.

↑ Una vista aérea de la South Shore, que se extiende junto al río San Lorenzo

9

Mingan Archipelago National Park

Havre-Saint-Pierre
1010 Prom des Anciens; (418) 538 3285

Situado a lo largo de la orilla norte del golfo de San Lorenzo, el Parc National de l'Archipel-de-Mingan abarca más de un millar de islas. Este espacio natural bien preservado es popular por su paisaje indómito, su rica fauna y sus ecosistemas vírgenes. Además de una fauna abundante, en las islas se encuentra la mayor concentración de monolitos de Canadá. Erosionados por el mar durante siglos, hoy son tallas de caliza de formas surrealistas. Se pueden hacer excursiones en barco para admirarlos.

La isla d'Anticosti, al este del archipiélago, fue de propiedad privada hasta 1974. La compró el magnate francés del chocolate Henri Menier en 1895 y la pobló con una

manada de ciervos de cola blanca para que sus amigos cazaran. Con un total de 150.000 ejemplares, la manada está hoy totalmente adaptada, y todavía sigue abierta la veda de caza. La fauna es abundante; más de 150 especies de aves viven en sus relativamente bien conservados bosques y playas. La isla está separada del parque nacional, por lo que no se paga entrada.

10

Islas de la Madeleine

128 Chemin Principal, Cap-aux-Meules; www.tourismeilesdelamadeleine.com

Conectados al continente mediante vuelos regulares y ferris, buena parte de los 12.000 habitantes de estas remotas islas han pintado sus casas de bonitos tonos malvas, amarillos y rojos. El efecto es espectacular al acercarse, ya sea por mar o por aire. Las islas en sí mismas tienen mucho que ofrecer a cualquier visitante que haga el esfuerzo de llegar hasta aquí. Cuentan con algunas playas que tienen fama de ser las mejores de Canadá, famosas por su arena fina y por estar bien resguardadas.

Situado a lo largo de la orilla norte del golfo de San Lorenzo, el Mingan Archipelago National Park abarca más de un millar de islas.

11

Sept-Îles

1401 blvd Laure W; www.tourismeseptiles.ca

Hasta la década de 1950, Sept-Îles era un tranquilo pueblo pesquero. Sin embargo, tras la Segunda Guerra Mundial, este pequeño asentamiento a orillas de una amplia bahía circular atrajo la atención de grandes compañías que pensaron en utilizar la zona como base para expandir la industria minera del hierro en el norte de Quebec. Hoy, Sept-Îles se ha convertido en el segundo puerto más grande de Canadá dentro del canal de San Lorenzo.

Pero la tecnología naviera más puntera no impide que la ciudad conserve el legado de su larga historia. En Vieux-Poste, cerca del centro, se reconstruye un antiguo puesto de comercio de pieles, y hay un pequeño museo con arte y objetos de las Naciones Originarias.

A pesar de su gran peso industrial, Sept-Îles es una zona de considerable belleza natural. El litoral próximo está rodeado por kilómetros de playas de arena, y el salmonero río Moisie desemboca en el golfo de San Lorenzo justo al este de la ciudad. Las siete islas rocosas que dieron nombre a la ciudad conforman el Sept-Îles Archipelago Park. Île Grand-Basque, una de ellas, es ideal para los amantes del *camping*. La Île du Corossol es hoy en un santuario de aves en el que abundan gaviotas, charranes y frailecillos y que puede visitarse con guía.

Frailecillos *(derecha)* y los particulares monolitos del Mingan Archipelago National Park ↓

Visitantes fotografiando los magníficos colores otoñales en el Parc National de la Mauricie

12

Parc National de la Mauricie

Desde Hwy 55 N Shawinigan Shawinigan Diario parks.canada.ca

Campistas, senderistas, piragüistas y esquiadores de fondo adoran los 536 km² de bosques, lagos y granito precámbrico rosa de este parque. Abarca una porción de los montes Laurentinos *(p. 300)*, que se formaron hace entre 950 y 1.400 millones de años y son parte del escudo Canadiense. Quienes van motorizados pueden acceder también a la accidentada belleza de La Maurice recorriendo la carretera entre Saint-Mathieu y Saint-Jean-des-Piles. Desde aquí, otra carretera ofrece buenas vistas del estrecho valle del lago Wapizagonke. Con truchas y lucios en el lago, la zona es una delicia para los pescadores.

Una escultura en el lago Memphrémagog de su mítico monstruo

13

Lago Memphrémagog

Magog 2911 Milletta, Magog; www.tourisme-memphremagog.com

Esta zona pertenece a los Eastern Townships, el Jardín de Quebec, que se extiende desde el valle del río Richelieu hasta las fronteras de Maine, New Hampshire y Vermont, en Estados Unidos. Entre colinas y cultivos, en un paisaje que forma parte de los Apalaches, los Townships son una de las principales zonas productoras de jarabe de arce y vino de Canadá.

El lago Memphrémagog es largo, estrecho y está rodeado de montañas. Posee su propio monstruo: se llama Memphré y se le vio por primera vez en 1798. El cuarto meridional del lago penetra en Vermont, esto explica que los lealistas ingleses que huyeron de la independencia de Estados Unidos fueran los primeros que se asentaron en la zona. Se percibe su influencia en las casas de ladrillo rojo y madera de finales del siglo XIX en los pueblos que rodean el lago, como Georgeville y North Hatley, y en la ciudad turística de Magog, en el extremo norte.

Unos monjes benedictinos franceses compraron una de las mejores zonas del lago en 1912 para establecer la abadía Saint-Benoît-du-Lac, donde aún producen sidra y un afamado queso azul, L'Ermite. También se les conoce por sus cantos gregorianos; se les puede escuchar cantar en misa en la iglesia de la abadía.

14

Valle del Richelieu

1080 Chemin des Patriotes Nord, Mont Saint-Hilaire; www.vallee-du-richelieu.ca

Este fértil valle sigue el río Richelieu desde el lago Champlain hasta su confluencia con el río San Lorenzo. **Fort Chambly,** conocido también como Fort Saint Louis, en la ciudad industrial de Chambly, es el mejor conservado de una serie de edificios erigidos por los franceses para defender esta importante vía fluvial de los ataques holandeses y

¿Lo sabías?

Hasta la llegada del tren, el río Richelieu era una ruta clave para el comercio entre Canadá y Estados Unidos.

británicos. El fuerte de piedra de 1711 vino a reemplazar las fortificaciones de madera de 1675. En Saint-Denis-sur-Richelieu hay un museo que honra a los patriotas de Quebec que lucharon en la fallida rebelión de 1837 contra el dominio británico.

Hoy el río fluye junto a bellos pueblos rodeados de frutales y viñedos. Mont Saint-Hilaire ofrece buenas vistas de Montreal y es famoso por sus plantaciones de manzanos.

Fort Chambly
2 rue de Richelieu, Chambly 1 888 773 8888 o (450) 658 1585 Med may-jun y sep-med oct: 10.00-17.00 mi-do; jul-ago: 10.00-17.00 diario

15 Sainte-Croix

6375 rue Garneau; (418) 926 2620

La localidad es famosa por el **Domaine Joly-De Lotbinière,** una impresionante finca con una casa señorial construida en 1851 en estilo pintoresco romántico. La preciosa casa, toda de madera, está rodeada de terrazas de nogales que bajan hasta el río. Hay además plantas raras, como 20 robles rojos americanos, que podrían tener más de 250 años.

Domaine Joly-De Lotbinière
7015 Rte de Pointe-Platon Los horarios varían, consultar página web domainejoly.com

16 Sherbrooke

785 rue King W; www.destination sherbrooke.com

Autoproclamada Reina de los Eastern Townships, esta ciudad es el centro industrial, comercial y cultural de la región. Se halla en un valle profundo, y su barrio histórico se extiende entre los ondulados campos de cultivo de los ríos Saint-François y Magog. Los primeros colonos fueron lealistas británicos llegados desde Nueva Inglaterra. Aunque su legado sobrevive en nombres de calles y en las casas antiguas y los jardines del North Ward, la ciudad es hoy mayoritariamente francófona. Del centro parte el paseo del Lac-des-Nations, un precioso parque ribereño con 20 km de caminos para montar en bicicleta y pasear.

17 Charlevoix

495 blvd de Comporté, La Malbaie; www.tourisme-charlevoix.com

Charlevoix se extiende 200 km por la orilla norte del río San Lorenzo, desde Petite-Rivière-Saint-François, al oeste, hasta la desembocadura del Saguenay. Declarada Reserva de la Biosfera por la Unesco debido a sus magníficas superficies de bosque boreal, se trata de una franja estrecha de hermosa flora en el límite con la tundra. Los suaves valles protegen poblaciones antiguas y los pueblecitos costeros se amparan bajo altos acantilados.

El Parc des Grands Jardins es una enorme extensión de lagos y de taiga de píceas negras donde vive una manada de caribúes. Río abajo se halla la diminuta y tranquila Isle-aux-Coudres, cuyos ricos cultivos están salpicados de granjas antiguas y un molino.

Unibroue Brewery
Esta microcervecería local es famosa en todo el país por sus estupendas cervezas de estilo belga. La fábrica no está abierta al público, pero sus productos se venden en la mayoría de las tiendas de bebidas alcohólicas y restaurantes de la región.

80 rue des Carrières, Chambly
unibroue.com

Una bonita sucesión de casas adosadas antiguas en Sherbrooke

JARABE DE ARCE

Los viejos bosques de arces de Canadá -motivo de orgullo de Quebec y Ontario- ofrecen algo más que su despliegue anual de belleza. Cada otoño, las hojas tiñen el sur de carmesí y naranja, pero es en primavera cuando los árboles ofrecen su producto más famoso: el jarabe de arce. Se toma con todo, desde tortitas hasta patatas fritas, así que no hay excusa, durante un viaje por Canadá, para no probar esta savia deliciosamente dulce que gusta a todo el mundo. Cada año se gastan más de 100 millones de dólares canadienses en productos derivados del jarabe de arce.

HISTORIA DEL JARABE DE ARCE

Los primeros productores fueron los pueblos indígenas de Norteamérica. Hay una leyenda iroquesa que cuenta cómo un antiguo jefe lanzó un hacha y al día siguiente la encontró clavada en un tronco, chorreando un líquido dulce. Esa noche, la esposa del jefe hirvió la caza del día en la savia: y así nació el jarabe de arce.

PRODUCTOS DE JARABE DE ARCE

Hoy lo más habitual es usarlo para rociar gofres, tortitas o tostadas, pero al hervirlo durante más tiempo, se endurece y forma un azúcar dorado pálido que puede usarse para endulzar bebidas o comerse como un caramelo. La mantequilla de arce, el jamón curado en jarabe y el *sugar pie* (especialidad de Quebec) son algunos productos que se benefician de esta dulce sustancia.

↑ Hombres extrayendo savia en 1907 con métodos antiguos que aún se emplean hoy

↑ Botella de jarabe de arce canadiense con forma de hoja de arce

¿Lo sabías?

La hoja de arce es el símbolo nacional de Canadá. Aparece en la bandera oficialmente desde 1965.

↑ Cabaña del azúcar, como llaman al sitio donde hacen el jarabe, en Elmira

La elaboración del jarabe de arce

Extraer y recoger la savia

▼ Se hacen unos cortes en la parte baja del tronco de los arces al final del invierno o al comenzar la primavera, cuando sube la savia. Esta se recoge durante dos o tres semanas en cubos o en tubos y se lleva directamente a la cabaña del azúcar, donde se procesa.

Hervir la savia

▶ Tras la recogida, se hierve la savia para eliminar el exceso de agua. Para obtener 1 litro de jarabe hay que hervir 40 litros de savia. La savia hierve sobre un fuego de madera (la mejor madera es la de arce) hasta que se evapora más o menos el 98 % de su contenido de agua.

Remover el jarabe

▼ Hoy se puede recurrir a máquinas para hervir la savia y extraer el vapor, pero incluso la más alta tecnología requiere que al final una mano remueva el líquido al fuego. El tono dorado y el sabor se desarrollan mientras se produce la destilación.

Envasado

▶ Por último, se clasifica el jarabe en función de su calidad; el más preciado es el fluido, dorado, producido al inicio de la temporada. Este se suele embotellar.

↑ Una cabaña del azúcar tradicional, parte de la Sucrerie de la Montagne, en un bosque de arces

18

Sucrerie de la Montagne

300 chemin St-Georges, Rigaud Todo el año; los horarios varían, consultar página web sucreriedelamontagne.com

Este conjunto patrimonial de Quebec está emplazado cerca de Rang Saint-Georges, en un bosque de arces de 50 ha en lo alto del monte Rigaud. Está dedicado a la famosa joya de Quebec, el arce y su producto *(p. 294)*. La Sucrerie cuenta con la reconstrucción de una cabaña del azúcar *(sugar shack)* del siglo XIX, donde la savia se destila y se hierve en enormes recipientes para producir el famoso jarabe. En los más de 20 edificios rústicos hay además una buena panadería, un almacén y cabañas para huéspedes. El corazón del complejo es un restaurante enorme con 500 plazas que sirve banquetes tradicionales con jamón, sopa de guisantes, judías estofadas, cortezas de cerdo y encurtidos, además de decenas de productos derivados del jarabe de arce. Por la noche, el festín se ameniza con música indígena. La visita incluye una explicación de cómo se elabora el jarabe de arce.

19

Joliette

500 rue Dollard; (450) 759 5013

Dos sacerdotes católicos fueron los responsables de convertir la localidad industrial de Joliette, a orillas del río L'Assomption, en un centro cultural. En la década de 1920, el padre Wilfrid Corbeil fundó el Musée d'Art de Joliette, cuya colección reúne desde arte religioso medieval hasta obras modernas. En 1978, el padre Fernand Lindsay creó el Festival Internacional de Lanaudière: en sus conciertos de música clásica en verano actúan algunos de los mejores intérpretes del mundo.

A 18 km al oeste se halla Rawdon, localidad merecidamente famosa por su belleza natural. Desde la pequeña ciudad parten senderos que serpentean junto al río Ouareau y conducen hasta las pintorescas Dorwin Falls.

20

Terrebonne

3645 Queen St; 1 800 363 2788

Tres comunidades al noroeste de Montreal –Lachenaie, La Plaine y Terrebonne– se fusionaron oficialmente en 2001 para formar la ciudad de Terrebonne. Lachenaie y la propia Terrebonne son los sectores más antiguos, ambos fundados en la década de 1670, aunque en 1922 un incendio devastó muchos de los edificios originales.

La verdadera joya de la ciudad es la **Île-des-Moulins,** un complejo preindustrial de historia viva que cuenta con molinos de agua para moler grano, cardar lana y serrar madera. Uno de los edificios más grandes es una fábrica de tres plantas, la primera panificadora a gran escala de Canadá. La construyó la Compañía del Noroeste en 1803 para elaborar las galletas sin sal con las que se alimentaban los *voyageurs* de la compañía que remaban hacia el oeste cada año para adquirir pieles para la compañía.

La Sucrerie cuenta con la reconstrucción de una cabaña del azúcar del siglo XIX, donde la savia se destila y se hierve en enormes recipientes para producir el famoso jarabe.

Terrebonne es también el centro ecuestre de Quebec, y se celebran rodeos y eventos ganaderos a menudo.

Île-des-Moulins
866 rue St-Pierre
Jun-sep: 13.00-21.00 diario
iledesmoulins.com

21

Trois-Rivières

1457 rue Notre-Dame; www.tourisme troisrivieres.com

Quebec es uno de los mayores productores de papel de Norteamérica y Trois-Rivières, uno de los principales centros de esta industria, lo cual oculta a menudo el interés histórico de esta localidad. Los primeros colonos llegaron desde Francia mucho antes de que la ciudad se fundase en 1634, y aunque no se conservan muchas viviendas coloniales, el casco antiguo cuenta con algunas casas y tiendas de los siglos XVIII y XIX, que hoy son en buena parte bares y cafés.

Las monjas ursulinas llevan aquí desde 1697 y el núcleo del casco antiguo es el **Monastère des Ursulines**, un variopinto complejo con un museo que cuenta la historia de esta orden, la más antigua en la provincia. Se puede visitar la capilla y, en verano, los jardines y las antiguas aulas. También hay en el recinto una casa solariega del siglo XVIII, la Manoir Boucher-de-Niverville (1730), centro cultural e histórico que ofrece exposiciones sobre la rica historia de la región.

Monastère des Ursulines
734 rue des Ursulines
Variable, consultar la web
musee-ursulines.qc.ca

QUESO DE OKA

Esta exquisitez regional es un queso semiblando de corteza lavada con un aroma pungente y sabor a nuez. En origen lo hacían a mano los monjes en la década de 1890, hasta que el queso se volvió tan popular que los hermanos no pudieron manejar el negocio. Pero hoy se sigue usando su receta tradicional: el queso se envejece al menos 35 días en las bodegas de la abadía cisterciense de Oka.

22

Oka

183 rue des Anges; (450) 479 8389

La forma más bonita de acceder a este pueblo es a bordo del pequeño ferri que cruza el lago Two Mountains desde Hudson. Desde el agua se divisa entre los árboles la pequeña iglesia de 1878. La abadía cisterciense de Oka la fundó un grupo de monjes que emigró a Canadá en 1881. La decoración de la iglesia es algo austera, pero la arquitectura neorrománica es sencilla. Aunque la abadía está cerrada, hay una tienda en la aledaña **Abbaye Val Notre-Dame** que vende el queso de Oka creado por los monjes. Cerca, el Parc d'Oka abarca unos 20 km² de estanques y bosques. Cuenta con la mejor playa y el mejor *camping* de la zona de Montreal.

Abbaye Val Notre-Dame
220 chemin de la Montagne-Coupée
9.00-17-00 lu-sá (tienda lu-do) Almuerzo
abbayevalnotredame.ca

←
Interior del Monastère des Ursulines, en Trois-Rivières

23

Eeyou Istchee James Bay Regional Government

Tourisme Quebec; (877) 266 5687

> **Manadas de caribúes, osos polares y bueyes almizcleros deambulan por la taiga y la helada tundra ártica que cubre esta región.**

El poco poblado municipio de Eeyou Istchee James Bay Regional Government, que tiene más o menos el tamaño de Alemania –unos 350.000 km²–, es mucho más grande que la mayoría de los municipios de la región. Su paisaje varía entre bosque, taiga y tundra, volviéndose poco a poco más inaccesible en las zonas heladas del norte.

En cualquier caso, lo que falta en infraestructuras en este lugar le sobra en capacidad energética. Sus seis ríos principales pueden producir suficiente electricidad para iluminar toda Norteamérica. Hasta la fecha, el Gobierno de Quebec ha gastado más de 20.000 millones de dólares canadienses en construir un tercio de las presas del que es uno de los mayores proyectos hidroeléctricos del mundo. Cinco centrales eléctricas producen casi 16.000 megavatios para alimentar gran parte de Quebec y algunas zonas del noreste de Estados Unidos. Le Grand 2 (LG-2) es la mayor presa y central eléctrica subterránea del mundo.

La principal población de la zona es el pequeño núcleo turístico de Radisson, que ofrece buenas vistas del entorno. No se alcanzan a ver todas las presas y diques de la bahía, pero desde lo alto se divisan las presas gigantescas y los embalses en serie, en especial LG-2, que queda justo al este de Radisson.

24

Val d'Or

1070 3rd Ave E; (819) 824 9646 o 1 877 582 5367

Esta importante población del noroeste de Quebec es básicamente una ciudad minera. El atractivo en este caso no está en la arquitectura, sino en la historia viviente de los pueblos y las minas de un área históricamente maderera y minera. En esta zona se empezó a extraer oro, plata y cobre en la década de 1920. Desde lo alto de la Tour Rotary (18 m), en el límite de la ciudad, se divisan muchas bocas de mina aún activas.

La Cité de l'Or se construyó en torno a la mina abandonada Lamaque, que fue una de las que más oro sacó de la zona. En su momento de más esplendor, a principios del siglo XX, la mina contaba con su propia miniciudad. Aquel Village Minier de Bourlamaque sigue intacto en gran parte y se declaró sitio histórico en 1979. Los visitantes pueden ver el pueblo, los viejos laboratorios y la boca de la mina. Pagando un extra, se puede hacer una visita fascinante a un pozo minero a 90 m de profundidad.

La Cité de l'Or
90 ave Perrault
Fin jun-prin sep: 9.00-18.00 diario citedelor.com

25

Réserve Faunique La Vérendrye

(819) 736 7431
Maniwaki Verano

Esta reserva animal se encuentra aproximadamente 471 km al noroeste de Montreal por la Highway 117. Es conocida por sus largas y serpenteantes vías fluviales, con cientos de kilómetros de rutas para recorrer en canoa. Sus ríos suelen ser tranquilos y en sus 13.000 km² viven gran cantidad de alces, osos, ciervos y castores. Aunque es una tierra prácticamente virgen, hay varios *campings* para quienes busquen auténtica paz. Al atravesar el parque, la Hwy 117 da acceso a muchos de sus lagos y ríos, y es punto de partida de varias rutas de senderismo.

←

Una cabaña aislada en el bosque de Eeyou Istchee James Bay Regional Government

La belleza remota del paisaje de Nunavik y sus caribúes residentes *(derecha)*

26

Nunavik

Nunavik Tourism Association; www.nunavik-tourism.com

En el extremo septentrional de Quebec, el prístino territorio de Nunavik cubre un área un poco mayor que la península ibérica. Tiene unos 12.000 habitantes, casi todos inuit, repartidos en 14 comunidades. Esta es la última frontera de Quebec, una tierra hermosa y salvaje solo accesible en avión. Manadas de caribúes, osos polares y bueyes almizcleros deambulan por la taiga y la helada tundra ártica que cubre esta región. Se pueden ver ballenas beluga y focas nadando en sus gélidas aguas.

Con sus 2.400 residentes, Kuujjuaq, cerca de la bahía de Ungava, es el mayor distrito de Nunavik. Es una buena base para hacer expediciones al valle de Kangiqsujuaq y las escarpadas montañas en torno a Salluit. En esta región se puede disfrutar de la fauna que vaga en libertad en su hábitat natural. El mejor momento para venir es el verano; las temperaturas suben, aunque la tierra está helada todo el año. En el territorio de Nunavik no hay ferrocarril y apenas carreteras, y solo debe explorarse en compañía de guías expertos y fiables. Muchas comunidades inuit ofrecen servicios de guía y la oportunidad de vivir una experiencia con familias inuit.

27

Rouyn-Noranda

1675 Larivière Ave; www.tourismerouyn noranda.ca

El desarrollo de las áreas del norte de Quebec se basa en la industria pesada. Noranda y Rouyn crecieron de la noche a la mañana en la década de 1920, cuando se halló cobre en la región. Se fusionaron en una ciudad en 1986. Noranda es una ciudad empresarial bien planificada, hecha para alojar a los trabajadores de la extinta mina de cobre Noranda. La fundición Glencore, una de las más grandes y eficientes del mundo, está al salir del centro de la ciudad y se puede visitar solo con cita previa. Rouyn es menos estructurada y más comercial. Es una zona de esparcimiento para quienes residen en Noranda y un lugar práctico para descansar y llenar el depósito de camino a las tierras del norte. La Maison Dumulon, una reconstrucción del primer colmado de Rouyn, celebra su espíritu pionero con exposiciones sobre los primeros colonos.

CONSEJO DK

Ojo al presupuesto

En Nunavik los precios, sobre todo de los alimentos, son altos comparados con el resto de Quebec debido al coste de transportar todo por aire y por mar hasta estos lugares remotos.

RUTA EN COCHE
MONTES LAURENTINOS

Distancia 175 km (108 millas) **Inicio** Val-Morin
Paradas Ste-Agathe-des-Monts; St-Jovite

Toda la región –desde la animada localidad turística de Ste-Adèle al sur, hasta el norte de St-Jovite (también conocido como Tremblant)– es un parque de atracciones natural lleno de lagos, ríos, rutas para recorrer a pie o en bicicleta y pistas de esquí. Las montañas, que pertenecen al antiquísimo escudo Laurentino, se formaron hace más de mil millones de años. Salpicada de bonitos pueblos antiguos de estilo francés, la zona es magnífica para relajarse o para practicar deporte en los parques nacionales.

Mapa de situación
Para más detalles ver p. 278

Con una elevación vertical de 645 m, ***Mont Tremblant*** *es la cima más alta de los Laurentinos. Es un centro turístico popular durante todo el año.*

La Conception *suma a sus encantos multitud de hotelitos y cafés.*

El pueblo de ***Saint-Jovite,*** *rico en arquitectura antigua, se encuentra en un valle boscoso.*

0 kilómetros 6
0 millas 6
N

Las aguas increíblemente azules del Lac des Sables, cerca de la localidad de Sainte-Agathe-des-Monts

↑ Paisaje natural y urbano multicolor en torno al lago Tremblant

Saint-Faustin–Lac-Carré *desempeña un papel importante como base desde la cual recorrer la zona. En sus bosques hay un centro de interpretación con rutas para conocer la fauna y la flora.*

El encantador pueblecito de **Val-Morin** *es una buena puerta de acceso a la zona, con sus casas e iglesias francesas tradicionales.*

Los cafés de la población más grande de los Laurentinos, **Sainte-Agathe-des-Monts,** *están llenos todo el año. En el Lac des Sables hay playas y se pueden hacer travesías en barco.*

RUTA EN COCHE
PENÍNSULA DE GASPÉ

Distancia 1.029 km (639 millas) **Inicio** Grand-Métis
Paradas Hay que hacer noche en Gaspé o Percé, ya que la ruta es demasiado larga para hacerla en un solo día

Conocida en francés como La Gaspésie, esta península que sobresale al norte de New Brunswick ofrece los paisajes más salvajes de Quebec. Según se avanza hacia el este, los grupos de árboles se convierten en espesos pinares, y el paisaje se torna agreste y rocoso; en la costa septentrional los acantilados alcanzan los 500 m de altura. Los montes Chic-Choc se elevan hasta 1.300 m y ofrecen algunas de las mejores rutas de senderismo de la provincia. Protegida por las montañas, la costa meridional alberga pueblos pesqueros del siglo XVIII, campos frutales, jardines exóticos y parques nacionales. Los viajes por la carretera secundaria 299 permiten descubrir la naturaleza rocosa del interior.

Situado a la entrada del Parc National de la Gaspésie y las reservas de fauna de los Chic-Choc, **Sainte-Anne-des-Monts** *es un pueblo del siglo XIX que ofrece buenos restaurantes y pesca de salmón cerca.*

Cap-Chat, *que debe su nombre a una roca cercana con forma de gato, cuenta con el molino de viento más alto del mundo (110 m).*

En el pueblecito de **Grand-Métis** *se encuentra uno de los jardines más bellos de Canadá, un paraíso exótico con 3.000 especies, cultivares y variedades de plantas.*

↑ Jardín contemporáneo diseñado para Le Festival International de Jardins en Grand-Métis

El pintoresco **valle de la Matapédia** *arranca en la confluencia de dos excelentes ríos salmoneros y está vadeado por puentes cubiertos. Los bosques de olmos y arces ocultan campos de frutales centenarios y estallan en color en otoño.*

Más de 800 km² de terreno agreste marcan el cambio entre el bosque boreal y el subalpino en el **Parc National de la Gaspésie.**

El litoral del Parc National du Canada Forillon está salpicado de formaciones rocosas

El pueblo de **Mont Saint-Pierre** *es la puerta de acceso para explorar los montes Chic-Choc y es además un centro de práctica de ala delta.*

El **Parc National du Canada Forillon** *abarca las estribaciones de los montes Apalaches, convertidos aquí por la acción del mar en irregulares acantilados.*

Frente al pequeño pueblo de Percé, **Rocher Percé** *es una emblemática roca gigante perforada, fruto de la erosión de las mareas. En la década de 1930 Percé atrajo a muchos artistas canadienses y todavía alberga muchas galerías.*

Fundado en 1756 por los acadienses que huían de la Gran Expulsión de Nueva Escocia, **Carleton-sur-Mer** *es un agradable y tranquilo pueblo turístico donde los visitantes disfrutan de su templado clima costero. Varios hoteles y restaurantes de calidad flanquean sus amplias calles.*

Mapa de situación

Para más detalles ver p. 278

161382
GREAT BIG SEA

Barco de pesca en Stanley Bridge Harbour, isla Príncipe Eduardo

PROVINCIAS MARÍTIMAS

La belleza y el atractivo del mar siempre están muy presentes en las tres Provincias Marítimas: New Brunswick, isla Príncipe Eduardo y Nueva Escocia. Esta región situada en la costa atlántica fue colonizada por los pueblos de las Naciones Originarias nada menos que en 4000 a. C. Las tribus abenaki y mi'kmaq que se desarrollaron aquí dependían de las riquezas del mar, cazaban alces y recolectaban frutas estacionales para sobrevivir y se desplazaban hacia el interior durante los crudos inviernos.

Los barcos europeos navegaron frente a las rocosas costas de las Provincias Marítimas en el siglo XV, pero fue Jacques Cartier quien reclamó la región para Francia en 1534. En 1605, el navegante francés Samuel de Champlain consiguió fundar lo que entonces se llamó Acadia: una serie de asentamientos que fueron hogar de pescadores y granjeros y que formaba parte de Nueva Francia. La colonia prosperó gracias a su industria pesquera, lo que llamó la atención de los británicos, que emprendieron una serie de invasiones. En 1763 Acadia estaba bajo el control británico, pero sus habitantes –los acadios– conservaron su identidad franco-canadiense a lo largo de los siglos. En la actualidad, en las Provincias Marítimas residen más de medio millón de acadios.

Río San Lorenzo
Matane
Península de Gaspé
Gaspé
Lago Matapédia
Causapscal
QUEBEC
PROVINCIA DE QUEBEC
p. 276
New Carlisle
Campbellton
VILLAGE HISTORIQUE ACADIEN 25
Caraquet
Shippagan
PENÍNSULA ACADIENSE 22
Lago Témiscouata
Saint-Quentin
Bathurst
Tracadie-Sheila
Edmundston
Neguac
6 GRAND FALLS
Miramichi
Caribou
Plaster Rock
KOUCHIBOUGUAC NATIONAL PARK 18
Richibucto
NEW BRUNSWICK
Doaktown
BOUCTOUCHE 5
ESTADOS UNIDOS
Hartland
Shediac
Houlton
Woodstock
Moncton
Minto
Aeropuerto de Greater Moncton
Island Falls
FREDERICTON 8
Grand Lake
Aeropuerto de Fredericton
HOPEWELL ROCKS 23
Medway
Sussex
McAdam
FUNDY NATIONAL PARK 21
Rothesay
PARRSBORO 11
Lincoln
4 SAINT JOHN
St. Stephen
St. George
Bahía de Fundy
WOLFVILLE 9
St. Andrews
New River Beach Provincial Park
19
BAHÍA PASSAMAQUODDY
Berwick
Bangor
Bridgetown
12 ANNAPOLIS ROYAL
DIGBY 13
Isla Grand Manan
Ellsworth
Gouldsboro
MAHONE BAY 17
Bridgewater
Kejimkujik National Park
Lago Rossignol
Liverpool
Yarmouth
16 SHELBURNE
Barrington
0 kilómetros 50
0 millas 50
N

PROVINCIAS MARÍTIMAS

Esencial

1. Isla Príncipe Eduardo
2. Halifax
3. Isla Cape Breton

Lugares de interés

4. Saint John
5. Bouctouche
6. Grand Falls
7. Amherst
8. Fredericton
9. Wolfville
10. Truro
11. Parrsboro
12. Annapolis Royal
13. Digby
14. Windsor
15. Lunenburg
16. Shelburne
17. Mahone Bay
18. Kouchibouguac National Park
19. Bahía Passamaquoddy
20. Peggy's Cove
21. Fundy National Park
22. Península Acadiense
23. Hopewell Rocks
24. The Eastern Shore
25. Village Historique Acadien

1

ISLA PRÍNCIPE EDUARDO

Charlottetown Wood Islands, Borden-Carleton, Souris 6 Prince St, Charlottetown; www.tourismpei.com

Esta hermosa y bucólica isla es famosa por sus paisajes exuberantes y sus pequeños pueblos históricos. Los cultivos verde esmeralda, las carreteras rojizas y el océano azul zafiro deslumbran a cada paso, mientras aguardan al visitante una partida de golf, un pícnic en la playa o una langosta recién capturada para la cena.

1

The South Coast

Las carreteras que recorren la costa sur, entre Charlottetown y el puente Confederation, ofrecen magníficas vistas. Aquí se halla la aldea de Victoria-by-the-Sea, con algunas de las tiendas de artesanía más interesantes de la isla.

De camino a Charlottetown está **Skmaqn-Port-la-Joye-Fort Amherst National Historic Site,** donde los franceses instalaron en 1720 el primer asentamiento permanente de la isla. Los británicos lo tomaron en 1758 y construyeron Fort Amherst para defender la entrada al puerto de Charlottetown. Aunque el fuerte desapareció, aún se pueden ver los terraplenes.

Skmaqn-Port-la-Joye-Fort Amherst National Historic Site

Rocky Point Jul-2 sep: diario parks.canada.ca

2

Orwell Corner Historic Village

98 McPhail Park Rd, Orwell Jun-oct: 8.30-16.30 lu-vi (jul-ago: diario) orwellcornervillage.ca

A la salida de la aldea de Orwell, este pueblo histórico recrea la vida cotidiana en una pequeña comunidad rural del siglo XIX situada en un cruce de caminos. Orwell Corner fue una localidad próspera hasta bien entrado el siglo XX, cuando los cambios en el transporte y el comercio redujeron su importancia. Este encantador pueblo se restauró y se abrió como reclamo cultural en 1973. Entre sus edificios se cuentan una forja, una iglesia, una escuela y la tienda de Clarke, el lugar de reunión del pueblo. En Orwell Corner está el PEI Agricultural Museum, que ilustra la historia de la isla Príncipe Eduardo desde mediados del siglo XVIII hasta la década de 1950.

A medio kilómetro se halla **Sir Andrew Macphail Homestead.** Esta casa victoriana era la amada residencia de Macphail (1864-1938), doctor, periodista, profesor y soldado local, quien contó

↑ Puesta de sol y suave oleaje en Cavendish Beach

entre sus amistades con primeros ministros y aclamados escritores como Rudyard Kipling. En la casa se exhiben objetos relacionados con la vida de Macphail. En la finca, varios senderos serpentean por espesos bosques.

Sir Andrew Macphail Homestead

271 McPhail Park Rd, Orwell Jun-sep: 9.00-17.00 diario macphailhomestead.ca

③

Cavendish

7591 Cawnpore Ln; www.cavendishbeachpei.com

La pequeña localidad de Cavendish es la más concurrida de la isla, sobre todo en los meses de verano, cuando sus paisajes, bonitas playas y el bucólico escenario de las novelas de *Ana de las Tejas Verdes* atraen a las multitudes. El mejor lugar para entrar en contacto con ese encanto es el **Lucy Maud Montgomery's Cavendish Home,** la finca donde vivió la autora durante muchos años. En Cavendish está también el **Green Gables Heritage Place,** la ficticia casa decimonónica de la novela, rodeada por unos jardines encantadores. La arena dorada de Cavendish Beach es un atractivo más, sobre todo para las familias.

Lucy Maud Montgomery's Cavendish Home

Route 6 Med may-med oct: 10.00-17.00 diario parks.canada.ca/lhn-nhs/pe/cavendis

Green Gables Heritage Place

Route 6 21 may-oct: 9.00-17.00 diario parks.canada.ca/lhn-nhs/pe/greengables

LUCY MAUD MONTGOMERY

La escritora más famosa de la isla nació en Cavendish en 1874. Convirtió la cercana casa llamada Green Gables (Tejas Verdes) en el escenario de su exitosa novela *Ana de las Tejas Verdes* (1908), ambientada a finales del siglo XIX, cuyo manuscrito no fue aceptado para su publicación hasta el sexto intento. Hasta la fecha se han publicado 50 millones de copias de su libro, traducido a más de 36 idiomas.

④

Bahía Malpeque

Esta bahía es famosa por sus deliciosas ostras: se recogen más de 10 millones anuales. En un pintoresco muelle está el Malpeque Oyster Barn, un lugar ideal para desbullar ostras uno mismo. Las playas de la bahía son muy tranquilas, un lugar perfecto para dar un paseo.

⑤

Brudenell River Provincial Park

Cardigan Diario (servicios solo en temporada) tourismpei.com

Brudenell era un pueblo acadiense antes de que lo británicos lo arrasaran en el siglo XVIII. Hoy en el parque provincial se puede jugar al golf, montar a caballo y recorrer el río en canoa, kayak o tabla de padelsurf. Las familias aprecian la piscina climatizada, los columpios y las zonas de pícnic. En la ribera hay un espléndido sendero con preciosas rutas para hacer a pie; forma parte del Confederation Trail, una antigua vía de tren que recorre la isla a lo largo.

⑥

Charlottetown

6 Prince St; www.discovercharlottetown.com

Conocida como la cuna de Canadá, Charlottetown es una ciudad costera con una ubicación céntrica. Sus calles arboladas, encantadoras, con elegantes casas adosadas del siglo XIX, son un buen punto de partida para explorar la isla. Votada como Capital Cultural de Canadá, esta pequeña ciudad tiene una amplia oferta en artes escénicas, productos locales para comprar y una cocina de categoría mundial. El **Confederation Centre of the Arts** acoge gran variedad de espectáculos, incluido el popular musical *Ana de las Tejas Verdes*. La **Province House National Historic Site of Canada** acogió en 1864 la Conferencia de Charlottetown, que acabaría conduciendo a la formación de Canadá como nación. El muelle Peake's Quay es ideal para pasear; cuenta con tiendas frente al mar, música en vivo y diversas opciones para comer; dicen que la famosa receta de los helados de Cow's se remonta a la época de *Ana de las Tejas Verdes*.

Confederation Centre of the Arts

145 Richmond St Diario
confederationcentre.com

MEJORES VISTAS
Faro de East Point

Se construyó en 1866 en el punto más oriental de la isla, donde confluyen dos mareas. Se puede visitar y las vistas son formidables *(404 Lighthouse Rd)*.

↑ Los tejados de la arbolada Charlottetown, en la isla Príncipe Eduardo

Province House National Historic Site of Canada
165 Richmond St · Por reforma · parks.canada.ca

7

Prince Edward Island National Park

Charlottetown · Wood Islands · Diario · parks.canada.ca

Este parque, que se caracteriza por sus 40 km de litoral con rojos acantilados, playas de arena fantásticas y un mar tranquilo, cuenta con unas instalaciones deportivas y vacacionales magníficas. Dispone también de un educativo centro de visitantes sobre la fauna marina. Cavendish Beach, con su arena fina y sus aguas tranquilas, es una playa popular de la zona y a los niños les encanta su parque de atracciones. Está además la playa North Rustico, que ofrece unas vistas muy amplias y es una de las favoritas de los turistas. En el extremo oeste del parque, el Homestead Trail recorre 8 km entre bosques y praderas. La zona este, más tranquila, cuenta con un largo tramo largo de playas y dunas impolutas y con una carretera costera panorámica. El breve Reeds and Rushes Trail recorre una pasarela de madera que acaba en un pantano donde anidan gansos y patos.

8

Panmure Island

La belleza natural del este de la isla se disfruta plenamente en Panmure Island. Así lo hacen los ciclistas, que pueden gozar de las vistas gracias a sus carreteras llanas. En verano, abre sus puertas el **faro de Panmure Island;** desde lo alto se abarcan las playas, marismas y bosques de la isla. Este faro de madera de 1853 es el más antiguo de la isla y sigue en funcionamiento.

Panmure Island Lighthouse
Panmure Island
(902) 969 2768
Jul-ago: 10.00-18.00 diario

9

Red Point Beach

Red Point Park, Elmira

Unas peculiares rocas rojas descienden hasta esta playa en la que la arena chirría bajo los pies, para delicia de los niños. Cerca está la terminal donde se toman los ferris para las islas de la Magdalena (Quebec). En cinco horas se llega a media docena de islas bajas con pueblos pesqueros y kilómetros de playas al pie de acantilados.

Blue Mussel Cafe
Rústico y relajado, aquí es donde la gente del lugar viene a comer mejillones, ostras, halibut y langosta, superfrescos.
312 Harbourview Dr, North Rustico Harbour
Nov-abr
bluemusselcafe.com
$$$

Lobster Barn Pub & Eatery
Su especialidad son los *lobster rolls*, que se disfrutan mejor con una refrescante pinta.
19 Main St, Victoria
(902) 658 2722
Nov-abr
$$$

Water Prince Corner Shop and Lobster Pound
Este acogedor restaurante de color verde azulado es famoso por sus hamburguesas de vieiras. Se recomienda reservar.
141 Water St, Charlottetown
waterprincelobster.com
$$$

↑ Barcos de pesca amarrados en la bahía Malpeque

2

HALIFAX

35 km al norte de la ciudad 1161 Hollis St
1595 Barrington St; www.discoverhalifaxns.com

El bullicioso puerto, los bellos parques y una mezcla única de arquitectura moderna e histórica hacen de Halifax una ciudad fascinante. Su aire refinado oculta sus 250 años de ciudad militar marcada por las reyertas. Fundada en 1749 como centro militar británico al norte de Boston, tiene una larga historia de aventuras: aquí traían los piratas o corsarios legalizados los barcos capturados para compartirlos con la Corona. Hoy, Halifax es uno de los centros de educación superior más importantes de Canadá y cuenta con muchas escuelas universitarias y cuatro universidades.

①

Historic Properties

1869 Upper Water St
Diario historicproperties.ca

Este conjunto de edificios antiguos de piedra con estructura de madera situados junto al muelle se construyeron en el siglo XIX para almacenar los botines de los corsarios. Hoy albergan una interesante colección de tiendas especializadas y de regalos, bares y buenos restaurantes. Es uno de los espacios preferidos por los vecinos para reunirse en las noches de verano, cuando multitud de gente paseando disfruta de las luces del puerto y de la música que sale de los bares.

②

Old Town Clock

Citadel Hill

En la base de Citadel Hill se alza la gran torre del reloj, el edificio más emblemático de Halifax. El reloj fue un regalo que, en 1803, le hizo a la ciudad el duque británico Eduardo de Kent, por entonces comandante militar, que estaba obsesionado con la puntualidad. Lo diseñó con cuatro caras para que tanto militares como civiles llegaran a tiempo a su destino. El mecanismo original se mantiene intacto y en uso.

MEJORES VISTAS
Cuesta arriba

Después de ver el Old Town Clock, una breve subida a pie a Citadel Hill, considerado uno de los sitios históricos más visitados del país, proporciona excelentes vistas de la ciudad, el puerto y Dartmouth.

← Historic Properties, también llamadas *Priveteers' Wharf* (muelle de los corsarios)

③

Government House

1451 Barrington St (902) 424 7001 Jul-ago: lu, vi-do

Este edificio, que es la actual residencia del vicegobernador de Nueva Escocia, presenta una majestuosa fachada georgiana. Se terminó en 1807 y costó más 59.000 dólares canadienses, un auténtico dineral en aquella época para un humilde pueblo de pescadores. La visita guiada (es obligatoria) dura 30 minutos y recorre varias estancias.

El Old Town Clock fue un regalo que, en 1803, le hizo a la ciudad el duque británico Eduardo de Kent, por entonces comandante militar.

④

Province House

1726 Hollis St Jul-ago: 8.30-16.30 lu-vi, 10.00-16.00 sá-do; sep-jun: 9.00-16.00 lu-vi nslegislature.ca

Construida en 1811-1819, es la sede gubernamental más antigua de Canadá y ocupa toda un manzana. Aquí los padres de la Confederación mantuvieron en 1864 dos días de reuniones para llevar a buen término la formación de Canadá. Se pueden hacer visitas guiadas al edificio durante todo el año, y es posible ver las salas donde se planeó todo.

↑ La imponente fachada de piedra de Province House iluminada

Prince George Hotel
Hotel contemporáneo y acogedor con habitaciones sofisticadas, amplias, llenas de comodidades de lujo. Se puede cenar en su excelente restaurante Gio, o relajarse en la confortable terraza con tapas y cócteles.

1725 Market St
princegeorgehotel.com

$$$

SeaWatch Bed & Breakfast
Una casa a la orilla del mar, a 12 km del centro de Halifax. Dos *suites* de inspiración náutica con cocina americana, terraza con vistas al puerto y acceso privado. La casa tiene su propio muelle, con una Tiki Hut: un gran lugar para disfrutar de la puesta de sol y de comidas *gourmet*.

139 Fergusons Cove Rd
seawatch.ca

$$$

The Haliburton
Un bonito hotel con encanto en el centro de Halifax que tiene 29 confortables habitaciones. El restaurante es famoso por su marisco, sus bandejas ecológicas y el plato de cata a ciegas.

5184 Morris St
thehalliburton.com

$$$

La lente original del faro de Sambro, en el Maritime Museum of the Atlantic

5

Maritime Museum of the Atlantic

1675 Lower Water St
Los horarios varían, consultar página web
maritimemuseum.novascotia.ca

Este museo dedicado a la historia marinera de Nueva Escocia exhibe entre otros objetos pequeñas embarcaciones, una antigua tienda de efectos navales reformada y el barco de investigación *Acadia*, de 1913, restaurado con gusto y anclado en el muelle exterior. La parte más popular del museo es la dedicada al *Titanic*, donde se exponen objetos recuperados del barco. Hay un fragmento de su gran escalinata y una fotografía mural de cómo era antes del desastre.

6

Halifax Seaport Farmers' Market

961 Marginal Rd
8.00-14.00 sá, 10.00-14.00 do **halifaxfarmersmarket.com**

Abierto en 1750, es el mercado de Norteamérica que más tiempo lleva funcionando sin interrupción. Ocupa desde 2010 su actual ubicación en el Halifax Seaport, una dinámica zona llena de tiendas y bares. Desde el Museo Marítimo se llega paseando en 20 minutos por el agradable Harbourwalk. Reúne a más de 250 comerciantes que venden artesanía variada –desde joyas y *souvenirs* hasta ropa de punto y bonitas tallas de madera–, además de productos frescos y gran variedad de comestibles.

VISITAR HALIFAX

Halifax se puede explorar fácilmente a pie, ya que muchos de los museos, monumentos, tiendas y restaurantes se hallan dentro del compacto centro urbano. La verde y ondulada zona centro –al oeste desde Brunswick Street– resulta idónea para dar un tranquilo paseo y apreciar la arquitectura antigua. Desde lo alto de Citadel Hill se disfruta de excelentes vistas de la ciudad, del puerto y de Dartmouth.

⑦ Halifax Citadel National Historic Site

5425 Sackville St/Citadel Hill May-oct: 9.00-17.00 diario; terrenos: todo el año parks.canada.ca

Esta enorme fortaleza con forma de estrella posee una vista privilegiada sobre el segundo puerto natural más grande del mundo. Construida en un alto entre 1828 y 1856, la ciudadela resultó ser una defensa formidable. Dos veces al día, el 78º regimiento de los Highlanders, con su uniforme escocés, realiza ejercicios con mosquete. Todos los días a las 12.00 se dispara un cañón.

⑧ Halifax Public Gardens

Spring Garden Rd Med abr-fin nov: 8.00-anochecer diario halifaxpublicgardens.ca

La colorida vegetación de estos jardines creados en 1836 constituye un bello oasis victoriano en medio del ajetreo de la ciudad. Los tranquilos senderos pasan por estanques de patos, fuentes y parterres de flores. En el quiosco de música hay conciertos los domingos.

La colorida vegetación de los Public Gardens, creados en 1836, constituye un bello oasis victoriano en medio del ajetreo de la ciudad.

⑨ Art Gallery of Nova Scotia

1723 Hollis St Desde 10.00 diario agns.ca

Esta pinacoteca se reparte en dos edificios: Gallery South, dedicada a Maud Lewis, pintor de Nueva Escocia; y Gallery North, que exhibe pintura canadiense histórica.

⑩ Canadian Museum of Immigration at Pier 21

1055 Marginal Rd May-oct: diario; nov-abr: variable, consultar la web pier21.ca

Más de un millón de inmigrantes y refugiados entraron a Canadá por el Pier 21 (muelle 21). Declarado hoy lugar histórico nacional, ofrece una destacada exposición con imágenes fascinantes, testimonios de primera mano y objetos personales.

Vista exterior del Canadian Museum of Immigration, y objetos expuestos *(derecha)* ↓

Desde el Skyline Trail se ve el Cabot Trail serpentear por las tierras altas ↑

3

ISLA CAPE BRETON

Sydney · Desde Halifax · 96 Hwy 4, Port Hastings; www.cbisland.com

La belleza salvaje de esta isla, la más grande de Nueva Escocia, crea algunos de los paisajes más impactantes de Canadá. Las águilas planean sobre pueblos costeros azotados por el viento y los acogedores *pubs* se animan con música celta y buen *whisky* de malta: el vínculo de los isleños con las Highlands escocesas es evidente.

①

Cabot Trail

cabottrail.travel

Los 298 km del Cabot Trail (Ruta de Caboto) que recorren la isla conforman una de las rutas en coche y en bicicleta más memorables de Canadá, con onduladas tierras altas salpicadas de arroyos claros y playas de arena, Penetra en el Cape Breton Highlands National Park por el oeste y luego asciende por los flancos de los montes costeros. Los 24 miradores repartidos en la ruta ofrecen amplias vistas de las altas tierras que se elevan desde el mar. La ruta continúa hacia el interior y atraviesa la meseta. Nada más pasar French Lake está el Bog Walk, una pasarela de madera que avanza por un paisaje de ciénaga, con paneles educativos que describen este ecosistema, en el que crecen raras orquídeas. Es posible incluso ver a algunos de los muchos alces del parque pastando en este humedal. Después la carretera atraviesa los montes French y Mackenzie, e inicia un descenso espectacular hasta la encantadora población de Pleasant Bay. Luego se interna de nuevo en las tierras altas y cruza el monte North, el más alto del parque (457 m).

El último descenso es el del valle del río Aspy, donde una carretera de grava conduce hasta el pie de las cascadas Beulach Ban, de 30 m de alto.

②

Sydney

cbisland.com

La única ciudad de la isla Cape Breton y segunda en tamaño de Nueva Escocia tiene una larga historia como centro

→ *The Big Ceilidh Fiddle* (2005), de Cyril Hearn, en el puerto de Sydney

minero y acogió en otro tiempo la mayor acería de Norteamérica. Hoy, las principales industrias de la ciudad son los centros de atención al cliente y el turismo. Cuenta con un barrio antiguo pequeño y bonito en torno a la Esplanade, con varios edificios restaurados, como Cossit House y Jost House, ambos de la década de 1870. En el centro, en la avenida principal, Charlotte Street, se encuentran tiendas, almacenes y restaurantes.

③

Alexander Graham Bell National Historic Site

559 Chebucto St, Baddeck
May-oct: 9.00-17.00 diario parks.canada.ca

Esta finca de 10 ha, a orillas del lago Bras d'Or, fue durante 30 años la residencia de verano de Bell. El museo posee la mayor colección del mundo de fotografías, objetos y documentos sobre la vida y el trabajo de este famoso inventor. Se exhiben teléfonos antiguos, aparatos médicos, cometas y maquetas de hidroaviones, además de una copia de su hidroplano HD-4, que en 1919 batió un récord de velocidad. También hay actividades interactivas que suelen encantar a los niños, como juegos, vuelo de cometas y experimentos científicos. Pagando un extra, se puede hacer una visita de la finca más en profundidad con el White Gloves Tour.

④

Baddeck

visitbaddeck.com

En la orilla opuesta de la finca de Alexander Graham Bell, que adoraba este pueblo, Baddeck ocupa una rica tierra de cultivo y es el primer destino vacacional de la isla. Situado en el noroeste del lago Bras d'Or, todos los servicios del pueblo son accesibles a pie: la bonita calle principal sigue la orilla del lago y está llena de tiendas y cafés, y las travesías en barco por el lago se pueden iniciar desde varios puntos en Water Street. En el mes de octubre se celebra en Baddeck un festival de música celta.

Esencial ☆

ALEXANDER GRAHAM BELL

Alexander Graham Bell nació en Escocia en 1847. Su madre padecía una discapacidad auditiva y desde niño se sintió fascinado por el habla y la comunicación. En 1870, Bell y su familia se trasladaron a Ontario y después a Cape Breton, cuyos paisajes recordaban a la tierra natal de la familia. Bell trabajó en la investigación de cómo transmitir la voz a través de la electricidad, y comenzó a experimentar con la tecnología que se usaba en el telégrafo. En 1876 realizó la primera comunicación por teléfono del mundo: "Señor Watson, venga aquí, quiero verle". Bell residió en Cape Breton hasta su muerte en 1922.

¿Lo sabías?

En varias comunidades de Cape Breton se hablan aún el gaélico, el francés acadiense y el mi'kmaq.

⑤

Glenora Distillery

13727 Route 19, Glenville Jun-oct: 9.00-17.00 diario glenoradistillery.com

A principios del siglo XIX llegaron muchos inmigrantes escoceses a la isla Cape Breton y, viendo que se parecía a su tierra natal, se instalaron de forma permanente. Sus tradiciones viajaron con ellos, incluida la de destilar *whisky*. Glenora Distillery, situada en el panorámico Ceilidh Trail, hace honor a esa tradición y es la primera destilería de Canadá en elaboración de *whisky* de malta. Es célebre su Glen Breton Rare, un *whisky* de 10 años hecho a base de ingredientes de la isla, destilado en auténticos alambiques de cobre escoceses y envejecido en barricas de roble americano. Todas las visitas guiadas incluyen catas. En el complejo hay además un *pub*, un alojamiento rural y una tienda de regalos.

⑥

Chéticamp

15584 Cabot Trail, Chéticamp; www.cheticamp.ca

Esta animada localidad es la comunidad acadiense más grande de Nueva Escocia. La preciosa iglesia de Saint Pierre se divisa desde mar adentro. Los acadienses de Cape Breton son hábiles artesanos, y las siete cooperativas de Chéticamp producen cerámica y tapices de lana. La artesana de tapices más famosa de Chéticamp fue Elizabeth LeFort, cuyas representaciones de importantes hechos históricos se colgaron en las paredes del Vaticano y de la Casa Blanca. Algunas se exponen en el Dr. Elizabeth LeFort Museum, en Les Trois Pignons. Chéticamp es también un destino popular para avistar ballenas; hay salidas en barco para ver distintas especies.

⑦

Saint Pierre Church

15114 Cabot Trail, Chéticamp (902) 224 2064 Variable, llamar antes para informarse

La iglesia, levantada en 1893, vigila el puerto desde el centro del pueblo. Está construida en estilo neoclásico francés con piedra arenisca extraída de las canteras de la isla Chéticamp, enfrente del puerto, y transportada a caballo durante el invierno por el agua helada. El interior está decorado en estilo barroco y hay un órgano de firma Casavant, de Quebec, en 1904: es uno de los primeros fabricados nunca. La iglesia está abierta al público; tiene un pequeño museo y preciosas vistas desde la segunda planta.

Niebla baja en el valle del río Margaree al amanecer ↑

MEJORES VISTAS

White Point Hiking Trail

La ruta de senderismo de White Point, que es relativamente fácil (1,5 km), recorre un espectacular litoral rocoso por encima de los acantilados, pasa por la antigua tumba de un marinero y ofrece unas vistas espléndidas.

← El asombroso interior de la iglesia de Saint Pierre en Chéticamp

Esencial ☆

El paisaje del Cape Breton Highlands National Park, con sus montañas, su verde vegetación y su preciosa costa accidentada, es uno de los más conocidos de Canadá.

⑧

Valle del río Margaree

W cbisland.com

Los senderistas, los amantes de lo antiguo y los turistas adoran este pequeño valle de tonos esmeralda. El río atrae desde mediados del siglo XIX a multitud de pescadores de salmón y trucha, y en sus orillas y escarpados valles glaciares viven águilas calvas y pescadoras. Los piragüistas en busca de desafíos disfrutan con las aguas bravas del río Margaree. Para dar un tranquilo paseo en canoa se puede hacer una bonita excursión de un día al lago Ainslie, más al sur.

En la localidad de North East Margaree, el diminuto pero elegante Margaree Salmon Museum logra con sus cañas de pescar y carretes antiguos fascinar incluso a los no aficionados. Carreteras asfaltadas y de grava siguen el río Margaree corriente arriba hasta Big Intervale, un lugar precioso donde el naciente río desciende a toda velocidad desde las tierras altas.

Para sentir la cultura gaélica, se puede seguir el Ceilidh Trail, una panorámica carretera litoral que cruza una región de fuerte herencia escocesa, desde la desembocadura del río Margaree hasta Glenora Distillery *(p. 317)*.

⑨

Cape Breton Highlands National Park

Todo el año; Visitor Centre: may-oct: 9.00-17.00
(902) 224 2306

El Gobierno canadiense delimitó en 1936 los 950 km² que ocupan las fantásticas tierras altas de la punta norte de la isla para formar el Cape Breton Highlands National Park. El paisaje del parque, con sus montañas, su verde vegetación y su preciosa costa accidentada, es uno de los más conocidos de Canadá. Lo más famoso del parque es el espectacular tramo de 106 km del Cabot Trail (Ruta de Caboto), una carretera que recorre gran parte de su perímetro desde Chéticamp hasta Ingonish. Es la única carretera que hay en el parque y pasa por la mayoría de los lugares de interés.

En Cape North, una carretera secundaria conduce a Bay St. Lawrence, un lugar magnífico para observar ballenas que está nada más salir del parque. Más adelante, el Scenic Loop se separa del Cabot Trail para seguir la costa y ofrece unas vistas impresionantes en su descenso hacia White Point. Esta carretera vuelve a unirse con el Cabot Trail al este, en el pueblo turístico de Ingonish. Aquí está el **Cape Breton Highlands Golf Course,** uno de los mejores campos de golf públicos de Canadá.

Cape Breton Highlands Golf Course

247 Keltic Inn, Ingonish Beach **W** golfcapebretonhighlands.ca

10

FORTALEZA DE LOUISBOURG

Route 22 al suroeste de Louisbourg, isla Cape Breton Día de Victoria - Acción de Gracias: 9.30-17.00 diario; para el resto del año, consultar la página web parks.canada.ca/lhn-nhs/ns/louisbourg

Construida entre 1713 y 1758, la magnífica fortaleza de Louisbourg fue el baluarte del poder militar francés en América. Hoy es la reconstrucción militar más grande de Norteamérica.

En el interior de la fortaleza, decenas de guías vestidos de época dan vida a una ciudad comercial francesa del siglo XVIII cuyas calles y edificios están poblados de mercaderes, soldados, pescaderos y lavanderas que desempeñan sus tareas como se hacía entonces. Todo está cuidado hasta el último detalle, desde la más humilde barraca de pescadores hasta la elegante residencia del ingeniero militar jefe. El personal ofrece información sobre la fortaleza, su historia y la vida de las gentes a las que representan. A pesar del inmenso tamaño de la reconstrucción, gran parte de la fortaleza sigue en ruinas y los visitantes pueden pasear por ellas fuera del recinto, hacia la costa atlántica.

Un grupo de casas reconstruidas en el recinto de la fortaleza de Louisbourg ↑

1

2

3

1 Un carro antiguo yace vacío al lado de una de las coloridas puertas de la fortaleza.

2 El interior de la capilla de la fortaleza está decorada con detalles dorados y unos intrincados candelabros.

3 Aquí la atención al detalle es primordial, así lo demuestran los trajes de época usados en este desfile con música.

¿Lo sabías?

En la propia fortaleza se destila ron y se hornea pan. Ambos productos se pueden comprar en la tienda.

LUGARES DE INTERÉS

Billy's Seafood Company
Este establecimiento de primera sirve unos de los mejores platos de cangrejo de la ciudad. Cuenta con su propio mercado de pescado –se puede comprar marisco para llevar– y un bar para tomar una copa.

51 Charlotte St, Saint John
Ene-mar: do
billysseafood.com

$$$

Lily's
Espléndida ubicación junto al lago, música en vivo y excelente pescado del día. Todos los beneficios de este afable restaurante revierten en la comunidad local.

55 Lake Dr S, Saint John **lilylake.ca**

$$$

Steamers Lobster Co.
Los isleños abarrotan este restaurante por su famoso *lobster roll,* básicamente trozos de carne de langosta fresca en un pan de perrito. Insuperable.

110 Water St, Saint John **Med nov-may** **steamerslobster company.com**

$$$

4

Saint John

City Hall, King St; www.discoversaint john.com

En 1785, 14.000 lealistas que huían de la guerra de Independencia de Estados Unidos construyeron Saint John en menos de un año. Aún conserva el encanto de una ciudad pequeña y tras su restauración, el centro histórico es una delicia. El Saint John City Market es el mercado agrícola más antiguo que queda en Canadá, con sus coloridas pilas de productos frescos, puestos de pescado y cafés. En la cercana Market Square, un espacioso atrio comunica los edificios que constituyeron el centro comercial de la ciudad. Hoy se encuentra aquí el **New Brunswick Museum,** que ofrece en sus tres plantas una entretenida exposición sobre la historia geológica, cultural y natural de New Brunswick. Los niños disfrutan mucho en la Tidal Tower, una torre de tres alturas donde el agua sube y baja en función de la marea.

Cerca, el Loyalist House Museum ocupa una casa georgiana construida por el lealista David Merritt hacia 1810.

New Brunswick Museum
Market Square
Diario Nov-med may: lu
nbm-mnb.ca

5

Bouctouche

Jun-sep: 14 Acadia St, (506) 743 8811; oct-may: Bouctouche Chamber of Commerce, www.ville debouctouche.ca

En esta localidad costera con fuerte influencia acadiense está **Le Pays de la Sagouine**, un pueblo temático que lleva el nombre de una lavandera creada por la autora Antonine Maillet (1929); en él se representan sus historias. Cerca, el Irving Eco-Centre estudia y protege un precioso ecosistema de 12 km de dunas.

→ Puestos de fruta y verdura en los pasillos del Saint John City Market

↑ Grand Falls en sus inicios. La cascada acaba con una caída de 25 m

Le Pays de la Sagouine
57 rue Acadie
10.00-17.00 diario
4 sep sagouine.com

6 Grand Falls

Malabeam Reception Centre

El río Saint John fluye por un bucólico valle entre colinas y cultivos. Boulevard Broadway, la calle principal de Grand Falls, es ideal para parar a tomar un refrigerio. La ciudad debe su nombre a la espectacular catarata que forma el río Saint John al precipitarse por Grand Falls Gorge. Con el tiempo, el agua ha excavado una abrupta garganta de 1,5 km.

Río arriba, en la ciudad de Edmundston se halla el New Brunswick Botanical Garden, que cuenta con ocho jardines temáticos y dos arboretos.

TOP 3 PLAYAS

Aboiteau Beach, Cap-Pelé
La zona de agua salada apta para el baño más cálida de Canadá con 5 km de playa ideal para buscar tesoros.

Killarney Lake Beach, Fredericton
Muy popular entre los residentes. Lago transparente de agua dulce, playa de arena y muchos senderos para explorar.

New River Beach Provincial Park
Ideal para caminar por las pozas de marea de New River, montar en kayak en la bahía de Fundy y jugar con la arena.

7 Amherst

Rte 104; www.amherst.ca

Esta animada localidad domina las marismas de Tantramar, las más grandes del mundo. El Cumberland County Museum ocupa la residencia del senador R. B. Dickey, uno de los padres de la Confederación. Cerca están Fort Beauséjour y su museo, y las excavaciones arqueológicas de la aldea acadiense de Beaubassin.

8 Fredericton

Fredericton Tourism Division; www.frederictoncapitalregion.ca

El río Saint John atraviesa la capital provincial de New Brunswick que, con sus casas victorianas y su iglesia junto al río, es una de las ciudades pequeñas más bellas del Canadá Atlántico. Varios edificios históricos reflejan su primera función como puesto militar británico. La Beaverbrook Art Gallery posee una buena colección de pintura de los siglos XIX y XX, incluida una obra maestra de Dalí. King's Landing, al oeste de Fredericton, es un museo viviente que recrea la vida diaria en un pueblo del siglo XIX.

→ *The Leopard*, de Jonathan Kenworthy, en la Beaverbrook Art Gallery, Fredericton

La señorial fachada blanca de la Acadia University en Wolfville, fundada en 1838

9 Wolfville

Willow Park; www. wolfville.ca

La localidad de Wolfville, sede de la aclamada Acadia University, y los campos que la rodean tienen un gran encanto. Aquí el verde valle de Annapolis se encuentra con la orilla de la ensenada de Minas, y las carreteras pasan entre ricos campos de cultivo y soleados huertos frutales.

Gran parte de la fértil tierra de labranza del valle se debe a los diques construidos en el siglo XVII por los acadienses. Cuando estos fueron deportados en 1755, los británicos ofrecieron las tierras a esforzados aldeanos de Nueva Inglaterra con la condición de que la aldea entera se trasladara aquí. La ardua labor de estos colonos (conocidos como *planters*) fue tan efectiva que las poblaciones del valle de Annapolis prosperaron.

Wolfville y sus alrededores se han ganado la reputación de región vinícola de Nueva Escocia. Hay más de una docena de viñedos, y muchos ofrecen catas al público. En Wolfville está también el Magic Winery Bus, el único autobús turístico de Norteamérica que hace una ruta por bodegas.

Al final de un sendero de 5 km que atraviesa los diques acadienses se halla **Grand Pré National Historic Site,** Patrimonio de la Humanidad. En 1921 se construyó una iglesia de piedra inspirada en las iglesias rurales francesas allí donde estuvo la antigua aldea de Grand Pré: era un forma de recordar la Gran Expulsión, cuando los británicos ocuparon el territorio acadiense y expulsaron a miles de ellos de Nueva Escocia. Se puede pasear por los jardines o visitar el centro de información, que cuenta con una exposición sobre los acadienses y su historia. Después de la Gran Expulsión, muchos acadienses siguieron ocultos en la zona; otros volvieron años más tarde.

Grand Pré National Historic Site
2205 Grand Pré Rd
May-oct: diario
experiencegrandpre.ca

Bayside Inn Bed & Breakfast
Una pensión tradicional con 12 habitaciones y magníficas vistas de la costa de Digby y la cuenca de Annapolis.
115 Montague Row, Digby baysideinn.ca
$$

Irwin Lake Chalets
Paz y naturaleza: cabañas de madera de cedro -algunas con *jacuzzi* privado- a orillas del lago.
680 Loch Haven Ln, Truro irwinlakechalets.com
$$

10 Truro

Victoria Sq; (902) 893 2922

Situada en el cruce de las principales vías de comunicación de Nueva Escocia, la próspera ciudad de Truro es también el escenario de un fenómeno geográfico único: cuando las aguas de la fuerte marea de la bahía de Fundy ascienden, se forma una gran ola, el macareo, que avanza varios kilómetros por los ríos que desaguan en la ensenada de Minas. Saliendo de la Hwy 102 está el Tidal Bore Park, donde unos paneles explican el fenómeno y se puede observar cómo entra la marea. En el cercano río Shubenacadie es posible cabalgar el macareo en balsas; se forman olas de hasta 2 m de altura.

11 Parrsboro

Main St

Situado en la orilla septentrional de la ensenada de Minas, en Parrsboro se producen las mareas más altas del mundo, de más de 15 m de altura. En las playas de esta ensenada los amantes de los minerales buscan las piedras semipreciosas y los fósiles que quedan diseminados por la arena. El Fundy Geological Museum exhibe fantásticas amatistas de la zona, además de huellas y huesos de dinosaurio.

12

Annapolis Royal

Prince Albert Rd; www.annapolisroyal.com

Esta histórica población fue la primera capital de la colonia de Nueva Escocia. El Fort Anne National Historic Site vio batallar a ingleses y franceses por el control de la zona. Cerca de aquí fundó Samuel de Champlain en 1605 el puesto de comercio de pieles de Port-Royal, el primer asentamiento europeo en América al norte de Florida. El **Port-Royal National Historic Site** es una réplica exacta de la colonia original hecha a partir de planos dibujados por Champlain. A una hora en coche de Annapolis Royal, hacia el interior, está el Kejimkujik National Park and National Historic Site, un espacio natural de 381 km² salpicado de lagos y ríos.

Port-Royal National Historic Site

15 km al oeste de Annapolis Royal (902) 532 2898 May-oct: 9.00-17.00 ma-sá

13

Digby

Shore Rd; www.digby.ca

Este pueblo pesquero tiene fama por sus vieiras, la principal captura de su flota. El paisaje alrededor es espléndido, con la cercanía del rocoso litoral de las islas Long y Brier.

En estas aguas abundan el rorcual común, el aliblanco y la ballena jorobada, por lo que las salidas para avistar ballenas son muy populares. Con suerte, se puede llegar a ver a la rara ballena franca, pues unos 200 de los 350 ejemplares que quedan en el mundo pasan el verano en la zona.

14

Windsor

Hwy 101, salida 6

En esta ciudad tranquila cuyas elegantes casas victorianas dan al río Avon, vivió el juez Thomas Chandler Haliburton, autor de los relatos de Sam Slick, que alcanzaron una gran popularidad a mediados del siglo XIX. Aquel agudo vendedor ambulante acuñó nuevas expresiones en lengua inglesa que han perdurado hasta hoy. El **Haliburton House Provincial Museum,** la que fue casa del juez, contiene muchos de sus efectos personales, incluido su escritorio.

Windsor es famoso también como lugar de nacimiento del hockey, el deporte favorito de Canadá, y por albergar cada mes de octubre la Pumpkin Regatta.

Haliburton House Provincial Museum

414 Clifton Ave
Jun-med oct: diario
haliburtonhouse.novascotia.ca

¿Lo sabías?

La variedad de calabaza *Atlantic Giant* la patentó un granjero de Windsor, Howard Dill, en 1986.

↑ El pequeño pueblo pesquero de Digby, con las farolas encendidas al oscurecer

Las olas batiendo contra las rocas en Peggy's Cove

Turistas paseando por el rústico y colorido muelle de Lunenburg ↑

15

Lunenburg

May-sep: (902) 634 8100; oct-abr: (902) 634 3170 explore lunenburg.ca

Ninguna ciudad encarna el encanto marino de Nueva Escocia mejor que Lunenburg, Patrimonio de la Humanidad desde 1996. A mediados del siglo XVIII, los británicos ofrecieron esta tierra a colonos protestantes europeos. Aunque la mayoría eran campesinos, pronto se dedicaron a construir barcos y no tardaron en convertir la localidad en un centro de comercio. Hoy el de Lunenburg es el puerto base del *Bluenose II*, una réplica de la famosa goleta canadiense.

El **Fisheries Museum of the Atlantic** ocupa varios edificios frente al mar. Se pueden ver viejas goletas, meter las manos en tanques con animales marinos y aprender cómo se prepara una vieira.

Fisheries Museum of the Atlantic
68 Bluenose Dr
Med may-med oct: diario; med oct-may: lu-vi
fisheriesmuseum.nova scotia.ca

16

Shelburne

Dock St; www.shelburnens.ca

Esta tranquila población la fundaron unos 3.000 lealistas que huían de la persecución durante la guerra de la Independencia estadounidense en 1775. Les siguieron más fieles a la Corona y su población creció hasta convertirse en la tercera ciudad más grande de la Norteamérica británica de entonces. Con el tiempo, muchos de esos colonos se trasladaron a Halifax o volvieron a Inglaterra, dejando atrás las bonitas casas del siglo XVIII que se habían construido. Un bonito paseo por Water Street conduce hasta el **Dory Shop Museum,** que desde 1880 albergó un taller de construcción de esquifes (barcas de fondo plano). El museo tiene una exposición sobre la industria del bacalao en salazón y en la planta superior, hábiles carpinteros muestran las técnicas para construir esquifes.

En Shelburne se rodó la película *La letra escarlata*, de 1995. La calle principal se convirtió en un plató.

Dory Shop Museum
11 Dock St Jun-med oct: diario doryshop.nova scotia.ca

17

Mahone Bay

Destination Southwest Nova Association; www.mahonebay.com

Se ha dicho de esta pequeña localidad costera que es la más bella de Canadá. En el muelle se alinean casas del siglo XVIII, y detrás del puerto se alzan tres iglesias cuya imagen se refleja en las tranquilas aguas. El diminuto **Mahone Bay Museum** ofrece una

Según la leyenda, el enorme ángel de la escultura es el Peggy original, único superviviente de un naufragio del siglo XIX, a quien debe su nombre el pueblo.

exposición sobre la fundación de la ciudad por protestantes extranjeros en 1754 y su importancia como centro astillero. Cuenta también con una colección de cerámica y antigüedades de los siglos XVIII y XIX.

Mahone Bay Museum
578 Main St Jun-sep: ma-do mahonebay museum.com

18

Kouchibouguac National Park

y Miramichi Diario parks.canada.ca/pn-np/nb/kouchibouguac

En lengua mi'kmaq, el nombre del parque significa 'río de las largas mareas'. El parque comprende un terreno salado de dunas esculpidas por el viento, marismas llenas de fauna, inmensas playas de arena fina y excelentes pistas para pedalear. Es muy popular la Voyageur Canoe Adventure, una excursión de tres horas en canoa hasta los bancos de arena que hay frente a la costa, donde las focas grises disfrutan del sol.

19

Bahía Passamaquoddy

Saint Stephen Black's Harbour y L'Etete Saint Andrews Tourism Bureau; (506) 529 3556

Los pueblos que rodean las aguas de esta bahía tienen un encanto histórico, y ninguno es más fascinante que Saint Andrews. La hermosa Water Street está llena de interesantes *boutiques*, tiendas de artesanía y buenos restaurantes. En los muelles, las agencias ofrecen actividades como vela, observación de ballenas y salidas en kayak. Cerca, la casa georgiana construida para el lealista Harris Hatch en 1824 alberga el Ross Memorial Museum, con una amplia colección de arte y antigüedades.

Hay un servicio regular de ferris a las islas cercanas. El Roosevelt Campobello International Park, en la isla de Campobello, es una reserva de 11 km² en torno a la antigua residencia de verano del presidente de Estados Unidos Franklin D. Roosevelt. Se ha restaurado la lujosa casa, que exhibe objetos de la familia. Para ir a la isla Campobello, a 20 km al sur de Saint Andrews, sale un ferri desde L'Etete a la isla Deer, y allí otro barco lleva a Campobello.

Famosa por su belleza agreste, la isla Grand Manan es frecuentada por observadores de aves, pues atrae a multitud de aves marinas.

20

Peggy's Cove

Sou'wester Restaurant; www.peggyscove region.com

Elevado sobre unas rocas de granito, el faro de Peggy's Point, aún en funcionamiento, es uno de los sitios más fotografiados de Canadá. El pueblo de Peggy's Cove, con sus casas de colores encaramadas a las rocas, merece su reputación de ser uno de los pueblos pesqueros más bonitos de la zona y es un placer pasear por él. Aquí vivió el famoso pintor y escultor William deGarthe (1907-1983). Sobre el puerto, la deGarthe Gallery expone de forma permanente muchas de sus obras. Junto a la galería, se exhibe el *Fishermen's Monument*, una escultura de 30 m que el artista hizo en honor a los pescadores de Nueva Escocia. Se dice que el ángel de la obra es el Peggy original, único superviviente de un naufragio del siglo XIX, al que debe su nombre el pueblo.

Justo al salir del pueblo, en el promontorio Whaleback, hay un monumento en memoria de las víctimas del accidente en 1998 de un vuelo de Swissair.

MEJORES VISTAS
Lighthouse Route

Nueva Escocia cuenta con la mayor cantidad de faros de Canadá y más de 160 pueden visitarse, todos con unas vistas increíbles. Muchos se encuentran en la Lighthouse Route (Ruta de los Faros), que recorre el litoral sur de la provincia desde Halifax hasta Yarmouth.

↑ Bonitas casas de pescadores a lo largo de la costa en Peggy's Cove

↑ Hermoso paraje natural en el Fundy National Park

21

Fundy National Park

Moncton Sussex Saint John May-oct: diario parks.canada.ca

La vida en la costa meridional de New Brunswick está marcada por las poderosas mareas de la bahía de Fundy. Dos veces al día entran y salen en la bahía más de 100.000 millones de toneladas de agua, generando mareas de hasta 15 m y labrando un impresionante litoral rocoso.

Uno de los mejores lugares para experimentar la maravilla de estas famosas mareas es el Fundy National Park, donde abunda la fauna y hay rutas de senderismo espectaculares. Con marea baja, se puede andar más de 1 km por el suelo de la bahía. Es una zona extraordinaria para los biólogos, que estudian a los fascinantes animales que pasan la mitad de su vida bajo el agua y la otra mitad al aire.

¿Lo sabías?

La marea más alta jamás registrada se produjo en la bahía de Fundy en 1869 y alcanzó 21,6 m.

22

Península Acadiense

Bathurst Dalhousie 56 Salmon Blvd, Campbellton; 1 800 561 0123

Los tranquilos pueblos costeros, las playas y el suave oleaje de esta península hacen que sea un popular destino vacacional. Instalados aquí desde el siglo XVII, los acadienses han destacado siempre por sus prósperos cultivos, sus bonitas aldeas y por una arraigada tradición musical *(p. 48)*.

En Shippagan, la **Véloroute de la Péninsule Acadienne** es una red de vías para bicicletas de 310 km. Hay 15 circuitos para escoger, todos los cuales atraviesan municipios cercanos y ofrecen vistas inolvidables.

Cerca, las islas Lamèque y Miscou se conectan con tierra firme por carreteras elevadas. En Lamèque se halla la Église Ste-Cécile, una iglesia con pinturas únicas en su interior. Cada año acoge en junio el Festival Barroco Internacional. En el **Ecological Park** se puede descubrir la fascinante flora y fauna de la península, además de identificar los cinco ecosistemas principales de la región.

En Miscou hay una pasarela de madera de 1 km que discurre sobre una turbera, con carteles que explican las características de este ecosistema único. El faro de Miscou, de más de 35 m, es el faro de madera en funcionamiento más antiguo de Canadá, y además es un monumento histórico nacional.

Caraquet, donde residen muchos artistas acadienses, es el centro cultural de la península. Como en el resto de la región, el entorno es hermoso, y en el muelle se pueden contratar excursiones en kayak por la Baie des Chaleurs.

Véloroute de la Péninsule Acadienne

Aquatic Pavilion 104, rue de l'Aquarium Shippagan
veloroutepa.ca

Ecological Park

65 Du Ruisseau St, Lamèque (506) 344 3223
Fin jun-ago: diario

23

Hopewell Rocks

131 Discovery Rd, Hopewell Cape May-oct nbparks.ca

Al sur del pueblo de Hopewell Cape se halla esta espectacular formación geológica, que consiste en una serie de grandes rocas, algunas de hasta 20 m de alto, a las que la continua erosión del agua les ha dado formas extrañas. La extrema amplitud de las mareas en la bahía de Fundy hace que las rocas queden sumergidas dos veces al día y totalmente expuestas cuando baja la marea. Aunque se encuentre cerrado el recinto, se puede aparcar fuera y bajar a la playa por los senderos.

24

The Eastern Shore

Halifax Antigonish Pictou Canso; (902) 366 2170

Un recorrido por la costa oriental de Nueva Escocia es un viaje al pasado de esta provincia, atravesando

↑ Hopewell Rocks, rocas de extrañas formas erosionadas por el mar

↑ Una carreta tirada por caballos en Sherbrooke Village, en la Eastern Shore

poblaciones donde la vida ha cambiado poco desde principios del siglo XX. La diminuta casa y granja que aloja el Fisherman's Life Museum en Jeddore, Oyster Ponds (en una vía de acceso 60 km al este de Halifax), fue el hogar de un pescador, su mujer y sus 13 hijas hacia el año 1900. Hoy es un museo histórico donde guías vestidos de época representan el sencillo día a día de una familia de pescadores, que es aún hoy el alma de la cultura de Nueva Escocia. Los visitantes del mediodía puede que reciban una invitación a comer lo que se prepara en una cocina de leña. También se muestra cómo se tejen alfombras y se hacen colchas, y se puede visitar el lugar donde se almacenaba el pescado salado.

Sherbrooke Village es el museo histórico viviente más grande de Nueva Escocia. Entre 1860 y 1890, el pueblo vivió del oro y la madera. Cuando se agotó el oro, Sherbrooke se aletargó de nuevo. En la década de 1970 se restauraron alrededor de 25 de sus edificios más antiguos. Hoy, los guías disfrazados que pueblan sus calles hacen que la Nueva Escocia del siglo XIX haya vuelto a la vida. Un paseo en carro de caballos permite hacerse una idea general, mientras los cocheros cuentan retazos de la historia del pueblo. En la botica se puede asistir a la elaboración de específicos, y quienes lo deseen pueden vestirse con trajes de época y posar bien quietos en el Ambrotype Studio mientras una vieja cámara imprime su imagen sobre cristal. A las afueras hay un enorme noria de agua que hace funcionar una serrería.

Sherbrooke Village
Desde Hwy 7
Jun-oct: diario sherbrookevillage.novascotia.ca

25

Village Historique Acadien

Route 11, 10 km al oeste de Caraquet Desde Bathurst 10.00-17.00 diario 15 ago villagehistoriqueacadien.com

Tras la trágica deportación de 1755-1763, los acadienses fueron retornando poco a poco a las Provincias Marítimas, plantaron nuevos cultivos y reconstruyeron su forma de vida. El Village Historique Acadien retrata la vida en una comunidad rural acadiense entre 1770 y 1949. Los 60 edificios restaurados de la aldea ocupan 364 ha e incluyen varias granjas en activo. Los guías bilingües con trajes de época recrean las actividades diarias del siglo XIX. El visitante puede dar un paseo en un carro tirado por caballos, observar cómo se trabaja en la herrería, la imprenta o el molino, y recorrer las granjas y los hogares donde las mujeres hilan, bordan y cocinan.

Casetas de pescadores en un muelle en las islas Change

TERRANOVA Y LABRADOR

Durante al menos 6.000 años sucesivas oleadas de pueblos indígenas nómadas vivieron en estos paisajes cautivadores. Los pueblos archaic, dorset y naskapi establecieron aquí asentamientos estacionales, aunque fueron los inuit y los mi'kmaq los que acabaron teniendo más éxito. Los inuit, descendientes del pueblo thule, se adaptaron mejor a los climas fríos del norte de Labrador, mientras que los mi'kmaq se establecieron sobre todo en la isla de Terranova, donde recogían moluscos, cazaban focas y pasaban los inviernos en cálidas viviendas de forma cónica.

No fue hasta el año 1000 cuando los mi'kmaq encontraron a los primeros europeos: los vikingos, que explotaron los bancos de peces de las islas y establecieron un asentamiento durante breve tiempo llamado Vinland. Pasaron otros 500 años antes de que los europeos llegaran de nuevo a las islas. El navegante italiano Giovanni Caboto avistó las costas de Terranova en 1497, pero fueron los portugueses quienes reclamaron estas tierras, en las que establecieron destacamentos pesqueros en la década de 1520. Junto con los barcos de pesca portugueses llegaron los vascos, los españoles, los holandeses y los ingleses, todos los cuales rivalizaban por los derechos de explotación de este rico recurso. Finalmente, los británicos salieron victoriosos y retuvieron la provincia hasta 1949.

TERRANOVA Y LABRADOR

Esencial

1. St. John's
2. Gros Morne National Park

Lugares de interés

3. Trinity
4. Ciudad de Labrador
5. Happy Valley-Goose Bay
6. Nain
7. Gander
8. Península de Avalon
9. San Pedro y Miquelon
10. Terra Nova National Park
11. Península de Burin
12. Península de Bonavista
13. Bahía Notre Dame
14. Estrecho de Labrador
15. Battle Harbour
16. Costa suroeste
17. Churchill Falls

Terranova y Labrador
0 km 200
0 millas 200
N
Mar de Labrador
Isla Okak
QUEBEC
NAIN
Hopedale
Schefferville
Churchill Falls
CIUDAD DE LABRADOR
LABRADOR
Mary's Harbour
QUEBEC
Corner Brook
Gander
TERRANOVA
St. John's
Área cubierta por el mapa
NEW BRUNSWICK
NUEVA ESCOCIA
Mar de Labrador
Cartwright
Port Hope Simpson
Mary's Harbour
BATTLE HARBOUR
Isla Belle
Red Bay
ESTRECHO DE LABRADOR
Blanc-Sablon
L'Anse-Amour
St. Anthony
St. Barbe
Main Brook
Roddickton
Port Saunders
Océano Atlántico
Portland Creek
Baie Verte
Isla Fogo
Sally's Cove
Twillingate
GROS MORNE NATIONAL PARK
BAHÍA NOTRE DAME
Cabo Freels
Norris Point
South Brook
Lewisporte
Aeropuerto de Deer Lake
Deer Lake
GANDER
Aeropuerto internacional de Gander
Lago Grand
Grand Falls-Windsor
Traytown
Upper Amherst Cove
Corner Brook
Buchans
Lago Red Indian
TERRA NOVA NATIONAL PARK
PENÍNSULA DE BONAVISTA
TRINITY
TERRANOVA
Clarenville
Old Perlican
Sunnyside
Carbonear
Aeropuerto internacional de St. John's
Pool's Cove
Bay Roberts
ST. JOHN'S
Burgeo
Harbour Breton
Argentia
Bay Bulls
Placentia
Ferryland
Grand Bank
Marystown
PENÍNSULA DE AVALON
SAN PEDRO Y MIQUELON
PENÍNSULA DE BURIN
St. Mary's
Trepassey
Cabo Race
North Sydney

❶

ST. JOHN'S

✈ 6 km al norte de la ciudad 🚌 Memorial University ⛴ Argentia 130 km al suroeste ℹ 348 Water St; (709) 576 8106

Capital de la provincia de Terranova y Labrador, St. John's es un activo puerto y uno de los asentamientos más antiguos de Norteamérica. Casas multicolores flanquean las calles en torno al puerto, donde la pesca comercial, la exploración petrolera y el mantenimiento de barcos siguen siendo negocios viables. Sus gentes son célebres por su simpatía, un delicioso contrapunto a la abrupta belleza que rodea esta ciudad histórica.

①

Murray Premises

Esq. Water St y Beck's Cove 8.00-22.30 diario murraypremiseshotel.com

Estos edificios de ladrillo y estructura de madera construidos en 1846 en el extremo occidental de Water Street son los últimos ejemplos que quedan de las grandes instalaciones mercantiles y de procesado de pescado que llenaban el puerto de St. John's. En otro tiempo, cuando se embarcaba el bacalao para los mercados extranjeros, Murray Premises era un hervidero de actividad. Solo estos bloques escaparon de un terrible incendio que asoló gran parte de la ciudad en 1892; marcan el límite de la devastación por el lado oeste. Protegidos hoy como monumento histórico provincial, los edificios restaurados albergan un hotel *boutique* y oficinas.

②

Paseo marítimo

Water St

Por la orilla discurre Water Street, la vía pública más antigua de Norteamérica, creada a finales del siglo XVI, con el inicio del comercio en la ciudad. Water Street y la paralela Duckworth Street, antes ruidosas calles repletas de cantinas y prostíbulos, lucen hoy tiendas de regalos, galerías de arte y algunos de los mejores restaurantes de Terranova. Harbour Drive, también junto a la orilla, es ideal para pasear, mientras que George Street concentra la vida nocturna de la ciudad.

③

Commissariat House

King's Bridge Rd (709) 729 6730

Este monumento histórico provincial se construyó entre 1818 y 1820 y en el siglo XIX fue residencia de oficiales británicos.

¿Lo sabías?

George St, en St. John's, es el lugar de Canadá donde hay más *pubs* por metro cuadrado.

← Las casas multicolores que conforman la comunidad de The Battery

Alberga un montaje multimedia que permite hacerse una idea de cómo era la vida en St. John's a principios del siglo XIX. La cercana Government House, de la década de 1820, es la residencia oficial del vicegobernador de la provincia.

---

④ The Battery

Battery Rd

Así se conoce al conjunto de coloridas casas que se aferran a los escarpados acantilados a la entrada del puerto. Con su aspecto de pueblo pesquero decimonónico, es uno de los lugares más fotografiados de St. John's. Antes se consideraba un lugar incómodo para vivir, pero hoy es una zona muy codiciada. Debe su nombre a las baterías de las fortificaciones que se construyeron aquí durante siglos para defender el puerto. Los habitantes utilizaron la artillería en 1763 contra los barcos piratas holandeses.

---

⑤ The Rooms

9 Bonaventure Ave Variable, consultar la web lu therooms.ca

Convertidas en todo un hito en el centro de St. John's, The Rooms alberga el museo provincial, que recorre la historia de Terranova en los últimos 9.000 años. Entre las exposiciones permanentes están "From This Place: Our Lives on Land and Sea", que se centra en las conexiones entre la población y su entorno. También alojados en esta instalación están los Archivos Provinciales y la galería de arte provincial, que cuenta con más de 10.000 obras de arte. El edificio fue diseñado a imagen de las *fishing rooms*, donde las familias procesaban su pesca. El característico edificio de granito y cristal ofrece unas excelentes vistas de la ciudad. Cuenta también con un café y una tienda de regalos. El acceso al museo es gratis de 18.00 a 21.00 el primer miércoles del mes.

↑ La exposición "Connections" de The Rooms muestra la historia natural de la provincia

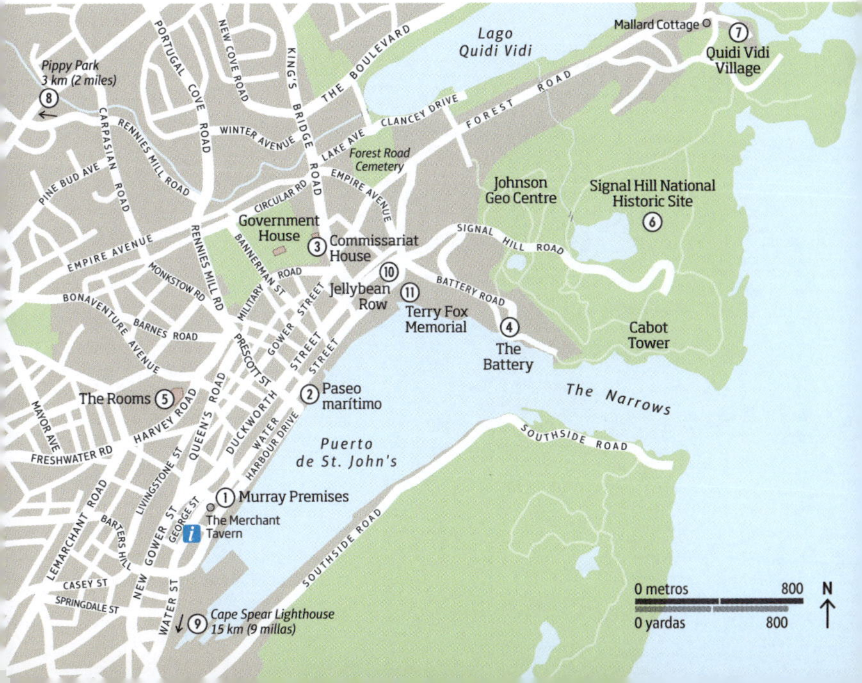

Mallard Cottage
Deliciosos y copiosos desayunos, platos de caza, marisco y pescado locales en el interior de una casa antigua y acogedora en Quidi Vidi Village.

8 Barrows Rd
mallardcottage.ca

$$

The Merchant Tavern
Luminoso y amplio, con un cierto aire industrial, este restaurante sirve una cocina canadiense asombrosa y creativa, y también cócteles.

291 Water St
lu themerchanttavern.ca

$$$

6

Signal Hill National Historic Site

Signal Hill Rd (709) 772 5367 Visitor Centre: med-fin may: 10.00-18.00 mi-do; jun-fin de semana del Día del Trabajo: 10.00-18.00 diario; fin de semana del Día del Trabajo-med oct: 10.00-18.00 sá-mi

Este alto promontorio ofrece vistas espectaculares del Atlántico, de la entrada del puerto y del esplendor histórico de la ciudad de St. John's. El lugar cuenta con un centro de interpretación y con la Cabot Tower, que señala el principio de una ruta de senderismo que sigue la línea del acantilado hasta North Head. La construcción de la Cabot Tower en la cima de Signal Hill comenzó en 1897 para celebrar el 400 aniversario de la llegada de John Cabot, un navegante italiano que originalmente respondía al nombre de Giovanni Caboto. Los fines de semana de verano soldados vestidos de época realizan ejercicios de marcha propios del siglo XIX. Fue aquí donde otro italiano, Guglielmo Marconi, recibió la primera señal inalámbrica transatlántica en 1901.

Cabot Tower, un austero edificio de piedra situada en lo alto de Signal Hill en St. John's

El icónico Cape Spear Lighthouse National Historic Site of Canada

7

Quidi Vidi Village

Quidi Vidi Village Rd
Diario

Situada al norte de Signal Hill, las casas de esta antigua aldea se apiñan alrededor de su pequeño puerto. Lo domina todo la Quidi Vidi Battery, una fortificación construida en 1762 para defender el acceso al puerto, donde hoy se halla la microcervecería más famosa de la provincia, Quidi Vidi Brewery. Hay visitas con cata todos los días a las 11.00, y en más horarios el fin de semana.

Esencial ☆

⑨

Cape Spear Lighthouse National Historic Site of Canada

Blackhead Rd Los horarios varían, consultar página web parks.canada.ca/lhn-nhs/nl/spear

A 10 km al sureste de la ciudad, el cabo Spear marca el punto más oriental de Norteamérica. Situado en lo alto de los acantilados, el majestuoso faro de Cape Spear es desde hace tiempo un símbolo de la independencia y la historia marinera de Terranova. En realidad, hoy hay dos faros: el original de 1836, que es el más antiguo de Terranova, y a su lado el gracioso faro automático añadido en 1955. El original se ha restaurado para mostrar cómo era la vida del farero y su familia en el siglo XIX.

⑧

Pippy Park

Nagles Place Diario pippypark.com

Hay quien se sorprende de ver alces vagando libremente por St. John's, algo sin embargo habitual en este parque de 1.400 ha situado a solo 3 km del centro de la ciudad. Pippy Park es el parque de gestión provincial más grande de Canadá, su área es tres veces mayor que la de Stanley Park de Vancouver.

En los terrenos del Pippy Park se encuentran el jardín botánico local y también el Fluvarium (el único de Norteamérica), un centro educativo medioambiental con nueve ventanales subacuáticos desde los que se puede observar la actividad en un arroyo de truchas. Dentro del parque hay *campings*, diversas rutas para caminar, además de un popular campo de golf y un *driving range*.

⑩

Jellybean Row

King Rd

El centro de St. John es famoso por sus coloridas casas, que se cree que fueron pintadas con tonos luminosos por los pescadores para que pudieran encontrar el camino de regreso las noches de niebla. Sin embargo, en realidad la pintura de las casas comenzó siendo un proyecto de revitalización del centro en la década de 1970 y que se propagó por la ciudad. Para ver el paisaje callejero más parecido al arco iris hay que ir a King Road o a Colonial Street.

⑪

Terry Fox Memorial

Water St

Nacido en Winnipeg en 1958, a Terry Fox le amputaron la pierna derecha en 1977 tras diagnosticarle un cáncer de huesos. En un intento de recaudar fondos para la investigación del cáncer, en 1980 emprendió el Marathon of Hope (una carrera de este a oeste a través de Canadá). Comenzó en St. John's, donde Terry sumergió la pierna derecha en el océano antes de correr 5.373 km a lo largo de 143 días. Murió en 1981, tras haber recaudado más de 24 millones de dólares; este monumento conmemora al héroe canadiense.

2

GROS MORNE NATIONAL PARK

Route 430, Rocky Harbour; parks.canada.ca/grosmorne

Caminar sobre tierra árida o escalar cumbres alpinas en las que los zorros árticos corren por la tundra. Navegar por angostos fiordos entre acantilados altísimos, donde las cascadas se vaporizan mientras caen. Lo que ofrece este paisaje antiguo y cambiante es único en el mundo.

Gros Morne, Patrimonio de la Humanidad, es el gran tesoro natural de Terranova. Aquí, los montes Long Range se elevan 814 m sobre un fiordo azul que se recorta en la cordillera costera. Se trata de montes precámbricos, varios millones de años más antiguos que las Rocosas, y entre los más viejos de la Tierra. El monte Gros Morne es uno de ellos y subir a su cima es una actividad popular, aunque dura.

La increíble zona de las Tablelands se creó por una colisión de dos masas continentales hace más de 500 millones de años, cuando la profunda corteza marina y rocas del manto terrestre fueron empujadas hacia arriba, en vez de ser presionadas hacia abajo, como es habitual. Después vinieron la erosión y la glaciación, y hoy estas partes antiguas de nuestro planeta están en la superficie. Debido al alto contenido en magnesio en la roca peridotita expuesta, muy pocas plantas pueden sobrevivir aquí, lo cual explica que parezca un desierto.

La mayoría de los servicios turísticos se encuentran en el pueblo costero de Rocky Harbour, en la zona central del parque. Caminar por rutas costeras, hacer piragüismo entre columnas de roca *(stacks)* y navegar por los fiordos son algunas de las actividades principales en esta zona. Quienes tengan buen ojo verán alces y caribúes en los bosques, y focas y ballenas en torno a St. Pauls Bay.

↑ Excursión en barco por Western Brook Pond, cerca de Rocky Harbour

CONSEJO DK
Western Brook Pond en barco

Una excursión en barco es la mejor forma de explorar este fiordo excavado por un glaciar, en el que abundan cascadas y animales. Se organizan excursiones desde junio a octubre y requieren una caminata de 3 km para llegar hasta el muelle desde la carretera más cercana.

← Senderistas atravesando las áridas y rocosas Tablelands en un día claro

Esencial ☆

¿Lo sabías?

Gros Morne es un nombre francés y podría traducirse como gran lugar triste.

↑ Rocas costeras en torno a la bahía de Bonne en el Gros Morne National Park

LUGARES DE INTERÉS

3

Trinity

Trinity Visitor Centre, West St; www.townoftrinity.com

Puede decirse que este pueblo encantador, con sus coloridos edificios del siglo XIX asomados a la bahía de Trinity, es uno de los más bellos de Terranova. Cuenta con varias tiendas de artesanía y restaurantes, y lo mejor es explorarlo a pie. El Trinity Museum expone más de 2.000 objetos que ilustran el pasado del pueblo.

Aquí está también Hiscock House, una casa restaurada al estilo de 1910 donde la comerciante Emma Hiscock llevaba el almacén, la fragua y la oficina de correos al tiempo que criaba a sus seis hijos.

4

Ciudad de Labrador

(709) 944 7631

Esta ciudad minera refleja la vertiente industrial moderna de Canadá. Aquí se encuentra una de las minas de hierro a cielo abierto más grandes del mundo, en torno a la cual la ha crecido la ciudad desde finales de la década de 1950.

El vasto paisaje semisalvaje que rodea la ciudad atrae a cazadores y pescadores de todo el mundo.

En la ciudad, el **Gateway Labrador Visitor Centre** exhibe una serie de objetos que representan lo mejor de Labrador West y su historia, su cultura y sus gentes.

Gateway Labrador Visitor Centre

1365, Route 500
(709) 944 5399
9.00-18.00 lu-vi

5

Happy Valley-Goose Bay

Labrador; (709) 896 8787

La mayor población de Central Labrador fue una importante escala estratégica para los vuelos transatlánticos durante la Segunda Guerra Mundial. Hoy pilotos alemanes, italianos y británicos entrenan en la base que tiene aquí la OTAN.

La cercana comunidad de North West River alberga el Labrador Heritage Museum, donde se explica la fascinante historia de Labrador, prestando especial atención a la vida de los tramperos.

6

Nain

Town Council, Nain; www.tourismnunatsiavut.com

Nain es la comunidad más septentrional de Terranova y Labrador, y una parte importante de su reducida población es inuit. Aquí abunda el arte tradicional; en Torngat Arts & Crafts, en el centro,

→ Hopedale Mission National Historic Site, en Hopedale, cerca de Nain

El precioso pueblo de Trinity, con sus edificios del siglo XIX junto al agua

puede comprarse una buena muestra. En Nain viven talladores de fama mundial, como John Terriak y Gilbert Hay.

La mejor forma de conocer Nain y la región de Nunatsiavut es tomar el ferri MV Kamutik W desde Happy Valley-Goose Bay y visitar los pequeños pueblos pesqueros que hay por el camino. Rigolet es la comunidad inuit más meridional del mundo; Makkovik es un buen lugar para comprar arte tradicional de Labrador; Postville es un antiguo puesto comercial para las familias inuit. Cerca, Hopedale cuenta con algunas de las construcciones de madera más antiguas de Canadá, como el complejo **Hopedale Mission National Historic Site.**

Hopedale Mission National Historic Site
Agvituk Historical Society, Hopedale (709) 933 3881 Diario

7

Gander

109 Trans-Canada Hwy; www.gandercanada.com

Esta localidad es un centro turístico práctico para adquirir comida y gasolina, aunque es más conocida por su aeropuerto, que se inauguró en 1938 y fue en un momento el más grande del mundo. Tras el desastre del 11 de septiembre de 2011, se desviaron aquí 38 aviones, lo cual casi duplicó la población de Gander. Su enorme hospitalidad acabó reflejada en un musical de Broadway, *Come From Away*.

En Grand Falls-Windsor, a 100 km al oeste de Gander, el Mary March Provincial Museum (que debe su nombre a la última superviviente del ya extinto pueblo beothuk) recorre la historia de Terranova, desde las culturas indígenas de hace 9.000 años hasta la era industrial.

Norseman Restaurant
Una de las mejores marisquerías de Terranova, y también una de las más remotas.
L'Anse aux Meadows
Med sep-may
valhalla-lodge.com
$$$

Bonavista Social Club
Jugosas hamburguesas y *pizza* en horno de leña acompañadas de limonada de ruibarbo, para tomar en la terraza frente al mar.
2 Longshore Rd, Upper Amherst Cove, Península de Bonavista
11.00-17.00 mi-do
bonavistasocialclub.com
$$$

Lighthouse Picnics
Se llama para reservar; se recoge en el faro de Ferryland el festín recién hecho y se elige un sitio para saborear el pícnic con vistas del Atlántico. Hay que reservar.
Ferryland May-oct: mi-do, solo mediodía
lighthousepicnics.ca
$$$

8 Península de Avalon

St John's Argentia

En la hermosa comunidad de Ferryland se encuentran las extensas excavaciones arqueológicas de **Colony of Avalon,** un asentamiento fundado por el explorador inglés lord Baltimore y 11 colonos en 1621. Esta era la primera empresa de Baltimore en América y pretendía ser una colonia autosuficiente con firmes principios de tolerancia religiosa. Al cabo de un año había ya 32 colonos. La población siguió creciendo y durante muchos años fue la única colonia que prosperó en la zona. Aunque hasta la fecha solo se ha excavado un cinco por ciento de la colonia, es una de las fuentes más ricas de objetos de los primeros asentamientos europeos de Norteamérica. Se ha recuperado una gran variedad de piezas, como cerámica y objetos domésticos. En el centro de información se cuenta la historia de la colonia, y en la visita guiada se puede ver a los arqueólogos trabajando.

En el extremo meridional de la península se halla la Cape St. Mary's Ecological Reserve, una colonia de nidificación de aves marinas a la que se puede llegar a pie.

En el extremo meridional de la península se halla la **Cape St. Mary's Ecological Reserve,** una colonia de nidificación de aves marinas a la que se puede llegar a pie. Un corto sendero avanza por los acantilados hasta un lugar donde anidan cerca de 24.000 alcatraces. En el suroeste de la península, sobre el acceso a la histórica ciudad francesa de Placentia se alza **Castle Hill National Historic Site.** Se puede subir a pie hasta los restos de estas fortificaciones de 1662, que ofrecen buenas vistas de la costa.

Colony of Avalon

Ferryland Jun-Día del Trabajo: 10.00-18.00 diario colonyofavalon.ca

Cape St. Mary's Ecological Reserve

Desde Route 100 (709) 277 1666 Todo el año; Centro de interpretación: may-oct

CURIOSIDADES

La suerte del irlandés

Los colonos irlandeses llegaron a Ferryland en el siglo XVIII y enseguida dejaron su huella. Se puede revivir el legado irlandés en el Southern Shore Shamrock Festival, celebrado en julio *(www.ssfac.com).*

El litoral rocoso y una colonia de aves *(izquierda)* en Cape St. Mary's

→ Las bonitas islas francesas de San Pedro y Miquelon iluminadas de noche

Castle Hill National Historic Site
Jerseyside, Placentia Bay (709) 227 2401 Jun-Día del Trabajo: 10.00-18.00 diario

9

San Pedro y Miquelon

spm-tourisme.fr

Estas dos pequeñas islas pertenecen a Francia desde el siglo XVII. Saint-Pierre, la única población en la isla del mismo nombre (San Pedro es su nombre oficial en español), es un bonito pueblo costero de aspecto francés. Su **Musée Heritage** cuenta la historia de las islas, incluido su papel como refugio de contrabandistas durante la prohibición de la década de 1920, cuando más de tres millones de cajas de licor pasaban por este puerto cada año. Aún se conservan muchos de los almacenes del puerto que se construyeron para este comercio.

Miquelon se compone de dos pequeñas islas, Langlade y Grand Miquelon, unidas por una estrecha franja de tierra de 12 km. Por este istmo avanza una carretera entre dunas. Un ferri sale de Saint-Pierre hacia el pueblo de Miquelon tres veces en semana, por lo general martes, miércoles y domingo. Otro ferri va a diario al Langlade, excepto el martes.

Musée Heritage
Rue Maître Georges Lefèvre 97500 Jun-oct: ma-do musee-heritage.fr

10

Terra Nova National Park

Trans-Canada Hwy Desde St. John's May-med oct: diario Glovertown parks.canada.ca

Suaves colinas boscosas y fiordos profundos conforman el paisaje de este parque en el noreste. El Marine Interpretation Centre ofrece excelentes muestras de la flora y fauna marinas y cuenta con una pantalla en la que se ven en directo imágenes de la ajetreada vida del fondo de la bahía. También organizan fantásticas excursiones en canoa y para ver ballenas.

11

Península de Burin

St. John's Argentia

Esta península presenta uno de los paisajes más impresionantes de Terranova, con picos escarpados que se elevan sobre un mosaico de campos de brezo salpicados de lagos. El **Provincial Seamen's Museum,** en el pueblo pesquero de Grand Bank, atesora objetos de la vida cotidiana de los marineros locales. Desde la cercana población de Fortune sale un ferri a San Pedro y Miquelon.

Provincial Seamen's Museum
Marine Dr (709) 832 1484 May-sep: 9.00-16.30 lu-sá; 12.00-16.30 do

Aguas de color turquesa y calas rocosas en el faro del cabo de Bonavista

12

Península de Bonavista

St. John's Argentia

Adentrándose en el océano atlántico, la península de Bonavista conforma un abrupto paisaje costero con acantilados, ensenadas y aldeas encantadoras. Alberga ciudades pintorescas como Birchy Cove y Trouty.

Bonavista es el pueblo que ocupa el lugar donde se cree que tomó tierra por primera vez en América el navegante italiano Giovanni Caboto *(p. 67)*. Su monumento, un símbolo de la diáspora italiana en Montreal, se alza sobre un elevado promontorio rocoso, cerca del faro del cabo Bonavista, construido en 1843.

En el puerto de Bonavista se han reconstruido los enormes edificios del siglo XIX Ryan Premises, patrimonio histórico nacional, que eran una planta de procesamiento de pescado. Los tres grandes edificios acogen exposiciones sobre la pesca y la industria pesquera en Norteamérica.

13

Bahía Notre Dame

Gander Port-aux-Basques; Argentia (en temporada) Notre Dame Junction, Route 1

La costa del centro-norte de Terranova conserva un aire tradicional. El **Twillingate Museum,** ubicado en una rectoría eduardiana, cuenta con varias salas amuebladas con antigüedades. Twillingate recibe a menudo el nombre de capital de los icebergs, ya que es aquí donde se encuentran la mayoría de los grandes bloques de hielo que flotan por la llamada Iceberg Alley. Para verlos de cerca y además observar a las ballenas, se puede hacer una excursión en barco en primavera o a principios de verano.

A la accidentada isla de Fogo se llega en ferri. Aquí se encuentra la Fogo Island Inn, hoy un hotel de lujo de fama mundial. También es posible visitar las islas Change, donde habita el poni de Terranova, en grave peligro de extinción.

El interior del Twillingate Museum, lleno de objetos inusuales, en la bahía Notre Dame

14

Estrecho de Labrador

Blanc Sablon L'Anse au Clair; www.labradorcoastaldrive.com

El bello embrujo de la costa ha hecho del estrecho de Labrador un destino popular. Durante todo el año, hay ferris que cruzan el estrecho desde St. Barbe, en Terranova, hasta Blanc Sablon, en Quebec, a escasos kilómetros del límite con Labrador. Desde allí, la carretera 510 conduce en

¿Lo sabías?

Terranova tiene su propio huso horario, 30 minutos por delante del Atlantic Standard Time (AST).

dirección noreste por la Labrador Coastal Drive a través de un paisaje salvaje de colinas altas y áridas. La ruta pasa por pequeñas aldeas donde muchos habitantes siguen viviendo de la pesca. El faro más alto del Canadá Atlántico, el de Point Amour, se construyó en 1854 cerca de L'Anse-Amour. Hoy es monumento histórico provincial. Otro lugar destacado es el Maritime Archaic Burial Mound National Historic Site, el monumento funerario más antiguo de América del Norte.

La carretera pasa por la localidad de Red Bay, donde se halla el **Red Bay National Historic Site,** declarado Patrimonio de la Humanidad. Aquí se puede aprender todo sobre la existencia de los marinos vascos en el siglo XVI, visitar el Right Whale Exhibit Museum y el Centro de Interpretación. También se puede completar la experiencia con una breve travesía a la isla Saddle, donde un sendero pasa por delante de los cimientos de las cabañas y astilleros.

Red Bay National Historic Site

Route 510 (709) 920 2142 Jun-prin oct: diario

15 Battle Harbour

Mary's Harbour
www.battleharbour.com

En otro tiempo considerada la capital no oficial de Labrador (desde la década de 1870 a la de 1930), Battle Harbour, una pequeña población situada en una isla frente a Labrador, fue en su día una próspera comunidad pesquera. En 1965 se realojó a la reducida población en St. Mary's, pero se dejaron todos los edificios –muchos de ellos bicentenarios– en pie. En la década de 1990 el pueblo fue restaurado. Hoy en día es un Distrito Histórico Nacional. Se puede pasar la noche allí.

16 Costa suroeste

Terminal muelle del ferri
Port-aux-Basques
Port-aux-Basques; (709) 695 2262

En el sur de Terranova, la Granite Coastal Drive (Route 470) entre Channel Port-aux-Basques y Rose Blanche atraviesa un paisaje de verdes montañas escarpadas y recorre la rocosa costa esculpida por las olas. Cerca de Rose Blanche hay una pasarela de madera que serpentea entre campos de flores hasta llegar a las impresionantes cascadas de Barachois. En esta zona hubo muchos naufragios, por ello se construyó el faro de Rose Blanche (1873), que se alza desafiante sobre el cabo.

MEJORES VISTAS
Faro del cabo Bonavista

Desde la torre de piedra de este antiguo faro *(505 Cape Shore Rd)* se pueden ver los icebergs gigantescos flotando cerca de la costa.

17 Churchill Falls

Churchill Falls Town Office; (709) 925 3335

La ubicación de esta localidad es idónea para comprar provisiones y echar gasolina, pues no hay estaciones de servicio entre Happy Valley-Goose Bay y la ciudad de Labrador.

Churchill Falls es famoso porque aquí está una de las centrales hidroeléctricas más grandes del mundo; construida en la década de 1970, esta obra de ingeniería extraordinaria desvía el tremendo caudal del río Churchill hacia unas turbinas subterráneas que producen 5.430 megavatios de energía, suficientes para abastecer a un país pequeño.

El faro de Rose Blanche se alza orgulloso en la Southwest Coast

RUTA EN COCHE

PENÍNSULA DEL NORTE

Distancia 430 km (267 millas) por la Hwy 430 **Inicio** Deer Lake, en la intersección con la Hwy 1 **Paradas** Gros Morne National Park; Port au Choix National Historic Site; Grenfell Museum en St. Anthony

La península del Norte de Terranova, tierra de leyendas y misterio, ofrece a los más aventureros la oportunidad de experimentar más de 40 siglos de historia humana, desde los primeros indígenas, pasando por la colonización y culminando en la moderna vida pesquera. Hacia el norte, la carretera recorre una costa agreste y rocosa. Por el camino, lugares históricos como L'Anse-aux-Meadows hablan de las primeras culturas que eligieron esta tierra como hogar.

Mapa de situación
Para más detalles ver p. 334

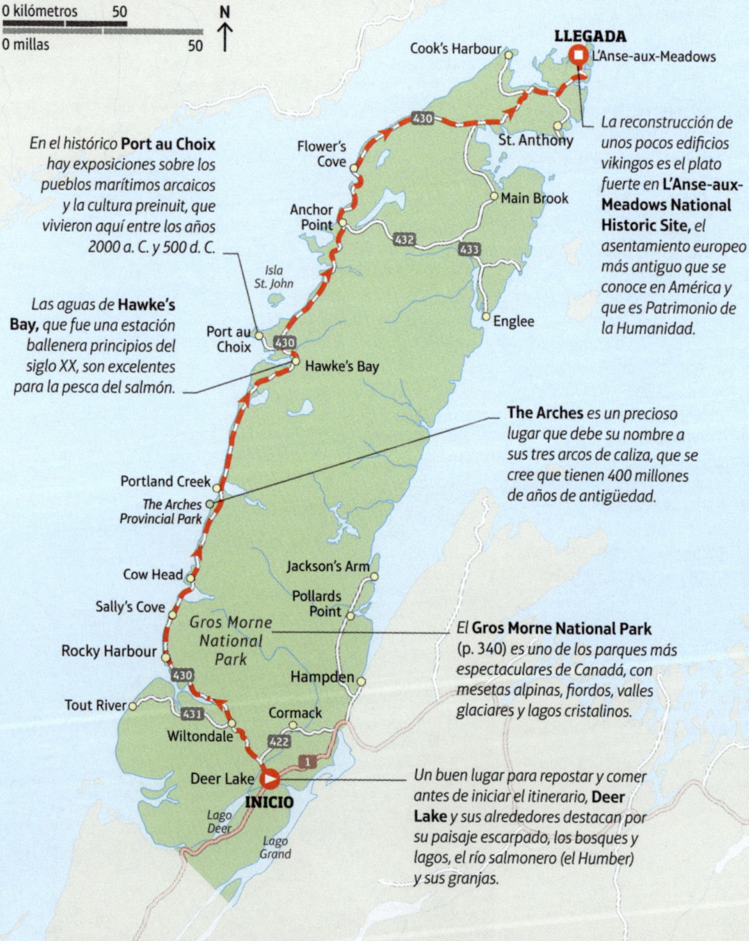

En el histórico **Port au Choix** *hay exposiciones sobre los pueblos marítimos arcaicos y la cultura preinuit, que vivieron aquí entre los años 2000 a. C. y 500 d. C.*

Las aguas de **Hawke's Bay,** *que fue una estación ballenera principios del siglo XX, son excelentes para la pesca del salmón.*

La reconstrucción de unos pocos edificios vikingos es el plato fuerte en **L'Anse-aux-Meadows National Historic Site,** *el asentamiento europeo más antiguo que se conoce en América y que es Patrimonio de la Humanidad.*

The Arches *es un precioso lugar que debe su nombre a sus tres arcos de caliza, que se cree que tienen 400 millones de años de antigüedad.*

El **Gros Morne National Park** *(p. 340) es uno de los parques más espectaculares de Canadá, con mesetas alpinas, fiordos, valles glaciares y lagos cristalinos.*

Un buen lugar para repostar y comer antes de iniciar el itinerario, **Deer Lake** *y sus alrededores destacan por su paisaje escarpado, los bosques y lagos, el río salmonero (el Humber) y sus granjas.*

Reconstrucción de un asentamiento vikingo en el yacimiento de L'Anse-aux-Meadows

El baile mágico de las luces de la aurora boreal, en el Yukón

YUKÓN

Formada por millones de años de erupciones volcánicas y glaciación masiva, la vasta y montañosa región del Yukón ha sido testigo de la presencia humana desde hace al menos 12.000 años. Las poblaciones indígenas, como los nahanni y los tlingit, se asentaron aquí tras el retroceso de la última glaciación, adaptándose al duro clima subártico. Se especializaron en la caza mayor y la pesca en los caudalosos ríos y en el siglo XVIII empezaron a comerciar con los europeos.

Desde finales del siglo XIX la región se volvió gradualmente más accesible. La gran fiebre del oro de Klondike provocó una gran afluencia de buscadores (muchos de Estados Unidos) en busca de los metales preciosos del Yukón. Durante la Segunda Guerra Mundial se construyó la Alaska Highway, siguiendo antiguos senderos indígenas y abriendo esta tierra fronteriza a una mayor exploración y desarrollo. Whitehorse, capital y centro neurálgico del territorio, es ahora un campamento base ideal para los aventureros.

YUKÓN
Bahía Mackenzie
Tuktoyaktuk
Vuntut National Park
Inuvik
Aklavik
Arctic National Wildlife Refuge
Fort McPherso
Círculo Polar Ártico
ESTADOS UNIDOS (Alaska)
Porcupine
Eagle Plains
Circle
Peel
Fairbanks
North Pole
Snake
YUKÓN
Delta Junction
Chicken
5 DAWSON CITY
Keno Hill
Lago Mayo
Tok
Mayo
STEWART CROSSING 7
Paxson
Pelly Crossing
Pico Glenlyon 2.190 m
Beaver Creek
Glennallen
Faro
Carmacks
Little Salmon
Wrangell-St. Elias National Park and Preserve
Palmer
6 BURWASH LANDING
HAINES JUNCTION
KLUANE NATIONAL PARK AND RESERVE 4
3
Valdez
Aeropuerto Whitehorse
WHITEHORSE 1
Monte Logan 5.959 m
CARCROSS 2
Golfo de Alaska
Skagway
0 kilómetros 100
0 millas 100
N
Haines

YUKÓN

Esencial

1. Whitehorse

Lugares de interés

2. Carcross
3. Haines Junction
4. Kluane National Park and Reserve
5. Dawson City
6. Burwash Landing
7. Stewart Crossing

La superficie cristalina del lago Laberge, cerca de Whitehorse, refleja el paisaje ↑

1

WHITEHORSE

100 Hanson St; www.travelyukon.com

La capital regional debe su nombre a los rápidos del río Yukón, que a los mineros de la fiebre del oro les recordaban las crines blancas del caballo Appaloosa albino. Esta capital del territorio es la mayor localidad en los territorios del norte, pero a pesar de su modernidad la naturaleza salvaje queda siempre a un paso.

①

MacBride Museum of Yukon History

1124 Front St Jun-ago: diario; sep-med may: 9.30-17.00 lu-sá macbridemuseum.com

Este museo hace un recorrido por la historia del Yukón a través de más de 25.000 piezas. Hay una sección de Historia Natural, con reproducciones de animales extintos, fósiles y minerales; una sección de Naciones Originarias, que explora la cultura de las 14 tribus que en origen se asentaron en Whitehorse; y otra sección de Historia Moderna que ilustra entre otros temas la delirante fiebre del oro del Klondike.

②

Log Skyscrapers

208 y 210 Lambert St

Estas cabañas de troncos, que se remontan a la década de 1940, todavía están habitadas. Lo cierto es que son un agradable respiro entre la arquitectura funcional que caracteriza la mayor parte de la ciudad.

③

Old Log Church Museum

303 Elliott St May-ago: 13.00-16.00 ma-sá; sep-abr: con cita previa oldlogchurch museum.ca

En agosto de 1900, el misionero anglicano R. J. Bowen fue enviado a Whitehorse para construir una iglesia. Mientras el edificio de troncos tomaba forma, ofició la misa en una tienda de campaña. La iglesia se inauguró en octubre y la rectoría se terminó ese invierno. Estos edificios son de los pocos que quedan de la época de la fiebre del oro. En 1953, la iglesia se convirtió en

→ Admirando objetos de historia natural en el MacBride Museum

¿Lo sabías?

La veleta más grande del mundo está en Whitehorse. Se halla en el aeropuerto, sobre un soporte giratorio.

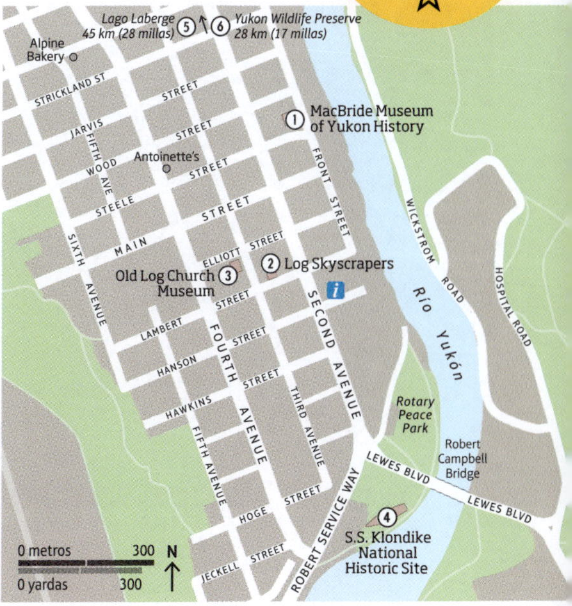

la catedral de la diócesis del Yukón: se dice que es la única catedral de troncos del mundo. Hoy ofrece muestras y programas interactivos sobre los inuit y las Naciones Originarias, y el desarrollo de la iglesia Anglicana en el norte del país.

4

S. S. Klondike National Historic Site

10 Robert Service Way
Med may-med sep: 9.30-17.00 diario parks.canada.ca

El barco de vapor de palas *Klondike* hacía cada temporada 10 viajes a Dawson City en busca de suministros. A principios de la década de 1950, se construyeron en la carretera a Dawson unos puentes tan bajos que impedían circular por el río, de modo que los viajes cesaron. El *Klondike* dejó de funcionar en 1955 y quedó varado para siempre en Whitehorse. Hoy está restaurado con todo detalle: hay revistas *Life* de 1937 en sus mesas. El barco es Patrimonio Histórico Nacional y hay visitas guiadas de su interior.

5

Lago Laberge

Klondike Hwy

El lago más grande de la zona está helado la mitad del año, pero con el deshielo estival vuelve a la vida y se llena de bañistas, pescadores y navegantes. Es famoso entre los residentes porque aquí estaba la pira funeraria de Sam McGee en el poema de Robert Service *Cremation of Sam Mc Gee*, que narra la historia de la muerte de un pionero en la fiebre del oro. En el lago la pesca de trucha es excelente; durante la fiebre del oro se trajeron toneladas de peces para alimentar a las hordas de buscadores.

6

Yukon Wildlife Preserve

Takhini Hot Springs Rd
jun-oct: 10.30-18.00 diario; nov-may: 11.00-17.00 diario yukonwildlife.ca

Este santuario se fundó en 1965 con fines de investigación y cría de animales. Esta preciosa reserva de bosques, praderas y zonas acuáticas acoge a la mayoría de especies de mamíferos autóctonos en grandes recintos. Se pueden ver alces, bisontes, linces caribúes, zorros árticos, uapitíes y otros animales en las 142 ha de su hábitat natural que están protegidas por la reserva.

Alpine Bakery

Este acogedor café emana un rico olor a pan y bollos recién hechos. La terraza ajardinada es un lugar agradable para disfrutar de sus sabrosas pizzas vegetarianas.

411 Alexander St
do alpinebakery.ca

$$$

Antoinette's

Los platos de pescado y carne se sirven con toques de inspiración caribeña, como salsa de piña o alioli al estilo jamaicano. De postre, imprescindible la tarta de chocolate al ron.

4121 4th Ave
antoinettesrestaurant.com

$$$

↑ Disfrutando de la bicicleta de montaña cerca de Carcross

LUGARES DE INTERÉS

2 Carcross

(867) 821 4431; med may-sep diario

Carcross es una aldea situada en la confluencia de los lagos Bennett y Tagish, una hora en coche al sur de Whitehorse. Los primeros mineros que cruzaban el puerto de Chilkoot hacia el norte, en busca de oro, bautizaron el lugar Caribou Crossing, debido a las manadas de caribúes que cruzaban el paso entre los lagos Bennett y Nares en su migración bianual. El pueblo se fundó en 1899, en el auge de la fiebre del oro, con la llegada de la vía férrea de White Pass y el Yukón. Caribou Crossing se abrevió de forma oficial como Carcross para evitar repetir el nombre de otras poblaciones de Alaska, la Columbia Británica y el Klondike. La propia ciudad cuenta con muchos edificios restaurados de la época de Klondike, entre ellos el Matthew Watson General Store. Uno de los rasgos más sorprendentes de Carcross es su playa, que tiene una arena blanca y fina inusual en cualquier otro lugar del norte tan alejado del ecuador.

A solo 2 km al norte de la localidad está el desierto más pequeño del mundo, Carcross Desert. Azotado por fuertes vientos que apenas permiten que crezca la vegetación, es una llanura arenosa árida, pero memorable.

> **Caribou Crossing se abrevió de manera oficial como Carcross para evitar repetir el nombre de otras poblaciones de Alaska, la Columbia Británica y Klondike.**

3 Haines Junction

Kluane National Park and Reserve Visitor Centre, 280 Alaska Hwy; www.hainesjunctionyukon.com

Haines Junction es un lugar práctico para hacer una parada de camino al impresionante Kluane National Park. Hay oficina de correos, varias tiendas, restaurantes y algunos moteles. Diversas actividades de piragüismo y senderismo por el parque se pueden organizar en las oficinas del mismo. El rafting hay que reservarlo con bastante antelación. Haines Junction fue un campamento

de los ingenieros del ejército estadounidense que en 1942 construyeron gran parte de la Alcan Highway (hoy Alaska Highway), que une Fairbanks, en Alaska, con Canadá. Los montes St. Elias se elevan sobre el pueblo y se puede realizar un *tour* aéreo para admirar sus ríos, glaciares y picos nevados.

4

Kluane National Park and Reserve

Haines Junction Todo el año parks.canada.ca

Esta magnífica extensión natural es Patrimonio de la Humanidad. Cubre 21.980 km² del suroeste del Yukón y comparte los montes St. Elias, los más elevados de Canadá, con Alaska. El parque comprende uno de los mayores campos de hielo no polares del mundo.

La mayor parte del parque es territorio glacial, con valles y lagos que permanecen helados todo el año, interrumpidos por bosques alpinos, prados y tundra. El paisaje es uno de los últimos que se conservan de la glaciación, en el resto del globo desaparecieron entre 5.000 y 10.000 años a. C.

El monte Logan (5.959 m) es el pico más alto de Canadá. Aquí hay excelentes opciones de senderismo para todos los niveles; muchas rutas están bien señalizadas y marcadas, pero también hay algunas menos definidas que siguen los viejos caminos mineros. Se puede disfrutar desde un paseo de dos horas hasta una marcha de 10 días.

La conjunción de paisajes impresionantes y de una fauna abundante –alces, carneros de Dall y osos pardos– hace que este sea el espacio natural más atractivo del Yukón. Las visitas se organizan desde Haines Junction. Los riesgos del clima, la fauna salvaje y las condiciones de aislamiento obligan a extremar las precauciones.

The Bistro on Bennett

La cocina de este restaurante amigable y rústico es tradicional canadiense, pero con un toque creativo: hamburguesa de bisonte, uapití ahumado y cerveza bien fría. Si el tiempo es bueno, agrada sentarse en una mesa en el patio.

Carcross Commons, Carcross (867) 821 3002

$$

The Drunken Goat Taverna

Este veterano y alegre restaurante griego sirve copiosas raciones de *pizza, souvlaki* y más. En verano, se puede sacar la comida a la agradable terraza trasera.

950 Second Ave, Dawson City (867) 993 5868

$$

Fantástico paisaje y carneros de Dall (*izquierda*) en el Kluane National Park ↓

5

Dawson City

Esq. Front St y King St; www.dawsoncity.ca

Dawson City cobró importancia durante la fiebre del oro del Klondike de 1898, cuando la población se disparó y lo que era un pastizal de alces se convirtió en una ajetreada metrópoli de unos 30.000 habitantes, todos en busca de fortuna en el nuevo París del norte. Aunque hoy se sigue extrayendo oro, el turismo es la principal fuente de ingresos.

El **Dawson City Museum** tiene una fascinante exposición sobre la fiebre del oro y objetos de esa época. Otro lugar muy popular es el **Diamond Tooth Gertie's,** un verdadero salón de juegos al estilo de entonces, con piano honky tonk y espectáculos musicales durante la temporada turística.

Dawson City Museum
595 5th Ave Med may-fin sep: 9.00-18.00 diario; fin sep-med may: con cita previa dawsonmuseum.ca

Diamond Tooth Gerties
1001 Fourth Ave (867) 993 5525 May-med sep: diario; variable en invierno

6

Burwash Landing

Whitehorse; (867) 667 3084

Al noroeste de Haines Junction, en el extremo occidental del lago Kluane, este pueblo de la Alaska Highway está junto al límite del parque Kluane. En 1905 se encontró oro aquí y se estableció una comunidad. Hoy Burwash Landing es un centro de servicios. También se puede disfrutar de las vistas del lago Kluane al sur.

El pueblo es conocido por el **Kluane Museum of Natural History,** que ofrece exposiciones sobre animales y la historia natural local. También se centra en la forma de vida de la tribu de la región, los tutchone del sur.

Kluane Museum of Natural History
Burwash Landing (867) 841 5561 Med may-med sep: 9.00-16.30 diario

7

Stewart Crossing

Whitehorse; (867) 667 3084

Entre Whitehorse y Dawson City, es una pequeña comunidad ubicada en el cruce de la Klondike Highway y el Silver Trail. Durante la fiebre del oro de finales del siglo XIX se conoció a la zona como el Avío, debido a que se podía extraer de los ríos oro suficiente como para comprar las provisiones del año siguiente. Stewart Crossing hace las veces también de punto de partida para las rutas en canoa por el río Stewart, que se pueden contratar en Whitehorse o en Dawson City.

A una hora en dirección noroeste está el área de descanso de Tintina Trench. Esta zanja es una prueba visible de la teoría geológica de la tectónica de placas, pues se extiende por el Yukón cientos de kilómetros dejando a la vista capas de rocas milenarias. Tintina (que significa 'jefe' en la lengua local) es una de las fallas geológicas más grandes del Yukón. Este es un lugar ideal para observar la falla, que discurre junto a la Klondike Highway.

Bombay Peggy's
Un hotel acogedor con mobiliario de época y un *pub* contiguo. Este se llena los fines de semana, con música en directo y buenos cócteles.
896 Second Ave, Dawson City
bombaypeggys.com
$$$

Klondike Kate's Cabins
Estas cabañas bien equipadas tienen una estupenda ubicación en pleno centro de la vibrante Dawson City.
1136 3rd Ave, Dawson City
klondikekates.ca
$$$

↑ Una familia disfrutando de los paisajes espectaculares desde Burwash Landing

LAS AURORAS BOREALES

Ser testigo de la danza etérea de la aurora boreal es absolutamente increíble. Y con el paisaje ártico como escenario, presenciar este fenómeno natural se convierte sin duda en uno de los momentos álgidos de cualquier visita al Yukón.

Las auroras boreales son el resultado de la entrada de los vientos solares en la ionosfera terrestre, unos 160 km por encima de la superficie de nuestro planeta. Cuando estos vientos procedentes del Sol colisionan con los gases presentes en las capas altas de nuestra atmósfera, se desprende una energía que se hace visible en el cielo nocturno. Tonos vivos de verde, rojo, morado, azul y amarillo resplandecen en asombrosos patrones que cuando mejor se ven es entre agosto y abril, al estar por la noche los cielos más oscuros. Cuanto más lejos queden las luces de la ciudad, mejor será el espectáculo, pues la visión será más nítida. Hay también auroras australes, cerca del polo sur. Curiosamente, además de en la Tierra, se producen auroras en Júpiter, Saturno, Urano y Neptuno.

↑ Un fotógrafo preparándose para capturar la aurora boreal en los cielos del Yukón

MITOS Y LEYENDAS

Son muchas las historias sobre la aurora boreal surgidas a lo largo de los siglos. Los griegos y los romanos bautizaron a estas luces con el nombre de la diosa del amanecer, Aurora, y del dios del viento, Boreas. Los vikingos creían que las luces eran un reflejo de los escudos y armaduras de las valquirias, guerreras inmortales. Antiguas leyendas chinas hablan de una batalla celestial entre dragones buenos y malos que lanzan fuego por los cielos. Los destellos para ciertos grupos indígenas son espíritus de cazadores muertos, mientras que para los buscadores de oro del siglo XIX eran luces por vapores que emanaban de los yacimientos de oro.

↑ Etéreas luces verdes de la aurora boreal reflejadas en un lago

Osos polares en témpanos de hielo frente a las costas de Tierra de Baffin

TERRITORIOS DEL NOROESTE Y NUNAVUT

Esta parte del norte de Canadá es todavía uno de los destinos más remotos de la Tierra, aunque hoy accesible para los aventureros en busca de territorios vírgenes. Ya en el año 12000 a. C., los antepasados dene de las Naciones Originarias y los inuit soportaron el largo y crudo clima frío y los inviernos oscuros en viviendas excavadas cubiertas con huesos de ballena, pieles y nieve y calentadas con aceite de grasa de foca. Los cortos meses de verano se dedicaban a recolectar plantas y a cazar en aquella estéril tundra. Después llegaron los dene de las Naciones Originarias, que se sustentaban y fabricaban objetos a base de caribúes y trucha ártica y empleaban raquetas y trineos para desplazarse. La cultura inuit apareció hace aproximadamente 1.000 años con sus trineos tirados por perros, sus kayaks y sus herramientas talladas delicadamente en marfil, que contribuyeron a su supervivencia en la actual Nunavut.

El primer europeo que llegó a la región y estableció contacto con los inuit fue el corsario británico *sir* Martin Frobisher en 1576. Su informes dieron lugar a infinidad de expediciones encabezadas por británicos. En el siglo XVIII, la Hudson's Bay Company había establecido una serie de estaciones comerciales de pieles tanto en los Territorios del Noroeste como en Nunavut. Para protegerlos, la Policía Montada del Noroeste (NWMP, por sus siglas en inglés), que posteriormente se convertiría en la Real Policía Montada del Canadá (RCMP, por sus siglas en inglés), envió destacamentos a ambos territorios en la década de 1870. Juntas, la Hudson's Bay Company y la NWMP fundaron la mayoría de las ciudades grandes y pequeñas que todavía existen en la actualidad.

TERRITORIOS
DEL NOROESTE
Y NUNAVUT
Océano
Ártico
Isla
Mackenzie King
Isla
Ellef
Ringnes
Isla
Prince Patrick
Mould Bay
Isla
Melville
Islas Parry
Sagwon
EE. UU.
(Alaska)
ISLA
BANKS
9
Sachs Harbour
(Ikaahuk)
Isla
Stefansson
Bahía
Mackenzie
Tuktoyaktuk
Península
Prince Albert
Bahía
Franklin
Holman
Circle
Aklavik
4 INUVIK
ISLA
VICTORIA
9
Círculo Polar Ártico
Fort McPherson
Paulatuk
Lago
Bluenose
Cambridge Bay
(Ikaluktutiak)
Dawson City
Fort Good Hope
(Rádeyilikóé)
Kugluktuk
(Coppermine)
Golfo Coronation
YUKÓN
p. 350
Montes Mackenzie
6 NORMAN
WELLS
Lago
Great Bear
Echo Bay
Kitikmeot
YUKÓN
TERRITORIOS
DEL NOROESTE
Burnside
Faro
Whitehorse
Wrigley
Lago
Aberdeen
Aeropuerto
de Whitehorse
Tungsten
Lago
Aylmer
Atlin
NAHANNI NATIONAL
PARK RESERVE 3
Tulita
Edzo
1 YELLOWKNIFE
Lago
Clinton-Colden
Lago
Dubawnt
Aeropuerto
de Yellowknife
Reliance
Cassiar
FORT
PROVIDENCE 5
Coal River
Lago
Great Slave
HAY RIVER 7
Fort Resolution
Thoa
Dubawnt
COLUMBIA BRITÁNICA
CONTINENTAL
p. 110
Indian
Cabins
Fort Smith
Fort
Chipewyan
LAS PRADERAS
p. 148
COLUMBIA
BRITÁNICA
ALBERTA
Chetwynd
Fort MacKay
Houston
Grande
Prairie
Prince George
SASKATCHEWAN
Fox Creek
Boyle

TERRITORIOS DEL NOROESTE Y NUNAVUT

Esencial

1 Yellowknife
2 Tierra de Baffin

Lugares de interés

3 Nahanni National Park Reserve
4 Inuvik
5 Fort Providence
6 Norman Wells
7 Hay River
8 Rankin Inlet
9 Islas Banks y Victoria
10 Lago Baker

La Old Town de Yellowknife cubierta de nieve una noche de invierno

1

YELLOWKNIFE

Yellowknife Visitor Centre, 5014 50th St; www.extraordinaryyk.com

Yellowknife, fundada originalmente por los dene, de las Naciones Originarias, debe su nombre a los cuchillos de caza con la hoja de cobre amarilla que usaban sus primeros pobladores. La Compañía de la Bahía de Hudson cerró su puesto comercial aquí en 1823 por las pérdidas económicas, pero la Old Town revivió con las minas de oro en la década de 1930, y de nuevo después de 1945. La mejora de las carreteras convirtió a la ciudad en la capital de los Territorios del Noroeste en 1967. El aumento de las necesidades burocráticas y tres minas de diamantes 300 km al norte han ayudado a que siga prosperando.

①

Legislative Assembly

Frame Lake Para visitas cuando el consejo no está reunido ntassembly.ca

Construida en 1993, la sede del Gobierno local cuenta con un alto tejado abovedado. La sala de plenos es única en el país: para expresar la igualdad de derechos entre todos los grupos étnicos, tiene una gran mesa ovalada para otorgar a todos los delegados la misma responsabilidad, tal y como hacen los pueblos indígenas. Está decorada con pinturas y arte inuit y con una gran alfombra de oso polar. Se puede hacer una visita guiada gratuita a las dependencias oficiales cuando no hay pleno.

Los arquitectos del edificio tuvieron cuidado para no perturbar el paisaje natural circundante: el Capital Site incluye una extensa turbera poblada de flores silvestres, hierbas y aves.

②

Prince of Wales Northern Heritage Centre

4750 48th St 10.00-17.00 diario pwnhc.ca

Este impresionante museo versa sobre la tierra, las gentes y la historia de los Territorios del Noroeste. Se exhiben objetos típicos de estas latitudes, como barcas de piel de alce, colmillos de mamut y piezas que ilustran la historia de la aviación en el norte. Las exposiciones temporales explican cómo es la vida en las regiones del subártico y del Beaufort Delta.

③

Old Town

A 1 km al norte del centro, la Ciudad Antigua ocupa una isla y una península rocosa en el lago Great Slave. Hacia 1947 Yellowknife había sobrepasado sus límites físicos y la New Town se alzó en la llanura arenosa del sur. En la Old Town prospera una inusual comunidad, que vive en gran parte en viejas casas de tablones, cabañas de troncos e improvisadas casetas y casas flotantes. Un buen punto elevado para apreciar el conjunto es el Bush Pilot's Monument, en el extremo norte de Franklin Avenue.

④ Wildcat Café

3904 Wiley Rd
11.00-21.00 mi-lu
wildcatcafe.ca

El restaurante más antiguo de Yellowknife es también el edificio más fotografiado. Esta cabaña de troncos, a los pies de la colina de la Old Town, es uno de los edificios permanentes más antiguos de Yellowknife. Se ha redecorado al estilo de la década de 1930. Su evocador interior sigue recordando a los días de los pioneros.

⑤ Cameron Falls Trail

Hidden Lake Territorial Park nwtparks.ca

A unos 50 km al este de Yellowknife, esta ruta de senderismo, corta pero muy bonita, discurre junto al río Cameron hasta las espectaculares Cameron Falls (atención, porque la cascada se congela en invierno).

↑ Tirando de canoas por el hielo hasta aguas abiertas cerca de Old Town

Explorer Hotel
Este moderno hotel cuenta con habitaciones espaciosas y ofrece instalaciones como un gimnasio o un servicio de lanzadera al aeropuerto. El restaurante sirve cocina del norte.

4825 9th Ave
explorerhotel.ca

$$$

Yellow Dog Lodge
Este consolidado alojamiento en la naturaleza está a solo 20 min en hidroavión de Yellowknife. A elegir: habitaciones en el edificio principal, cabañas privadas o tiendas flotantes.

Duncan Lake
yellowdoglodge.ca

$$$

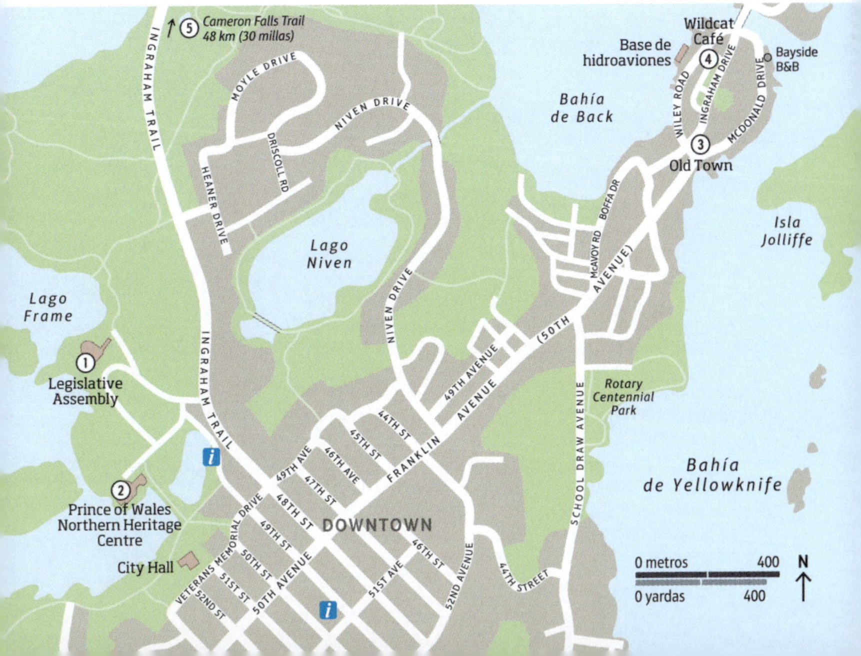

2

TIERRA DE BAFFIN

travelnunavut.ca

El riguroso y aislado entorno de Tierra de Baffin (Qikiqtaaluk en la lengua inuit local) es hermoso, lo que la convierte en un destino excelente para viajeros en busca de una experiencia inusual. Espectaculares fiordos y montañas afiladas con glaciares relucientes, obras de arte inuit maravillosas y una oportunidad para ver al fuerte oso polar en su vulnerable hábitat natural: estas son algunas de las muchas razones para emprender un viaje inolvidable al norte.

Tierra de Baffin, que forma parte de Nunavut, es uno de los lugares más remotos de Norteamérica. La isla es la quinta más grande del mundo y más del 60 % de su superficie se encuentra por encima del Círculo Polar Ártico. Escasamente poblada, solo cuenta con 13.000 habitantes, 11.000 de los cuales son inuit. La mayoría vive en alguno de los ocho asentamientos esparcidos por la isla. El más importante es Iqaluit, capital del territorio de Nunavut. A este remoto lugar solo se puede acceder por aire, pero cada comunidad cuenta con su propio aeropuerto.

①
Iqaluit

Unikkaarvik Visitor Centre, 220 Sinaa St

En inuktitut significa 'lugar con muchos peces' y es la puerta de acceso para explorar la isla. Esta diminuta capital cuenta con varios lugares de interés. Quizá el más destacado sea el Nunatta Sunakkutaangit Museum, que ocupa un antiguo edificio de la Compañía de la Bahía de Hudson. Cuenta con una buena colección de artesanía del Ártico, además de una exposición de objetos inuit tradicionales, como herramientas, ropa y canoas de piel de foca. Otro lugar interesante es la Legislative Assembly, con bellos tapices y tallas inuit, como un colmillo de narval con gemas incrustadas. A la cercana St. Jude's Cathedral es conocida como la catedral iglú. Es un edificio único de 1972, aunque se reconstruyó en 2012 tras un incendio.

②
Kimmirut

Esta aldea junto a un puerto rocoso es famosa por su colonia de artistas, en especial

↑ Vista aérea de Iqaluit, diminuta capital de Tierra de Baffin

← Fotógrafos sacando instantáneas de morsas sobre el hielo flotante del mar

por sus escultores inuit, que trabajan con marfil, serpentina, esteatita y mármol. Al hacer un poquito menos de frío que en el resto de la isla, los prados se llenan de flores en el breve verano. Los guías locales enseñan a los visitantes a recolectar plantas de la zona o les acercan al borde de la banquisa para ver a las belugas y otra fauna marina.

Aquí está el Katannilik Park Visitor Centre, que puede organizar demostraciones de costura de piel de foca, danza con tambores o canto de garganta. Hay además varios edificios históricos, como el primer puesto avanzado de la Policía Montada, de 1915.

CONSEJO DK
Desplazarse

Viajar por esta isla puede ser difícil, con vuelos caros y opciones de alojamiento y comida limitadas. Resulta más asequible hacer una expedición a bordo de un barco pequeño. Los itinerarios suelen prever desembarcos diarios para explorar, de modo que el viajero no se pierde nada.

③

Katannilik Territorial Park

Katannilik Park Visitor Centre, Kimmirut 867 939 2416 Diario

Este parque accesible mediante vuelo chárter desde Iqaluit y llamado el lugar de las cascadas muestra tres paisajes distintos que se remontan a la formación de la Tierra, que dejó una rica variedad de formaciones rocosas expuestas. Uno de esos paisajes es la península Meta Incognita, una meseta erosionada por los glaciares con gargantas y valles profundos en los que abunda la fauna ártica. Aquí comienza el Itijjagiaq Trail, una ruta que une Iqaluit con Kimmirut.

Desde el parque se accede también al exuberante valle del río Soper, cuyas aguas son célebres para practicar canoa y kayak. En verano los caribúes vienen a pastar al verde valle.

④

Cape Dorset

Mallikjuaq Park Visitor Centre; 867 897 8996

Rodeada por una tundra ondulante, la aldea de Cape Dorset es célebre por sus artistas inuit, reconocidos grabadores. La famosa Cape Dorset Print Collection se crea y se vende aquí. Sus grabados se caracterizan por las representaciones imaginativas y coloridas de la cultura inuit, la fauna y los paisajes árticos.

También tiene un gran interés arqueológico, pues los predecesores de los modernos inuit, los pueblos thule y dorset, vivieron en esta zona. Se han descubierto asentamientos de 1.000 años a. C.; pueden verse algunos en el Mallikjuaq Territorial Park.

¿Lo sabías?

En *La espía que me amó* (1977), James Bond salta en paracaídas desde el monte Asgard, en Auyuittuq.

⑤

Pond Inlet

La pequeña ciudad de Pond Inlet disfruta de unos increíbles paisajes de montañas, glaciares e icebergs, y está rodeado por abundante fauna marina ártica. Desde el pueblo se contempla Eclipse Sound y la isla Bylot, santuario de aves migratorias y donde está el Sirmilik National Park. Alrededor de Pond Inlet se puede montar en moto de nieve y trineo de perros, o hacer esquí de fondo, hasta el borde de la banquisa, además de explorar cuevas de hielo y acampar en un iglú.

⑥

Sirmilik National Park

Bylot Island, Pond Inlet
867 899 8092 Diario

El vasto paisaje de glaciares, valles y agujas de piedra de este parque lo hacen ideal para excursiones esquiando, en moto de nieve y remando. Por el camino se pueden ver búhos nivales, narvales, morsas y osos polares. Para los amantes de las aves, la isla Bylot es zona de anidamiento de más de 40 especies migratorias, como gaviotas tridáctilas, araos, fulmares y ánsares nivales. También hay en el parque varios lugares de interés cultural inuit, thule y europeos.

⑦

Auyuittuq National Park

Diario parks.canada.ca/auyuittuq

Auyuittuq significa 'la tierra que nunca se derrite' en inuktitut. Con sus 19.090 km², este es el quinto parque nacional más grande de Canadá y uno de los pocos con territorio por encima del Círculo Polar Ártico. Este espectacular destino ofrece una naturaleza prístina de montañas, valles y fiordos. En primavera, los prados se desprenden del manto de nieve y se abren las flores silvestres. Aquí abunda la fauna salvaje, desde el zorro ártico hasta el oso polar comparten el vasto territorio.

Los senderistas experimentados pueden enfrentarse al pico Ulu o el puerto de Akshayuk en verano, cuando están relativamente libres de nieve. Los expertos en escalada y salto BASE pueden intentarlo con el monte Thor, que tiene la mayor caída vertical del mundo: 1.675 m.

⑧

Pangnirtung

Angmarlik Visitor Centre; 867 473 8737
pangnirtung.ca

Este pueblo, al que la gente de aquí llama Pang, tiene 1.500 habitantes. Se encuentra en el extremo meridional del fiordo Pangnirtung, en torno al cual discurre la ruta de senderismo más popular de Tierra de Baffin (100 km). Algunos acantilados alcanzan 1.500 m de altura.

Pang está cerca de varios parques, incluido el Auyuittuq National Park. El Angmarlik Interpretive Centre merece una visita por su muestra sobre la historia y la cultura inuit.

Es también un centro de actividad artística inuit. En el popular Uqqurmiut Centre for Arts and Crafts se venden muchos grabados, tallas y tapices tradicionales. Los visitantes no deberían salir de aquí sin un Pang Hat, un gorro de ganchillo calentito y agradable de alegres colores y dibujos.

→ Tejados de Pangnirtung, con las montañas del Auyuittuq National Park al fondo

Esencial ☆

LA FAUNA EN TIERRA DE BAFFIN

A pesar de las duras condiciones climáticas -y puede que gracias a ellas-, viven en esta isla algunas de las especies más robustas e inusuales de nuestro planeta. Se pueden ver vagando por sus áridas tierras osos polares, zorros árticos y caribúes, mientras narvales, morsas y ballenas beluga nadan en sus mares gélidos. Las excursiones con guía ayudan a aprender más sobre estas criaturas del norte.

1

OSO POLAR

Llamado *nanuq* en inuktitut, es el mayor carnívoro terrestre y se le puede ver todo el año. El oso polar es un hábil nadador con un gran olfato y pasa buena parte de su tiempo merodeando por el hielo marino en busca de focas.

2

ZORRO ÁRTICO

Al acecho allí donde los osos polares estén cazando, el zorro ártico es carroñero, pero también caza lemmings, pájaros y peces. Estos feroces mamíferos permanecen activos todo el año y pueden sobrevivir en temperaturas de hasta -50 °C gracias a sus varias capas de pelo increíblemente denso.

3

CARIBÚ

Primo norteamericano del reno, el caribú migra por Tierra de Baffin en manadas de hasta 10.000 ejemplares cubriendo unos 2.500 km cada año. Se dirigen a la tundra del norte en primavera, y a los bosques del sur durante el invierno.

4

MORSA

Aunque lo típico es verlos tomando el sol en las rocas, estos enormes mamíferos se sumergen hasta el fondo del mar para buscar su comida favorita, los moluscos bivalvos: pueden comer hasta 4.000 en un día. Hay grandes grupos de morsas en la cuenca de Foxe, al oeste de la isla.

NARVAL

Estos cetáceos tienen un increíble colmillo frontal en espiral. Se pueden avistar en el extremo septentrional de Baffin Island.

5

1 Familia de osos polares en Tierra de Baffin.

2 Un zorro ártico en verano.

3 Un caribú macho.

4 Morsa cerca de la cuenca de Foxe.

5 Vista aérea de unos narvales nadando en Lancaster Sound.

LUGARES DE INTERÉS

❸

Nahanni National Park Reserve

Fort Simpson Fort Simpson Todo el año parks.canada.ca

Esta reserva natural en los Territorios del Noroeste se extiende a caballo del río South Nahanni, entre el límite con el Yukón y la pequeña población de Fort Simpson. Fue uno de los primeros lugares del mundo declarado Patrimonio de la Humanidad (1978) con el fin de proteger su historia geológica. Se trata de un gran espacio natural con cuatro vastos cañones fluviales, aguas termales y unas cataratas espectaculares sin explotar, Virginia Falls, que duplican en altura a las del Niágara, pero tienen menos volumen. Cuentan con una excelente flora y fauna: al menos 16 especies de peces y más de 180 variedades de aves en sus alrededores. Por el parque rondan lobos, osos grizzly y caribúes.

En verano, con el deshielo, las actividades principales son el rafting y el piragüismo en aguas bravas. Solo se puede llegar al parque en hidroavión.

↓ Escarpadas paredes de roca y lagos de cristal en el Nahanni National Park Reserve

¿Lo sabías?

En verano, la septentrional Inuvik experimenta 56 días seguidos con 24 horas de sol.

❹

Inuvik

2 Firth St; www.inuvik.ca

Inuvik está unos 770 km al norte de Dawson City, en el extremo de la Dempster Highway, la carretera más septentrional de Canadá. No tiene una larga historia: se fundó en la década de 1950 como centro de suministro para los proyectos militares en los Territorios del Noroeste y prosperó con el

↑ Our Lady of Victory Church, conocida como iglesia iglú, en Mackenzie Road en Inuvik

auge del petróleo en la década de 1970. La gracia de Inuvik está sobre todo en su ubicación, pues es una buena base para visitar la región. Es la ciudad más visitada del Ártico norte, popular como centro artesanal y punto base para visitar el lejano norte.

Paulatuk, una de las comunidades más pequeñas de los Territorios del Noroeste, está a 400 km al este de Inuvik. Está bien situada para la caza y la pesca, actividades que después de muchos siglos aún constituyen su principal sustento. Su ubicación también la convierte en buen trampolín para explorar la naturaleza, ahora que el turismo en la región es cada vez más popular.

La mayoría de quienes llegan a Inuvik quieren proseguir viaje hacia el norte para poder afirmar que han llegado al océano Ártico, que está a 20 minutos en avión o a 2,5 horas en coche desde la ciudad. Tuktoyaktuk, o Tuk, es el destino más habitual.

5

Fort Providence

El pueblo dene llama a esta aldea *Zhahti Koe*, que significa 'misión'. Fort Providence nació como misión católica y fue ampliada después por la Compañía de la Bahía de Hudson, que estableció un puesto aquí a finales del siglo XIX. Las perspectivas de empleo atrajeron a los dene, que se asentaron de forma permanente. Hoy el pueblo es un centro de artesanía elaborada por los pueblos dene.

Al norte se extiende el Mackenzie Bison Sanctuary, hogar de la manada más grande del mundo de bisontes de bosque de raza pura. El parque se extiende al norte por las orillas del lago Great Slave y se pueden ver bisontes por la carretera.

6

Norman Wells

Diario 23 MacKenzie Dr; www.normanwells.com

En 1920 se halló crudo aquí, cerca de un pequeño poblado dene. La producción de petróleo no se disparó hasta la Segunda Guerra Mundial, cuando Estados Unidos construyó un oleoducto para llevar petróleo a la Alaska Highway durante las obras de construcción; de este modo fue como el pueblo se desarrolló.

Norman Wells es el punto de partida del Canol Heritage Trail, una larga ruta de senderismo por la Canol Road sobre el río Ross, en el Yukón, que conecta con la Yukon Highway. En el recorrido apenas hay servicios, lo que hace que sea una de las rutas más duras del mundo. A pesar de ello, es muy popular entre los más avezados.

Arctic Chalet Resort

Este alojamiento dispone de una mezcla de habitaciones al estilo de un hotel y cabañas con una pequeña cocina. Cerca se puede disfrutar de trineos tirados por perros, canoas y kayaks.

25 Carn St, Inuvik
arcticchalet.com

$$$

Nova Inn Inuvik

Un hotel moderno, con muebles sencillos y agradables chimeneas para calentarse después de afrontar el frío. Desayuno continental incluido.

300 Mackenzie Rd, Inuvik novahotels.ca

$$$

Manada de bueyes almizcleros en la isla Victoria

Alestine's
A este vibrante restaurante de madera se va a tomar tacos de pescado blanco recién hechos y especialidades del día. El patio en la azotea es una sorprendente delicia.

48 Franklin Rd, Inuvik
(867) 678 5188

$$$

The Kuugaq Café
Este café contemporáneo tiene fama por su comida consistente, como sopa de salvelino, pastel de carne de buey almizclero y sabrosos asados. También hay alternativas sin gluten.

16 Koihok Maghagak Crescent, Cambridge Bay
(867) 983 2662

$$$

7

Hay River

Hay River Hwy; (867) 874 3180; jun-sep

A orillas del lago Great Slave, esta pequeña comunidad es el mayor puerto de los Territorios del Noroeste. Tiene una importante función; surtir de lo esencial a los asentamientos del Ártico superior y a las poblaciones más septentrionales del país, en especial a Inuvik. Cuando se produce el deshielo de primavera, la mercancía se transporta por el río. El pueblo parece diseñado para este fin, con los muelles llenos de barcazas y remolcadores, además de la flota pesquera local. Resulta curioso observar el ajetreo de embarcaciones en el puerto.

Hay River tiene más de 1.000 años de historia, algo inusual en esta zona. Los dene se trasladaron aquí hace siglos atraídos por la posición estratégica del asentamiento en la orilla meridional del lago, que ofrecía excelente caza y pesca. El asentamiento dene original, hoy un pueblo de 300 habitantes, está al otro lado del río, al norte del casco antiguo, y los visitantes son muy bienvenidos.

8

Rankin Inlet

Kivalliq Regional Visitor Centre, 131 Sivulliq Ave; www.rankininlet.ca

Fundada en 1955, cuando abrió la mina de níquel de North Rankin, en Nunavut, es la comunidad más importante de la meseta de Kivalliq, que se extiende al este del escudo Canadiense hasta la bahía de Hudson. Este pueblo es el centro administrativo de la región de Kivalliq, cuya población, hoy indígena en un 85 %, se concentra sobre todo en la costa. La región se caracteriza por su forma de vida rural, sus increíbles paisajes y su fauna: cuenta con una de las mayores poblaciones del mundo de halcón peregrino. Al noroeste, el **Iqalugaarjuup Nunanga Territorial Park** alberga un poblado thule (antepasados de los inuit) restaurado, con anillos de piedra para tiendas, almacenes de carne y casas de invierno semienterradas.

Iqalugaarjuup Nunanga Territorial Park

Keewatin, 10 km al noroeste de Rankin Inlet
(867) 975 7700 Diario, si el tiempo lo permite

←
Un monumento megalítico moderno construido por los inuit, en Rankin Inlet

9

Islas Banks y Victoria

✈

En pleno océano Ártico, Banks es una de las islas más grandes del archipiélago Ártico Canadiense, y el hogar de las mayores manadas de bueyes almizcleros del mundo, que viven en el **Aulavik National Park,** en la punta septentrional de la isla. Se trata de uno de los lugares para observar fauna más remotos del mundo, solo es accesible en avioneta. El acceso es más sencillo desde los Territorios del Noroeste.

Dividida entre los Territorios del Noroeste y Nunavut, la isla Victoria tiene una población en cada una de estas dos regiones: Ulukhaktok en la primera e Inuit Cambridge Bay en la segunda; a esta viajaban los pueblos indígenas cada verano para pescar salvelinos y cazar caribúes y focas. Hoy es un centro de servicios en la costa ártica para locales y visitantes. En las cercanías viven osos polares, bueyes almizcleros, lobos y aves del Ártico.

Aulavik National Park
Sachs Harbour (867) 777 8800 Diario, si el tiempo lo permite

10

Baker Lake

(867) 793 2456
bakerlake.ca

Situada el centro geográfico de Canadá, Baker Lake es la única comunidad inuit del interior. Se halla en el nacimiento del río Thelon, en Nunavut, una zona que desde siempre ha sido un lugar de encuentro estival para los inuit. Su nombre en inukitut es *Qamani'tuaq*, que significa 'donde se ensancha el río'. Hoy es un importante centro para el arte inuit, especialmente el textil.

Al oeste se encuentra el **Thelon Wildlife Sanctuary,** donde se pueden ver manadas de bueyes almizcleros en su hábitat natural, además de otros animales y aves locales.

Thelon Wildlife Sanctuary
300 km al oeste de Baker Lake (867) 975 7700
Diario

Su nombre en inukitut es *Qamani'tuaq*, que significa 'donde se ensancha el río'. Hoy es un importante centro para el arte inuit, especialmente el textil.

→
Un joven caribú pastando entre los encendidos colores otoñales en Baker Lake

ARTE Y CULTURA INUIT

Descendientes de los thule que vinieron de la costa de Alaska en torno al año 1000, los inuit son un fuerte grupo de 65.000 indígenas canadienses que hoy viven en pequeñas comunidades rurales repartidas por el norte de Canadá. Seminómadas durante siglos, son hábiles pescadores y tramperos. Este estilo de vida ha dado lugar a una cultura inuit característica, que está íntimamente ligada a su implacable entorno. Y es la dureza de la vida en estos territorios inhóspitos lo que ha promovido el florecimiento de la creación artística en sus comunidades.

TALLAS Y GRABADOS

Los europeos apreciaron las tallas inuit como atractivas obras de arte desde que entraron en contacto con los inuit en el siglo XVI. De piedra, marfil y cuerno, estas tallas se hacían originalmente para representar el alma de los animales y figuras míticas, y para entretener a los niños. Los inuit siguen tallando y puliendo estas piezas totalmente a mano. En la década de 1950 la comunidad inuit adoptó otras formas artísticas, como el grabado. Hoy los coleccionistas de arte se interesan sobre todo por los grabados y las tallas.

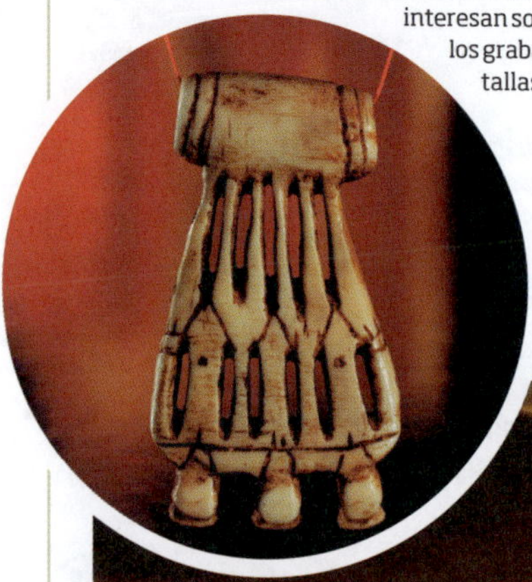

← Diminuta talla de marfil que se usaba como adorno en las prendas

ANIMALES CON ALMA

Instalados en los límites del mundo habitable, los inuit se protegían de la amenaza de morir de hambre con un sistema de creencias sobrenatural basado en el respeto a los animales que cazaban. Sus mitos animan a creer que todo ser vivo posee un alma y que el chamán del poblado puede entrar en contacto con los espíritus que controlan la caza y las condiciones atmosféricas y apaciguarlos.

Intrincada talla inuit en esteatita que representa a un oso polar

INUKSUIT

Durante siglos los inuit han construido *inuksuit* en el norte de Canadá, unos grandes puntos de referencia hechos con piedras que les ayudan a orientarse y a marcar territorios de caza y lugares de veneración. En los últimos años, se han convertido en iconos culturales: incluso se usó uno como logo para los Juegos Olímpicos de Invierno 2010.

MÚSICA

La música tradicional es básica en la cultura inuit. El baile al ritmo del tambor tiene un papel esencial en casi todas las grandes ocasiones: nacimientos, bodas, una buena caza o para honrar a una persona fallecida. El peculiar canto de garganta lo suelen interpretar dos mujeres sentadas una frente a otra para narrar una leyenda, un suceso o un mito.

TOP 3 MUSEOS PARA VER ARTE INUIT

WAG-Qaumajuq
Este museo de arte posee la mayor colección no privada del mundo de arte inuit contemporáneo. Gran parte se exhibe en la fantástica y moderna ala Qaumajuq *(p. 164)*.

Art Gallery of Ontario
El J. S. McLean Centre for Indigenous and Canadian Art tiene una colección fantástica de piezas antiguas y modernas *(p. 182)*.

Musée des Beaux-Arts de Montréal
Su colección de arte inuit refleja cómo la cultura inuit se inspira al mismo tiempo en las leyendas antiguas y en la adaptación a la vida moderna *(p. 246)*.

Silueta de un *inukshuk* recortada al atardecer en los Territorios del Noroeste

GUÍA ESENCIAL

Tren a su paso por Morant's Curve

Antes de partir 380

Llegada y desplazamientos 382

Información práctica 386

ANTES DE PARTIR

La planificación es esencial para que el viaje sea un éxito. Hay que estar preparado para cualquier situación teniendo en cuenta los siguientes datos antes de viajar.

DE UN VISTAZO

MONEDA

Dólar canadiense (CAD)

GASTO MEDIO DIARIO

BAJO	MEDIO	ALTO
175 $	350 $	+600 $

AGUA MINERAL	CAFÉ	CERVEZA	CENA PARA DOS
3 $	4 $	9 $	+150 $

FRASES ÚTILES (FRANCÉS)

Hola	Bonjour
Adiós	Au revoir
Por favor	S'il vous plaît
Gracias	Merci
¿Habla español?	Parlez-vous espagnol?
No comprendo	Je ne comprends pas

ENCHUFES

La corriente estándar es de 110 voltios. Las tomas de corriente son de tipo A y B, para enchufes de dos clavijas planas o dos planas y una redonda.

Documentación

Para conocer los requisitos de entrada en el país, incluido visado, hay que consultar en la embajada canadiense más próxima o la sección de visados de la página web del **Gobierno de Canadá.** Para viajar a Canadá, los ciudadanos españoles deben llevar consigo el pasaporte en vigor y, aunque no es necesario visado, sí necesitan una autorización de viaje electrónica **(eTA)** que se solicita *online*. Todos los viajeros deben también introducir la información requerida en la app ArriveCAN en el plazo de 72 horas desde su llegada a Canadá.

eTA
W oficial-canada-eta.es
Gobierno de Canadá
W cic.gc.ca/english/visit/visas.asp

Consejos oficiales

Es importante tener en cuenta los consejos oficiales antes de viajar. Se pueden consultar las recomendaciones sobre seguridad, sanidad y otras cuestiones importantes tanto en la web del **Ministerio de Asuntos Exteriores de España** como en la del **Gobierno de Canadá.**

Ministerio de Asuntos Exteriores de España
W exteriores.gob.es
Gobierno de Canadá
W canada.ca

Información de aduanas

La web de la **Canada Border Services Agency** ofrece información relativa a la legislación sobre bienes y divisas que se pueden introducir o sacar de Canadá.

Canada Border Services Agency
W cbsa-asfc.gc.ca

Seguros de viaje

Es recomendable contratar un seguro completo que cubra robos, pérdida de pertenencias, problemas médicos, cancelaciones y retrasos, y leerse la letra pequeña. Canadá no tiene acuerdos de atención médica recíproca con otros países.

Vacunas

Para más información sobre los requisitos de vacunación contra la COVID-19, consultar los consejos oficiales.

Reservas de alojamiento

En **Destination Canada**, la página web de turismo oficial de Canadá, hay una completa lista de alojamientos para todos los presupuestos.

Se debe pagar por los alojamientos la Provincial Sales Tax (PST), que varía de una provincia a otra, al igual que otro impuesto adicional sobre el alojamiento, a veces llamado Destination Marketing Fee. La Goods and Services Tax (GST) es de un 5 % en todo el país. Lo habitual es que estos impuestos haya que sumarlos al precio que se anuncia para el alojamiento.

Destination Canada
destinationcanada.com

Dinero

La mayoría de los establecimientos aceptan las principales tarjetas de crédito, débito y prepago. Los pagos con tarjeta *contactless* están aceptados en muchos sitios, pero siempre vale la pena llevar algo de efectivo para pequeñas compras, billetes y propinas. Es fácil encontrar cajeros automáticos. En Canadá aceptan dólares estadounidenses, pero resulta más ventajoso cambiarlos por dólares canadienses en el banco.

Los camareros esperan recibir una propina de entre el 15 y el 20 % de la factura, los mozos de hotel y las camareras de piso deberían recibir 2 o 3 $ por maleta o día, y los taxistas agradecen entre un 10 y un 15 % del precio de la carrera.

Viajeros con necesidades específicas

La mayoría de los lugares de interés, alojamientos y agencias de transporte pueden acomodar a personas con discapacidad si se informa de las necesidades en el momento de reservar.

La **Canadian Transportation Agency** ofrece información sobre accesibilidad en el transporte público y tiene, además, una guía *online* para los visitantes con discapacidades que viajan en avión. La **CNIB Foundation** ofrece información útil para las personas ciegas o con visión parcial. **VIA Rail** proporciona asistencia en sus trenes, pero hay que contactar con ellos con antelación. Algunas agencias de alquiler de coches ofrecen vehículos de control manual y furgonetas con rampa sin coste adicional.

Canadian Transportation Agency
otc-cta.gc.ca
CNIB Foundation
cnib.ca
VIA Rail
viarail.ca/en

Idioma

Los idiomas oficiales de Canadá son el inglés y el francés. Aunque New Brunswick es la única provincia oficialmente bilingüe, el francés (o *québécoise*) se habla ampliamente en el este.

Horarios

Las circunstancias pueden cambiar repentinamente. Antes de visitar museos, monumentos u otros lugares de interés consulte los horarios actualizados y las formalidades de reserva.

Lunes Algunos lugares de interés cierran todo el día.
Domingo Las tiendas y negocios tienen un horario reducido.
Festivos Muchos lugares cierran antes o incluso todo el día.

DÍAS FESTIVOS

1 ene	Año Nuevo
mar/abr	Viernes Santo
mar/abr	Lunes de Pascua
lu ant. 25 may	Día de Victoria
1 jul	Día de Canadá
1er lu sep	Día del Trabajo
30 sep	Día Nacional de la Verdad y la Reconciliación
2º lu oct	Acción de Gracias
11 nov	Día del Recuerdo
25 dic	Navidad
26 dic	Boxing Day (excepto en Quebec)

LLEGADA Y DESPLAZAMIENTOS

Tanto si se trata de una escapada de unos días a una ciudad o de una estancia más larga, aquí está toda la información para llegar mejor al destino y viajar como un canadiense.

DE UN VISTAZO

PRECIO DEL TRANSPORTE PÚBLICO

VANCOUVER

3,15 $

Billete sencillo de autobús y metro

TORONTO

3,35 $

Billete sencillo de autobús y metro

MONTREAL

3,75 $

Billete sencillo de autobús y metro

LÍMITES DE VELOCIDAD

AUTOPISTA Y AUTOVÍA

110 km/h

CARRETERAS DE DOS CARRILES

80 km/h

ZONAS URBANAS

60 km/h

CALLES RESIDENCIALES

30 km/h

Llegada en avión

Los tres aeropuertos internacionales más grandes de Canadá son los de Toronto, Montreal y Vancouver. Air Canada es la mayor compañía aérea del país y WestJet su principal competencia. Hay varias aerolíneas para vuelos nacionales con precios razonables en rutas populares, como Porter Airlines, que cubre el Canadá Atlántico, Ontario y Quebec. Air North vuela a Alberta, la Columbia Británica, el Yukón y los Territorios del Noroeste. El Aeropuerto Toronto Pearson conecta con muchas rutas terrestres importantes.

Todos los aeropuertos internacionales están bien conectados mediante autobús, tren y taxi, o coches de alquiler. Los más pequeños dependen más del taxi. En la página siguiente hay una tabla con los detalles de las conexiones con los principales aeropuertos internacionales.

La **Union Pearson Express (UP Express)** traslada rápidamente a los pasajeros hasta Union Station, en el centro de Toronto, en trenes que salen cada 15 minutos. Otra opción son las líneas 40 y 34 de los autobuses GO, que salen cada 30 minutos desde distintas ubicaciones.

En Montreal, la gente suele ir al centro en taxi. El autobús 747 circula las 24 h, todos los días de la semana, entre el aeropuerto de Montréal-Trudeau y el centro de la ciudad.

El tren rápido de Vancouver, Canada Line, conecta el aeropuerto con el centro de la ciudad en 30 minutos. Se puede acceder desde las terminales internacional y nacional, y funciona de 5.00 a 1.00. Si se necesita transporte cuando está cerrado, el taxi es más barato de lo habitual (por ser más fluido el tráfico de madrugada).

Todos los aeropuertos tienen aparcamientos de estancia breve y prolongada, además de una amplia oferta para el alquiler de vehículos.

Union Pearson Express (UP Express)
W upexpress.com

Viajar en tren

VIA Rail *(p. 381)* es la compañía ferroviaria nacional de transporte de pasajeros. Se pueden conseguir las medidas de seguridad e higiene, información sobre billetes, planos de transporte y más detalles en la página web de VIA Rail y

TRANSPORTE AL AEROPUERTO

Aeropuerto	Distancia al centro	Precio	Transporte público	Duración
Toronto	29 km	70 $	Taxi	30-60 min
		12 $ aprox.	UP Express	25 min
		3,35 $	900 Airport Express	50-70 min
		70 $	Limo	30-60 min
Montreal	20 km	10,50 $	Línea 747	45-60 min
		40 $ tarifa plana	Taxi	30 min
		65 $	Limo	30 min
Vancouver	15 km	9,25 $	Canada Line	30 min
		40 $	Taxi	20 min
		75 $	Limo	20 min

en las estaciones. La red de VIA Rail conecta la mayor parte del país, con parada en las ciudades principales. También es la única compañía que tiene una ruta que atraviesa Canadá desde Halifax a Vancouver. Sin embargo, no llega a Terranova, a isla Príncipe Eduardo ni a los Territorios del Noroeste.

Ofrece además una serie de rutas para explorar. Por ejemplo, *The Ocean* va siguiendo el río San Lorenzo desde Montreal, a través de New Brunswick, hasta Halifax, en Nueva Escocia. La ruta *Ontario-Quebec* conecta las grandes ciudades por el Corredor Quebec-Windsor. Incluso es posible subir a bordo de un *Canadian* de acero de la década de 1950 para viajar en cuatro días (tres noches) de Toronto a Vancouver.

VIA Rail tiene descuentos para grupos, familias y personas mayores. También ofrece las tarjetas de tarifa plana CanRAil, que permiten viajar entre Quebec y Ontario durante 21 días seguidos o por todo Canadá 60 días seguidos.

En los trayectos de larga distancia de VIA Rail hay dos clases, económica y *business*, y otras más diversas para viajar durmiendo.

Trenes regionales

Las compañías ferroviarias regionales, de gestión privada, ofrecen muchas rutas adicionales. El exclusivo **Rocky Mountaineer** conecta Vancouver con Banff y Jasper, en las Rocosas Canadienses, con una parada nocturna en Kamloops (Columbia Británica). **Ontario Northland** ofrece la ruta estacional Polar Bear Express en la bahía de Hudson y gestiona algunos servicios de pasajeros. El más eficiente es el que hay entre Montreal y Toronto. SkyTrain y Canada Line, en Vancouver, conectan con servicios de autobús y ferri, todo gestionado por Translink.

Ontario Northland
W ontarionorthland.ca
Rocky Mountaineer
W rockymountaineer.com

Viajes de tren internacionales

Tanto **Amtrak** como VIA Rail gestionan tres rutas que unen Estados Unidos y Canadá, con terminal en Montreal, Toronto y Vancouver. El control de aduanas se realiza en la frontera entre ambos países.

Amtrak
W amtrak.com

Transporte público

La **Toronto Transit Commission (TTC)** se ocupa del transporte público en Toronto; en Montreal lo hace la **Société de Transport de Montréal (STM).** Ambas se encargan de metro, tranvías, autobuses y trenes de cercanías. Vancouver tiene un eficiente sistema monorraíl, Calgary un servicio de metro ligero llamado CTrain y Ottawa un sistema similar, el O-Train.

Las páginas web de cada operador ofrecen información sobre seguridad, billetes, planos y otros detalles. Hay que tener en cuenta que algunas máquinas de billetes solo aceptan efectivo.

Toronto Transit Commission (TTC)
W ttc.ca
Société de Transport de Montréal (STM)
W stm.info

Viajar en autobús

Aunque es la forma más económica de viajar por Canadá, a menudo no es la más conveniente.

Autobuses de larga distancia

Greyhound Canada circula por el este del país y aparte tiene una ruta entre Vancouver y Seattle, que dura unas cuatro horas y cuesta a partir de 30 $. Empresas más pequeñas operan por la Trans-Canada Highway, como **Rider Express,** que une Winnipeg con Vancouver. **Wilson's Transportation** gestiona el transporte en ferri entre Vancouver y Victoria.

Greyhound Canada
W greyhound.ca
Rider Express
W riderexpress.ca
Wilson's Transportation
W wilsonstransportation.com

Taxis

Hay multitud de taxis en las principales ciudades y suelen llevar taxímetro. Se pueden parar por la calle o reservar por teléfono. Uber funciona también en Toronto y Montreal.

En coche

Una forma excelente de explorar Canadá es en coche, sobre todo si se visitan parques nacionales. La red de autopistas del país es excelente y está en muy buen estado. Sin embargo, la densidad de tráfico puede hacer preferible el transporte público en las grandes ciudades por ser más rápido y económico que el coche.

Alquiler de coches

Muchas compañías internacionales tienen oficina en los aeropuertos y en el centro de las ciudades, y es fácil organizar el alquiler antes de llegar a Canadá. Al recoger el coche puede que al cliente le pidan el pasaporte y el billete de avión de vuelta. La mayoría de las empresas de alquiler ofrecen GPS por una cuota mínima y sillas infantiles si se avisa con antelación.

El negocio del alquiler de RV *(recreational vehicles)*, es decir autocaravanas, funciona sobre todo en el oeste, con agencias especializadas en Calgary, Edmonton, Whitehorse y Vancouver. **Canadream** alquila en siete ciudades.

Canadream
W canadream.com

TRAYECTOS EN COCHE

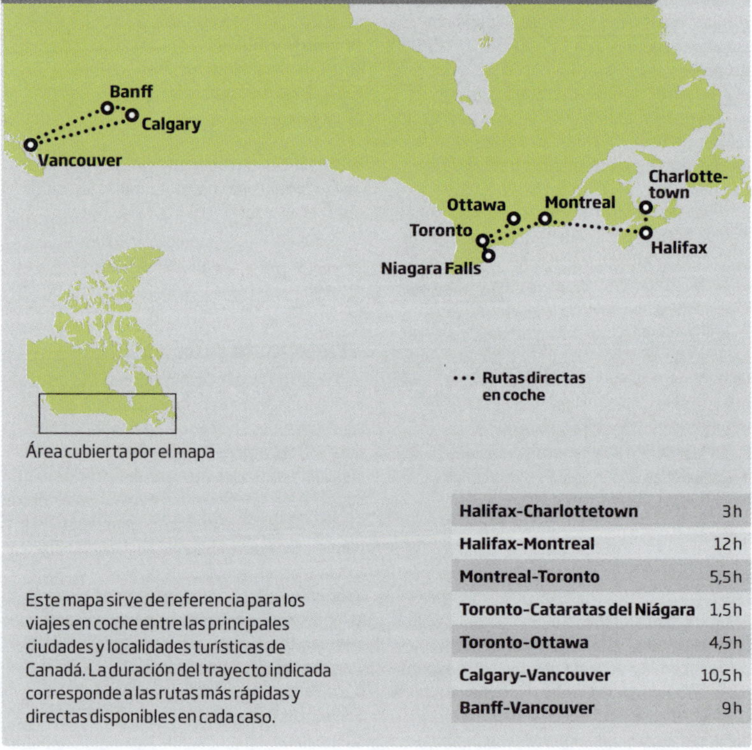

Área cubierta por el mapa

Este mapa sirve de referencia para los viajes en coche entre las principales ciudades y localidades turísticas de Canadá. La duración del trayecto indicada corresponde a las rutas más rápidas y directas disponibles en cada caso.

Halifax-Charlottetown	3 h
Halifax-Montreal	12 h
Montreal-Toronto	5,5 h
Toronto-Cataratas del Niágara	1,5 h
Toronto-Ottawa	4,5 h
Calgary-Vancouver	10,5 h
Banff-Vancouver	9 h

Aparcamiento

En la mayoría de las ciudades funciona el estacionamiento de pago en la vía pública y fuera de ella con parquímetros y zonas de aparcamiento limitadas. Aparcar en pleno centro en las ciudades grandes es caro: por ejemplo, estacionar en zona de parquímetro en el centro de Vancouver puede costar hasta 10 $ por hora. Algunos parquímetros limitan el estacionamiento a dos horas. Aparcar ilegalmente puede sancionarse con la retirada del vehículo y una multa.

Normas de circulación

En Canadá se conduce por la derecha y las señales de tráfico están en inglés, con traducción en francés en las provincias del este. En todas las provincias excepto en Quebec está permitido girar a la derecha aunque el semáforo esté en rojo (salvo que se indique lo contrario) después de haber detenido el vehículo por completo. Todos los vehículos deben ceder el paso a los servicios de emergencia y es obligatorio detener el tráfico en ambos sentidos cuando un autobús escolar tenga los intermitentes encendidos. Los peatones tienen preferencia de paso en todas las intersecciones que carezcan de semáforos y pasos de cebra.

En la mayoría de las provincias se prohíbe llevar en los vehículos sistemas detectores de radares y no se puede usar el teléfono móvil mientras se conduce, salvo con el manos libres.

La web de la **Canadian Automobile Association** es un buen lugar para informarse y para conseguir mapas.

Canadian Automobile Association
W caa.ca

Seguro y permiso de conducir

En Canadá son válidos los permisos de conducir extranjeros y es obligatorio tener un seguro de responsabilidad civil. Antes de partir hay que comprobar con la propia aseguradora que se tiene suficiente cobertura durante la estancia. En la mayor parte de Canadá se exige que el seguro de responsabilidad civil cubra al menos 200.000 $. En el **Insurance Bureau of Canada** se puede comprobar si se tiene un seguro con la cobertura adecuada.

The Insurance Bureau of Canada
W ibc.ca

En bicicleta

Pedalear es una forma excelente de moverse por el país en los meses cálidos. La mayoría de los centros urbanos tienen cientos de kilómetros de carril bici y casi todas las ciudades permiten montar con la bicicleta en el transporte público. Como en algunos lugares se restringe esta opción durante las horas punta, conviene informarse.

Alquiler de bicicletas

En todas las grandes ciudades hay empresas de alquiler de bicicletas y algunas ofrecen visitas guiadas sobre dos ruedas. Las tiendas especializadas también alquilan bicicletas eléctricas y de montaña. Vancouver, Montreal y Toronto tienen sistemas de uso compartido de bicicletas con estaciones de anclaje por la ciudad, que permiten a los ciclistas hacer trayectos en un solo sentido por una tarifa mínima. En estos casos se usan bicicletas ajustables, fáciles de usar por personas con mayor o menor habilidad.

Montreal
W bixi.com/en

Toronto
W bikesharetoronto.com

Vancouver
W mobibikes.ca

Seguridad en la bicicleta

Las normativas sobre el uso del casco varían de un lugar a otro, conviene informarse en cada caso. Las Provincias Marítimas y la Columbia Británica obligan a llevar casco a todas las edades si se circula por carretera. Vancouver tiene una ordenanza que obliga a llevar casco también en la mayoría de los caminos sin asfaltar. En Ontario no están obligados a llevarlo los mayores de 18 años. Quebec y las provincias de las Praderas no tienen una ley al respecto.

A pie

El centro de la mayor parte de las ciudades se puede recorrer a pie. Incluso Toronto es una magnífica ciudad para caminar: casi todas las calles tienen aceras adecuadas, hay pasarelas para caminar junto al mar e infinidad de rutas y paseos naturales dentro del propio centro de la ciudad.

Los caminos para hacer senderismo cruzan todo Canadá. Los tres más impresionantes son el West Coast Trail de 75 km, el East Coast Trail de 336 km y los senderos del Cabot Trail, en torno al Cape Breton Highlands National Park *(p. 316)*. Al alejarse de las rutas más habituales conviene asegurarse de llevar buen calzado, ropa impermeable, ropa interior cálida, un mapa y una brújula. También hay que asegurarse de que el teléfono tiene la batería cargada al máximo, pero no hay que dar por supuesto que vaya a haber cobertura en zonas muy apartadas.

Barcos y ferris

Por todo Canadá, los ferris para vehículos cruzan ríos, lagos y mares. Algunos son bastante caros, mientras que otros son gratis. **Marine Atlantic** es quizá la mayor compañía de la costa este y opera entre Nueva Escocia y Terranova. **BC Ferries** trabaja en la costa de la Columbia Británica, incluidas las islas del golfo, y lleva pasajeros desde el continente a la isla Vancouver. En verano conviene reservar si se viaja de Vancouver (Tsawwassen o Horseshoe Bay) a Victoria (Swartz Bay), pues las colas pueden ser de varias horas en ambos sentidos, a pesar de contar con los ferris de doble proa más grandes del mundo.

BC Ferries
W bcferries.com

Marine Atlantic
W marineatlantic.ca

INFORMACIÓN PRÁCTICA

Conocer la información local ayuda a moverse por Canadá. Aquí están todos los consejos e información esencial que pueden resultar necesarios durante la estancia.

DE UN VISTAZO

NÚMEROS DE EMERGENCIAS

EMERGENCIAS EN GENERAL

911

ZONA HORARIA

Canadá abarca seis zonas horarias: PST/MST/CST/EST/AST/NST. Horario de verano (DST, Horario de verano): 2º do mar-1er do nov.

AGUA DEL GRIFO

A no ser que se indique lo contrario, en Canadá el agua del grifo es potable.

PÁGINAS WEB Y APPS

Destination Canada

Web oficial de turismo de Canadá *(www.destinationcanada.com)* ofrece consejos útiles.

Gas Buddy

App esencial para viajar en Canadá por carretera. Localiza gasolineras cercanas, muestra los precios y manda alertas de subidas de precios y de ofertas.

My Aurora Forecast

Muestra dónde y cuándo será más fácil ver auroras boreales e incluso llega a enviar notificaciones indicando alta actividad de ellas.

Seguridad personal

Canadá es un país relativamente seguro, pero siempre hay pequeños delitos. Los carteristas operan en zonas turísticas y calles abarrotadas. Hay que emplear el sentido común, dejar los objetos de valor en un lugar seguro y estar atentos a nuestro alrededor.

Si se sufre algún robo hay que denunciar el delito lo antes posible en la comisaría más próxima y guardar una copia de la denuncia para reclamar al seguro. En caso de robo del pasaporte, o en caso de un delito o accidente grave, hay que ponerse en contacto de inmediato con nuestra embajada o consulado.

Por lo general, los canadienses son muy tolerantes con todas las personas, con independencia de su raza, género u orientación sexual. En 2005 Canadá se convirtió en el cuarto país del mundo, y el primero de América, en legalizar los matrimonios entre personas del mismo sexo. En la actualidad, Toronto, Montreal, Vancouver y Ottawa cuentan con las mayores poblaciones de personas LGTBIQ+. En caso de sentirse inseguro, **Safe Space Alliance** indica cuál es el lugar más próximo donde encontrar refugio.

En Canadá, los pueblos indígenas han sufrido históricamente prejuicios y discriminación, pues los hombres y mujeres indígenas no consiguieron el derecho a voto hasta 1960. Hoy día hay un número desproporcionado de mujeres indígenas que desaparecen o son asesinadas cada año. **Hope for Wellness** ofrece inmediatamente asesoramiento en salud mental o intervención en una crisis a todas las personas indígenas de Canadá.

Hope for Wellness
W hopeforwellness.ca
Safe Space Alliance
W safespacealliance.com

Salud

Canadá cuenta con un sistema sanitario de primera y sus habitantes disfrutan de asistencia médica gratuita mediante seguro sanitario en todas las provincias y territorios. Sin embargo, Canadá no tiene acuerdos sanitarios internacionales con otros países, por lo que es importante contratar un seguro sanitario antes de viajar.

Las farmacias son una buena fuente de consejo y medicamentos en el caso de dolencias menores y en todas las ciudades hay clínicas a las que se puede acudir sin cita. En las comunidades más reducidas, la mejor opción son las urgencias del hospital más próximo.

Tabaco, alcohol y drogas

Está prohibido fumar en todos los medios de transporte, pero las restricciones para otros espacios públicos varían según la provincia. Quebec permite fumar en las terrazas, pero en la Columbia Británica y Alberta está prohibido en todos los espacios públicos y de trabajo, incluido un radio de 5 m en torno a puertas y ventanas.

También varía por provincias la normativa en cuanto a cigarrillos electrónicos y vapeo. En algunas ciudades se prohíbe vapear donde esté prohibido fumar, otras son menos restrictivas.

A la hora de conducir, el límite es de 0,08 % de alcohol en sangre. Esto equivale más o menos a una copa de vino pequeña o a una pinta de cerveza de graduación media.

En Canadá es legal el consumo de cannabis con fines recreativos desde los 19 años (inclusive). Se pueden llevar encima un máximo de 30 g de cannabis seco y se permite fumar en el exterior. Está prohibido hacerlo en espacios públicos cerrados y otras zonas comunes. Es legal viajar con cannabis de una provincia a otra, pero no llevarlo a otro país. La posesión de drogas ilegales puede acarrear fuertes multas y también penas de prisión.

Carné de identidad

No se requiere llevar carné de identidad, pero en un control rutinario las autoridades pueden pedir que se muestre el pasaporte. Si no se lleva encima, se puede requerir la presentación del documento original en un plazo de 24 horas.

Teléfonos móviles y wifi

Las tarjetas SIM locales se pueden usar en móviles compatibles; se compran en los proveedores locales.

Por lo general, hay lugares con wifi gratuita en las principales ciudades, en los principales aeropuertos y bibliotecas y en casi todos los hoteles. Los cafés y restaurantes permiten utilizar su wifi siempre que se consuma algo.

Correos

Canada Post gestiona la mayor parte de los servicios postales del país. Se pueden comprar sellos en las oficinas de correos, en algunos supermercados e incluso en tiendas de alimentación. Las cartas al extranjero tardan una o dos semanas.

Canada Post
W canadapost.ca

Impuestos y devoluciones

Se aplica la Goods and Services Tax (GST) del 5 % a la mayoría de bienes y servicios. Salvo Alberta, todas las provincias tienen impuestos adicionales (PST). Algunas aplican únicamente el HST (Harmonized Sales Tax), que combina impuestos. Hay además tasas adicionales sobre los alojamientos turísticos, que varían según la región *(p. 381)*.

Turismo responsable

Canadá se ha comprometido a reducir las emisiones de carbono y a hacer más sostenible la industria del turismo. Hay formas sencillas de contribuir a estos objetivos: desplazarse en bicicleta, caminar y utilizar el transporte público siempre que sea posible; recurrir a una cocina de origen local y sostenible, y usar bolsas y botellas de agua reutilizables.

Los visitantes también deben conocer la historia indígena de Canadá y ser respetuosos con las tradiciones y la cultura locales. Conviene comprobar si está permitido fotografiar los lugares sagrados.

Tarjetas de descuento

El **Discovery Pass** ofrece durante 12 meses acceso ilimitado a más de 80 parques nacionales que suelen cobrar entrada. El **Passeport MTL** de Montreal da acceso a los principales lugares de interés de la ciudad. El **CityPass** de Toronto supone un ahorro del 36 % en la entrada a muchos lugares de interés, y siete grandes ciudades ofrecen descuentos de hasta el 50 % en el precio de las entradas a lugares de interés con el **City Passport.**

CityPass
W es.citypass.com/toronto
City Passport
W citypassports.com
Discovery Pass
W parks.canada.ca
Passeport MTL
W mtl.org

ÍNDICE

Los números en **negrita** hacen referencia a las entradas principales.

A

A pie 385
Acadienses
  dialecto 58, 318
  península de Gaspé 303
  Provincias Marítimas 305, 310, 318, 322-324
  Village Historique Acadien **331**
Acceso a internet 387
Aga Khan Museum (Toronto) **196**
Agua del grifo 386
Águila calva 41
Alaska Highway 125, 126, 167, 351, 357, 358, 371
Alberta
  dinosaurios en **158-159**
  ver también Praderas, Las
Alcohol 387
Alexander Graham Bell National Historic Site (Baddeck) **317**
Alexandra Bridge (Gatineau) **283**
Algonquin Logging Museum **218-219**
Algonquin Provincial Park 40, 51, **218-219**
Allan Gardens Conservatory (Toronto) **192**
Alojamientos
  reservar 381
  ver también Hoteles
Alquiler de bicicletas 81, 385
Alquiler de coches 384
Alquiler de RV (autocaravanas) 385
Amatistas 231
American Falls (Cataratas del Niágara) 204, **206**
American Psycho 63
Amherst **323**
Animales con alma **376**
Annapolis Royal **325**
Apps 386
arce, jarabe de **294-295**, 296
Architectura francesa 59
Arte **56-57**
  indígena 55
  inuit 376-377
  Naciones Originarias 12, 183
Arte callejero 54
Arts Commons (Calgary) **153**
Assiniboine Park (Winnipeg) 43, 52, **165**
Atanarjuat: la leyenda del hombre veloz 62
Athabasca Falls **140-141**
Athabasca, glaciar 140, 141
Atlin Provincial Park **126**
Atrápame si puedes 63
Atwood, Margaret 61
Aurora boreal 10, **39**, 177, **359**
Auyuittuq National Park **368**
  avistamiento 10, 40, 105, 286

B

Baddeck **317**
Bahía de Fundy 330
Baie-Comeau **287**
Baker Lake **375**
Ballenas
  The Whale Centre (Tofino) **102**
Banff **133**
Banff National Park 51, 53, 129, **132-135**
Barcos y ferris 385
Bares
  cerveza artesanal 46
  coctelerías 47
  Las Praderas 173
  Montreal 253
  Ontario 221
  Provincia de Quebec 293
  Terranova y Labrador 338
  Winnipeg 165
Barkerville 123
Barry's Bay **224**
Basilique Notre-Dame-de-Montréal 59, **242-243**, 258
Basilique-Cathédrale Notre-Dame de Québec (Quebec ciudad) **268-269**, 274
Bastion Square (Victoria) **97**
Bata Shoe Museum (Toronto) **191**
Batoche National Historic Site **171**
Battery, The (St. John's) **337**
Battle Harbour **347**
Battleford **170**
Bay Centre (Victoria) 98
BC Place Stadium (Vancouver) **89**
Beaches, The (Toronto) **194**
Beacon Hill Park (Victoria) **98**
Bell, Alexander Graham 228, **317**
Bibliotecas **60**
Bicicleta de montaña 50
Big Muddy Badlands 170
Bigfoot 145
Bird Kingdom (Niagara Falls) 206, **208**
Black Creek Pioneer Village (Toronto) **197**
Blackcomb, monte 114, **115**
Bordon, Robert 70
Bosques 39
Botanical Gardens and Butterfly Conservatory (Niagara Falls) 206, **209**
Bouctouche **322-323**
Bourgeois, Louise, *Maman* 214-215
Bowron Lake Provincial Park **147**
Brantford **228**
Brokeback Mountain 62
Bruce Peninsula National Park 236
Brudenell River Provincial Park **310**
Buceo 236
Buchanan, monte 121
Bueyes almizcleros 374-375
Burgess Shale **136**
Burrard, canal (Vancouver) 78, 81, 89
Burwash Landing **358**
Butchart Gardens (isla Vancouver) 97
Butterfly Conservatory (Niagara Falls) 206, **209**
Bytown Museum (Ottawa) **211**
ByWard Market (Ottawa) **212**

C

Cabot Head 236
Cabot Tower (St. John's) **338**
Cabot Trail **316**, 319
Caboto, Giovanni 67, 333, 338
Calder, Alexander 255
Calgary **152-155**
  mapa 153
Calgary Chinese Cultural Centre **152**
Calgary Stampede **154**
Calgary Tower **152**
Cameron Falls Trail 365
Camerson, lago 142-143
Campbell River **108**
Canada Agriculture and Food Museum (Ottawa) **213**
Canada Olympic Park (Calgary) **155**
Canada Place (Vancouver) 78, 79
Canada Science and Technology Museum (Ottawa) **213**
Canadian Aviation and Space Museum (Ottawa) **212**
Canadian Children's Museum (Gatineau) **285**
Canadian Museum for Human Rights (Winnipeg) **163**
Canadian Museum of Immigration at Pier 21 (Halifax) **315**
Canadian Museum of Nature (Ottawa) **213**
Canadian Pacific Railway 75, 172
Canadian War Museum (Ottawa) **211**
Cannabis 387
Cantantes y compositores 49
Cap-Chat 302
Cape Breton Highlands Golf Course 319
Cape Breton Highlands National Park 13, 316, **319**
Cape Dorset **367**
Cape Spear Lighthouse National Historic Site of Canada **339**
Capilano Suspension Bridge Park (Vancouver) **90-91**
Carcross **356**
Caribú **369**
Carleton-sur-Mer 303
Carmack, George Washington 69
Carman, Bliss 61
Carné de identidad 387
Carr, Emily **57**, 99, 183
Cartier, Jacques 67, 277, 305
Casa Loma (Toronto) **190**
Casino du Lac-Leamy (Gatineau) **282**
Cataratas
  American Falls (Cataratas del Niágara) 204, **206**
  Athabasca Falls **140-141**
  Bridal Veil Falls (Cataratas del Niágara) 204
  Cameron Falls 365

Cataratas del Niágara 12, 38, **204-209**
Grand Falls 323
Horseshoe Falls (Cataratas del Niágara) 38, 204-205, **206**, 207
Montmorency Falls 38, **286-287**
Takakkaw Falls 136
Cataratas del Niágara 12, 38, **204-209**, 234
mapa 206-207
restaurantes 209
Catedrales *ver* Iglesias y catedrales
Catolicismo 59
Cavendish **309**
Centre Canadien d'Architecture (Montreal) **250**
Centre des Mémoires Montréalaises **256**
Centre des Sciences de Montréal **257**
Cervezas artesanales **46**
Chansonniers 49
Charlevoix **293**
Charlottetown **310-311**
Château Ramezay (Montreal) **250**, 259
Chemainus **108-109**
Chesterman Beach (Tofino) **103**
Chéticamp **318**
Chicoutimi **287**
Children's Museum (Winnipeg) **162-163**
Chinatown (Montreal) **251**
Chinatown (Toronto) **188-189**
Chinatown (Vancouver) **87**
Christ Church Cathedral (Montreal) **255**
Churchill 10, 40, **177**
Churchill Falls **347**
Citadel Hill National Historic Site (Halifax) 312
Ciudad de Labrador **342**
Ciudades 11
transporte 383
Claves del ecoturismo **38**
Cloudraker Skybridge (Whistler) 114
CN Tower (Toronto) **186-187**, 198
Cohen, Leonard 49
Colony of Avalon 344
Columbia Británica Continental 18, **110-127**
hoteles 118, 126
itinerario 30-31
mapa 112-113
restaurantes 115
Columbia Británica *ver* Columbia Británica Continental; Vancouver; isla Vancouver
Columbia Icefield **141**
Combermere **224**
Comida y bebida
Canadá para comidistas **44-45**
Canadá y sus bebidas típicas **46-47**
Sabores de Francia 58
Glenora Distillery (Glenville) **318**
jarabe de arce **294-295**, 296
queso de Oka **297**
poutine 11, 45
Top 5 Probar platos canadienses 45
ver también Bares; Cerveza; Restaurantes; Vino
Commissariat House (St. John's) **336-337**
Comox Valley **109**
Compañía de la Bahía de Hudson (Hudson's Bay Company) **67**, 68, 93, 97, 173, 177
Territorios del Noroeste y Nunavut 364, 366, 373
Compras
Bay Centre (Victoria) **98**
Edmonton 167
jerséis (isla Vancouver) 107
Las Praderas 167, 169
Medicine Hat 169
Quebec capital 273
Consejos oficiales 380
Cook, capitán James 93
Correos 387
Costa suroeste (Terranova) **347**
Cowichan District **106-107**
Cox Bay Beach (Tofino) **103**
Craigdarroch Castle (Victoria) **99**
Crowsnest Pass **147**
Cuevas Bonnechere (Eganville) 225
Cullenm, Maurice **56**
A Misty Afternoon, St. John's, Newfoundland 56
Cultura indígena **54-55**
Cypress Hills Interprovincial Park **169**

D

Dauphin **175**
Dawson City **358**
De Champlain, Samuel 67, 204, 261, 267, 268
Deane House (Calgary) **154**, 305
Deer Lake 348
Deighton, John *Gassy Jack* 78
Deportes de aventura **50-51**
Deportes de invierno **52-53**
Heliesquí **146**
Red Mountain Resort 118, 120
Whistler 114-115
ver también Hockey sobre hielo
Devolución de impuestos 387
Devonian Gardens (Calgary) 153
Días festivos 381
Digby **325**
Dinero 381
Dinosaur Provincial Park 13, 43, 159, **168-169**
Dinosaurios 13
Dinosaur Provincial Park 13, 43, 62, 159, **168-169**
en Alberta **158**
La gran fiebre de los dinosaurios **159**
Royal Ontario Museum (Toronto) 184-185
Royal Tyrrell Museum (cerca de Drumheller) 43, **156-157**
Distillery Historic District (Toronto) **193**
Doebert, Dale, *Moss Lady* 98
Dominio británico 67-70
Dominio de Canadá 68
Dominio francés 67
Dorset Lookout Tower (cerca de Haliburton) 224
Drake 49
Draped Seated Woman (Henry Moore) 182
Drogas 387
Duck Lake **170**
Dunsmuir, Robert 99

E

Eastern Shore, The (Nueva Escocia) **331**
Eau Claire Market (Calgary) **152**
Ecology Centre (Vancouver) **90**
Economía 71
EdgeWalk (CN Tower) 187
Edificios históricos
Barry's Bay Railway Station 224
Bethune Memorial House (Muskoka) 232
Black Creek Pioneer Village (Toronto) **197**
Cabot Tower (St. John's) **338**
Casa Loma (Toronto) **190**
Château Ramezay (Montreal) **250**, 259
Commissariat House (St. John's) **336-337**
Craigdarroch Castle (Victoria) **99**
Deane House (Calgary) **154**
Diamond Tooth Gerties (Dawson City) 358
Domaine Joly-De Lotbinière (Sainte-Croix) 293
Duff Baby House (Windsor) 226
Dundorn Castle (Hamilton) 226
Edificios del Parlamento (Ottawa) **210**, 216
Edificios del Parlamento (Victoria) **96**
Emily Carr House (Victoria) **99**
Fairmont Empress Hotel (Victoria) **97**
Fairmont Le Château Frontenac (Quebec capital) 59, **270**, 274
Fairmont Royal York (Toronto) **188**
First Post Office (Toronto) **188**
Fort Calgary Historic Park **154**
Fort Chambly 292-293
Fort William Historical Park (Thunder Bay) 231
Fort York (Toronto) **195**
Fortaleza de Louisbourg **320-321**
Government House (Halifax) **313**
Government House (Victoria) **98**
Grande Prairie Museum & Heritage Village 167
Green Gables Heritage Place (Cavendish) 60, 309
Helmcken House (Victoria) **97**, 100, 101
Heritage Park Historical Village (Calgary) 42, **155**
Historic Properties (Halifax) **312**
Hôtel de Ville (Montreal) 59, 259
Hôtel de Ville (Quebec capital) **272**
Hunt House (Calgary) **154**
Île-des-Moulins (Terrebonne) 296-297
La Citadelle (Quebec capital) **264-265**
La Cité de l'Or (Val d'Or) 298

Lang Pioneer Village **225**
Laurier House (Ottawa) **213**
Legislative Building (Winnipeg) **164**
Log Skyscrapers (Whitehorse) **354**
Lucy Maud Montgomery's Cavendish Home 309
Maison Historique Chevalier (Quebec capital) 275
Maison Saint-Gabriel (Montreal) **257**
Mennonite Heritage Village (Steinbach) 176
Monastère des Ursulines (Quebec capital) **272**
Murray Premises (St. John's) **336**
O'Keefe Ranch (Vernon) 116
Old Fort Erie 230
Old Town Clock (Halifax) **312-313**
Ontario Parliament Building (Toronto) **190-191**
Orwell Corner Historic Village **308-309**
Province House (Halifax) **313**
Royal Canadian Mint (Ottawa) **212-213**, 217
Séminaire de Québec (Quebec capital) **273**
Sherbrooke Village 331
Sir Andrew Macphail Homestead (Orwell) 308-309
Sucrerie de la Montagne **296**
Upper Canada Village **220-221**
Wildcat Café (Yellowknife) **365**
ver también Iglesias y catedrales; Fortificaciones; Monasterios y conventos; Museos y galerías; Monumentos históricos nacionales
Edith Cavell, monte **141**
Edmonton **167**
Eeyou Istchee James Bay Regional Government **298**
Eganville **225**
Église Notre-Dame-des-Victoires (Quebec capital) 63, **266-267**
Elk Island National Park **166**
Emergencias, número de 386
Emily Carr House (Victoria) **99**
En bicicleta 50, 385
alquiler de bicicletas 81, 385
Veloroute de la Péninsule Acadienne 330
En coche 384-385
Erickson, Arthur **85**
Erie, lago 38, **230**
Escudo Canadiense 233, 277, 292
Escultura 57
Espectáculos
Arts Commons (Calgary) **153**
BC Place Stadium (Vancouver) **89**
Canada Olympic Park (Calgary) **155**
Confederation Centre of the Arts (Charlottetown) 310
National Arts Centre (Ottawa) **212**
National Music Centre (Calgary) **152**
Olympic Stadium (Montreal) 249
Place des Arts (Montreal) **252**
Stampede Park (Calgary) **154**
Esquiar 52
ver también Deportes de invierno
Estatuto de Westminster 70
Estrecho de Labrador 333, **346-347**
Exchange District (Winnipeg) **165**
Explotación forestal 218-219
Expo 67 (Montreal) 251

F

Fairmont Empress Hotel (Victoria) **97**
Fairmont Le Château Frontenac (Quebec capital) 59, **270**, 274
Fairmont Royal York (Toronto) **188**
Falls Around Her 62
False Creek (Vancouver) 82
Faros
cabo Bonavista 346, 347
Cape Spear Lighthouse **339**
East Point 310
Lighthouse Route - Ruta de los Faros (Nueva Escocia) 329
Panmure Island 311
Fathom Five Marine Park 236
Fauna **40-41**
alce 41, 139
avistamiento de ballenas 10, 40, 105, 286
BC Wildlife Park (Kamloops) 122
Bird Kingdom (Niagara Falls) 206, **208**
búfalo 166
Butterfly Conservatory (Niagara Falls) **209**
Cape St. Mary's Ecological Reserve 344
Kluane National Park and Reserve **357**
Nahanni National Park Reserve **372**
Niagara Glen Nature Reserve **209**
osos 40-41, **135**
Réserve Faunique La Vérendrye **298**
respetar la fauna 38
Riverdale Farm (Toronto) 196
Thelon Wildlife Sanctuary 375
Tierra de Baffin **369**
Toronto Zoo **196**
Yukon Wildlife Preserve (Whitehorse) **355**
Fernie **146**
Ferris 385
Ferrocarril clandestino 68
Fiebre del oro **69**, 298, 351, 355, 356
Fiestas y festivales
festivales de música 48-49, 55
pow wow 54
festivales del vino 47
festivales en familia 43
festivales literarios 61
fiestas religiosas 59
Un año en Canadá **64-65**
First Post Office (Toronto) **188**
Fish Creek Provincial Park **155**
Flin Flon **174-175**
Forks National Historic Site (Winnipeg) **163**
Fort Macleod **166**
Fort Nelson **125**
Fort Providence **373**
Fort Qu'Appelle **173**
Fort St. John **125**
Fort Steele Heritage Town **146-147**
Fortificaciones
Fort Calgary Historic Park **154**
Fort York (Toronto) **195**
Fortaleza de Louisbourg **320-321**
Halifax Citadel National Historic Site **315**
La Citadelle (Quebec capital) **264-265**
Lower Fort Garry National Historic Site **165**
Skmaqn-Port-la-Joye-Fort Amherst National Historic Site **308**
Fósiles 13, 136
Top 3 A la caza de fósiles 43
Fox, Terry 339
Fraser, río **122**
Fredericton 61, **323**
Frobisher, *sir* Martin 361
Fumar 387
Fundy National Park 50, **330**

G

Galerías de arte *ver* Museos y galerías
Gander **343**
Gardiner Museum (Toronto) **192-193**
Gastown (Vancouver) **78-79**
Gatineau **282-285**
mapa 283
Gehry, Frank 182
Georgian Bay Islands National Park **234-235**
Gimli **174**
Glacier National Park **144-145**
Glenora Distillery (Glenville) **318**
Goat Island (Cataratas del Niágara) 207
Gobierno colonial 67-70
Goderich **231**
Golf 319
Golfo de San Lorenzo 291
Government House (Halifax) **313**
Government House (Victoria) **98**
Grabados inuit **376**
Grand Falls **323**
Grand Métis 302
Grande Prairie **166-167**
Grandes Lagos 12, 38
ver también Erie; Hurón; Ontario; Superior
Granville Island **82-83**
Grasslands National Park **170**
Grey Owl **161**
Gros Morne National Park **340-341**
Grouse, monte (Vancouver) 50, 52, **90**
Grupo de los Siete, el **57**, 123, 183, 197, 247
Guerra de los Siete Años 267
Guerra Mundial, Primera 70
Guerra Mundial, Segunda 70-71

H

H. R. MacMillan Space Centre (Vancouver) **87**
Habitat 67 (Montreal) **251**

Haida (pueblo) 55, 85, 101, 111, 285
Haida Heritage Site (Haida Gwaii) 125
Haida Gwaii 41, 111, **124-125**
Haines Junction **356-357**
Haliburton Highlands **224**
Halifax **312-315**
mapa 313
Halifax Citadel National Historic Site **315**
Halifax Public Gardens **315**
Halifax Seaport Farmers' Market **314**
Hamilton **226**
Hangar Flight Museum (Calgary) 152
Happy Valley-Goose Bay **342**
Harbourfront (Toronto) 52, **198-199**
Hawke's Bay 348
Hay River **374**
Head-Smashed-In Buffalo Jump 166
Heliesquí **146**
Helmcken House (Victoria) **97**, 100, 101
Herencia francesa **58-59**
Heritage Park Historical Village (Calgary) 42, **155**
High Park (Toronto) **197**
Historia **66-71**
Hockey 13
Hockey Hall of Fame (Toronto) **193**
Hockey Hall of Fame (Toronto) **193**
Hope **123**
Hopewell Rocks **331**
Horarios 381
Horseshoe Falls (Cataratas del Niágara) 38, 204-205, **206**, 207
Hôtel de Ville (Quebec capital) **272**
Hoteles
Aguas termales
Banff 129, 133
Columbia Británica Continental 118, 126
Hot Springs Cove 102
Isla Vancouver 109
Las Rocosas Canadienses 133, 136, 141
Miette Hot Springs **140**
Ontario 213, 226
Ottawa 213
Provincias Marítimas 314, 324
Radium Hot Springs **145**
Territorios del Noroeste y Nunavut 365, 373
West Kootenays 118, **119**, 120
Yukón 358
Hudson, Henry 67
Hurón, lago 38, 232, **233**, 236-237

I

Icefields Parkway **135**
Idioma 381
francés 58
frases útiles (francés) 380
vocabulario 397
Idioma francés 58
Iglesias y catedrales
Basilique Notre-Dame-de-Montréal 59, **242-243**, 258
Basilique-Cathédrale Notre-Dame de Québec (Quebec capital) **268-269**, 274
Catedral Basílica de Saint Peter (London) 227
Cathédrale Marie-Reine-du-Monde (Montreal) **256**
Cathédrale Notre-Dame (Ottawa) **210-211**
Chapelle Notre-Dame-de-Bonsecours (Montreal) 259
Christ Church Cathedral (Montreal) **255**
Église Notre-Dame-des-Victoires (Quebec capital) 63, **266-267**
Grand Pré National Historic Site 324
Holy Trinity Anglican Cathedral (Quebec capital) 274
Mohawk Chapel 228
Old Log Church Museum (Whitehorse) **354-355**
Oratoire St. Joseph (Montreal) **248**
Saint Pierre Church (Chéticamp) **318**
Sainte-Anne-de-Beaupré **280-281**
St. Patrick's Basilica (Montreal) **248**
ver también Monasterios y conventos
Île d'Orléans **286-287**
Impuestos 387
Imredy, Elek, *The Girl in a Wetsuit* 80
Información de aduanas 380
Inuit 333, 361
arte y cultura 54-55, 183, 285, **376-377**
Inunsuit **377**
Inuvik **372-373**
Iqaluit **366**
Isla Banks **375**
Isla Campobello 329
Isla Cape Breton **316-319**
mapa 317
Isla Vancouver 16, 40, **92-109**
compras 98, 107
hoteles 109
mapa 94-95
playas **108**
restaurantes 103
Islas Broken 104
Islas de la Madeleine **291**
Itinerarios **26-37**
2 días en Toronto 28-29
2 días en Vancouver 26-27
2 semanas en Canadá 34-37
7 días en BC y las Rocosas 30-31
7 días en las Provincias Marítimas 32-33
ver también Rutas en coche; Rutas por carrreteras panorámicas; Un paseo

J

Jackson, A. Y. 57, 123
Jardin Botanique de Montréal **254**
Jasper **139**
Jasper National Park 38, 129, **138-141**
Jasper SkyTram 138
Jazz 48, 49
Jellybean Row (St. John's) 339
Johnston Canyon **135**
Johnston, Frank 57
Joliette **296**
Juegos Olímpicos
de Invierno 1988 155
de Invierno 2010 115
de Montreal 1976 249

K

Kalamalka, lago 116
Kamloops 54, **122-123**
Kananaskis Country 62, **145**
Kaslo **119**
Katannilik Territorial Park **367**
Kawartha, lagos **225**
Kelowna **116**
Kensington Market (Toronto) **190**
Killarney Provincial Park **235**
Kimmirut **366-367**
King, William Lyon Mackenzie 282
Kingston **221**
Kitesurf 51
Klondike, fiebre del oro del **69**, 351, 355
Kluane National Park and Reserve **357**
Kootenay National Park 129, **145**
Kouchibouguac National Park **329**
'Ksan Historical Village **124**
Kunuk, Zacharias 62

L

L'Anse-Aux-Meadows 333, 348
La Citadelle (Quebec capital) **264-265**
La Conception 300
Laberge, lago **355**
Labrador *ver* Terranova y Labrador
Lachine (Montreal) **255**
Lagos *buscar por nombre*
Lang Pioneer Village **225**
Laurier, *sir* Wilfrid 69, 213
Laurier House (Ottawa) **213**
Le Pays de la Sagouine (Bouctouche) 322, 323
Legislative Assembly (Yellowknife) **364**
Legislative Building (Winnipeg) **164**
Leif Ericson 66
Lethbridge **166**
LGTBIQ+, comunidad (Montreal) 257
Lighthouse Park (Vancouver) **89**
Límite de velocidad 382
Literatura **60-61**
Llanuras de Abraham, batalla de las 267
Llegar en avión 382-383
Localizaciones de cine y televisión **62-63**
Log Skyscrapers (Whitehorse) **354**
Logan, monte 357
London **227**
Long Beach 104
Lonsdale Quay Market (Vancouver) **91**
Louisbourg, Fortaleza de **320-321**
Louise, lago 38, **134**
Lower Fort Garry National Historic Site **165**
Lunenburg **328**
Lynn Canyon Park (Vancouver) **90**

M

MacBride Museum (Whitehorse) **354**
MacDonald, J. E. H. 57
Mackenzie Beach (Tofino) **103**

Maelström 63
Mahone Bay **328-329**
Maison du Citoyen (Gatineau) **283**
Maison Saint-Gabriel (Montreal) **257**
Maligne, lago **140**
Malpeque, bahía **310**
Maman (Bourgeois) 214-215
Manitoba Museum (Winnipeg) **164**
Manitoba *ver* Praderas, Las
Manitoulin, isla **233**
  mapa 97
Mapas
  Calgary 153
  Canadá 14-15
  Cataratas del Niágara 206-207
  Columbia Británica Continental 112-113
  Gatineau 283
  Halifax 313
  Isla Cape Breton 317
  Isla Príncipe Eduardo 309
  Isla Vancouver 94-95
  Las Praderas 150-151
  Las Rocosas Canadienses 130-131
  Montes Laurentinos, Ruta en coche 300-301
  Montreal 240-241
  Ontario 202-203
  Ottawa 211
  Península Bruce, Ruta en coche 236
  Península de Gaspé, Ruta en coche 302-303
  Península del Norte, Ruta en coche 348
  Provincias Marítimas 306-307
  Quebec capital 262-263
  Quebec, provincia de 278-279
  St. John's 337
  Terranova y Labrador 334-335
  Territorios del Noroeste y Nunavut 362-363
  Tierra de Baffin 367
  Tofino 103
  Toronto 180-181
  Trayectos en coche 384
  Valle del Okanagan 117
  Vancouver 76-77
  Vancouver: Paseo marítimo y Gastown 78-79
  Victoria 97
  West Kootenays, Ruta en coche 120-121
  Whistler 115
  Whitehorse 355
  Winnipeg 163
  Yellowknife 365
  Yukón 352-253
Maple Creek **168**
Maravillas naturales **38-39**
Marché Jean-Talon (Montreal) 44, **250**
Margaree, valle del río **319**
Marisco 45
Maritime Museum of British Columbia (Victoria) **98**
Maritime Museum of the Atlantic (Halifax) **314**
Market Square (Victoria) **97**
Market Square (Winnipeg) **165**
Martel, Yann 61
Matapédia, valle del 302
McGill University (Montreal) **252**
McMichael Canadian Art Collection (Toronto) 55, **197**
Meadow Creek 121
Medicine Hat **168**
Memphrémagog, lago **292**
Menonitas 228-229
Mercados 44
  ByWard Market (Ottawa) **212**
  German Christmas Market (Quebec capital) 273
  Halifax Seaport Farmers' Market **314**
  Kensington Market (Toronto) **190**
  Lonsdale Quay Market (Vancouver) **91**
  Marché Bonsecours (Montreal) 259
  Marché Jean-Talon (Montreal) 44, **250**
  Public Market (Granville Island, Vancouver) 82
  Shipyards Night Market (Vancouver) 91
  St. Lawrence Market (Toronto) 44, **192**
Métis
  herencia cultural 54, 183, 285
  Las Praderas 149, 162, 171
  Rebelión métis **68**, 162, 170, 171
Míchigan, lago 38
Miette Hot Springs **140**
Mingan Archipelago National Park **290-291**
Minnewanka, lago **135**
Mistaken Point 43
Mitchell, Joni 49
Mitos y leyendas, auroras boreales 359
Mohawk Chapel 228
Monasterios y conventos
  Abbaye Val Notre-Dame (Oka) 297
  Monastère des Ursulines (Quebec capital) **272**
  Monastère des Ursulines (Trois-Rivières) 297
Moneda 380
Mont Saint-Pierre 303
Mont Tremblant 300
Montañas Rocosas 10, 13, 129
  ver también Las Rocosas Canadienses
Montes Laurentinos 52, 277, 292
  ruta en coche **300-301**
Montgomery, Lucy Maud 60, **309**
Montmorency Falls 38, **286-287**
Montreal 11, 21, 59, 63, **238-259**
  bares 253
  mapa 240-241
  restaurantes 250, 253
  un paseo 258-259
Montreal Tower 249
Monumentos históricos nacionales
  Alexander Graham Bell National Historic Site (Baddeck) **317**
  Batoche National Historic Site **171**
  Bell Homestead National Historic Site (Brantford) 228
  Cape Spear Lighthouse National Historic Site of Canada **339**
  Castle Hill National Historic Site 344, 345
  Citadel Hill National Historic Site (Halifax) 312
  Fort Battleford National Historic Site 170
  Fort George National Historic Site (Niagara-on-the-Lake) 227
  Fort Walsh National Historic Site 169
  Fort Wellington National Historic Site (Prescott) 220
  Grand Pré National Historic Site 324
  Halifax Citadel National Historic Site **315**
  Hopedale Mission National Historic Site 343
  Huron Historic Gaol National Historic Site (Goderich) 231
  Lower Fort Garry National Historic Site **165**
  Motherwell Homestead National Historic Site 173
  Port-Royal National Historic Site (Annapolis Royal) 325
  Province House National Historic Site of Canada (Charlottetown) 310-311
  Red Bay National Historic Site 347
  S. S. Klondike National Historic Site (Whitehorse) **355**
  Signal Hill National Historic Site of Canada (St. John's) **338**
  Sir George-Etienne Cartier National Historic Site (Montreal) **251**
  Skmaqn-Port-la-Joye-Fort Amherst National Historic Site 308
Moore, Henry
  Draped Seated Woman 182
  Reclining Woman 215
Moose Jaw **172-173**
Moraine, lago **135**
Morsa **369**
Moss Lady (Doebert) 98
Mount Edziza Provincial Park **126**
Mount Revelstoke National Park **127**
Muncho Lake Provincial Park **126**
Munro, Alice 61
Murales 56
Murray Premises (St. John's) **336**
Museos y galerías
  Aga Khan Museum (Toronto) **196**
  Algonquin Logging Museum 53, **218-219**
  Allen Sapp Gallery (North Battleford) 170
  Anne of Green Gables Museum (Kensington) 60
  Art Gallery of Greater Victoria **99**
  Art Gallery of Nova Scotia (Halifax) **315**
  Art Gallery of Ontario (Toronto) **182-183**, 377
  Barkerville 123
  Bata Shoe Museum (Toronto) **191**
  Bytown Museum (Ottawa) **211**
  Canada Agriculture and Food Museum (Ottawa) **213**
  Canada Science and Technology Museum (Ottawa) **213**
  Canadian Aviation and Space Museum (Ottawa) **212**

Canadian Children's Museum (Gatineau) **285**
Canadian Museum for Human Rights (Winnipeg) **163**
Canadian Museum of Immigration at Pier 21 (Halifax) **315**
Canadian Museum of Nature (Ottawa) **213**
Canadian War Museum (Ottawa) **211**
Centre Canadien d'Architecture (Montreal) **250**
Centre des Mémoires Montréalaises **256**
Centre des Sciences de Montréal **257**
Children's Museum (Winnipeg) **162-163**
Dawson City Museum 358
Dory Shop Museum (Shelburne) 328
Ecology Centre (Vancouver) **90**
Fisheries Museum of the Atlantic (Lunenburg) 328
Fort Dauphin Museum 175
Fort Nelson Heritage Museum 125
Fort Qu'Appelle Museum 173
Fort Steele Heritage Town **146-147**
Gardiner Museum (Toronto) **192-193**
Gateway Labrador Visitor Centre (Ciudad de Labrador) 342
Grande Prairie Museum & Heritage Village 167
H. R. MacMillan Space Centre (Vancouver) **87**
Haliburton House Provincial Museum (Windsor) 325
Hangar Flight Museum (Calgary) 152
Heritage Park Historical Village (Calgary) 42, **155**
Hockey Hall of Fame (Toronto) **193**
Huron County Museum (Goderich) 231
Kluane Museum of Natural History (Burwash Landing) 358
Lang Pioneer Village **225**
MacBride Museum (Whitehorse) **354**
Madonna House Pioneer Museum (Combermere) 224
Mahone Bay Museum 329
Manitoba Museum (Winnipeg) **164**
Marine Museum of the Great Lakes (Kingston) 221
Maritime Museum of British Columbia (Victoria) **98**
Maritime Museum of the Atlantic (Halifax) 63, **314**
McMichael Canadian Art Collection (Toronto) 55, **197**
Muddock, J. E. P. 175
Musée d'Art Contemporain de Montréal 57, **244-245**
Musée de la Civilisation (Quebec capital) **271**, 275
Musée des Beaux-Arts (Montreal) **246-247**, 377
Musée du Fort (Quebec capital) **271**, 274
Musée Heritage (San Pedro y Miquelon) 345
Musée McCord **256-257**
Musée National des Beaux-Arts du Québec (Quebec capital) **270**
Musée Pointe-à-Callière (Montreal) **248-249**, 258
Museo Canadiense de la Historia (Gatineau) 54, **284-285**
Museum of Anthropology at UBC (Vancouver) 55, **84-85**
Museum of Northern British Columbia (Prince Rupert) 124
Museum of Vancouver **87**
Nanaimo Museum 109
National Gallery of Canada (Ottawa) 57, **214-215**, 217
New Brunswick Museum (Saint John) 322
New Iceland Heritage Museum (Gimli) 174
Old Hastings Mill Store Museum (Vancouver) **88-89**
Old Log Church Museum (Whitehorse) **354-355**
Ontario Science Centre (Toronto) **196-197**
Orwell Corner Historic Village **308-309**
Prince of Wales Northern Heritage Centre (Yellowknife) **364**
Provincial Seamen's Museum (Grand Bank) 345
Pulperie de Chicoutimi 287
RCMP Heritage Centre (Regina) 172
Redpath Museum (Montreal) 252
Rooms, The (St. John's) **337**
Roy Henry Vickers Gallery (Tofino) 56, **102**
Royal Alberta Museum (Edmonton) 167
Royal BC Museum (Victoria) 55, **100-101**
Royal Ontario Museum (Toronto) **184-185**
Royal Saskatchewan Museum (Regina) 172
Royal Tyrrell Museum (cerca de Drumheller) 43, **156-157**
Science World (Vancouver) **86**
Secwepemc Museum and Heritage Park (Kamloops) 122-123
Sherbrooke Village 331
Spadina Museum, Historic House and Gardens (Toronto) **191**
Stephen Leacock Museum (Orillia) 229
TD Gallery of Indigenous Art (Toronto) **194-195**
TELUS Spark (Calgary) **154**
Tofino Clayoquot Heritage Museum **102**
Upper Canada Village **220-221**
Vancouver Art Gallery 57, **86**
Vancouver Maritime Museum **88**
Village Historique Acadien **331**
WAG-Qaumajuq (Winnipeg) **164**, 377
Wanuskewin Heritage Park (Saskatoon) 171
Whale Centre (Tofino) **102**
Whistler Museum 114
Yale Historic Site 122
Música **48-49**
Indígena 55
Inuit 377
ver también Espectáculos
Muskoka 232

N

Nacionalismo franco-canadiense 71, 261
Naciones Originarias
arte y cultura 12, **54-55**, 183
Gwaii Haanas National Park Reserve and Haida Heritage Site 125
historia 66-71
'Ksan Historical Village **124**
McMichael Canadian Art Collection (Toronto) 55, **197**
Museum of Anthropology at UBC (Vancouver) 55, **84-85**
Restitución de objetos 55
Royal BC Museum (Victoria) 55, **100-101**
Secwepemc Museum and Heritage Park (Kamloops) 122-123
Toronto indígena 194
Wanuskewin Heritage Park (Saskatoon) 171
Nahanni National Park Reserve **372**
Nain **342-3**
Nakusp **118-19**
Nanaimo **109**
Naponse, Darlene 62
Narval **369**
National Arts Centre (Ottawa) **212**
National Gallery of Canada (Ottawa) 57, **214-215**, 217
National War Memorial (Ottawa) 216, 217
Necesidades específicas, viajeros con 381
Nelson **118**, 121
New Brunswick *ver* Provincias Marítimas
New Denver 120
Niagara Falls (ciudad) **208**
Niagara Glen Nature Reserve **209**
Niagara-on-the-Lake **227**
Niños
Canadá en familia **42-43**
Canadian Children's Museum (Gatineau) **285**
Children's Museum (Winnipeg) **162-163**
Norman Wells **373**
Normas de circulación 382, 385
North Battleford **170**
North Bay **227**
Notre Dame Bay **346**
Nottawasaga Bahía **232**
Nueva Escocia *ver* Provincias Marítimas
Nunavik 277, **299**
Nunavut 71
ver también Territorios del Noroeste y Nunavut

O

O'Hara, lago 138, 139
Odjig, Daphne 55
Oka **297**
Okanagan, lago 117
Okanagan, valle del **116-117**
Old Hastings Mill Store Museum (Vancouver) **88-89**
Old Log Church Museum (Whitehorse) **354-355**
Old Town (Yellowknife) **364-365**
Old Town Clock (Halifax) **312-313**
Oliver **117**
Olympic Park (Montreal) **249**
Ondaatje, Michael 61
Ontario 20, **200-237**
- bares 221
- hoteles 213, 226
- mapa 202-203
- península Bruce, Ruta en coche 236-237
- restaurantes 209

Ontario Parliament Building (Toronto) **190-191**
Ontario Science Centre (Toronto) **196-167**
Ontario, lago 38, 194, 195, 198, 221, 227
Opeongo, lago **219**
Oratoire St. Joseph (Montreal) **248**
Orillia **229**
Oro, bateo de 42
Orwell Corner Historic Village **308-309**
Osos 40-41, **135**
Osos polares 40, **369**
Osoyoos **117**
Ottawa 59, 68, 201, **210-217**
- hoteles 213
- mapa 211
- un paseo 216-217

P

Pacific Rim National Park Reserve **104-105**
Padelsurf 51
Páginas web 386
Pangnirtung **368**
Panmure Island **311**
Parksville **107**
Parlamento, Edificios (Ottawa) **210**, 216
Parlamento, Edificios (Victoria) **96**
Parques de atracciones 42
Parques nacionales
- Aulavik National Park 375
- Auyuittuq National Park **368**
- Banff National Park 51, 53, 129, **132-135**
- Bruce Peninsula National Park 236
- Cape Breton Highlands National Park 13, 316, **319**
- Elk Island National Park **166**
- Fundy National Park 50, **330**
- Georgian Bay Islands National Park **234-235**
- Glacier National Park **144-145**
- Grasslands National Park **170**
- Gros Morne National Park 333, **340-341**, 348
- Gwaii Haanas National Park Reserve and Haida Heritage Site 125
- Jasper National Park 38, 129, **140-143**
- Kluane National Park and Reserve **357**
- Kootenay National Park 129, **145**
- Kouchibouguac National Park **329**
- Mingan Archipelago National Park **290-291**
- Mount Revelstoke National Park **127**
- Nahanni National Park Reserve **372**
- Pacific Rim National Park Reserve **104-105**
- Parc National de la Gaspésie 302
- Parc National de la Maurice **292**
- Parc National du Canada Forillon 303
- Point Pelee National Park **234**
- Prince Albert National Park **160-161**
- Prince Edward Island National Park **311**
- Riding Mountain National Park **174**
- Sirmilik National Park **368**
- Terra Nova National Park **345**
- Waterton Lakes National Park 142-143, **144**
- Wood Buffalo National Park **168**
- Yoho National Park 129, **138-139**

Parques provinciales
- Algonquin Provincial Park 40, 51 201, **218-219**
- Arches Provincial Park 348
- Atlin Provincial Park **126**
- Bowron Lake Provincial Park **147**
- Brudenell River Provincial Park **310**
- Clearwater Lake Provincial Park 174
- Cypress Hills Interprovincial Park **169**
- Dinosaur Provincial Park 13, 43, 159, **168-169**
- Fish Creek Provincial Park **155**
- Grand Beach Provincial Park 176, 177
- Hecla/Grindstone Provincial Park 177
- Killarney Provincial Park **235**
- Kokanee Creek Provincial Park 121
- Mount Edziza Provincial Park **126**
- Muncho Lake Provincial Park **126**
- Petroglyphs Provincial Park 225
- Spatsizi Plateau Wilderness Provincial Park **126**
- Wells Gray Provincial Park **147**

Parques territoriales
- Iqalugaarjuup Nunanga Territorial Park 374
- Katannilik Territorial Park **367**

Parques y jardines
- Allan Gardens Conservatory (Toronto) **192**
- Assiniboine Park (Winnipeg) 52, **165**
- Beacon Hill Park (Victoria) **98**
- Botanical Gardens and Butterfly Conservatory (Niagara Falls) 206, **209**
- Dr. Sun Yat-Sen Park (Vancouver) 86
- Ecological Park (Lamèque) 330
- Forks National Historic Site (Winnipeg) **163**
- Government House (Victoria) **98**
- Halifax Public Gardens **315**
- High Park (Toronto) **197**
- Jardin Botanique de Montréal **254**
- Leo Mol Sculpture Garden (Winnipeg) 57, 165
- Lighthouse Park (Vancouver) **89**
- Lynn Canyon Park (Vancouver) **90**
- Mayor's Hill Park (Ottawa) 217
- Parc de la Chute Montmorency **286-287**
- Parc de la Gatineau **282**
- Parc du Mont-Royal (Montreal) **249**
- Parc Jean-Drapeau (Montreal) 42, **254**, 255
- Pearce Estate Park (Calgary) 154
- Pippy Park (St. John's) **339**
- Prince's Island Park (Calgary) **153**
- Queen Elizabeth Park and Bloedel Conservatory (Vancouver) **88**
- Stanley Park (Vancouver) **80-81**
- Thunderbird Park (Victoria) **96**, 101
- VanDusen Botanical Garden (Vancouver) **88**
- *ver también* Parques nacionales; Parques provinciales; Parques territoriales

Parrsboro **324-325**
Pas, The **174**
Pasaporte 380
Paseo marítimo (St. John's) **336**
Paseo marítimo (Vancouver) **78-79**
Paseos
- Un paseo: Harbourfront (Toronto) 198-199
- Un paseo: Quebec capital 274-275
- Un paseo: Ottawa 216-217
- Un paseo: Vieux-Montréal 258-259

Passamaquoddy, bahía **329**
Patinar 52
Patricia, lago **139**
Peak 2 Peak Gondola (Whistler) 114
Pearce Estate Park (Calgary) 154
Peggy's Cove 326-327, **329**
Península Acadiense **330**
Península Bruce 233
- ruta en coche 236

Península de Avalon **344**
Península de Bonavista **346**
Península de Burin **345**
Península de Gaspé, Ruta en coche **302-303**
Penticton **117**
Permiso de conducir 385
Pesca 219
Pippy Park (St. John's) **339**
Place d'Armes (Quebec capital) **272**
Place des Arts (Montreal) **252**
Place du Canada (Montreal) **253**
Place-Royale (Quebec capital) **266-267**, 275
Playas
- Isla Príncipe Eduardo 308-311
- Isla Vancouver **108**
- Lago Hurón 232

Lago Winnipeg **176**
Provincias Marítimas **323**
Toronto 194-195
Poesía 61
Point Pelee National Park **234**
Policía Montada de Canadá (RCMP) **171**, 361
RCMP Heritage Centre (Regina) 172
Pond Inlet **368**
Por qué visitar Canadá **10-13**
Port au Choix 348
Port Hardy **107**
Port Renfrew **106**
Portage la Prairie **175**
Postes totémicos 54, 85, 96, 100-101, 284-285
Pow wow 54, 194
Praderas, Las 19, **148-177**
bares 165, 173
compras 167, 169
mapa 150-151
restaurantes 153
Precios
gasto medio diario 380
transporte público 382
Prescott **220**
Prince Albert National Park **160-161**
Prince Edward County **221**
Prince Edward Island National Park **311**
Prince George **123**
Prince of Wales Northern Heritage Centre (Yellowknife) **364**
Prince Rupert **124**
Prince's Island Park (Calgary) **153**
Príncipe Eduardo, isla 39, **308-311**
mapa 309
ver también Provincias Marítimas
Prohibición 172, 173
Promenade du Portage (Gatineau) **283**
Propinas 381
Province House (Halifax) **313**
Provincias Marítimas 23, **304-331**
hoteles 314, 324
itinerario 32-33
mapa 306-307
restaurantes 311, 322
Purcell, montes **127**
Pyramid, lago 51, **139**

Q

Quebec capital 22, 59, 67, **260-275**
compras 273
mapa 262-263
restaurantes 267, 271
un paseo 274-275
Quebec, provincia de 23, **276-303**
bares 293
mapa 278-279
restaurantes 283, 287
rutas en coche 300-303
Queen Charlotte, islas *ver* Haida Gwaii
Queen Elizabeth Park and Bloedel Conservatory (Vancouver) **88**
Quesnel **123**
Quidi Vidi Village (St. John's) **338**

R

Radium Hot Springs **145**
Rafting en aguas bravas 51
Rainbow Bridge (Niagara Falls) **206**
Rankin Inlet **374**
Rattenbury, Francis **97**
Raquetas de nieve 53
Raven and the First Men, The (Reid) 85
Reclining Woman (Moore) 215
Red Bay 347
Red Deer **166**
Red eléctrica 380
Red Mountain Resort 118, 120
Red Point Beach **311**
Regina **172**
Reid, Bill **57**
The Raven and the First Men 85
The Spirit of Haida Gwaii 55
Religión 59
Remai Modern (Saskatoon) 171
Remar (canoa y kayak) **50**, 160, 219
Renacido, El 62
Reservas naturales *ver* Fauna
Réserve Faunique La Vérendrye **298**
Restaurantes
Columbia Británica Continental 115
Isla Vancouver 103
Las Praderas 153
Las Rocosas Canadienses 134
Montreal 250, 253
Niagara Falls 209
Ontario 209
Provincia de Quebec 283, 287
Provincias Marítimas 311, 322
Quebec capital 267, 271
Terranova y Labrador 338, 343
Territorios del Noroeste y Nunavut 374
Toronto 190, 192
Vancouver 83, 87
Yukón 355, 357
ver también Comida y bebida
Revelstoke **127**
Richelieu, valle del **292-293**
Rideau, canal 52, **220**
Ottawa **212**, 216
Riding Mountain National Park **174**
Riel, Louis 68, 162, 171
Roberts, Charles G. D. 61
Rocher Percé 303
Rocky Harbour 340
Rocosas Canadienses 10, 19, 39, **128-147**
hoteles 133, 136, 141
itinerario 30-31
mapa 130-131
restaurantes 134
Rooms, The (St. John's) **337**
Roosevelt Campobello International Park 329
Rossland **118**
Rouyn-Noranda **299**
Roy Henry Vickers Gallery (Tofino) 56, **102**
Royal 22nd Regiment 264, **265**
Royal BC Museum (Victoria) 55, **100-101**
Royal Canadian Mint (Ottawa) **212-213**, 217
Royal Canadian Mint (Winnipeg) **164**
Royal Ontario Museum (Toronto) **184-185**
Royal Tyrrell Museum (cerca de Drumheller) 43, **156-157**
Rue du Petit-Champlain (Quebec capital) **273**
Rue du Trésor (Quebec capital) **273**
Rue Sherbrooke (Montreal) **253**
Rupert's Land 68
Ruta en coche
Montes Laurentinos 300-301
Península Bruce 236-237
Península de Gaspé 302-303
Península del Norte (Terranova) 348
West Kootenays 120-121
Rutas por carreteras panorámicas
Banff National Park 135
Dinosaur Trail 168-169
Maligne Lake Drive 140

S

S. S. Klondike National Historic Site (Whitehorse) **355**
Sables, lago des 300
Saguenay, río **286**
Saint John 322
Saint Pierre Church (Chéticamp) **318**
Saint-Faustin-Lac-Carré 301
Saint-Jovite 300
Saint-Pierre **345**
Sainte-Agathe-des-Monts 301
Sainte-Anne-de-Beaupré **280-281**
Sainte-Anne-des-Monts 302
Sainte-Croix **293**
Sainte-Marie entre los Hurones **229**
Salud 386-387
vacunas 381
San Lorenzo, canal 220, 254, 291
San Lorenzo, río 201, 220, 239, 261, 290-293
San Pedro y Miquelon **345**
Sandon 121
Sapp, Allen 170
Saskatchewan *ver* Praderas, Las
Saskatoon **171**
Sauble Beach **232**
Sault Ste. Marie **230-231**
Scarborough Bluffs (Toronto) **194**
Science World (Vancouver) **86**
Seawall (Vancouver) 80, 81
Seguridad
consejos oficiales 380
osos **135**
seguridad personal 386
Seguros 380-381, 385
Selkirk **177**
Séminaire de Québec (Quebec capital) **273**
Senderismo 13, 385
Banff National Park 135
Bruce Trail 51
Cabot Trail **316**, 319
Cameron Falls Trail **365**
Crypt Lake Trail 144
Gros Morne Mountain 340
International Appalachian Trail 51
Meewasin Valley Trail 51
West Coast Trail 51, 104-105
White Point Hiking Trail 318
ver también Parques nacionales; Parques y jardines; Parques provinciales

Sept-Îles **291**
Shelburne **328**
Sherbrooke **293**
Sherman, Francis Joseph 61
Sicamous **126-127**
Signal Hill National Historic Site of Canada (St. John's) **338**
Sir George-Etienne Cartier National Historic Site (Montreal) **251**
Sirmilik National Park **368**
Skaha, 117
Skylon Tower (Niagara Falls) 207, **208**
South Coast (isla Príncipe Eduardo) **308**
South Shore (provincia deQuebec) **290**
Southampton 43
Spadina Museum, Historic House and Gardens (Toronto) **191**
Spatsizi Plateau Wilderness Provincial Park **126**
Spielberg, Steven 63
Spirit of Haida Gwaii, The (Reid) 55
Squamish **91**
Square Dorchester (Montreal) **253**
St. Boniface (Winnipeg) **162**
St. Jacobs **228-229**
St. John's **336-339**
mapa 337
St. Lawrence Market (Toronto) 44, **192**
St. Patrick's Basilica (Montreal) **248**
Stampede Park (Calgary) **154**
Stanley Park (Vancouver) **80-81**
Steinbach **176**
Stewart Crossing **358**
Stokes Bay 236
Stratford **228**
Sucrerie de la Montagne **296**
Suits 63
Summerland **116-117**
Superior, lago 38, **234**
Surf 51
Sydney **316-317**

T

Tadoussac **286**
Tallas nuit **376**
Tarjetas de descuento 387
Taxis 384
TD Gallery of Indigenous Art (Toronto) **194-195**
Teléfonos móviles 387
Telegraph Cove **108**
TELUS Spark (Calgary) **154**
Temagami **230**
Terra Nova National Park **345**
Terranova y Labrador 24, 69, **332-349**
bares 338
mapa 334-335
Península del Norte, Ruta en coche 348-349
restaurantes y bares 338, 343
Terrasse Dufferin (Quebec capital) **270**, 275
Terrebonne **296-297**
Territorios del Noroeste y Nunavut 25, 69, **360-377**
hoteles 365, 373
mapa 362-363
restaurantes 374
Terry Fox Memorial (St John's) 339
The Girl in a Wetsuit (Elek Imredy) 80
Thomson, Tom **57**, 183, 197, 247
A Northern Canadian Lake 57
Thousand Islands 50, **220, 222-223**
Thunder Bay **231**
Thunderbird Park (Victoria) **96**, 101
Tierra de Baffin 39, **366-369**
fauna **369**
mapa 367
Tobermory 236
Tofino 51, **102-103**, 108
Tofino Clayoquot Heritage Museum **102**
Toronto 11, 20, 63, **178-199**
barrios 191
itinerario 28-29
mapa 180-181
restaurantes 190, 192
un paseo 198-199
Toronto City Hall **188**
Toronto indígena 194
Toronto Islands **195**
Toronto Zoo 43, **196**
Transporte público 383-384
precios 382
Trenes *ver* Viajar en tren
Trineo de perros 52, 368
Trinity **342**
Trois-Rivières **297**
Trout Lake 120
Trout, lago
Truro **324**
Turismo responsable 387
Tyrrell, Joseph Burr 158

U

Un año en Canadá **64-65**
Underground City (Montreal) **252**
University of Toronto **189**
Upper Canada Village **220-221**

V

Vacunas 381
Val d'Or **298**
Val-Morin 301
Vancouver 11, 16, 63, **74-91**
itinerario 26-27
mapa 76-77
restaurantes 83, 87
Vancouver Art Gallery 57, **86**
Vancouver Maritime Museum **88**
Vancouver, capitán George 75
VanDusen Botanical Garden (Vancouver) **88**
Vegreville **169**
Vernon **116**
Viajar **382-385**
consejos oficiales 380
Viajar en autobús 384
Viajar en tren 11, **382-383**
Agawa Canyon Tour Train (Sault Ste. Marie) 231
Viajeros con necesidades específicas 381
Viajes en barco
Cataratas del Niágara 204-207
Gros Morne National Park 340
Tierra de Baffin 367
Victoria 93, **96-101**
Victoria, isla **375**
Vikingos 66, 174, 333, 348
Village Historique Acadien **331**
Villeneuve, Denis 63
Vino **46-47**
Valle del Okanagan **117**
Prince Edward County **221**
Visado 380

W

WAG-Qaumajuq (Winnipeg) **164,** 377
Waterton Lakes National Park 142-143, **144**
Weeknd, The 49
Welland, canal 234, **235**
Wells Gray Provincial Park **147**
West Kootenays **118-119**
ruta en coche **120-121**
Weston, Thomas C. 159
Whirlpool Aero Car (Cataratas del Niágara) **208-209**
Whistler 50, 52, **114-115**
Whistler Blackcomb 52, 114, 115
Whistler Olympic Plaza **115**
Whistler Village **114**
Whistler, monte 114, **115**
White Water Walk (Cataratas del Niágara) **208**
Whitehorse **354-355**
Wiarton 236
Wifi 387
Wildcat Café (Yellowknife) **365**
Windsor **226, 325**
Winnipeg 59, **162-165**
mapa 163
Winnipeg Art Gallery *ver* WAG-Qaumajuq (Winnipeg)
Winnipeg, lago **176-177**
Wolfville **324**
Wood Buffalo National Park **168**
Wortley Village (London) 227

Y

Yellowjackets 63
Yellowknife **364-365**
Yoho National Park 129, **136-137**
Yorkton **173**
Yukón 10, 24, 69, **350-359**
hoteles 358
mapa 352-353
restaurantes 355, 357
Yukon Wildlife Preserve (Whitehorse) **355**

Z

Zona horaria 386
Zoos *ver* Fauna
Zorro ártico **369**

VOCABULARIO

EMERGENCIAS

¡Ayuda!	*Help!*	*Au secours !*
¡Pare!	*Stop!*	*Arrêtez !*
¡Llame a un médico!	*Call a doctor!*	*Appelez un médecin !*
¡Llame a una ambulancia!	*Call an ambulance!*	*Appelez une ambulance !*
¡Llame a la policía!	*Call the police!*	*Appelez la police !*
¡Llame a los bomberos!	*Call the fire department!*	*Appelez les pompiers !*

COMUNICACIÓN BÁSICA

Sí/No	*Yes/No*	*Oui/ Non*
Por favor	*Please*	*S'il vous plaît*
Gracias	*Thank you*	*Merci*
Disculpe	*Excuse me*	*Excusez-moi*
Hola	*Hello*	*Bonjour*
Adiós	*Goodbye*	*Au revoir*
Buenas noches	*Good night*	*Bonsoir*
¿Qué?	*What?*	*Quel, quelle ?*
¿Por qué?	*Why?*	*Pourquoi ?*
¿Dónde?	*Where?*	*Où ?*

FRASES HABITUALES

¿Cómo está?	*How are you?*	*Comment allez-vous ?*
Muy bien	*Very well*	*Très bien*
Encantado/a de conocerle	*Pleased to meet you*	*Enchanté/ée de faire votre connaissance*
¿Dónde está/n...?	*Where is/are...?*	*Où est/sont... ?*
¿Cómo se va a...?	*Which way to...?*	*Quelle est la direction pour... ?*
¿Habla español?	*Do you speak Spanish?*	*Parlez-vous espagnol ?*
No entiendo	*I don't understand*	*Je ne comprends pas*
Lo siento	*I'm sorry*	*Excusez-moi*

PALABRAS HABITUALES

grande	*big*	*grand*
pequeño	*small*	*petit*
caliente	*hot*	*chaud*
frío	*cold*	*froid*
bueno	*good*	*bon*
malo	*bad*	*mauvais*
abierto	*open*	*ouvert*
cerrado	*closed*	*fermé*
izquierda	*left*	*gauche*
derecha	*right*	*droite*
todo recto	*straight ahead*	*tout droit*
entrada	*entrance*	*l'entrée*
salida	*exit*	*la sortie*

COMPRAS

¿Cuánto cuesta?	*How much does this cost?*	*C'est combien s'il vous plaît ?*
Querría...	*I would like...*	*Je voudrais...*
¿Tiene...?	*Do you have...?*	*Est-ce que vous avez... ?*
¿A qué hora abren?	*What time do you open?*	*A quelle heure vous êtes ouvert ?*
¿A qué hora cierran?	*What time do you close?*	*A quelle heure vous êtes fermé ?*

TIPOS DE TIENDAS

banco	*bank*	*la banque*
farmacia	*chemist*	*la pharmacie*
grandes almacenes	*department store*	*le grand magasin*
librería	*bookstore*	*la librairie*
mercado	*market*	*le marché*
oficina de correos	*post office*	*la poste, le bureau de poste*
panadería	*bakery*	*la boulangerie*
pastelería	*cake shop*	*la pâtisserie*
quiosco de prensa	*newsstand*	*le magasin de journaux*
supermercado	*supermarket*	*le supermarché*
tienda de alimentación	*grocery store*	*l'alimentation*
tienda de quesos	*cheese shop*	*la fromagerie*
tienda 24 h	*convenience store*	*le dépanneur*

VISITAS TURÍSTICAS

ayuntamiento	*town hall*	*l'hôtel de ville*
catedral	*cathedral*	*la cathédrale*
estación de autobuses	*bus station*	*la gare routière*
estación de tren	*train station*	*la gare*
iglesia	*church*	*l'église*
información turística	*tourist information office*	*le bureau d'information*
museo	*museum*	*le musée*

EN EL RESTAURANTE

¿Tiene una mesa?	*Have you got a table?*	*Avez-vous une table de libre ?*
Quiero reservar una mesa	*I want to reserve a table*	*Je voudrais réserver une table*
La cuenta, por favor	*The bill please*	*L'addition s'il vous plaît*
carta	*menu*	*le menu, la carte*
carta de vinos	*wine list*	*la carte des vins*
desayuno	*breakfast*	*le petit déjeuner*
comida	*lunch*	*le déjeuner*
cena	*dinner*	*le dîner*
plato principal	*main course*	*le plat principal*
entrante	*appetizer, first course*	*l'entrée, le hors d'oeuvre*

COMIDA

aceite	*oil*	*l'huile*
agua	*water*	*l'eau*
azúcar	*sugar*	*le sucre*
bistec	*steak*	*le bifteck*
café	*coffee*	*le café*
caracoles	*snails*	*les escargots*
cebollas	*onions*	*les oignons*
cerdo	*pork*	*le porc*
marisco	*seafood*	*les fruits de mer*
pan	*bread*	*le pain*
patatas	*potatoes*	*pommes de terre*
pescado	*fish*	*le poisson*
pollo	*chicken*	*le poulet*
sal	*salt*	*le sel*
salchicha	*sausage, fresh*	*la saucisse*
té	*tea*	*le thé*
vino blanco	*white wine*	*le vin blanc*
vino tinto	*red wine*	*le vin rouge*

NÚMEROS

0	**zero**	**zéro**
1	**one**	**un, une**
2	**two**	**deux**
3	**three**	**trois**
4	**four**	**quatre**
5	**five**	**cinq**
6	**six**	**six**
7	**seven**	**sept**
8	**eight**	**huit**
9	**nine**	**neuf**
10	**ten**	**dix**
11	**eleven**	**onze**
12	**twelve**	**douze**
13	**thirteen**	**treize**
14	**fourteen**	**quatorze**
15	**fifteen**	**quinze**
16	**sixteen**	**seize**
17	**seventeen**	**dix-sept**
18	**eighteen**	**dix-huit**
19	**nineteen**	**dix-neuf**
20	**twenty**	**vingt**
100	**hundred**	**cent**
1.000	**thousand**	**mille**

TIEMPO

un minuto	*one minute*	*une minute*
una hora	*one hour*	*une heure*
un día	*one day*	*un jour*
lunes	*Monday*	*lundi*
martes	*Tuesday*	*mardi*
miércoles	*Wednesday*	*mercredi*
jueves	*Thursday*	*jeudi*
viernes	*Friday*	*vendredi*
sábado	*Saturday*	*samedi*
domingo	*Sunday*	*dimanche*

AGRADECIMIENTOS

DK quiere dar las gracias a las siguientes personas por su contribución a la edición anterior: Lisa Voormeij, Donna Dailey, Mike Gerrard, Jane Mundy, Bruce Bishop, Eric y Katherine Fletcher, Paul Franklin, Sam Ion, Helena Katz, Philip Lee, Ffion Llywd-Jones, Cam Norton, Lorry Patton, Sandra Phinney, Geoffrey Roy, Michael Snook, Donald Telfer, Paul Waters

La editorial quiere agradecer a las siguientes personas, instituciones y compañías el permiso para reproducir sus fotografías:

Leyenda: a=arriba; b=abajo; c=centro; f=extremo; l=izquierda; r=derecha; t=superior

123RF.com: ahkenahmed 13br.

Alamy Stock Photo: 917 Collection 294cr; Aerial Archives 290tr; AF archive; Aflo Co.; Ltd 157clb; age fotostock 145tr, 174-175b, 331tr, / Douglas Williams 84-85t, / Juan Carlos Muñoz 157cra; AGF Srl / Antonello Lanzellotto 229cra; Rubens Alarcon 193b; Tawna Brown 65tl; All Canada Photos 19cb, 28cr, 106bl, 109b, 205br, / Barrett & MacKay 32-33ca, 35tr, 40tl, 60-61b, 85cr, 164b, 324tl, / Ryan Creary 53tr, 136clb, / Benjamin Dy 299cra, / Ron Erwin 148-149, 310-311b, 321tr, 321cra, 357clb, / David R. Frazier Photolibrary, Inc. 4, S. Forster 31cla; Henry Georgi 146tl, 325b, / Ken Gillespie 157crb, 176b, / Mike Grandmaison 303tr, / Chris Harris 66bl, / Jared Hobbs 139tl, / Stephen J. Krasemann 158cl, / Wayne Lynch 372-373, / Robert McGouey 32-33t, / David Nunuk 80-81t, / Steve Ogle 120cl, / Jason Pineau 368br, / David Purchase 347br, / Dave Reede 160-161b, 161cl, / Claude Robidoux 123tl, / Nick Saunders 161cr, / Stephen Shannon 126-127b, / Alan Sirulnikoff 136br; Archive Images 70-71t; Art Directors & TRIP 371tl; Aurora Photos 146-147b; Bill Bachmann 322br; Jon Bilous 192tl; BiR Fotos / Stockimo 195b; Sabena Jane Blackbird 377tl; Kristina Blokhin 250tl, 281br; Ceri Breeze 139cr; Bill Brooks 184cr, 187bl, 197tl, 225br; William Brooks 220bl; Marc Bruxelle 49br, 249tl, 256b; canada 182-183t; canadabrian 323br; Douglas Carr 226t; Lorne Chapman 195clb; Chronicle 204br; Citizen of the Planet / Peter Bennett 121tl; Mike Clegg 318-319t, 329br; Cosmo Condina 212b; Rob Crandall 266cra; Shaun Cunningham 98b; Ian Dagnall 34-35cb, 235t; Danita Delimont / Rob Tilley 242bl; dbimages 26cr, 44b, 58-59t; Dembinsky Photo Associates / Dominique Braud 299t; Design Pics Inc 39cr, 170t, 290-291b, 294-295b, 356-357b, 358bl; Design Pics Inc / First Light / Henry Lin 184cra; doublespace-VIEW 20tl, 60tl, 178-179; Jason Doucette 161tr; Randy Duchaine 314tr; Entertainment Pictures 63br; Everett Collection Inc 62tl; eye35 134cra; eye35.pix 30cra; Steven Fines 89tl; Tony Florio 229t; FLPA 159tl; FOR ALAN 154-155t; FPW 172-173t; Alan Gallery 232tl; André Gilden 10-11b; Paul Christian Gordon 84bl; Bill Gozansky 340cr, 340bl; Sophia Granchinho 374-375t; Diego Grandi 248b; Granger Historical Picture Archive 68br; Stéphane Groleau 251b; HelloWorld Images 275tl; Hero Images Inc. 51crb; hemis.fr / Walter Bibikow 285cr, / Gregory Gerault 354br, / Camille Moirenc 13cr, / Bruno Perousse 246bl, / Philippe Renault 53cl, 53br, 56-57t, 245tl, 247cra, 285cra, 296tl, 296-297b, 297tr, 315cr, 315b; Historic Collection 309cr; Cindy Hopkins 346bl; Dave G. Houser 302bl; Aubrey Huggins 205bc; Bryn Hughes 18, 110-111; IanDagnall Computing 67bl; icpix_can 295cra, 295crb; Classic Image 204bc; imageBROKER 38crb, 59br, 205cb, 256tl; imageBROKER / Michael Runkel 217br; Ivy Close Images 66bc; Jon Arnold Images Ltd / Gavin Hellier 378-379; Jukka Jantunen 369cra; Michael Jenner 173bl; Haiyun Jiang 274cl; John Elk III 123br, 124tl, 166clb; Inge Johnsson 10cla; Jon Arnold Images Ltd 171b, 253bl; JS Photo 42tc; Ken Gillespie Photography 57cla; 165tr; Jim Kidd 280clb; Terrance Klassen 79tl, 174bl; Christian Kober 1 55cla; Art Kowalsky 252-253t, 293bl; Landmark Media 63cl; Klaus Lang 291crb; Brian Lasenby 224-225t; Paul Andrew Lawrence 126tr; Lazyllama 328t, 999br; Cliff LeSergent 158-159b; Lyroky 204clb; Nino Marcutti 162-163t; Stefano Politi Markovina 83tl; Marshall Ikonography 64cra, 221t; Gunter Marx 87tr; Michael Matthews 101cra; mauritius images GmbH 23t, 230br, 270clb, 276-277, / Walter Bibikow 300br; Patti McConville 78bl; Megapress 59cb, 298bl; John Mitchell 255tr; Dawna Moore 272-273t; mooziic 70crb; Mountain Light / Galen Rowell 375b; Darlene Munro 225tr; National Geographic Image Collection / Brian J. Skerry 369br; Mark Newman 166-167t; Jonathan Nguyen 152t; NielsVK 216tr, 257tr, 356t; Nikreates 248clb, 268-269, 272bl; NiKreative 258cl; North Wind Picture Archives 66t, 67tl, 67tr, 68tl; Oleksiy Maksymenko Photography 237; philipus 196-197b, 205clb; Photo 12 204cb; PhotoV / Hisham Ibrahim 83ca; Photo 12 / Igloolik Isuma Productions 62-63b; picturelibrary 28cl, 52-53t, 63tr; Pictures Colour Library 213tl, 318bl; Melinda Podor 91t; Prisma by Dukas Presseagentur GmbH 101crb; 125b; 265br; 342-343t, / Heeb Christian 336cr; lev radin 71crb; Radius Images 282t; Rene Gauthier photography 89b; robertharding / Neale Clark 11cr, 31tr, / Michael DeFreitas 330tl, / Michael Runkel 312-313t, 349, / Michael Wheatley 44tr; Pierre Rochon 58bl; Rolf Hicker Photography 144tc,172cla, 232-233b; RosalreneBetancourt 10 198bl; Kay Roxby 46-47b; Russell Millner 369tr; Henryk Sadura 345t; rapisan sawangphon 86b; Science History Images 67cla; Shawshots 70tl; sixshooter 81bl; Witold Skrypczak 106-107t, 119cr, 119bl; Keith J Smith 243t; Dmitry Smolyanitsky 210br; Jacek Sopotnicki 336t; SOTK2011 67bc; Mark Spowart 70bc; Spring Images 105cra; Pierre Steenberg 341; Harold Stiver 228-229b; Stock Connection Blue 101cr; StockFood Ltd. 45crb; Stocktrek Images; Inc. 24bl, 350-351; John Sylvester 24t, 332-333; Tetra Images / Henryk Sadura 313cr; P Tomlins 80br; Torontonian 28t, 64clb, 185; Francis Vachon 292clb; Vlad Podkhlebnik vladikpod 330-331b; Michael Wheatley 12clb, 51tr, 56b, 57br, 79tr, 83tc, 86clb, 88tl, 96bc, 100-101b, 101tc, 103clb, 116tr; 144b, 169tr; Jonny White 64cr; Wild Places Photography / Chris Howes 69tr; Robert Wyatt 37tr; YAY Media AS 354t; Colin D. Young 316-317t; John Zada 11br; Zoonar GmbH 108t.

© Art Gallery Of Ontario: Dean Tomlinson / Murray Frum Gallery 183br, / Phillip B. Lind 183cr, / Richard Barry Fudger Memorial Gallery 125 183crb.

AWL Images: Walter Bibikow 39t.

Bisha Hotel Kost Restaurant via Iconink: 28br.

Bridgeman Images: Art Gallery of Ontario, Toronto, Canada 89/781 / Gift from the J.S. McLean Collection by Canada Packers Inc., 1990 / Skidegate, Graham Island, British Columbia 1928 Oil on canvas, 68.8 x 109.7 cm (27 1/16 x 43 3/16 in) by Emily Carr 183cra; Art Gallery of Ontario, Toronto, Canada 898 / Gift of Mr. and Mrs. Frank P. Wood, 1928 / Eve, c.1883 (marble) Overall: 76.2 cm, 105 lb. (30 in., 47.6 kg) by Auguste Rodin 182bl; Granger 68-69t; Private Collection / Look and Learn 247tl.

Canadian Museum of History and Canadian War Museum: 284-285b, 285tl, 285crb.

Canadian Tulip Festival: Steve Gerecke 64cl.

Celtic Colours International Festival: Corey Katz 64br.

The Commodore via Live Nation: 26crb, 48bl.

Depositphotos Inc: Bruno135 265tr.

Musée des beaux-arts de Montréal: Marc Cramer 246-247b.

Dreamstime.com: Alpegor 323t; Leonid Andronov 259br; Jon Bilous 190t; Thomas Brissiaud 20cb, 200-201; Darryl Brooks 310tr; Elena Elisseeva 344-345b; Helgidinson 199tl; Jacob Humphrey 344clb; Wangkun Jia 267cra; Chu-wen Lin 186; Christoph Lischetzki 264-265b, 267tl; Miroslav Liska 42bl, 156-157t; Maxbur 65crb; Meinzahn 54tl; Minnystock 96t; Outdoorsman 40bl; Yooran Park 36-37t; Tomas Pavelka 69bl; Norman Pogson 295tl; Robert Randall 10clb, 105tl; Jamie Roach 61cr; Eugenie Robitaille 254-255b; Ronniechua 140tr; Vismax 116-117b; Sara Winter 39bl; Wwphoto 65cr.

Gardiner Museum: 192bl.

Getty Images: All Canada Photos / Ron Erwin 230tl, / Ken Paul 43br, / Michael Wheatley 101br; Victor Ovies Arenas 208-209b; Aurora Photos / Dan Rafla 17, 92-93; Bettmann 70bl; Aaron Black 51cla; Bloomberg / James McDonald 295cr; Stone / Walter Bibikow 72-73; Marco Brivio 207t; by wildestanimal 366-367t; Matteo Colombo 8-9, 138-139b; CORBIS / Hulton-Deutsch Collection 161br; Cultura / Preserved Light Photography 118-119t; d3sign 8clb; Education Images / UIG / © The Henry Moore Foundation. All Rights Reserved, DACS / www.henry-moore.org 2019 Reclining Woman carved out of Green Horton stone 215cra; Emma McIntyre 48-49t; EyeEm / Brady Baker 34tl, / Nan Zhong 366br; Wei Fang 134-135b; Gamma-Rapho / Louise Oligny 71br; Jesús M. García 140-141b; Moment / Jess M. Garca 37cla; Raymond Gehman 370-371b; Hou 12t; INA / Philippe Bataillon 49cb; Naeem Jaffer 204-205; Kean Collection 69bc; KenCanning 41br; Jay Kerr 218-219t; laughingmango 46tr; Jérémie LeBlond-Fontaine 369cr; Kjell Linder 133tc; LOOK-foto / Hermann Erber 370clb; Marko Stavric Photography 142-143; Richard McManus 369crb; MIXA Co. Ltd. 295br; MmeEmil 44clb; National Geographic Image Collection / Ian Mcallister 8cl, 40-41b, / Pete Ryan 320-321b, / Sissie Brimberg 376cl; NHLI / Andy Devlin 13t; NurPhoto / Anatoliy Cherkasov 65clb, / Artur Widak 65cla; Pierre Ogeron 11t; Onfokus 265tl; Lauri Patterson 47cl; Pgiam 19tl, 128-129; Paul Bruch Photography 218br; Pierre Leclerc Photography 137; Posnov 343bl; Linda Raymond 45t; Joe Regan 326-327; Stocktrek Images / Alan Dyer 177tl; Manuel Sulzer 102t; Sungjin Ahn Photography 38tl; lorenzo tombola 16c, 74-75; Toronto Star / John Boyd 184clb, / Reg Innell 184bc, / Boris Spremo 71tr, 71bc, / Andrew Stawicki 184cb; tulissidesign 41t; Universal History Archive / UIG 68bl; Vicki Jauron, Babylon and Beyond 36tl; Waitforlight 2-3; Michael Wheatley 30-31t; wichan yingyongsomsawas 282br; Alan V. Young 52bl.

Indigenous Tourism BC: 54-55b.

Ironworks Distillery: 47tr.

Getty Images / iStock: aitzpurua 209tl; anouchka 26bl; benedek 99tr, 189tr, 227b; bgsmith 135tr; Bombaert 246cra; BrianLasenby 219cl; Marc Bruxelle 81crb; diegograndi 6-7; E+ / benedek 346; E+ / jimfeng 194tl; EddieHernandezPhotography 132br; febriyanta 338-339t; fotoVoyager 188-189b; franckreporter 33tr; georgeclerk 22, 260-261; GibsonPictures 50b; gladassfanny 114-115t; moose henderson 36cra; Instants 292t; jamesvancouver 26t; jimfeng 231t, 234bl, 321tl; kongxinzhu 90b; krblokhin 281tr; Steven Kriemadis 266-267b; Christophe Ledent 210t; LeonU 122b; marcduf 265cra; mericsso 359b; mfron 82-83b; MmeEmil 35tl; NicolasMcComber 286bl; NZSteve 364t; S. Greg Panosian 34tr; Leonardo Patrizi 50t; Pgiam 132-133t, 214-215b; s-eyerkaufer 30tl; Steve Schwarz 365cl; sharply_done 376-377b; SoumenNath 21, 238-239; studioworxx 42-43t; summersgraphicsinc 308-309t; tomeng 32tl; UpdogDesigns 268bl; Vladone 287t, 288-289, 301t; waterotter 359cl; zefart 204cl.

Manito Ahbee Festival via Neault Marketing Communication: Buio Assis 55cb.

Musée d'art contemporain de Montréal: François Maisonneuve 245cra; Sébastien Roy 245cla; Richard-Max Tremblay 244-245.

Musée National des Beaux-arts du Québec: Bruce Damonte 270b.

National Gallery of Canada / Musée des beaux-arts du Canada: 215tl, 215tr.

Niagara Wine Festivals: 47crb, 64cla.

Press Association Images: The Canadian Press / Adrian Wyld 184br.

Québec City Tourism: Francis Gagnon 271t.

Robert Harding Picture Library: Richard Cummins 316br; Michael Nolan 25, 338bl, 360-361; Michael Runkel 23bl, 304-305.

Shutterstock.com: Ronnie Chua 168b; Chase Clausen 104-105b; HelloRF Zcool 222-223.

Wordfest Calgary: 61br.

World Ski & Snowboard Fest: Russell Dalby Photography 65tr.

Solapa delantera:
Alamy Stock Photo: Bryn Hughes bl; Lazyllama br; NielsVK cra;
Dreamstime.com: Minnystock cla; Vismax t;
Getty Images / iStock: diegograndi c.

Imágenes de cubierta:
Delantera y lomo: **Getty Images / iStock:** E+ / franckreporter.
Trasera: **Alamy Stock Photo:** All Canada Photos tr; eye35 cla; HelloWorld Images c;
Getty Images / iStock: E+ / franckreporter b.

Ilustración: Joanna Cameron, Gary Cross, Chris Forsey, Paul Guest, Claire Littlejohn, Robbie Polley, Kevin Robinson, John Woodcock.

MIXTO
Papel | Apoyando la silvicultura responsable
FSC™ C018179
www.fsc.org

Este libro se ha impreso con papel certificado por el Forest Stewardship Council™ como parte del compromiso de DK por un futuro sostenible.
Para más información, visita www.dk.com/uk/information/sustainability

Toda la información de esta Guía Visual se comprueba regularmente.
Se han hecho todos los esfuerzos para que esta guía esté lo más actualizada posible a fecha de su edición. Sin embargo, algunos datos, como números de teléfono, horarios, precios e información práctica, pueden sufrir cambios. La editorial no se hace responsable de las consecuencias que se deriven del uso de este libro, ni de cualquier material que aparezca en los sitios web de terceros, además no puede garantizar que todos los sitios web de esta guía contengan información de viajes fiable. Valoramos mucho las opiniones y sugerencias de nuestros lectores. Por favor escriba a: Publisher, DK Eyewitness travel guides, Dorling Kindersley Limited, 20 Vauxhall Bridge Road, London, SW1V 2SA, UK, o al correo electrónico: travelguides@dk.com

DK | Penguin Random House

Edición actualizada por
Colaboraciones Andrew Hempstead, Pamela MacNaughtan, Lisa Voormeij
Edición sénior Dipika Dasgupta, Alison McGill
Diseño sénior Laura O'Brien, Stuti Tiwari
Edición de proyecto Lucy Sara Kelly, Anuroop Sanwalia
Edición Mark Silas
Diseño de proyecto Bandana Paul
Asistencia en documentación fotográfica Vagisha Pushp
Diseño de cubierta Jordan Lambley
Cartografía sénior Mohammad Hassan
Cartografía Suresh Kumar
Diseño DTP sénior Tanveer Zaidi
Producción sénior Jason Little
Producción Samantha Cross
Responsables editoriales Beverly Smart, Shikha Kulkarni, Hollie Teague
Edición de arte sénior Priyanka Thakur
Dirección de arte Maxine Pedliham
Dirección editorial Georgina Dee

De la edición en español
Servicios editoriales Moonbook
Traducción DK
Coordinación editorial Cristina Gómez de las Cortinas
Dirección editorial Elsa Vicente

Título original: *DK Canada*
Decimotercera edición, 2025

Publicado originalmente en Gran Bretaña en 2000 por Dorling Kindersley Limited, DK, 20 Vauxhall Bridge Road, London, SW1V 2SA, UK

978-0-241-77182-2

Impreso y encuadernado en China